普通高等教育系列教材

航 道 工 程

杨红霞　赵峥嵘　杜宗民　吴宗壮　编

机械工业出版社

本书根据普通高等院校港口航道与海岸工程专业人才培养方案和航道工程课程教学大纲，参照现行水运行业规范、规程，结合航道工程规划设计工程实例编写。全书共7章，内容包括绪论、航道与航道工程、航道整治工程、航道疏浚工程、渠化枢纽、通航建筑物、运河工程。

本书内容完整、名词术语规范，注重基本原理、基本方法及其工程应用的讲解，可作为港口航道与海岸工程专业及相关专业"航道工程"课程的教材，也可作为港口与航道工程建造工程师、水运监理工程师、水运试验检测工程师等执业资格考试的参考书。

图书在版编目（CIP）数据

航道工程/杨红霞等编. —北京：机械工业出版社，2021.4
普通高等教育系列教材
ISBN 978-7-111-67786-4

Ⅰ. ①航… Ⅱ. ①杨… Ⅲ. ①航道工程-高等学校-教材 Ⅳ. ①U61

中国版本图书馆 CIP 数据核字（2021）第 048490 号

机械工业出版社（北京市百万庄大街22号　邮政编码100037）
策划编辑：林　辉　责任编辑：林　辉
责任校对：樊钟英　封面设计：马精明
责任印制：常天培
北京虎彩文化传播有限公司印刷
2021年5月第1版第1次印刷
184mm×260mm・18印张・474千字
0001—1500册
标准书号：ISBN 978-7-111-67786-4
定价：55.00元

电话服务　　　　　　　　网络服务
客服电话：010-88361066　　机　工　官　网：www.cmpbook.com
　　　　　010-88379833　　机　工　官　博：weibo.com/cmp1952
　　　　　010-68326294　　金　书　网：www.golden-book.com
封底无防伪标均为盗版　机工教育服务网：www.cmpedu.com

前言 PREFACE

现代交通运输业是由铁路、公路、水运、航空和管道等运输方式组成的。不同的运输方式根据其本身的特点和具体条件合理分工、相互配合、各尽所能，形成统一的运输体系。内河水运是国家综合运输体系和水资源综合利用的重要组成部分，具有运输能力大、运输成本低、污染小、安全可靠等其他运输方式所不具备的独特优势，是实现经济社会可持续发展的重要战略资源。

我国内河流域众多，实现内河水运的可持续发展，必然带动流域和社会经济的发展。一些有开发价值的山区河流和部分丘陵区河流，有可能通过渠化工程或综合性的梯级开发实现航道的渠化，真正实现航道成网综合性运输体系。为了实现这一目标，需要培养从事航道工程规划设计、施工、维护和工程管理等工作的专业人才。

"航道工程"是港口航道与海岸工程专业的核心课程，课程主要任务是使学生掌握航道工程的基本概念、基本理论，以及航道工程、船闸设计计算的基本方法，具备航道工程规划设计的基本能力。

本书根据普通高等院校港口航道与海岸工程专业人才培养方案和航道工程课程教学大纲，参照现行水运行业规范、规程，结合航道工程规划设计工程实例编写。编者力图打造一本质量优良的本科生教材，以满足港口航道与海岸工程专业课程教学及港口与航道工程建造工程师、水运监理工程师、水运试验检测工程师等考试复习的需要。本书内容完整、名词术语规范、知识结构系统，注重基本原理、基本方法及其工程应用的讲解。为方便学生学习，本书各章附有学习重点和学习目标。

本书第1、2、3、6章由杨红霞编写；第4、5章由赵峥嵘编写；第7

章7.1节、7.2节由杜宗民编写;第7章7.3节、7.4节由吴宗壮编写。杨红霞负责全书的统稿、定稿工作。

本书的出版得到了机械工业出版社的大力支持,在此表示衷心感谢!

由于编者水平有限,欠妥之处在所难免,敬请指正。

编　者

CONTENTS

前言
第1章 绪论 ··· 1
  学习重点 ··· 1
  学习目标 ··· 1
  1.1 内河水运的优缺点 ······························· 1
  1.2 中国水运发展简史 ······························· 3
  1.3 中国内河航道的发展现状和任务 ············ 3
  习题 ··· 5
第2章 航道与航道工程 ································· 6
  学习重点 ··· 6
  学习目标 ··· 6
  2.1 内河航道的分类 ·································· 6
  2.2 航道的通航条件 ·································· 7
  2.3 航道规划设计与航道工程 ····················· 28
  2.4 船舶及其特性 ····································· 33
  2.5 内河助航标志 ····································· 35
  习题 ··· 36
第3章 航道整治工程 ····································· 38
  学习重点 ··· 38
  学习目标 ··· 38
  3.1 碍航滩险及其成因 ······························· 38
  3.2 整治工程分类及整治原则 ····················· 43
  3.3 整治线设计 ·· 44
  3.4 整治断面设计 ····································· 46
  3.5 整治建筑物设计 ·································· 52
  3.6 平原河流航道整治与实例 ····················· 83
  3.7 山区河流航道整治与实例 ····················· 91
  3.8 潮汐河口航道整治与实例 ····················· 111

3.9	特殊河段航道整治与实例	117
	习题	133

第4章 航道疏浚工程 134

学习重点 134
学习目标 134
4.1 概述 134
4.2 挖槽定线及抛泥区选择 138
4.3 挖槽设计和水力计算 140
4.4 疏浚对环境的影响 148
习题 150

第5章 渠化枢纽 152

学习重点 152
学习目标 152
5.1 渠化枢纽组成 152
5.2 渠化枢纽总体布置 153
5.3 枢纽水工建筑物选型与布置 155
5.4 枢纽建筑物顶部高程确定 157
5.5 枢纽工程等别、设计标准和设计水位 158
5.6 渠化工程规划 163
5.7 三峡水利枢纽工程概况 170
习题 171

第6章 通航建筑物 172

学习重点 172
学习目标 172
6.1 概述 173
6.2 船闸工程组成和类型 173
6.3 船闸规模 179
6.4 船闸总体布置 186
6.5 船闸通过能力和耗水量计算 194
6.6 船闸输水系统 198
6.7 船闸的闸门、阀门 215
6.8 船闸荷载 219
6.9 船闸水工建筑物设计 234
6.10 船闸结构计算 248
6.11 升船机 260
习题 267

第7章 运河工程 268

学习重点 268
学习目标 268
7.1 概述 268

7.2 运河的选线及设计 …………………………………………………… 269
7.3 运河供水 …………………………………………………………… 272
7.4 运河上的建筑物 …………………………………………………… 273
习题 …………………………………………………………………… 276
参考文献 ……………………………………………………………… 277

第1章

绪　　论

学习重点

内河水运的概念、优缺点。

学习目标

了解中国水运发展简史，掌握内河水运的优缺点，理解现代化内河水运发展的任务。

水运是现代交通运输业的重要组成部分，是用船舶运送客货的一种运输方式。水运主要包括内河水运和海洋运输。使用船舶在陆地内的江、河、湖、川等水道进行的运输称为内河水运。使用船舶在海洋上进行的运输称为海运。内河水运对交通运输体系起着重要作用。本书重点介绍内河水运的航道工程。

通航水域（Navigable Waters）是指船舶及排筏可以通达的水面范围。通航河流（Navigable River）是指可供船舶及排筏航行的河流。水道（Waterway）是指陆地上集中宣泄地表径流的通道，以及沿海某些具有一定边界、可供海船航行的水域。沿海及内陆通航水域中某一具体区段，通常以地名命名。从水利工程角度，内河航道就是航槽，即在不同水位期供船舶通航，有足够的水深和宽度，合适的水流条件，不受过河建筑物，如桥梁、过河缆线等限制的三维空间水体通道。

为维持和改善航道的通航条件，必须采取多方面的工程措施，这些工程措施就是航道工程。因此，航道工程就是与内河水运有着密切关系的改造河流的工程活动。

1.1　内河水运的优缺点

1.1.1　内河水运的优点

1. 运输能力大

水运运输主要承担着大数量、长距离的运输，是一种主要的运输形式，几乎不受限制。在正常通航条件下，长江干线航道的年运输量超过11亿t，相当于16条京广铁路的运量，是举世公认的"黄金水道"。

2. 运输成本低

美国内河航运的运输成本为铁路的1/4、公路的1/15，德国内河航运的运输成本为铁路的1/3、公路的1/5。尽管我国内河航道、港口、船舶等主要技术装备比较落后，内河航运成本高于西方国家，但长江、珠江干线、京杭运河等航运成本比国内其他运输方式的成本要低。我国

内河水运的成本只是铁路平均运输成本的 70%,原因主要有以下几种:

(1) 船舶载运量大　内河船舶的载货量一般为几百吨甚至万吨以上,一艘万吨级轮船的载货量相当于铁路货车 200~300 节车皮的运量,相当于 5~6 列火车的运力。

中国产业调研网发布的《中国内河水运行业发展监测分析与发展趋势预测报告》认为,内河航运适合于大批量货物运输,非常适合大规模专业化的产业布局,江河沿岸比较容易形成生产力布局。特别是对大宗散货运输,内河航运优势是其他方式难与比拟的。世界上最大的内河船队已达 8 万 t 级,中国长江干线普通船队为 1 万 t 级,最大的达 3 万 t 级,载重量大和对超大型货物的适应性其他方式很难代替。

(2) 耗能少,成本低　由于内河船舶、船队载重吨位大,平均每千瓦拖带量高,充分利用水的浮力,可节约能源。以长江水运的拖轮与铁路机车相比,水运船舶的耗能量只是铁路内燃机耗能量的 60%,能耗占运输成本的 40% 左右,水运成本约为铁路货运成本的 70%。据美国相关研究机构测定,1USgal（1USgal = 3.78541dm^3）燃料,大型柴油汽车可运货 59t·mile（1mile=1609.344m）,火车可运 202t·mile,内河船舶则为 514t·mile。

(3) 投资省,节约土地面积　据统计,内河运输的投资仅占整个交通运输业投资总额的 4%。1km 铁路需占土地 30~40 亩（1 亩 = 666.6m^2）,1km 高速公路约占 30~60 亩。内河航运主要利用天然河道,与海运、空运、油气管道一样,基本上不占用或很少占用土地,而且中下游航道整治时还可增加土地面积。

(4) 内河航运建设投入少,产出多　内河航运建设投入少,特别是在中国一些通航河流的中下游和主要支流,利用天然河道,单位投资的产出量以及单位投资形式的总体运输能力与其他运输方式相比具有明显优势。例如,江苏运河南段航道整治 1km 投资只有 500 万元,每年货物通过量接近 1 亿 t,单位投入产出的运能远远大于其他运输方式。

3. 水运对环境的污染少

据国外资料反映,公路单位货运量二氧化碳和氮氧化物排放量分别为水路的 3 倍和 2 倍,铁路单位货运量造成的污染是内河水运的 3.3 倍。因此,欧美各国在发展高速公路和铁路的同时,都十分重视水运,并通过国际组织协调,将水路连接沟通,使河道成网,形成了大、中、小结合及长短途运输网络。

1.1.2　内河运输的缺点

1. 技术速度[⊖]较慢

在各种交通工具中,船舶航行的技术速度较慢,大多数船舶只能行驶 20~30km/h。

2. 自然条件影响比较大

水运受自然环境条件,如洪水、台风、大雾等恶劣气候影响,不能昼夜进行不间断运输。当天然河流演变出现滩险,就要采取相应的工程措施,改善和根本性改变通航条件,使内河航运正常运转。

3. 自成体系

我国内河运输较为发达的四大水系为长江水系、珠江水系、黑龙江水系和松辽水系。各大水系,航道标准互有差异,具有各自水系的特殊性。黑龙江水系多数为宽浅河流,适宜通航吃水较浅的船舶和船队;珠江三角洲至港澳线内河航道,水深条件良好,适宜通航吃水较深的船舶。

⊖　技术速度是指交通工具在区间内的平均行驶速度。

4. 对生态的影响

水运的发展，航道工程措施的实施，使河道的行洪排涝、蓄水抗旱、航运的功能得到充分发挥。同时，河道治理往往忽视了水系的资源功能、环境功能、生态功能，降低了河道综合性作用，使河流生态恶化。

1.2 中国水运发展简史

我国是世界上较早利用水运的国家，水运发展的历史源远流长。早在新石器时代，独木舟和排筏就已在天然河流上被广泛使用。在浙江省河姆渡出土的木桨证明，距今 7000 多年前，我国东南沿海的渔民已使用木桨推进航海工具出海渔猎。春秋战国时期，水上运输已十分频繁。到了汉代，我国已有坚固的船舶，并已使用风帆和平衡舵，凭借季风远航到日本、朝鲜、东南亚和南亚各国。宋代已将指南针用于航海，这是我国古代航海技术上一项重大发明，它对人类文明的进步有着重大影响。泉州出土的宋代海船是我国当时与东南亚海上贸易繁盛的见证。明初郑和 7 次下西洋，组建了 200 多艘海船、2 万多人的庞大船队，历访 30 多个国家，这是世界航海史上的壮举，使我国古代航海事业走上了鼎盛时期。

我国港口发展在历史上也有过光辉的篇章。早在春秋战国时期，燕国东部渤海沿岸即出现碣石港，发展为今天的秦皇岛港。汉代的广州港以及徐闻合浦港已与国外有频繁的海上通商活动，广州、泉州、杭州、明州（宁波）是宋代四大海港。元代曾来我国游历的摩洛哥旅行家伊本·拔图塔在游记中称泉州港"为世界最大港之一，实则可云唯一的最大港"。长江沿岸的扬州港兼有海、河港口的性质，在唐朝已是相当发达的国际贸易港，当时的大食（阿拉伯帝国）、波斯的航商侨居扬州港者有数千人之众，"天下三分明月夜，二分无赖在扬州"，可见当时的扬州是经济繁荣、人文荟萃之地。

内河航运的发展与我国文明史有着更密切的联系。黄河是中华民族文化的摇篮，古时很多王朝建都于黄河之滨，其重要因素之一就是可以利用黄河水运。长江水系水资源丰富，历来是我国繁荣富强之地。我国运河建设的历史也是举世公认，南北大运河最早起于春秋末期吴国开挖，以后经过隋、元两朝大规模的扩建和连接，最后形成一条纵贯南北长超过 1800km 的大运河。这条运河无论从工程规模还是建筑水平上，在世界古代水运工程史上都是罕见的。

近代中国先后成立了若干海上和内河航运公司，它们在近代水运史上做出了重要的贡献。近代水运事业孕育了中国最早的产业工人之一的海员，他们是推动近代水运事业发展的动力。

我国的远洋运输从无到有、从小到大，现在已建成一支包括具有各种船型的远洋船队。沿海和内河相继建成了一批现代化的港口和专业化的深水泊位，以及与港、航相配套的各种设施，包括集疏运系统、修造船工业、航务工程、通信导航、船舶检验、救助打捞、通航水域环境保护等，还建设了具有相当规模和水平的水运科研设计机构、海运院校和出版部门，初步形成一个比较完整的水运体系。

1.3 中国内河航道的发展现状和任务

1.3.1 内河航道发展现状

中国发展水运的自然条件优越，拥有海岸线 18000km，河流 5 万多条，总长 42 万 km，有大小湖泊 900 多个，内河总里程 13.3 万 km，居世界第一位；内河港口一千多个，主要分布在长江水系、珠江水系、黑龙江水系和松辽水系；可通航500t级船舶的四级及以上航道1.5万km，占国内航道的12%，可通航千吨级船舶的三级及以上航道8631km，仅占7%。在水运资源较为丰富的长江水系、珠江水系、京杭运河与淮河水系、黑龙江水系和松辽水系及其他水系，形成长江干线、西江航运干线、黑龙江干线、京杭运河、长江三角洲高等级航道网、珠江三角洲高等级航道网和18条主要干支流高等级航道（简称三横一纵两网十八线）的布局，构成我国各主要水系以及通航千吨级以上船舶的航道为骨干的航道网络。18条主要干支流高等级航道，有岷江、嘉陵江、乌江、湘江、沅水、汉江、江汉运河、赣江、信江、合裕线、淮河、沙颍河、右江、北盘江—红水河、柳江—黔江、黑龙江、松花江和闽江。

在我国水运的发展历史中，两条黄金水道对水运事业的发展起着积极的促进作用。第一条"黄金水道"——京杭大运河（一纵），全长1800km，通航段为800多km，是世界上最早最长的一条运河。京杭运河，北起北京，南至杭州，经北京、天津两市及河北、山东、江苏、浙江四省，沟通海河、黄河、淮河、长江、钱塘江五大水系。

第二条"黄金水道"——长江，全长6300km，覆盖流域面积达180万km^2。长江从干流宜昌以上为上游，长4504km，流域面积100万km^2；从四川的宜宾至湖北的宜昌河段习惯称为川江，长1040km；从湖北的宜昌至江西的湖口为中游，长955km，流域面积68万km^2；从湖口以下为下游，长938km，流域面积12万km^2。其中，川江航道是长江大动脉的重要组成部分，在我国西南地区的水陆交通发展中有着不可替代的作用。

虽然我国内河航道里程为世界第一，但航道等级仍然偏低，航道的通过能力、整治标准、渠化程度还需要提高。同时，我国的航道运力分布也极不均衡，其中长江三角洲、珠江三角洲占据了我国航道运力的80%以上。

1.3.2 现代化内河水运发展的任务

1. 以航道为基础，促进内河水运现代化

我国发展内河航道的战略目标为"三横一纵两网十八线"。和国外相比，我国的内河水运还是比较落后的，设备陈旧、管理不完善、劳动生产率低，优势没有得到充分发挥。为促进内河水运现代化，需不断更新设施，实行科学管理。

2. 优化内河船型、统一航道标准

合理船型是内河水运发展的关键节点。大力推进大型化、标准化、环保型内河船型的使用，以提高内河水运的通过能力和效率，是内河水运的发展任务之一。

长江水系、黑龙江水系和珠江水系以及港澳航线都形成各自的航道网，具有相应的航道标准，这些具备一定自然地理条件的水域都重视优化船型。虽然各大水系设计标准不统一，但随着水运的快速发展，在不久的将来，尽可能做到全国各个水系互相衔接，江河湖海相通，逐步形成四通八达的水运体系，以便充分发挥水运在国民经济中的作用。

3. 促进与其他运输形式的协调发展

在目前的综合运输结构体系下，提高内河水运在综合运输体系中的地位和作用。虽然水运的发展呈逐年增长的趋势，但在整个运输体系中所占的份额不大，加大水运建设，必须加大内河水运建设的投资力度，还要加强内河水运与其他运输形式的协调发展。

4. 加强与水利水电枢纽工程的密切关系

水利水电枢纽工程通常是综合开发利用内河水资源的重要手段，不仅要考虑水运的基本要求，而且应尽可能满足防洪、发电、灌溉、工业及民用供水的整体需要，对整个社会和内河水运本身的可持续发展都具有极其重要的作用。

航道工程项目一般多属于战略性投资项目，主要为国家长远经济发展服务。我国内河流域众多，实现内河水运的可持续发展，必然带动流域和社会经济的发展。在 21 世纪，我国一些有开发价值的山区河流和部分丘陵区河流，有可能通过渠化工程或综合性的梯级开发实现航道的渠化，真正实现航道成网综合性运输体系。

习　　题

1-1　名词解释：水运，通航水域。

1-2　内河水运有哪些优缺点？

第 2 章

航道与航道工程

学习重点
航道与航道工程的概念，航道尺度，通航净空尺度，通航水流条件。
学习目标
了解内河船舶、内河助航标志；熟悉航道规划内容；掌握航道尺度、通航净空尺度的概念及确定方法，通航水流条件。

航道是水运的基础，是人类利用自然的产物，它既受自然条件的影响，也受人类活动的影响。本章从自然和人类主观作用两个因素出发，介绍航道和航道工程。

2.1 内河航道的分类

航道（Waterway）是指沿海、江河、湖泊、水库、渠道和运河内可供船舶、排筏在不同水位期通航的水域。内河航道（Inland Waterway）是指河流、湖泊、水库内的航道以及运河和通航渠道的总称。内河航道分类方法有以下几种。

2.1.1 按航道级别分

内河航道按通航船舶的吨级划分为 7 级，见表 2-1。表 2-1 中的 7 级航道均称为等级航道。通航标准低于Ⅶ级的航道称为等级外航道，它对我国内河航运事业的发展有不可忽视的作用。

表 2-1 航道等级划分

航道等级	Ⅰ	Ⅱ	Ⅲ	Ⅳ	Ⅴ	Ⅵ	Ⅶ
船舶吨级/t	3000	2000	1000	500	300	100	50

注：1. 船舶吨级按船舶设计载重吨级确定。
2. 通航 3000t 级以上船舶的航道列入Ⅰ级航道。

2.1.2 按航道管理属性分

内河航道按航道管理属性可分为国家航道、地方航道和专门航道。

（1）国家航道 国家航道是指构成国家航道网、可通航 500t 级以上船舶的内河干线航道，以及跨省、自治区、直辖市可常年通航 300t 级以上船舶的内河干线航道。

（2）地方航道 地方航道是指常年可以通航 300t 级以下船舶的内河航道以及其他属于地方

航道主管部门管理的航道。

（3）专门航道　专门航道是指由军事、水利电力、林业等部门以及其他企事业单位自行投资建设和使用的航道。

2.1.3　按航道形成因素分

按航道形成因素可将内河航道分为天然航道、人工航道和渠化航道三类。

（1）天然航道　天然航道是指自然形成的江、河、湖等水域中的天然河流航道。

（2）人工航道　人工航道是指在陆地上人工开发的航道，包括人工开辟或开凿的运河和其他通航渠道，如平原地区开挖的运河，山区、丘陵地区开凿的沟通水系的越岭运河，可供船舶航行的排、灌渠道或其他输水渠道等。

（3）渠化航道　渠化航道是指通过修建拦河坝壅高上游水位而形成的梯级航道，具有较天然状况更大的航道尺度。渠化航道虽然是天然河流上形成的，但它已根本改变了天然航道的特性，其通航条件受到水利枢纽的控制，可以称为人工航道。

2.1.4　按航道通航条件分

1. 按通航时间长短分

（1）常年通航航道　常年通航航道是指可供船舶全年通航的航道，又称为常年航道。

（2）季节通航航道　季节通航航道是指只能在一定季节（如非冰冻季节）或水位期（如中洪水期或中枯水期）内通航的航道，又可称为季节性航道。

2. 按通航限制条件分

（1）单线航道　单线航道是指在同一时间内，只供船舶沿一个方向行驶，不得追越或在行进中会让的航道，又可称为单行航道。

（2）双线航道　双线航道是指在同一时间内，允许船舶对驶、并行或追越的航道，又可称为双行航道。

（3）限制性航道（Restricted Channel）　限制性航道是指因水面狭窄、断面系数小，对船舶航行有明显限制作用的航道，包括运河、通航渠道、渡槽和水网地区的部分航道等。

2.2　航道的通航条件

船舶在河流中行驶，要求有一条连续而通畅的航槽——航道。深、宽而且曲线平缓的航道可以行驶吃水较深、航速较快的大型船队，其通过能力较强；浅、窄且曲线急陡的航道只能行驶吃水浅、航速慢的小船，限制了河流的通过能力。

为了保证船舶、船队在通航期内能安全、方便地航行，航道必须具备下列必要的通航条件：

1）航道尺度，包括水深、宽度和弯曲半径。
2）通航净空尺度，包括净空高度和净空宽度。
3）通航水流条件，包括流速、流态和水力坡降。

2.2.1　航道尺度

航道尺度（Channel Dimensions）是指设计最低通航水位时航道的最小水深、宽度和弯曲半径的总称。

以下重点介绍《内河通航标准》（GB 50139）中，对天然、渠化航道和限制性航道的有关规定。

1. 天然和渠化河流航道尺度

（1）天然和渠化河流航道　天然和渠化河流航道横断面如图2-1所示。航道尺度不得小于表2-2所列数值，受风浪影响的航道，应适当加大航道尺度。

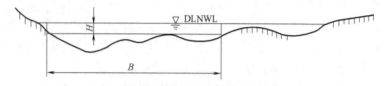

图 2-1　天然和渠化河流航道横断面图

H—航道水深　B—航道宽度　DLNWL—设计最低通航水位

表 2-2　天然和渠化河流航道尺度

航道等级	船舶吨级/t	代表船型尺度（总长/m）×(型宽/m)×（设计吃水/m）	代表船舶、船队	船舶、船队尺度（长/m）×（宽/m）×（设计吃水/m）	航道尺度/m			
					水深	直线段宽度		弯曲半径
						单线	双线	
Ⅰ	3000	驳船 90.0×16.2×3.5 货船 95.0×16.2×3.2	(1)	406.0×64.8×3.5	3.5~4.0	125	250	1200
			(2)	316.0×48.6×3.5		100	195	950
			(3)	223.0×32.4×3.2		70	135	670
Ⅱ	2000	驳船 75.0×16.2×2.6 货船 90.0×14.8×2.6	(1)	270.0×48.6×2.6	2.6~3.0	100	190	810
			(2)	186.0×32.4×2.6		70	130	560
			(3)	182.0×16.2×2.6		40	75	550
Ⅲ	1000	驳船 67.5×10.8×2.0 货船 85.0×10.8×2.0	(1)	238.0×21.6×2.0	2.0~2.4	55	110	720
			(2)	167.0×21.6×2.0		45	90	500
			(3)	160.0×10.8×2.0		30	60	480
Ⅳ	500	驳船 45.5×10.8×1.6 货船 67.5×10.8×1.6	(1)	167.0×21.6×1.6	1.6~1.9	45	90	500
			(2)	112.0×21.6×1.6		40	80	340
			(3)	111.0×10.8×1.6		30	50	330
			(4)	67.5×10.8×1.6				
Ⅴ	300	驳船 35.0×9.2×1.3 货船 55.0×8.6×1.3	(1)	94.0×18.4×1.3	1.3~1.6	35	70	280
			(2)	91.0×9.2×1.3		22	40	270
			(3)	55.0×8.6×1.3				

（续）

航道等级	船舶吨级/t	代表船型尺度（总长/m）×(型宽/m)×（设计吃水/m）	代表船舶、船队	船舶、船队尺度（长/m）×（宽/m）×（设计吃水/m）	航道尺度/m 水深	直线段宽度 单线	直线段宽度 双线	弯曲半径
Ⅵ	100	驳船 32.0×7.0×1.0 货船 45.0×5.5×1.0	(1)	188.0×7.0×1.0	1.0~1.2	15	30	180
Ⅵ	100	驳船 32.0×7.0×1.0 货船 45.0×5.5×1.0	(2)	45.0×5.5×1.0	1.0~1.2	15	30	180
Ⅶ	50	驳船 24.0×5.5×0.7 货船 32.5×5.5×0.7	(1)	145.0×5.5×0.7	0.7~0.9	12	24	130
Ⅶ	50	驳船 24.0×5.5×0.7 货船 32.5×5.5×0.7	(2)	32.5×5.5×0.7	0.7~0.9	12	24	130

注：1. 当船队推轮吃水等于或大于驳船吃水时，应按推轮设计吃水确定航道水深。
　　2. 流速 3m/s 以上、水势汹乱的航道，直线段航道宽度应在表列宽度的基础上适当加大。

（2）黑龙江水系航道　黑龙江水系航道尺度不得小于表 2-3 所列的数值。

表 2-3　黑龙江水系航道尺度

航道等级	船舶吨级/t	代表船型尺度（总长/m）×(型宽/m)×（设计吃水/m）	代表船队	船队尺度（长/m）×（宽/m）×（设计吃水/m）	水深	直线段宽度 单线	直线段宽度 双线	弯曲半径
Ⅱ	2000	驳船 91.0×15.0×2.0	(1)	218.0×30.0×2.0	2.0~2.3	65	125	650
Ⅱ	2000	驳船 91.0×15.0×2.0	(2)	214.0×15.0×2.0	2.0~2.3	40	80	650
Ⅲ	1000	驳船 65.9×13.0×1.6	(1)	167.0×26.0×1.6	1.6~1.9	50	100	500
Ⅲ	1000	驳船 65.9×13.0×1.6	(2)	165.0×13.0×1.6	1.6~1.9	35	70	500
Ⅳ	500	驳船 57.0×11.0×1.4 货船 69.0×11.0×1.4		138.0×11.0×1.4	1.4~1.6	30	55	410
Ⅴ	300	驳船 45.0×10.0×1.1 货船 52.0×9.0×1.2		114.0×10.0×1.2	1.2~1.4	25	45	340
Ⅵ	100	驳船 29.0×8.5×0.8 货船 35.0×6.0×0.9		64.0×8.5×0.9	0.9~1.1	15	30	200

注：通航浅吃水船舶的类似航道，经论证可参照执行。

（3）珠江三角洲至港澳线内河航道　珠江三角洲至港澳线内河航道尺度不得小于表 2-4 所列的数值。

表 2-4　珠江三角洲至港澳线内河航道尺度

航道等级	船舶吨级/t	代表船型尺度（总长/m）×(型宽/m)×（设计吃水/m）	代表船舶、船队	船舶、船队尺度（长/m）×（宽/m）×（设计吃水/m）	水深	直线段双线宽度	弯曲半径
Ⅲ	1000	货船 49.9×15.6×2.8 货船 49.9×12.8×2.6 驳船 67.5×10.8×2.0	(1)	49.9×15.6×2.8	3.5~4.0	70	480
Ⅲ	1000	货船 49.9×15.6×2.8 货船 49.9×12.8×2.6 驳船 67.5×10.8×2.0	(2)	49.9×12.8×2.6	3.5~4.0	60	480
Ⅲ	1000	货船 49.9×15.6×2.8 货船 49.9×12.8×2.6 驳船 67.5×10.8×2.0	(3)	160.0×10.8×2.0	3.5~4.0	60	480

（续）

航道等级	船舶吨级/t	代表船型尺度（总长/m）×（型宽/m）×（设计吃水/m）	代表船舶、船队	船舶、船队尺度（长/m）×（宽/m）×（设计吃水/m）	航道尺度/m 水深	直线段双线宽度	弯曲半径
Ⅳ	500	货船 49.9×10.6×2.5 驳船 45.0×10.8×1.6	(1) (2)	49.9×10.6×2.5 111.0×10.8×1.6	3.0~3.4	55	330
Ⅴ	300	货船 49.2×8.4×2.2 驳船 35.0×9.2×1.3	(1) (2)	49.2×8.4×2.2 91.0×9.2×1.3	2.5~2.8	45	270

注：仅通航货船的河段，航道最小弯曲半径可按其船型尺度研究确定。

2. 限制性航道尺度

限制性航道横断面如图2-2所示，航道尺度不得小于表2-5所列数值。

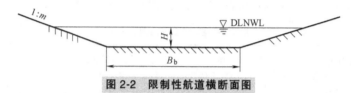

图 2-2 限制性航道横断面图

H—航道水深 B_b—航道底宽 m—边坡系数 DLNWL—设计最低通航水位

表 2-5 限制性航道尺度

航道等级	船舶吨级/t	代表船型尺度（总长/m）×（型宽/m）×（设计吃水/m）	代表船舶、船队	船舶、船队尺度（长/m）×（宽/m）×（设计吃水/m）	航道尺度/m 水深	直线段双线底宽	弯曲半径
Ⅱ	2000	驳船 75.0×14.0×2.6 货船 90.0×15.4×2.6		180.0×14.0×2.6	4.0	60	540
Ⅲ	1000	驳船 67.5×10.8×2.0 货船 80.0×10.8×2.0		160.0×10.8×2.0	3.2	45	480
Ⅳ	500	驳船 42.0×9.2×1.8 货船 47.0×8.8×1.9	(1) (2)	108.0×9.2×1.9 47.0×8.8×1.9	2.5	40	320
Ⅴ	300	驳船 30.0×8.0×1.8 货船 36.7×7.3×1.9	(1) (2) (3)	210.0×8.0×1.9 82.0×8.0×1.9 36.7×7.3×1.9	2.5	35	250
Ⅵ	100	驳船 25.0×5.5×1.5 货船 26.0×5.0×1.5	(1) (2)	298.0×5.5×1.5 26.0×5.0×1.5	2.0	20	110
Ⅶ	50	驳船 19.0×4.5×1.2 货船 25.0×5.5×1.2	(1) (2)	230.0×4.7×1.2 25.0×5.5×1.2	1.5	16	100

3. 湖泊和水库航道尺度

湖泊和水库航道尺度可采用表 2-2 所列数值。受风浪影响的航道，应适当加大航道尺度。

2.2.2 内河航道尺度的确定

按照我国《内河通航标准》（GB 50139）可以确定各等级航道的航道尺度，但是，在具体确定某个河段的航道尺度时，不能简单地根据规范设计航道尺度，而是应根据不同河流或水域的性质、通航船型、船队、客货运量和过船密度等进行综合分析论证。

1. 航道水深

航道水深（Channel Depth）是指航道范围内从水面到底部的垂直距离。就局部区段而言，通常指航道内最浅处从水面到底部的垂直距离，如图 2-1 所示。在航道整治工程设计中，航道水深是各尺度中最为重要的参数，它决定着船舶的航行速度和载重量，需要充分论证。

天然和渠化河流航道水深可按式（2-1）确定。

$$H = T + \Delta H \tag{2-1}$$

式中　H——航道水深（m）；

　　　T——船舶吃水（m），根据航道条件和运输要求可取船舶、船队设计吃水或枯水期减载时的吃水；

　　　ΔH——富余水深（m），可从表 2-6 选用。

表 2-6　富余水深值

航道等级	Ⅰ	Ⅱ	Ⅲ	Ⅳ	Ⅴ	Ⅵ	Ⅶ
富余水深/m	0.4~0.5	0.3~0.4	0.3~0.4	0.2~0.3	0.2~0.3	0.2	0.2

注：1. 富余水深主要包括船舶航行下沉量和触底安全富余量。
　　2. 流速或风浪较大的水域取大值，反之取小值。
　　3. 卵石和岩石质河床富余水深值应另加 0.1~0.2m。

（1）船舶吃水　航道整治设计中，计算航道水深的船舶吃水，是指代表船型或船队的设计吃水。代表船型（Typical Ship Type）是指为确定通航尺度，通过技术经济论证优选确定的、设计载重量可达到相应吨级的船型。代表船队（Typical Fleet）是指为确定通航尺度，通过技术经济论证优选确定的、由代表船型的船舶组成的船队。船舶设计吃水（Designed Draft Of Ship）是指船舶处于设计载重量状态时的吃水。

设计中如何确定代表船型、船队是件复杂的工作。所选船型、船队要结合航道条件和预测的货运量、货物种类以及现有船型进行分析，找出作为运输主力的船型、船队及其尺度。

（2）富余水深　天然和渠化河流航道，富余水深需要考虑的因素主要有船舶航行下沉量、触底安全富余量、船舶编队引起吃水增减和波浪引起的影响值。

1）船舶航行下沉量 ΔT_1。船舶航行时，因回流作用，其四周流速增大，水位下降，使船体下沉。其下沉量主要与船舶对水航速、船舶的特征和船舶静吃水与水深之比有关。船舶航行下沉量随航道水深的减小而增大；随航行速度的增加而增加；船舶的方形系数（船长/船宽）越小，船舶航行下沉量越大。经实测与计算资料比较，霍密尔公式（2-2）比较符合实际，但计算数值略偏小。

$$\Delta T_1 = Kv^2 \sqrt{\frac{T_1}{H}} \tag{2-2}$$

式中　ΔT_1——船舶航行下沉量（m）；

v——船舶航行时对水的速度（m/s）；
T_1——船舶静吃水（m）；
H——航道水深（m）；
K——系数，根据实船观测予以修正。缺乏实测资料时可参考表2-7取值。

表2-7　K与L/b的关系

L/b	5	6	7	8	9
K	0.038	0.035	0.032	0.030	0.028

注：表中L为船舶、船队长度（m）；b为船舶、船队宽度（m）。

长江航道局曾做过大量的实船试验，结果如下：

川江大型顶推船队，1942kW推船，顶推（2×1000+500）t级驳，船舶航行下沉量为0.4m左右，在陡坡急流滩为0.7m。

长江中游顶推船队，1942kW推船，顶推6×1000t级驳，中速行驶，下沉量为0.2~0.3m。

西江拖船一次拖带4×120t驳船，其航行下沉量为0.1m左右。

汉江、湘江顶推船队，顶推2×500t级驳，航行下沉量为0.1~0.2m。

2）触底安全富余量ΔT_2。为避免出现船舶触底，除考虑船舶航行下沉量外，还需留一定安全富余水深，这部分富余水深与河底床质有关，对V级以上航道，沙质河床取0.1~0.2m，礁石河床取0.2~0.4m。

3）船舶编队引起吃水增减ΔT_3。顶推船队用钢缆连接后，船队的静吃水会发生一些变化，一般为±0.1m。

4）波浪引起的影响值ΔT_4。波浪对船体的作用使船舶产生复杂的运动，在纵、横方向俯仰、摇摆等，使船舶吃水有所增加。其影响主要和波浪要素有关，一般用经验公式（2-3）估算。

$$\Delta T_4 = 0.3H' - \Delta T_1 \tag{2-3}$$

式中　H'——最大设计波高。

当按式（2-3）得出的ΔT_4为负值时，则取ΔT_4为零。

5）富余水深ΔH按式（2-4）确定。

$$\Delta H = \Delta T_1 + \Delta T_2 + \Delta T_3 + \Delta T_4 \tag{2-4}$$

在确定富余水深时，主要考虑前2项，见表2-8，第3项一般不需考虑，第4项是在波浪大的水域中考虑。上述各项的数值要综合分析，不宜简单叠加。

表2-8　各等级航道富余水深

航道等级	驳船吨位/t	设计吃水/m	富余水深/m		
			航行下沉量	触底安全富余量	推荐值
Ⅰ	3000	3.5	0.25	0.2	0.4~0.5
Ⅱ	2000	3.4	0.24	0.2	0.3~0.4
Ⅲ	1000	2.0	0.23	0.2	0.3~0.4
Ⅳ	500	1.6	0.18	0.15	0.2~0.3
Ⅴ	300	1.3	0.13	0.15	0.2~0.3
Ⅵ	100	1.0	0.12	0.10	0.2
Ⅶ	50	0.7~0.8	0.10	0.10	0.2

（3）天然河流航道水深论证　航道整治工程设计中，航道水深是航道尺度的重要尺度，特别是天然河流，枯水期航道水深增加 0.1m 也很不容易。天然和渠化河流航道水深应根据航道条件和运输要求通过技术经济论证确定。对枯水期较长或运输繁忙的航道，应采用表 2-2～表 2-4 所列航道水深幅度的上限；对整治比较困难的航道，应采用表 1-2～表 1-4 所列航道水深幅度的下限，但在水位接近设计最低通航水位时船舶应减载航行。当航道底部为石质河床时，水深值应增加 0.1～0.2m。

1）技术可行性论证如下：

① 调查整治河段的河道特性、滩险性质、河床演变等基本情况，了解整治河段自然条件下稳定的航道尺度，特别是浅滩最小水深。按照拟定的整治方案，估算需要整治的浅滩长度。

② 对起控制作用的复杂浅滩进行调查研究，了解其演变规律、历年维护和整治情况，通过数模或模拟实验，研究整治可能达到的航道水深。

③ 总结整治经验，对拟整治的滩险与已获得整治成功的滩险，进行对比分析，研究整治后可能达到的水深。

④ 用多种分析方法，包括本河段整治的经验公式，进行分析计算。

如天然河流河段整治后可能达到的航道水深估算公式。

$$H = K_1 K_2 Q^{0.312} J^{-0.156} \tag{2-5}$$

式中　H——整治后航道最小水深（m）；

Q——设计最低通航水位时相应的流量（m³/s）；

J——整治河段枯水水面比降；

K_1——航道特性系数，稳定的优良航道，$K_1 = 0.065 \sim 0.08$；欠稳定的航道 $K_1 = 0.05 \sim 0.064$；

K_2——航道宽度修正系数，$K_2 = 0.95 \sim 1.05$，一般 K_2 取 1.0。

2）经济合理性论证如下：

① 按整治河段的营运影响范围，确定计算河段。

② 按照运量预测成果，确定计算河段设计水平年的客、货运量。

③ 设定不同的设计水深，计算在各水深方案下的运输成本，绘制运输成本与水深关系图。

④ 按不同水深方案，分别计算整治工程量、工程投资等成本，绘制工程成本与水深关系曲线。

⑤ 将不同水深方案的两成本相加，得出不同方案的总成本，绘制总成本与航道水深的曲线，与该曲线最低点相应的水深即为最小的航道水深，如图 2-3 所示。

此方法需结合航道具体条件和运输要求，在技术可行的基础上进行。因为天然河流航道尺度受河道自然条件制约，不可任意加深、拓宽。一般先进行技术可行性论证，有条件时才进行不同水深方案的经济合理性分析，以促进航道事业快速、健康、可持续化发展。对于渠化河流或水深条件较好的航道，航道水深论证采用此方法，可得出较为明确的结果。

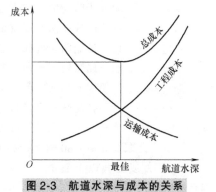

图 2-3　航道水深与成本的关系

2. 航道宽度

航道宽度（Channel Width）是指垂直于航道中心线的航道两边线之间的水平距离。就局部区段而言，通常指航道最窄处的水平距离，是设计最低通航水位下代表船型安全航行的最小宽度，如图 2-1 所示。对天然、渠化河流的航道宽度为设计最低通航水位下具有航道水深的宽度。

限制性航道宽度是指限制性航道断面的航道底宽。根据船舶航行密度和航道条件，可设计成单线航道和双线航道。

(1) 航道宽度计算

1) 直线段单线航道。直线段单线航道宽度按式 (2-6) 和式 (2-7) 计算

$$B_1 = B_F + 2d \tag{2-6}$$

$$B_F = B_s + L\sin\beta \tag{2-7}$$

式中 B_1——直线段单线航道宽度 (m)；

B_F——船舶或船队航迹带宽度 (m)；

d——船舶或船队外舷至航道边缘的安全距离 (m)，船队可取 0.25~0.30 倍航迹带宽度，货船可取 0.34~0.40 倍航迹带宽度；

B_s——船舶或船队宽度 (m)；

L——顶推船队长度或货船长度 (m)；

β——船舶或船队航行漂角 (°)，Ⅰ~Ⅴ级航道可取 3°，Ⅵ级和Ⅶ级航道可取 2°。

2) 直线段双线航道。直线段双线航道宽度按式 (2-8)~式 (2-10) 计算

$$B_2 = B_{Fd} + B_{Fu} + d_1 + d_2 + C \tag{2-8}$$

$$B_{Fd} = B_{sd} + L_d \sin\beta \tag{2-9}$$

$$B_{Fu} = B_{su} + L_u \sin\beta \tag{2-10}$$

式中 B_2——直线段双线航道宽度 (m)；

B_{Fd}——下行船舶或船队航迹带宽度 (m)；

B_{Fu}——上行船舶或船队航迹带宽度 (m)；

d_1——下行船舶或船队外舷至航道边缘的安全距离 (m)；

d_2——上行船舶或船队外舷至航道边缘的安全距离 (m)；

C——船舶或船队会船时的安全距离 (m)；

B_{sd}——下行船舶或船队宽度 (m)；

L_d——下行顶推船队长度或货船长度 (m)；

β——船舶或船队航行漂角 (°)，Ⅰ~Ⅴ级航道可取 3°，Ⅵ级和Ⅶ级航道可取 2°；

B_{su}——上行船舶或船队宽度 (m)；

L_u——上行顶推船队长度或货船长度 (m)；

$d_1 + d_2 + C$——各项安全距离之和 (m)，船队可取 0.50~0.60 倍上行和下行航迹带宽度，货船可取 0.67~0.80 倍上行和下行航迹带宽度。

3) 三线或三线以上航道。当采用三线或三线以上航道时，其宽度应根据船舶通航要求确定。

4) 弯曲段航道宽度确定。船舶在经过弯道时，不仅要承受本身的转向力矩、离心力，还要承受动水压力和扫弯水的作用，则船舶必须用较大的漂角来克服这些作用力。故船舶在弯道航行时，其航迹带宽度比在直线段航行要宽的多。

弯曲段航道宽度应根据弯曲半径、流速、流向、流态、船舶或船队长度及操纵性能等因素确定，当弯曲半径小于等于 3 倍设计船队长度时，应在直线段航道宽度的基础上加宽；当弯曲半径大于 3 倍设计船队长度，但小于 6 倍设计船队长度时，应根据水流等具体条件确定是否加宽；当弯曲半径大于 6 倍设计船队长度时，弯曲段航道宽度可不加宽。

弯曲段航道加宽值宜通过实船试验或船舶操作模拟试验确定。当无实船试验资料时，设计

船队弯曲段航道宽度增加值可按式（2-11）估算。

$$\Delta B = \frac{L^2}{2R+B} \quad (2\text{-}11)$$

式中　ΔB——弯曲段航道宽度增加值（m）；
　　　L——设计顶推船队长度（m）；
　　　R——弯曲半径（m）；
　　　B——直线段航道设计宽度（m）。

弯曲段航道加宽宜设置在弯道内侧。当内侧加宽较困难时，可采用内、外侧同时加宽的方式，但内侧加宽值宜比外侧加宽值稍大；当内侧加宽特别困难时，可采用外侧加宽的方式；当内外侧加宽均特别困难时，经论证后，加宽值可适当减小，同时采取改善水流条件或限制性通航等措施。加宽方式如图2-4所示。

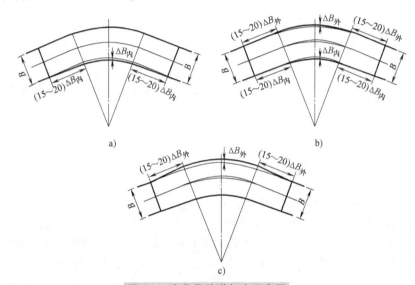

图2-4　弯曲段航道加宽示意图
a）内侧加宽方式　b）内、外侧同时加宽方式　c）外侧加宽方式

实际工程中，由于航道大多为天然航道，完全顺直的很少，大部分是微弯和弯曲的，若除直线航道以外，都给予加宽，工程量必将大幅度增加，对于船舶密度小的河段也没有价值，故实际工作中很少采用。一般是当弯曲航道达不到最小弯曲半径的要求时，才考虑适当加宽。凡采用弯道加宽的河段，都需做大量工作，如流速、流向测量、船模试验，实船试验以及必要的经济技术分析等，不能简单得由公式计算确定。

（2）影响航道宽度的因素　设计航道宽度的简单做法就是依据《内河通航标准》（GB 50139）选用，但是这种方法计算的航道宽度不一定经济合理，可能与具体河流、航道特征和采用特殊的设计船舶、船队结合不紧密。实践证明，符合实际的航道宽度需经一段时间实践才能获得，而不是单靠简单的计算就能得到。因此，下面介绍影响航道宽度的多种因素，以作为论证航道宽度的依据。

1）漂移宽度 Δb 对航迹带宽度的影响。船舶、船队在航道内航行，常需操舵以保持既定航向。船舶、船队作直线航行时，会受到侧风、横向水流和斜向水流等外力作用，同时由于船舶、船队本身也往往存在两侧阻力不均衡的问题。因此，在航行过程中，船舶、船队的纵轴线与设定的航向线之间总是形成一定夹角，这一角度称为航行漂角，常以 β 表示，船舶、船队的航行轨迹重心能始终保持在既定的航向上,如图 2-5a 所示。当侧向风或横流流速过大时,船舶、船队则将难以安全保持既定航向,而使船舶、船队向前航行时重心的连线与设定航向线之间形成另一夹角,这一夹角称为偏航角,用 α 表示,此时船舶、船队重心与设定航向线之间的横向距离则称为漂移宽度,如图 2-5b 所示,这时计算航迹占用总宽度应考虑计入漂移宽度 Δb。

计算船舶、船队航迹带宽度不存在偏航现象时可按式 (2-7)、式 (2-9) 和式 (2-10) 确定,如果存在偏航现象时按式 (2-12)~式 (2-14) 计算。

$$B'_F = B_s + L\sin\beta + \Delta b \quad (2-12)$$

$$\Delta b = tv_s \sin\alpha \quad (2-13)$$

$$\Delta L = tv_s \quad (2-14)$$

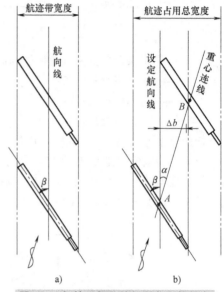

图 2-5 船舶、船队航行漂角和偏航角

式中 Δb——漂移宽度 (m);
ΔL——偏航距离 (m);
v_s——船舶航速 (m/s);
t——由 A 点到 B 点的历时 (s);
α——偏航角 (°)。

2) 航行漂角对航迹带宽度的影响如下:

① 直线航道的航行漂角的影响。船舶作直线航行时,Ⅰ~Ⅴ级航道漂角可采用 3°、Ⅵ级、Ⅶ级航道漂角可采用 2°。近几年来,一些研究者发现引航道存在斜流时,横向流速越大,航行漂角也越大。现将天津水运工程科学研究所提出的船模试验成果列入表 2-9。

表 2-9 存在横向流速的直线段的航行漂角

船队	直线段横向流速/(m/s)	船队静水航速/(m/s)			
		2.0	2.5	3.0	3.5
一顶 3×1000t 级驳	0.1	—	2.2°~3.5°	≈2.8°	≈2.5°
	0.2	—	4.3°~6.6°	4.5°~6.8°	4.5°~6.8°
	0.3	—	≈9.0°	≈8.8°	≈7.8°
一顶 6×1000t 级驳	0.1	—	≈2.6°	≈2.8°	≈2.5°
	0.2	—	≈5.5°	4.5°~6.5°	≈4.8°
	0.3	—	6.5°~8.5°	7.5°~9.2°	≈7.5°
一顶 9×1000t 级驳	0.1	2.1°~3.5°	≈2.7°	≈2.2°	—
	0.2	5.8°~6.2°	4.5°~6.5°	3.5°~5.5°	—
	0.3	≈9.0°	≈8.3°	7.5°~8.5°	—

② 弯曲航道的航行漂角的影响。对非直线的弯曲航道,特别是在流速大的河段,漂角比较大,一般都达 6°~9°,当 $R/L<6$ 时,漂角更大。经过实船试验,得出漂角与 R/L 的近似关系,见表 2-10。

表 2-10　漂角 β 与 R/L 的关系

R/L	2.5	3.0	3.5	4.0	4.5	5.0	5.5	6.0
$\beta_{下水}/(°)$	24~28	21~25	18~22	16~20	14~18	13~17	12~16	11~15
$\beta_{上水}/(°)$	—	5	—	4	—	3	—	—

注：表中 R 为航道弯曲半径（m）；L 为船舶、船队长度（m）。

从表 2-10 的结果可见，试验次数不多，规律性不强，只能表明特定河流、特定船型的漂角与 R/L 关系的变化趋势，此结果可作为论证航道宽度的依据，而不能直接用于航迹带计算。

美国土木工程学会通过模型试验曾获得弯道上船舶航行漂角的一系列成果。这些成果反映了不同规模的船队下行或上行经过弯曲半径、中心角、水流流速各异的规则弯道时存在不同的航行漂角。

a. 船队下行时的航行漂角一般大于上行时的航行漂角。

b. 弯道曲度和中心角越大，航行漂角也越大。

c. 船队下行时航行漂角随当地流速增大而增大。

d. 在水流流速较小的情况下，微弯河段的航行漂角与直线段的漂角相近；而当流速增大、弯道中心角增大时，即 R/L 为 6~8 甚至等于 10 时，其航行漂角也将达到 5°~10°，明显超过直线段 2°~3°。

由此可见，弯道航行漂角不仅与 R/L 有关，而且与其他多种因素有关。因此，对非直线航道航行漂角的选取，应当进行综合论证。在有条件时可采用实船测试的方法加以论证。

3）富余宽度的影响　航道富余宽度是保证船舶安全航行，不产生船吸、岸吸现象的最小富余尺度，主要包括船舶与航道边缘的富余宽度 d 和船舶之间的富余宽度 C。

① 船舶、船队至航道边缘的富余宽度 d。船舶距设计航道边缘的富余宽度与水流条件、对岸航速、岸坡土质、航道平面形态和船型等因素有关。据部分实船试验和调查资料整理，得出下列关系。

平原、丘陵地区直线航道富余宽度

$$d = 0.2b + 1.2 \tag{2-15}$$

山区河流直线航道富余宽度：

Ⅳ级以上航道（含Ⅳ级）

$$d = (0.24 \sim 0.33)b \tag{2-16}$$

Ⅳ级以下航道

$$d = (0.32 \sim 0.6)b \tag{2-17}$$

式中　d——船舶、船队至航道边缘距离（m）；

b——船舶、船队宽度（m）。

综合上述分析和实船观测资料，航道边缘的富余宽度可按下列方法确定。

对于水流平顺的顺直航道，可参考表 2-11 所列数据，并结合航道条件、船舶大小分析确定。对山区河流，大型船队宜选取表中较大值，若岸坡为泥沙，流速小，船舶、船队较小，可选较小值。

对流速大、流态不好、岸线极不规则的河段，应在表 2-11 的基础上适当增加富余宽度，或进行试验研究。

遇下列情况一般都应增大富余宽度：航道边线为不规则岸线，岸坡为礁石，流速大，流态不好；航道边线紧靠暗礁，船舶为防触礁需远离礁石航行；航道弯曲，有斜向水流冲向岸坡，船舶不能靠近航行；航道边缘有孤立墩台，船舶为防碰撞，远离该建筑物航行。

表 2-11 顺直航道 d、C 值

航道等级	$2d/m$	C/m
Ⅱ、Ⅲ	12~26	16~26
Ⅳ、Ⅴ	8~16	10~18
Ⅵ、Ⅶ	4~8	—

② 船舶、船队与船舶、船队之间的安全富余宽度 C。船舶会让时，两船之间会产生船吸现象，故两船之间的安全距离，主要考虑水流条件、船型等影响。对水流平顺的顺直航道，可参考式（2-18）、式（2-19）和表 2-11 所列数据分析确定。对重要河段应进行实船试验。

对平原、丘陵航道

$$C = 0.7b + 4 \tag{2-18}$$

山区河流航道

$$C = 0.8b \tag{2-19}$$

我国内河航道建设实际采用的航道宽度见表 2-2~表 2-5。内河航道的线数应根据运输要求、航道条件和投资效益分析确定。除整治特别困难的局部河段可采用单线航道外，均应采用双线航道。当双线航道不能满足要求时，应采用三线或三线以上航道，其宽度应根据船舶通航要求研究确定。

3. 航道弯曲半径

航道弯曲半径是指弯曲航道中心线的圆弧半径，弯曲半径越大，航行越便利。但受河道地形限制，弯曲半径难以扩大。为了保障航行安全，需规定一个弯曲半径的最小限值。航道最小弯曲半径，宜采用设计顶推船队长度的 3 倍、货船长度的 4 倍或拖带船队最大单船长度的 4 倍，并取大值。在特殊困难河段，航道最小弯曲半径不能达到上述要求时，在宽度加大和驾驶通视均能满足需要的前提下，弯曲半径可适当减小，但不得小于顶推船队长度的 2 倍、货船长度的 3 倍、拖带船队最大单船长度的 3 倍中的大值。流速 3m/s 以上、水势汹乱的山区性河流航道，其最小弯曲半径宜采用顶推船队长度或货船长度的 5 倍。条件复杂时宜通过船舶操纵模拟试验确定。现将我国内河航道整治实际工程采用的最小弯曲半径列入表 2-12 中以供参考。

表 2-12 实际工程采用的最小弯曲半径

河段名称	航道等级	河道特征	R 值/m	R/L
宜宾—重庆	Ⅲ	山区	560	5.5~5.9
重庆—宜昌	Ⅲ	山区	750	5.6~6.8
襄樊—武汉	Ⅳ	平原	340	3.0
南昌—湖口	Ⅳ	平原	340	3.0
株洲—城陵矶	Ⅲ	平原	720	3.0~4.3
岷江	Ⅳ	山区	350	4.6~5.4
乌江	Ⅴ	山区	300	6.5~4.6
西江干流	Ⅲ	丘陵	300	3.1

当天然和渠化河流航道经论证需采用特殊的设计船舶或船队时，其航道尺度应按有关规定分析计算确定。

2.2.3 通航净空尺度

通航净空尺度（Dimensions of Navigation Clearance）是指水上过河建筑物通航净高和净宽尺度的总称。

从航道上面跨越的桥梁、架空缆线等水上过河建筑物和穿越航道的水下电缆、管道、涵管和隧道等水下过河建筑物均称为过河建筑物。过河建筑物的选址和布置都影响着航道的通过能力和船舶的航行安全，故对这些建筑物有严格的要求和规定。

1. 水上过河建筑物的选址、布置和通航净空尺度

（1）水上过河建筑物的选址　水上过河建筑物选址应符合下列规定：

1）水上过河建筑物应建在河床稳定、航道水深充裕和水流条件良好的平顺河段，远离易变的洲滩。

2）水上过河建筑物选址应避开滩险、通行控制河段、弯道、分流口、汇流口，其避开距离，水上过河建筑物在下游时不得小于顶推船队长度的4倍或拖带船队长度的3倍，水上过河建筑物在上游时不得小于顶推船队长度的2倍或拖带船队长度的1.5倍。

3）水上过河建筑物与码头、船台滑道、取排水口等临河建筑物和锚地的间距应按满足船舶航行、作业和建筑物运行的安全要求，经论证研究确定。水上过河建筑物与码头的间距，水上过河建筑物在下游时不得小于码头设计船型长度的4倍，水上过河建筑物在上游时不得小于码头设计船型长度的2倍。

4）两座相邻水上过河建筑物的轴线间距，Ⅰ～Ⅴ级航道应大于代表船队长度与代表船队下行5min航程之和，Ⅵ级和Ⅶ级航道应大于代表船队长度与代表船队下行3min航程之和。

当水上过河建筑物的选址不能满足上述要求时，应采取下列相应措施，以保证安全通航：

① 在洲滩易变河段兴建水上过河建筑物，可能引起航槽变迁，影响设计通航孔通航时，必须采取保持航道稳定的工程措施。

② 在滩险、通行控制河段、弯道、分流口和汇流口等航行困难河段兴建水上过河建筑物，影响通航时，必须采取满足通航条件的工程措施。

③ 保持航道稳定、满足通航条件的工程方案，应经试验研究论证确定；洲滩守护工程应先期实施或与水上过河建筑物工程同步实施，炸礁应先期实施。

④ 在拟进行航道整治工程的河段，当水上过河建筑物建设影响航道整治工程施工时，应先期实施航道整治工程。

⑤ 经论证研究，当采取工程措施不能满足通航条件时，应加大水上过河建筑物通航孔跨度或采取一孔跨过通航水域。

⑥ 当两座相邻水上过河建筑物的轴线间距不能满足要求，且其所处通航水域无碍航水流时，应靠近布置，两建筑物间相邻边缘距离应控制在50m以内，且通航孔必须相互对应。水流平缓的河网地区两相邻过河建筑物的边缘距离不能满足上述要求时，经论证可适当加大。

枢纽上下游河段水上过河建筑物选址除应满足上述要求外，尚应考虑建库后河床冲淤变化对通航的不利影响。

在码头、船台滑道、取排水口等临河建筑物和锚地附近兴建水上过河建筑物，对船舶通航和作业安全构成威胁时，必须对临河建筑物和锚地等设施做出妥善处理。

复杂河段水上过河建筑物的选址必须通过模拟试验研究确定。

在通航环境复杂、选址困难的河段建设过河建筑物，宜采用水下过河的方式。

靠近布置的水上过河建筑物的数量不宜超过2座。在两座靠近布置的水上过河建筑物近侧建设第3座水上过河建筑物时，其通航孔应加大并对应布置，或采用一孔跨过通航水域。

（2）水上过河建筑物的布置和通航净空尺度

1）水上过河建筑物的布置应符合下列规定：

① 水上过河建筑物的布置不得影响和限制航道的通过能力。通航孔的布置应满足过河建筑物所在河段双向通航的要求。在水运繁忙的宽阔河流上，通航孔的布置应满足多线通航的要求；在限制性航道上，应采取一孔跨过通航水域。

② 水上过河建筑物的墩柱不应过于缩小河道的过水面积，墩柱纵轴线宜与水流流向平行，墩柱承台不得影响通航安全，不得造成危害船舶航行的不良水流。

③ 水上过河建筑物轴线的法线方向与水流流向的交角不宜超过5°。

2）水上过河建筑物通航净空尺度。

① 当水上过河建筑物轴线的法线方向与水流流向的交角不大于5°时，其通航净空尺度，如图2-6所示，应符合下列规定。

a. 天然和渠化河流水上过河建筑物通航净宽按下列方法计算，水上过河建筑物的通航净空尺度不应小于表2-13~表2-15所规定数值。

$$B_{m1} = B_F + \Delta B_m + P_d \quad (2\text{-}20)$$

$$B_{m2} = 2B_F + b + \Delta B_m + P_d + P_u \quad (2\text{-}21)$$

$$B_F = B_s + L\sin\beta \quad (2\text{-}22)$$

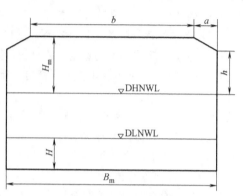

图2-6 通航净空示意图

B_m—水上过河建筑物通航净宽
H_m—水上过河建筑物通航净高 H—航道水深
b—上底宽 a—斜边水平距离 h—侧高
DHNWL—设计最高通航水位
DLNWL—设计最低通航水位

式中 B_{m1}——单孔单向通航净宽（m）；

B_F——船舶或船队航迹带宽度（m）；

ΔB_m——船舶或船队与两侧桥墩间的富余宽度（m），Ⅰ~Ⅴ级航道可取0.6倍航迹带宽度，Ⅵ级和Ⅶ级航道可取0.5倍航迹带宽度；

P_d——下行船舶或船队偏航距（m），可按表2-16取值；

B_{m2}——单孔双向通航净宽（m）；

b——上下行船舶或船队会船时的安全距离（m），可取船舶或船队宽度；

P_u——上行船舶或船队偏航距（m），可取0.85倍下行偏航距；

B_s——船舶或船队宽度（m）；

L——顶推船队或货船长度（m）；

β——船舶或船队航行漂角（°），Ⅰ~Ⅴ级航道可取6°，Ⅵ级和Ⅶ级航道可取3°。

表2-13 天然和渠化河流水上过河建筑物通航净空尺度 （单位：m）

航道等级	代表船舶、船队	净高	单向通航孔			双向通航孔		
			净宽	上底宽	侧高	净宽	上底宽	侧高
Ⅰ	（1）4排4列	24.0	200	150	7.0	400	350	7.0
	（2）3排3列	18.0	160	120	7.0	320	280	7.0
	（3）2排2列		110	82	8.0	220	192	8.0

（续）

航道等级	代表船舶、船队	净高	单向通航孔			双向通航孔		
			净宽	上底宽	侧高	净宽	上底宽	侧高
Ⅱ	(1)3排3列	18.0	145	108	6.0	290	253	6.0
	(2)2排2列		105	78	8.0	210	183	8.0
	(3)2排1列	10.0	75	56	6.0	150	131	6.0
Ⅲ	(1)3排2列	18.0☆ / 10.0	100	75	6.0	200	175	6.0
	(2)2排2列	10.0	75	56	6.0	150	131	6.0
	(3)2排1列		55	41	6.0	110	96	6.0
Ⅳ	(1)3排2列	8.0	75	61	4.0	150	136	4.0
	(2)2排2列		60	49	4.0	120	109	4.0
	(3)2排1列		45	36	5.0	90	81	5.0
	(4)货船							
Ⅴ	(1)2排2列	8.0	55	44	4.5	110	99	4.5
	(2)2排1列	8.0或5.0▲	40	32	5.5或3.5▲	80	72	5.5或3.5▲
	(3)货船							
Ⅵ	(1)1拖5	4.5	25	18	3.4	40	33	3.4
	(2)货船	6.0			4.0			4.0
Ⅶ	(1)1拖5	3.5	20	15	2.8	32	27	2.8
	(2)货船	4.5						

注：1. 标☆号的尺度仅适用于长江。
2. 标▲号的尺度仅适用于通航拖带船队的河流。

表2-14 黑龙江水系水上过河建筑物通航净空尺度 （单位：m）

航道等级	代表船队	净高	单向通航孔			双向通航孔		
			净宽	上底宽	侧高	净宽	上底宽	侧高
Ⅱ	(1)2排2列	10.0	115	86	6.0	230	201	6.0
	(2)2排1列		75	56	6.0	150	131	6.0
Ⅲ	(1)2排2列	10.0	95	71	6.0	190	166	6.0
	(2)2排1列		65	48	6.0	130	113	6.0
Ⅳ	(1)2排1列	8.0	50	41	5.0	100	91	5.0
Ⅴ	(1)2排1列	8.0	50	41	5.5	100	91	5.5
Ⅵ	(1)1顶1驳	4.5	30	22	3.4	60	52	3.4

注：通航浅吃水船舶的类似航道，经论证可参照执行。

表2-15 珠江三角洲至港澳线内河水上过河建筑物通航净空尺度 （单位：m）

航道等级	代表船舶、船队	净高	单向通航孔			双向通航孔		
			净宽	上底宽	侧高	净宽	上底宽	侧高
Ⅲ	(1)货船	10	55	41	6.0	110	96	6.0
	(2)货船							
	(3)2排1列							

(续)

航道等级	代表船舶、船队	净高	单向通航孔			双向通航孔		
			净宽	上底宽	侧高	净宽	上底宽	侧高
Ⅳ	(1)货船	8	45	36	5.0	90	81	5.0
	(2)2排1列							
Ⅴ	(1)货船	8或5▲	40	32	4.5	80	72	4.5
	(2)2排1列							

注：标▲号的尺度仅适用于通航拖带船队的河流。

表 2-16　天然和渠化河流各级横向流速下船舶下行偏航距　（单位：m）

航道等级	代表船舶、船队	下行偏航距		
		横向流速 0.1m/s	横向流速 0.2m/s	横向流速 0.3m/s
Ⅰ	(1)4排4列	10	25	40
	(2)3排3列	10	20	35
	(3)2排2列	10	20	30
Ⅱ	(1)3排3列	10	20	35
	(2)2排2列	10	20	30
	(3)2排1列	10	15	20
Ⅲ	(1)3排2列	10	20	30
	(2)2排2列	10	15	20
	(3)2排1列	8	10	15
Ⅳ	(1)3排2列	10	15	20
	(2)2排2列	8	10	15
	(3)2排1列	8	10	15
	(4)货船	8	10	15
Ⅴ	(1)2排2列	8	10	15
	(2)2排1列	8	10	15
	(3)货船	8	10	15
Ⅵ	(1)1拖5	8	10	15
	(2)货船	8	8	10
Ⅶ	(1)1拖5	5	8	8
	(2)货船	5	8	8

注：当横向流速为表中范围内某一值时，偏航距可采用内插法确定。

黑龙江水系和珠江三角洲至港澳线内河水上过河建筑物通航净宽可参照式（2-20）、式（2-21）计算。

b. 限制性航道水上过河建筑物通航净空尺度不应小于表 2-17 所列数值。

表 2-17　限制性航道水上过河建筑物通航净空尺度　（单位：m）

航道等级	代表船舶、船队	净高	双向通航孔		
			净宽	上底宽	侧高
Ⅱ	(1)2排1列	10.0	70	52	6.0
Ⅲ	(1)2排1列	10.0	60	45	6.0

（续）

航道等级	代表船舶、船队	净高	双向通航孔		
			净宽	上底宽	侧高
Ⅳ	（1）2排1列	8.0	55	45	4.0
	（2）货船				
Ⅴ	（1）1拖6	5.0	45	36	3.5
	（2）2排1列	8.0			5.0
	（3）货船				
Ⅵ	（1）1拖11	4.5	22	16	3.4
	（2）货船	6.0	30	22	3.6
Ⅶ	（1）1拖11	3.5	18	13	2.8
	（2）货船	4.5	25	18	2.8

注：三线及三线以上的航道，通航净宽应根据船舶通航要求研究确定。

c. 在平原河网地区航道上建桥遇特殊困难时，经充分论证通航净高可适当减小。

d. 湖泊和水库水上过河建筑物通航净空尺度，不应小于表2-13所列数值。受风浪影响较大的航道，经论证应适当加大通航净空尺度。

② 天然和渠化河流水上过河建筑物轴线的法线方向与水流流向的交角大于5°，且横向流速大于0.3m/s时，单向通航净宽应在表2-13规定数值的基础上加大，其增加值应符合表2-18的规定。当水流横向流速大于0.8m/s时，应一跨过河或在通航水域中不得设置墩柱。必要时，应通过模拟试验研究确定。

黑龙江水系和珠江三角洲至港澳线内河水上过河建筑物轴线的法线方向与水流流向的交角大于5°，且横向流速大于0.3m/s时，通航净宽增加值可参照表2-18取值。

表2-18　天然和渠化河流各级横向流速下单向通航净宽增加值　　（单位：m）

航道等级	代表船舶、船队	单向通航净宽增加值				
		横向流速 0.4m/s	横向流速 0.5m/s	横向流速 0.6m/s	横向流速 0.7m/s	横向流速 0.8m/s
Ⅰ	（1）4排4列	30	60	90	115	140
	（2）3排3列	25	45	65	90	115
	（3）2排2列	20	35	55	70	90
Ⅱ	（1）3排3列	25	45	60	75	95
	（2）2排2列	20	35	50	65	80
	（3）2排1列	20	30	45	60	70
Ⅲ	（1）3排2列	20	35	50	65	80
	（2）2排2列	20	30	40	55	70
	（3）2排1列	15	25	40	50	65
Ⅳ	（1）3排2列	15	30	45	55	70
	（2）2排2列	15	25	35	45	55
	（3）2排1列	15	25	35	45	55
	（4）货船	15	25	35	45	55

（续）

航道等级	代表船舶、船队	单向通航净宽增加值				
		横向流速 0.4m/s	横向流速 0.5m/s	横向流速 0.6m/s	横向流速 0.7m/s	横向流速 0.8m/s
V	(1)2排2列	15	20	25	30	40
	(2)2排1列	15	20	25	30	40
	(3)货船	15	20	25	30	40
VI	(1)1拖5	8	18	28	33	38
	(2)货船	8	18	28	33	38
VII	(1)1拖5	8	13	23	28	33
	(2)货船	8	13	23	28	33

注：1. 双向通航净宽增加值为单向通航净宽增加值的2倍。
　　2. 当横向流速为表中范围内某一值时，通航净宽增加值可采用内插法确定。

③ 当水上过河建筑物的墩柱附近可能出现碍航湍流时，其通航孔的净宽可在表2-13～表2-15规定的通航净宽基础上加大，增加值宜通过模拟试验研究确定。

④ 跨越船闸工程的水上建筑物通航净高应符合表2-13～表2-15的规定。

⑤ 电力、通信、水文测验和其他水上过河缆线的通航净高，应按缆线垂弧最低点至设计最高通航水位的距离计算，其净高值不应小于最大船舶空载高度、船舶航行安全富余高度与缆线安全富余高度之和。

2. 水下过河建筑物的选址与布设

① 穿越航道的水下电缆、管道、涵管和隧道等水下过河建筑物必须布设在远离滩险、港口和锚地的稳定河段。

② 在航道和可能通航的水域内布置水下过河建筑物，应埋置于河床内，其顶部设置深度，Ⅰ～Ⅴ级航道不应小于远期规划航道底标高以下2m，Ⅵ级和Ⅶ级航道不应小于1m。

③ 设置沉管隧道、尺度较大的管道时，应避免造成不利的河床变化和碍航水流。必要时应通过模拟试验研究，确定改善措施。

3. 临河建筑物和锚地的选址与布置

修建临河建筑物和设置锚地应符合航道发展规划和满足船舶航行安全要求。

（1）临河建筑物和锚地的选址　临河建筑物和锚地宜选在河床稳定、水域宽阔、水深和水流条件良好的河段。通行控制河段内不得修建临河建筑物和设置锚地。临河建筑物和锚地与水上过河建筑物的距离应按水上过河建筑物的选址、布置和通航净空尺寸的规定执行。在河道的弯曲和狭窄区段不宜修建临河建筑物或设置锚地。

（2）临河建筑物和锚地的布置　临河建筑物及码头前沿停泊水域不得占用航道。船舶回旋水域需利用航道水域时，应通过专题论证确定。在桥区河段，临河建筑物及码头船舶停泊、作业水域不得利用航道水域。码头前沿线、船台滑道外端宜与上、下游既有的临河建筑物外缘线平顺衔接布置。取排水口设施宜布置在上、下游既有的临河建筑物外缘线之内。锚地不得占用现行和规划航道，与航道边线的距离不得小于2～3倍设计最大锚泊船型宽度。在航道和可能通航的水域内设置淹没在水下的取排水设施、船台滑道等水下临河建筑物，其顶部设置深度应按水下过河建筑物的选址与布置的规定执行。取排水设施的设置和作业不得造成不利的河床变化和碍航的水流。

4. 安全保障措施

1) 水上过河建筑物在通航水域设有墩柱时，应设置助航标志、警示标志和必要的墩柱防撞保护设施。必要时尚应设置航标维护管理和安全监督管理设施。

2) 水上过河建筑物的墩柱承台出露在水面以上，或承台顶部以上水深不满足通航要求时，应设置助航标志。

3) 临河建筑物和锚地应设置助航标志标示其位置或作业水域。

4) 通航孔两侧墩柱防护设施的设置不得恶化通航水流条件和减小通航净宽。

2.2.4 航道断面系数

限制性航道，因水面狭窄、断面系数小而对船舶航行有明显的限制作用。航道断面系数是确定运河等限制性航道断面尺度的重要指标。船舶在狭窄航道中的航行阻力比在无限水体和广阔的天然河流中大。航行阻力与航道断面系数成反比，航道断面系数越小，船舶航行阻力越大。为了减小航行阻力，就必须扩大航道过水断面面积，尤其在人工运河和裁弯取直的引河中，必须考虑航道断面系数的取值。

断面系数（Cross-section Coefficient）是指设计最低通航水位时，过水断面面积与设计通航船舶或船队设计吃水时的舯横剖面浸水面积之比值。

即
$$\eta_\varphi = \frac{A}{A_\varphi} \tag{2-23}$$

式中 η_φ——航道断面系数；

A——设计最低通航水位时，航道过水断面面积（m^2）；

A_φ——设计通航船舶、船队设计吃水时的船舯横剖面浸水面积（m^2）。

航道断面系数一般通过实船和船模试验数据的分析研究确定。根据国内外的研究成果，认为 $\eta_\varphi = 7$ 是最经济合理的。当 $\eta_\varphi > 10$ 时，断面形状对航道阻力的影响可以忽略不计。结合我国实际情况，《内河通航标准》（GB 50139）规定，限制性航道的断面系数不应小于6，流速较大的航道不应小于7。

2.2.5 通航水流条件

《内河通航标准》（GB 50139）规定，内河航道中的流速、流态和水力比降等水流条件应满足设计船舶或船队安全航行的要求。

1. 各种水流条件对船舶航行的影响

（1）水流流速 船舶在水中航行要克服水流对船舶的阻力，水流阻力的大小与船体形态和船舶对水航速有关，阻力与速度的平方成正比。山区河流水流较急，滩险流速较大，平原河流水流条件相对较好。故船舶在内河上航行，为了克服水流阻力，水面最大纵向表面流速不应超过一定限值。

（2）水面比降 船舶逆水航行，除要克服水流阻力外，还要克服水面比降引起的坡降阻力。坡降阻力大小取决于船舶排水量和水面比降，排水量越大，水面比降越大，阻力越大。山区河流比降都比较大，川江有些急流滩，水面局部比降达到 0.6‰~1‰，在此情况下，水面坡降阻力，一般大于水流阻力。

船舶上行通过急滩，必须克服水流阻力和坡降阻力，并且还需要有一定的对岸航速。在桥区河段，最小对岸航速为 4km/h；过急流滩，最小对岸航速为 3.6km/h 左右；在局部困难河段，最小对岸航速应大于 1.8km/h，船舶才能自航上滩。

(3) 水流流向　当航道内存在回流、横向水流或斜向水流,水流流向与船舶航行方向不一致时,船舶受侧向水流力影响而偏离正常航线,极易造成海事。在船闸上下游引航道、口门区和连接段,对回流、横向水流流速有严格限值。

(4) 不良水流流态

1) 回流。回流是一种在平面上做回转运动的环向水流。强烈的回流对船舶会产生很强的推力,使船舶失去控制,极易发生事故。船闸引航道内不应布置排水设施,当不可避免产生回流时,回流流速不应超过 0.4m/s。

2) 泡水。泡水是一种从河底向上的上升水流。较强泡水,在水流中形成局部隆起和向四周翻滚的流态,泡水越高,强度越大。驾驶中必须迎泡、压泡,不宜随泡漂移。

3) 漩水。漩水是一种竖轴环流,漩水与回流不同,较强的漩流会产生大的漩涡,水流以凹陷的漩涡为中心旋转,回流的旋转速度较慢,面积较大。船舶若驶入大的漩涡,会被漩水旋转下沉。实际工程中,往往泡水和漩水相伴而生,称为泡漩水。

4) 滑梁水。在航道两侧,有顺水流方向的长条礁石或向岸倾斜的卵石滩,当被水淹没后,礁石顶部产生横向水流称滑梁水。滑梁水会产生较大的横向流速和比降,船舶航行中,易被横向水流吸引而横向滑移,发生触礁事故。

5) 扫弯水。在急弯河道内,有一股斜向顶冲凹岸的面层水流,称为扫弯水。下驶船舶,通过急弯时船舶受扫弯水的作用,随水流紧贴凹岸而下,船尾极易触岸或岸边暗礁。

6) 复杂的水流流态。在天然山区河流,因河床地形不规则,当断面平均流速达到 3.0m/s 以上时,各种不良水流流态的泡漩水、扫弯水,使航行困难。

以上各种水流对船舶航行的影响程度与船舶性能有关。若船舶设计航速高,稳定性好,操纵性好,则克服上述水流影响的能力强。反之,船舶受水流影响就更加显著,对水流条件要求也高。

2. 航道水流条件和通航船舶性能

各航区因河道特性不同,水流条件相差甚远,航行于不同河道的船舶,应适应该航道的水流和航道特性。

(1) 山区河流　山区河流分为两类,一类是流经高山、峡谷,河床地形极不规则,流急坡陡,水流紊乱,航道狭窄弯曲,如川江、乌江、金沙江、红水河等。航行这些区域的船舶应具有较高的航速,良好的急流稳定性,双车双舵,操纵性能好。以下是各种船型与其相应的通航水流条件。

1) 客船通航水流条件。

① 高速船(水翼船、气垫船),航速 60km/h 左右,可在水面纵向表面高流速 ($v = 6 \sim 7\text{m/s}$) 条件下航行。

② 长轮集团江渝系列客船,静水航速 27km/h 左右,可自航通过局部急流段 ($v = 5.5\text{m/s}$, $i = 0.2\% \sim 0.3\%$)。

2) 货船通航水流条件。

① 300t 级、500t 级货船,静水航速 20km/h 左右,半载可自航通过急流段 ($v = 4.0\text{m/s}$, $i = 0.3\%$)。

② 乌江 350kW 机驳,载货 100t 级,可自航通过急流段 ($v = 4.5\text{m/s}$, $i = 0.5\%$)。

3) 顶推船队通航水流条件。

① 长轮集团 1940kW 顶推 2 艘 1000t 级驳半载,静水航速 18~19km/h,可自航通过急流段 ($v = 3.5 \sim 3.8\text{m/s}$, $i = 0.2\% \sim 0.3\%$)。

② 地方顶推船队，一般是 400~588kW，顶推 3~4 艘 500t 级驳，下水满载，上水空载，其船队空载静水航速 16~19km/h，空载船队能自航通过局部急流段（$v=3.0~3.5$m/s，$i=0.1\%~0.2\%$）。

另一类是山区河流，河床质主要是卵石，如嘉陵江、岷江、红水河和川江上游河段等。这类河流最大表面流速一般为 2.5~3.5m/s，$i=0.1\%~0.3\%$，水流流态较好，航行船舶多为单船或 1 顶 1 驳、1 顶 2 驳船队，船舶静水航速 16~18km/h，滩险段航线上允许最大流速 $v=3~3.5$m/s，比降 $i=0.2\%~0.3\%$。

（2）平原河流　平原河流分布很广，如长江中游、汉江、湘江、赣江、西江南宁至广州段、松花江等。这类河道，航道水流条件较好，流速、比降都不大，一般河段 $v=1.0~2.0$m/s，$i=0.001\%~0.01\%$，局部河段 $v=2.5$m/s，$i=0.01\%~0.05\%$，极个别地方 $v=3.0$m/s。

3. 通航水流的确定标准

工程界通航水流的标准，普遍是指航道上允许最大流速和比降。表 2-19~表 2-21 所列是川江、乌江、长江干流航道整治中，通过大量实船试验研究提出的航线上允许最大流速、比降标准值，为确定其他河流的航道整治的通航水流条件提供依据。

表 2-19　川江设计船队允许的最大表面流速与相应水面比降

河段	重庆—宜宾段			重庆—宜昌段					
代表船型	850kW 推船，顶推 1 艘 1000t 级驳，载货 1000t			1942kW 推船，顶推 1 艘 1000t 级驳和 1 艘 500t 级驳，载货 2000t			1942kW 推船，顶推 1 艘 1000t 级驳和 1 艘 800t 级驳，载货 1560t		
流速 v/(m/s)	4.0	3.0	2.5	4.0	3.1	2.0	4.3	3.2	2.5
水面比降 i(‰)	0.10	0.20	0.30	0.08	0.21	0.30	0.15	0.35	0.43

表 2-20　乌江设计船队允许的最大表面流速与相应水面比降

代表船型	乌江 350kW、200~300t 级驳，368kW、500 客位客船	
流速 v/(m/s)	4.1	4.5
水面比降 i(‰)	0.70	0.65

表 2-21　武汉—重庆万吨级船队允许的最大表面流速与相应水面比降

代表船型	1942kW 推船，顶推 9×1000t 级驳，静水航速 11.3km/h		
流速 v/(m/s)	2.5	2.3	2.1
水面比降 i(‰)	0.01	0.02	0.03

其他河流航道整治，也采用了上述通航水流标准，如湖南湖区航道整治设计标准为航道表面流速不超过 2.0m/s，广西红水河航道整治，以最大流速不超过 3.0m/s 作为航道通航设计标准。

4. 通航水流条件

《航道工程设计规范》（JTS 181），对航道的通航水流条件有明确的规定：

1）航道内的最大纵向表面流速和局部比降宜满足设计船舶或船队自航上滩的要求。

2）取水工程的进口和排水工程的出口处，航道横向流速不应超过 0.3m/s，回流流速不宜超过 0.4m/s。

3）航道内的滑梁水、剪刀水、泡漩水和扫弯水等不良流态不得影响船舶安全航行。

2.3 航道规划设计与航道工程

2.3.1 航道规划

航道规划（Waterway Planning）是根据流域规划和航运发展规划拟订预定水平年航道开发建设的目标、任务、规模、标准和措施等事项的工作。内河航道规划是水运规划的一个重要组成部分，它的主要任务是研究航道开发的经济可行性和技术上的可能性，根据未来客货流及运输组织，提出适应近期发展的航道方案，规划远期的航道建设目标。

内河航道工程的完成一般要经过预可行性研究阶段、工程可行性研究阶段、初步设计阶段、施工图设计阶段和施工阶段5个阶段。

1. 预可行性研究阶段

在此阶段收集的资料有：

1) 河流的自然资料，主要内容包括：水位、流量系列和特征值等水文资料，降水、风、气温和雾等气象资料；河床和岸坡的地质构造、地震烈度和河床覆盖等地质资料；悬移质和推移质等泥沙资料；感潮河段的潮汐、波浪、含盐度和理论最低潮面等资料；季节性封冻河流的封冻期和停航天数等资料。

2) 航道资料，包括下列内容：航道基本特性、重点滩险的类型与分布、河床演变、碍航特性和整治历史、航道维护尺度、助航导航设施和海事情况等；整治河段地形和重点滩险地形图；已有的试验研究成果。

3) 经济营运资料，包括下列内容：腹地内社会经济、交通运输状况和大型工矿企业对水运开发的要求与发展规划；客货运量现状和发展趋势。

4) 船舶资料，包括下列内容：现有船舶的类型、吨位、尺度、数量和营运组织状况等；船舶规划中拟发展的类型、吨位和尺度等。

5) 港口资料，包括港口分布、泊位数、吞吐能力和客货运量现状等；港口发展规划。

6) 其他资料，应包括有关水利水电枢纽、取排水、过河建筑物、沿江防洪、城市建设和国土规划等。

2. 工程可行性研究阶段

（1）水文、气象资料的收集与观测

1) 水位资料除应收集有关水文站、水位站的长系列水位资料外，尚应根据工程和河道具体情况增设固定水尺施测水位，固定水尺观测时间不应小于1年，在滩上设置的临时水尺应与固定水尺同步观测。

2) 流量资料除应收集水文站的流量和水位与流量关系曲线资料外，尚应收集对整治河道有影响的水利水电枢纽取排水等工程的调度运行方式及相关的流量、水位变化资料，并应根据工程需要对重点汊道浅滩的分流比、分沙比和重点滩险的断面流速分布进行施测。

3) 应收集或施测拟整治滩险的流速、流向和碍航流态资料。

4) 应收集水文站的悬移质、推移质及粒径级配资料，并对重要浅滩进行河床质采用；库区、湖区和潮汐河口应收集或观测波浪、潮汐和沿岸流资料。

5) 应收集风、雾、雨和气温等与整治工程和航运有关的气象资料。

6) 季节性封冻河流应收集封冻期冰凌厚度、流冰期水流流速和流冰对整治建筑物破坏等资料。

(2) 地质和地貌资料的收集与勘察

1) 河床组成复杂的滩段，应查明河床覆盖层性质、分层厚度、粒径级配合下伏岩石性质及顶面高程。

2) 易于变形的岸坡和洲滩应收集土质组成、物理力学指标和护岸资料。

3) 应根据工程需要进行溪沟调查，查明溪沟底的纵坡、泥石来源、暴雨径流及与溪沟滩体变形的关系。

4) 岩崩和滑坡地区，应收集岸坡稳定性评价资料。

(3) 地形资料的收集与观测

1) 河道地形图测量范围应包括整治河段，并应根据工程需要向上下游适当延长，两岸高程宜测量至常年洪水位。

2) 浅滩的测图范围应包括浅区及上下游稳定深槽的一部分；分汊河段测图范围应包括洲头分流点至洲尾汇流点及上下游稳定深槽的一部分；急滩和险滩的测图范围应包括滩段及上下游受影响的部位。

3) 相互影响的相邻滩险测图应衔接。

4) 地形复杂的滩险，应适当加大测图比尺和扩大测区范围。

5) 冲淤变化较大的浅滩尚应增加测次。

(4) 滩险演变与碍航状况资料的收集

1) 碍航浅滩应收集历年测图和航道尺度记录及已有的演变分析成果。

2) 碍航急滩应收集成滩原因、滩情历史变化、成滩水位、消滩水位、最汹水位和有关绞滩资料。

3) 碍航险滩应收集碍航原因、碍航状况、成滩期滩段水流流态及变化和船舶或船队过滩时航行的主要难点等资料。

4) 已进行模拟研究的复杂滩险应收集其试验或计算的成果。

3. 初步设计阶段

对年际变化不大的浅滩，可在汛前、汛后和枯水期各进行一次水文和水下地形测量，对年际变化较大的浅滩，应至少进行两个连续水文年的地形测量；对年内变化较大的浅难，宜增加浅区的测次。水文和地形资料应在同一时段观测。

滩险河段应施测比降、流速、流向和碍航流态，必要时应同步施测比降和流量。重点滩险应施测整治部位的大比尺地形图。需要疏浚的河段，应查明挖精和岸坡的土质情况；需要炸礁的河段，应查明礁石性质和岩土级别等。

应补充收集重点滩险的河工模型试验、船模航行试验和分析计算等研究成果。对于工程施工区域的施工条件、工程材料和自然条件影响等资料，应予以重视。同时应收集与编前制工程概算有关的定额和单价等资料。

4. 施工图设计阶段

整治河段的图应满足下列要求：

1) 施工图设计应采用1~2年的地形测图，变化急剧的浅滩应采用当年地形图。

2) 施工区地形图应按分项工程的性质、规模、范围，采用不同的比尺，陆上炸礁宜前采用1∶500~1∶1000；水下炸礁宜采用1∶100~1∶500；筑坝宜采用1∶500~1∶2000；疏浚宜采用1∶1000~1∶5000。

3) 应收集施工机具、设备、船舶和其他与施工方法有关的资料。通航和临时封航有关的资料。爆破施工可能影响范围内建筑物的位置、结构和性质资料。与工程施工有关的专项试验研究资料。

5. 施工阶段

施工阶段应该关注工程区域河床地形和水文等变化资料、工程设计变更和补充的专项试验研究等资料、相关的已建整治建筑物附近河床变形观测和流速、流态测验资料及分析成果。同时应收集工程影响范围内船舶通航状况、水环境变化和爆破影响、工程招投标文件和相关图纸、有关工程质量检验、材料检验、中间验收、施工安全检查和事故状况等资料。

2.3.2 航道设计

1. 一般要求

1）航道工程设计应按基建程序不同阶段设计文件编制规定的要求，进行基本资料的收集、分析和整理。后一阶段所需资料，应在前一阶段已有资料的基础上补充、深化。

2）航道工程运量预测的设计水平年应根据工程性质，规模大小确定，可取工程建成后的10~30年。

3）航道建设规模应根据货运量船型、船流密度等发展要求，以及自然条件、工程投资等因素，经技术经济论证后确定，并应遵循下列原则：

① 适应国民经济和社会发展要求。
② 具有前瞻性，留有适当发展余地。
③ 充分利用已有航道资源、土地资源和水资源等自然资源。
④ 保护环境、节能和安全。

4）航道工程设计应根据山区河流、平原河流、沿海及潮汐河口的不同特性，进行水流波浪、泥沙特性、河床海床演变等分析研究，通过多方案比较，确定经济的、合理的设计方案。

5）航道总体设计的主要内容应包括航道建设规模及标准、航道选线、航道平面布置和主要尺度、整治工程的整治线、整治建筑物布置、疏浚工程、导助航设施布置等，必要时应考虑停泊区、锚地和服务区。停泊区、锚地和服务区的选址应根据自然条件、河流水文特性航道布置和船型等因素综合考虑确定，并应符合国家现行有关标准的规定。

6）航道选线应在满足船舶航行安全的前提下，按照航道规划，结合当地自然条件、工程费用、外部条件和维护费用等因素综合分析确定。

7）整治建筑物结构应贯彻因地制宜、就地取材的原则，根据航道总体设计的要求，并考虑自然条件、建筑材料和其他技术要求等因素进行设计。

8）航道工程设计应积极慎重地采用新技术、新工艺、新材料。

9）航标设计应根据航道的具体条件和航海技术的发展，合理选择导助航方案，确定航标的配布和选型。

2. 航道设计内容

（1）收集基本资料　包括相关规划、有关批准文件、自然条件资料、经济运行资料、航道条件资料和其他必要的资料。

（2）确定航道建设规模及标准　航道运量预测设计水平年的确定应综合考虑工程建设周期、续建工程和运量发展速度等影响因素，分期实施工程的建设时序应与运量发展水平相适应。设计船型的论证应考虑航道规划等级、自然条件、运量、船舶营运组织方案、港口条件等因素。航道建设标准应在运量预测根据的基础上，根据设计船型和航道的条件，通过多方案技术经济综合论证确定。航道的线数应根据运输要求、航道条件和投资效益分析确定。

（3）航道选线

1）航道选线应结合总体规划、自然条件、船舶航行密度、环境保护要求、工程量、维护费用、船舶航行安全等因素综合确定，并适当留有发展余地。

2）应尽量利用自然水深，避免大量开挖岩石、暗礁和底质不稳定的浅滩，并对航道泥沙回淤做出论证。

3）航道选线应减小强风、强浪和水流主流向与航道轴线的交角。对有冰冻的河流，航道选线还应注意排冰条件和冰凌对船舶航行的影响，尽量避开冰凌及排冰通道。

4）航道轴线宜平顺，避免多次连续转向。当受地形、地质条件限制必须多次转向时，宜采取减小转向角、加长两次转向间距、加大回旋半径或适当加宽航道等措施。

5）浅滩段航道轴线布置应分析水动力及泥沙对航道的影响，并分析浅滩演变与航道轴线布置的关系。有整治工程时，航道轴线的布置还应结合整治效果的预测确定。

6）航道交叉区段内，各航道应避免转向。各航道间有互通船舶要求时，交叉水域的设计应满足船舶通视转弯的安全要求。航道交叉水域宜设置警戒区。

（4）设计通航水位　设计通航水位应根据河道近期连续的水位和流量资料通过计算分析确定。当水文条件发生变化时，应根据变化情况，通过论证研究及时进行调整。

（5）确定航道尺度　航道尺度应根据不同水域或河流的性质、设计通航船型船队、客货运量和船舶航行密度等进行分析论证。

（6）浅滩整治　见第3章航道整治工程。

（7）疏浚工程　见第4章航道疏浚工程。

（8）导助航设施布置等　见第2章第5节内河助航标志。

2.3.3　航道工程

航道工程（Waterway Engineering）是指以延长通航里程，提高航道标准，改善通航条件和保障航道畅通为目的的疏浚、整治、渠化、径流调节、绞滩、运河、航标、清障等工程措施的总称。

1. 航道工程分类

航道工程主要分为整治工程、疏浚工程、渠化工程、径流调节等几大工程。本书重点介绍整治、疏浚和渠化工程。

（1）整治工程　整治工程（Regulation Works）是利用整治建筑物或其他工程措施，调整河槽形态和水、沙流路，造成有利的水流结构，利用水流本身的内部力量刷深航道并维持航道的稳定，从而改善航道条件的工程。依据过渡段浅滩、汊道浅滩、散乱浅滩和河口浅滩的不同特性，采取不同的整治措施。整治工程设计包括确定整治水位和整治线宽度，整治建筑物设计和布置等，以达到束窄河槽，改善流态，冲刷河床的作用；对于弯曲河段，也可采取裁弯取直方法，从河湾狭颈开挖新槽，以取代原有河道，缩短航程，改善弯道航行条件。

（2）疏浚工程　疏浚工程（Dredging Works）是采用人力、水力或机械施工方法，为拓展、加深水域而进行的水下土石方开挖工程。疏浚工程是开发、改善和维护航道、港口水域的主要手段之一。在内河碍航河段，利用挖泥船浚深或拓宽航道，维持枯水期航道所必需的深度和宽度。一些内河航道的浅滩经疏浚以后，泥沙不断运动并在挖槽中沉积，造成回淤，导致疏浚的成果丧失或减少。在进行航道疏浚规划设计时，要了解和掌握挖泥区各种动力因素与泥沙运动的关系，考虑减淤措施。航道疏浚工程设计包括挖槽定线，挖槽断面尺寸的确定，挖泥船的选择和弃土处理方法等。

（3）渠化工程　渠化工程（Canalization Works）是指在天然河流上，以航运开发为主要目的，修建拦河闸坝和通航建筑物，壅高上游水位、改善航行条件的航道工程。在枯水期拦蓄水量、抬高上游水位、增加通航水深，减小闸坝前的水流流速；洪水期则通过泄水建筑物宣泄洪水，恢复原河道的行洪状态。渠化工程是改善航道条件的最有效措施，同时，对上游容蓄能力的大小，对天然河流洪、枯流量的分配进行不同程度的调节。

上述三种是改善河流通航条件所采取的主要工程措施。在航道治理和管理中还有一些其他的助航措施。

（4）径流调节（Runoff Regulation）　根据河流流量加大，水深也相应加大的原理，利用浅滩上游水库调节流量，洪季拦蓄、枯季泄放，使靠近水库下游的浅滩枯季水深增加。以径流调节增加航深，一般是航运收到的间接利益。单纯为了增加枯季航深需要补充的流量很大，必须建造大型水库，同时水库距浅滩段越远，增深的效果越差。水库的建造是多目标的综合开发，不可能单纯为增加枯水期航道水深而建造水库。水库建成后，浅滩河段的来水、来沙受到了控制，洪峰削减，枯季流量增加，流量变幅减小，中水历时增长，来沙量锐减，在一定程度上有利于河槽的稳定和浅滩的刷深。

（5）绞滩（Rapids-Heaving）　在急流滩上，可直接采用卷扬机一类的设备牵引船舶过滩，俗称绞滩。绞滩一般在下列情况下采用：上游有不少滩险紧邻，经论证，彻底整治该滩，滩头水位将降落，会恶化上游若干滩险；因工程量大，目前难彻底整治；不久将渠化淹没的急流滩，设绞滩解决当前需要；屡经整治，但整治效果不能巩固，滩势反复重演的急流滩。

（6）扫床（Bed Sweeping）　在河口区也称扫海，目的是探明航道内影响航行的障碍物的位置，为清槽工作做准备。扫床可分目力观察、探测、用专门的扫床工具清扫三种方法。目力观察最简单，根据经验，由水面上的浪花、乱流和漩涡等现象，推测障碍物的位置。探测利用测深杆、测深锤、回声测深仪等进行探测，遇到特别浅的地方，就可以判定有障碍物。用与航道相适应的刮刀与链条构成扫床工具，将扫床工具沿整个航道拖曳，如遇到障碍物，它们就会做出反应。近年来，多种自记测深仪在航道管理与维护中得到了广泛的应用，工作船在行进中就能将航道河床的情况在显示器中清楚地显示出来。

（7）清槽　主要是清除打捞航道内的障碍物，其次是清除水草，爆破沙滩。清槽工作需要进行潜水作业。

（8）布设航标　为了在自然水域的水面上保证船舶能安全方便地在航道中行驶，就需要布设航标，供船舶确定船位、航向、避免危险。

2. 各主要工程措施之间的关系

航道整治是在原有航道上进行改进提高的航道整治工程，目的是提高航道尺度、改善通航水流条件、扩大通过能力以及在一定程度上提高航道等级等。整治工程并不能从根本上改变河流的水文条件，基本上不改变河流水位-流量的对应关系，而只是局部改善天然河流、湖泊、水库中碍航较严重的急滩、险滩和浅滩状态。通过整治，一般可将一条天然河流或一个长河段的航道水深在原有基础上增加50%～100%，在有条件的地方，如果措施有力，增加更多。利用整治工程维持航道时，河流根本上处于自由状态，航道常称为天然水道。

有些天然河流由于存在较多滩险，通过整治和疏浚工程虽然得到显著改善，但往往难以根本改变水流湍急、航行困难、通过能力低，在条件允许的情况下实施航道渠化。渠化工程是改善天然河流航道条件的根本措施，直接影响河流的整体开发计划。渠化工程是综合性水利枢纽成功运用的一项工程，因此，河流渠化工程必须紧密结合河流综合利用和综合开发的计划进行。渠化后的航道、人工运河都称为人工航道。

在同一条河流上的不同河段、不同时期，上述各种改善通航条件的工程措施必须互相配合，通过渠化工程-综合性的梯级开发实现航道的渠化，航道整治和疏浚有机地结合起来，真正实现综合性运输体系。

2.3.4 航道管理的现代化

近年来，航道等级不断提高，水运向着高效能、高效益的方向发展。但是随着这一进程的推进，航道管理手工化操作暴露出许多不足和缺陷，主要表现在：

1）航道资料归档纸张化，不能讯速查询到所需的技术信息。
2）航道资料的利用率低，在历史资料中挖掘出有用的信息非常困难。难以实现远程航道信息的资源共享，以及快速实现航道实时信息的查询。
3）信息统计耗费大量人力、物力，耗费时间长，容易出现差错。
4）长期以来，航标导航系统的监控和维护手段没有较大改进，一直沿用人工出航巡视的方式检查航标状况。此种方式不利于及时发现航标的状况异常，工作量大、成本高。

针对航道管理中的上述问题，国外在20世纪80年代就将许多新信息和电子技术应用到航道管理中。近年来国内多个省市的航道管理部门开展了技术攻关，将地理信息系统、全球定位系统、遥感遥测技术、监控摄像等技术进行应用。浙江嘉兴市在市区运河整治后，进行了管理系统的自动化升级，GPS技术、摄像监控系统等技术的应用提高了航道管理的效率，水上运输安全得到保障，经济效益大幅提升。湖南省航道管理部门组织技术攻关，在新型航标灯、航标的遥感遥测等方面进行技术创新，新材料、新能源、通信平台等多方面得到应用，航道管理的成本降低，效率提高，安全性和可靠性增强，更加适应环保要求。可以预测，随着新技术的发展和应用，航道管理将全面实现现代化和信息化。

2.4 船舶及其特性

船舶在国防、国民经济和海洋开发等方面都占有十分重要的地位。船舶按不同的使用要求具有不同的技术性能、装备和结构形式。

2.4.1 船舶和船队

1. 船舶

船舶是各种船只的总称，是指依靠人力、风帆、发动机等动力，能在水上移动的交通手段，按推进动力可分为机动船和非机动船。机动船是指自身装有动力装置的船，如客船、货船、原油船、内河集装箱船和拖船，以及用来顶推驳船的推轮等。非机动船是指没有动力装置的船，如驳船，驳船本身无自航能力，需拖船拖带或顶推船顶推的货船。其特点为设备简单、吃水浅、载货量大。驳船一般为非机动船，与拖船或顶推船组成驳船船队，可航行于狭窄水道和浅水航道，并可根据货物运输要求而随时编组，适合内河各港口之间的货物运输。少数增设了推进装置的驳船称为机动驳船，机动驳船具有一定的自航能力。

2. 船队

船队是指将若干艘驳船按一定的方式编结在一起，由拖船拖带或推船顶推航行的运输组合体。按编队方式不同，船队可分为拖带船队和顶推船队。

（1）拖带船队　拖船用于拖带驳船或漂浮结构物的船舶。拖带船队是拖轮在前，用缆索拖带后面的驳船队。为了减少拖轮螺旋桨搅起的尾流冲击到驳船队，从而加大船队的水流阻力，一般要求拖轮与第一艘驳船之间的缆索较长,具体长度按拖轮的动力大小而异。在航道尺度允许时,为了减小船队阻力,逆流行驶时,可以采取多排一列式,如图2-7a所示,顺流行驶时,可以采用多排并列式,如图2-7b所示。拖带船队的编队方式行驶时的阻力大、运价高,但由于它是柔性连接,要求的航道条件低,弯曲半径较顶推船队小。

(2) 顶推船队 顶推船专门用于顶推非自航货船的船舶。与拖船相比,顶推运输时驳船在前,推船在后,驳船之间连接成一个整体。顶推船队分为普通驳顶推船队和分节驳顶推船队,如图2-8所示。顶推船队较拖带船队有以下优点:

1) 阻力小,消除了拖轮在前面搅起的水流对后面船队引起的冲击阻力;推轮在驳船队的附随水流之中,减小了水流对推轮的阻力;同时,螺旋桨也在附随水流之中,改善了螺旋桨的工作条件;减小或消失了由于驳船在拖带船队中的偏转摆动所增加的阻力。

2) 顶推船队连接为一个整体,偏转摆动幅度小,增加了船队的稳定性。

3) 顶推船队的船员数量相对减少。

4) 编队、解队的作业简便快速,提高了劳动效率。

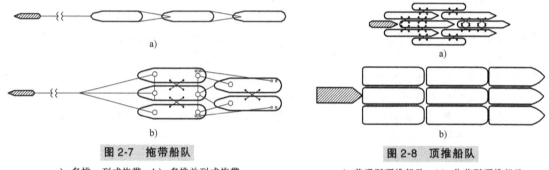

图2-7 拖带船队
a) 多排一列式拖带 b) 多排并列式拖带

图2-8 顶推船队
a) 普通驳顶推船队 b) 分节驳顶推船队

20世纪80年代开始,我国长江及其他一些水系,推行了分节驳顶推运输方式。分节驳顶推船队类似铁路列车,由许多艘统一规格驳节,编组成一支庞大的船队,由一艘推轮在后面顶推前进,如图2-8b所示。这种船队与普通顶推船队相比,其技术性能和经济指标都显示出明显的优越性,具有如下优点:

1) 船队的整体线形得到改善,航速可提高6%~15%。

2) 由于取消了普通驳船的驾驶楼、舵设备、救生设备和船员住宿等设施,降低了分节数造价。

3) 船形丰满,在船队长度不变的情况下,其载重量可增加8%~14%;若载重量不变,船队长度可缩短,从而减少造船材料消耗量。

4) 驳船上可不配船员,节省人力。

5) 驳船建造易于标准化和系列化;线形简单,便于建造。

但由于船型自身的特点,分节驳不宜单独使用,否则阻力很大;在同一船队中只能编入尺度相同的分节驳船,在装货时要严格控制配载,保证各分节驳船吃水均衡,以形成一定线形的整体。近年来,随着船形标准化的加速推进,顶推船队和拖带船队逐步萎缩,自航机动船的发展迅速。

2.4.2 各大水系航道尺度和船型的适应性

我国内河运输船舶经过多年的发展,已有很大的进步。原标准的航道等级是按驳船吨级划分的，近若干年来由于货船发展迅速，在一些航道上已成为运输的主力船舶，故现标准按通航内河驳船和货船的载重吨级划分航道等级。同时，构成我国各主要水系以及通航千吨级以上船舶的航道为骨干的航道网络发展迅猛，水运发达的省区也制定了相关的规划，迄今为止，内河船型仍然很复杂。

天然和渠化河流航道除通常的河流航道外，还包括通航条件比较特殊的黑龙江水系航道和珠江三角洲至港澳线内河航道。天然和渠化河流航道，在确定各等级航道尺度外，考虑到Ⅰ～Ⅲ级航道均为船队和货船混合通航的航道，仅规定了船队和货船通航的航道尺度，而在Ⅲ级以下航道则同时规定了船队和货船的航道尺度。黑龙江水系多为宽浅型河流，多年来通航吃水较浅的船舶和船队，并已自成系列，根据其船舶和船队尺度对航道尺度作了单独规定。珠江三角洲至港澳线内河航道，水深条件良好，适宜通航吃水较深的船舶。在这些航道上通航的船舶主要为货船和集装箱船，其代表船型为从中优选的多用途货船，同时也通航船队。航道水深兼顾了某些油船、液体船等吃水较大的船舶的通航要求，航道宽度和最小弯曲半径则兼顾了货船和船队的通航要求。

特殊的设计船舶或船队，是指与同等级航道中船舶载重吨级相同而与表列船型、船队尺度不同的船舶或船队，以及大于3000t级的船舶和由其组成的船队。依据这些特殊船舶和船队设计航道尺度，应根据表2-2～表2-5和式（2-1）确定。

2.5 内河助航标志

内河助航标志（内河航标）是船舶在内河安全航行的重要助航设施。内河航标的主要功能是标示内河航道的方向、界限与碍航物，揭示有关航道信息，为船舶航行指出安全、经济的航道。

1. 内河航标配布原则

1）航标配布应根据江、河、湖泊、水库的具体航行条件，简单明了地指出安全、经济而又便于船舶航行的航道。

2）配布航标应注意岸标与浮标之间的有效结合，使每一座标志发挥最大作用。由于岸标作用可靠，受自然界影响所导致失常的因素远较浮标少，因此应注意发挥岸标的作用。

3）设置岸标时，可根据各河区具体情况规定岸标的最小安全航行距离（作用距离），该值自标位处的水沫线算起。

4）设置侧面浮标时，应保证在航道同一侧相邻的两座浮标或同一侧相邻的浮标与岸标规定的最小安全航行距离的相连直线内，不得有小于维护水深或揭示水深的碍航物存在。在特定条件下，也可规定某些浮标和水中灯桩的最小安全航行距离（自该标标位处起算）。

5）侧面浮标设置地点的水深，可根据各个水位时期的不同维护水深而统一变更。在水位上升时期，侧面浮标的设置应在保证维护水深的前提下，适当将航道放宽。在水位下降时期，可逐步缩窄航道宽度，保持维护水深。

6）深槽河段沿岸航道的可航范围，一般为航道标准宽度的两倍。如果沿岸航道宽度小于两倍航道标准宽度时，必须在碍航物近航道一侧设置侧面浮标，标示航道界限。在水面宽阔的河流上，沿岸航道的可航范围可以适当放宽，但最大不超过枯水河面平均宽度的三分之一。

7）洪水期，河面增宽，水深、流速增大，因此，必须注意标示出淹没的河岸、岛屿和其他碍航物，并及时开辟经济航道。

8）枯水期的航标配布应准确标示航道方向，注意标示浅滩航道的轮廓和揭示浅滩航道的最小水深。

9）当水位陡涨陡落时，应及时调整标位，注意岸标不得距水沫线过远、过高或被水淹没。

10）在潮汐河段，航标的配布应当保证所标示的航道在所规定的基准面下有足够水深，并应注意潮流变向时浮标的回转范围。

11）在湖泊、水库及其他宽阔水域，应在岛屿、浅滩、礁石、通航河口适当配布示位标，供船舶定位或确定航向。

12）水网地区应着重标示河口、湖口、突出的岸嘴和弯曲的岸形，并在支河汊港处指示航行方向。

2. 内河航标的类型

内河航标按功能分为航行标志、信号标志、专用标志三类。

航行标志是指标示航道方向、界限和碍航物的标志，包括过河标、沿岸标、导标、过渡导标、首尾导标、侧面标、左右通航标、示位标、泛滥标及桥涵标等十种。

信号标志是指为航行船舶揭示有关航道信息的标志，包括通行信号标、鸣笛标、界限标、水深信号标、横流标及节制闸标等六种。

专用标志是指为标示沿、跨航道的各种建筑物，或为标示特定水域所设置的标志，其主要功能不是为了助航的统称为专用标志。专用标志包括管线标及专用标二种。

3. 内河航标配布类别

内河航标配布类别应根据航道条件与运输需要，以河区为单位，通过技术经济论证确定。内河航标配布类别分为：

（1）一类航标配布　配布的航标夜间全部发光。白天，船舶能从一座标志看到次一座标志；夜间，船舶能从一盏标灯看到次一盏标灯。

（2）二类航标配布　发光航标和不发光航标分段配布。在昼夜通航的河段上配布发光航标，其标志配布与一类航标配布相同；在夜间不通航的河段上配布不发光航标，其标志配布密度与三类航标配布相同。

（3）三类航标配布　航标配布的密度比较稀，不要求从一座标志看到次一座标志，对优良河段的沿岸航道可沿岸形航行不再配布沿岸标，但每一座标志所表示的功能与次一座标志的功能应互相连贯，指引船舶在白天安全航行。

（4）重点航标配布　只在航行困难的河段和个别地点配布航标。优良河段一般仅标示出碍航物。根据需要与条件配布发光航标或不发光航标。船舶需借助于驾驶人员的经验利用航标和其他物标航行。

习　题

2-1　名词解释：航道，内河航道，限制性航道，单线航道，双线航道，航道水深，航道宽度，航道弯曲半径，通航净空尺度，航道断面系数，船舶，船队。

2-2　航道具备必要的通航条件有哪些？

2-3　如何确定航道水深？

2-4　如何确定航道宽度？影响航道宽度的因素有哪些？

2-5　如何确定航道弯曲半径？

2-6　如何确定水上过河建筑物通航净空宽度？

2-7　通航水流条件有哪些？各种水流条件对船舶航行有何影响？

2-8　改善河流通航条件的主要工程措施有哪些？各有什么特点？

2-9　船队的类型有哪些？各有什么特点？

2-10　内河航标的类型有哪些？

2-11　某Ⅱ级航道设计代表船队尺度为（长×宽×设计吃水）270.0m×48.6m×2.6m，航道弯曲段半径 $R=800$m，航行漂角3°，船队外舷至航道边缘的安全距离取0.3倍航迹带宽度。船队航行下沉量0.4m，触底安全富余量取0.2m，船舶编队引起吃水增量0.1m，最大设计波高3.6m。试确定：

（1）航道水深。

（2）直线段单线航道宽度。

（3）弯曲段单线航道宽度。

（4）若上行船队和下行船队尺度相同，求直线段双线航道宽度。

第 3 章

航道整治工程

学习重点

整治线、整治断面设计,整治建筑物的类型、组成及结构设计,平原河流、山区河流、潮汐河口的航道整治。

学习目标

了解碍航滩险的类型及其成因;熟悉平原河流、山区河流、潮汐河口、特殊河段航道整治措施;掌握整治线、整治断面、整治建筑物的设计。

航道整治工程的规划设计是航道建设的主要环节,对工程的可靠性、耐用性、经济性及效果起决定作用。规划设计时要兼顾防洪、排灌、工业布局和港口等方面的要求。为了正确地进行航道整治,就需要了解碍航滩险及其演变规律。

3.1 碍航滩险及其成因

天然状态下的河流,不是处处都能满足通航基本要求,妨碍船舶航行的部位或河段统称为碍航滩险(Shoal and Rapids),滩险包括急滩、险滩、浅滩。浅滩(Shoal)是指天然河流中航道自然水深有时不能满足设计标准或维护要求的区段。急滩(Rapids)是指天然河流中比降陡、水流急,船舶自航上滩行驶困难的区段。险滩(Hazardous Rapids)是指天然河流中航槽弯窄、流态险恶、威胁船舶航行安全的区段。滩群(Serial Rapids or Shoals)就是多个紧密相连又相互影响的滩险的统称。为了对其实施维护治理,有必要了解滩险的形成原因,认识滩险特性。

3.1.1 浅滩

天然河流的河床,在纵向及横向总是高低起伏的,水深有深有浅,天然湖泊也有类似情况。凡通航期水深不能满足设计船舶通航的通航水域即为浅滩。

1. 浅滩的分类

(1)按浅滩形态 按浅滩形态可分为正常浅滩、交错浅滩、复式浅滩、散乱浅滩。

1)正常浅滩多出现在曲率平缓的弯曲河段和河道较窄的顺直河段的过渡段上,边滩与深槽相互对应分布,上、下深槽相互对峙而不交错。一般情况下这类浅滩不碍航,只有在洪水期来沙特别多的年份才会出现水深不足,航行条件较好,稍加整治即可通航。

2)交错浅滩常出现在河宽较大、边滩比较发育的顺直河段或曲率大、过渡段很短的弯曲河段上。其特点是上、下深槽在平面上相互交错，下深槽的上端窄而深，边滩较低，横向漫滩水流比较强烈冲淤变化较大，航槽极不稳定，航行条件较差。

3) 复式浅滩由两个或两个以上的浅滩组成，常出现在比较顺直的河段和过渡段很长的河段内。复式浅滩的上、下浅滩相距很近，有共同的中间深槽和中间边滩，上浅滩常是洪淤枯冲，下浅滩常是洪冲枯淤。一般情况下，这种浅滩的中间边滩较低，中间深槽较小，上深槽与中间深槽，以及中间深槽与下深槽可能是交错的，也可能不交错，冲淤变化大，不稳定，航道弯曲狭窄且存在横流，严重碍航。

4) 散乱浅滩多出现在河槽宽阔的顺直河段，有周期性壅水的河段以及游荡型的河段上。其主要特点是河床宽浅，淤积沙体散乱，没有明显的边滩和深槽，沙体位置随水位变化而频繁变动，很不稳定，航道弯曲，水深小且航槽位置经常摆动，因而航行条件极差。

(2) 按河床质　按河床质可分为沙（泥）质浅滩、卵石浅滩、石质浅滩等。但不能绝对分开，因为卵石浅滩中会含有粗、细沙，沙质浅滩中可能含有小卵石，石质浅滩上也可能有砂卵石运动。

1) 沙（泥）质浅滩。在天然河流的中、下游，因河流流经冲积平原，在含沙水流与动河床相互作用下，形成许多沙质浅滩；在河流的上游或上、中游，有时也会出现一些沙质浅滩。

在天然河流的潮汐河口，在径流和潮流的综合作用下，除河口口门内会因河道放宽而形成某些浅滩外，在口门处也可能出现有碍通航的拦门沙，河口浅滩多由粉细沙组成，有的还可能出现浮泥层。

在湖区，穿越湖泊的航道，其浅段往往为泥质床面；在洪水为湖、枯水为河的河湖两相航道上，其浅段床面有的为泥，有的为沙；在河流连接湖泊并受湖水影响的滨湖航道上，其浅段则多由中细沙组成。

2) 卵石质浅滩。在天然河流的上游或上、中游，当其流经山区或丘陵地区时，浅滩河床质多由卵石或砂卵石组成。

3) 石质浅滩。在天然河流的上游或上、中游个别地方，会出现石质浅滩，石质浅滩的形成是由于地质构造因素。

(3) 按淤积部位　按淤积部位可分为过渡段浅滩、放宽段浅滩、峡口浅滩、分汊河段浅滩和支流河口浅滩 5 类。

1) 过渡段浅滩。环流是泥沙横向输移的动力，也是沙质河床形成各种类型淤积体的重要因素之一。在弯曲河流的两个反向弯道的过渡段上，环流从一个方向转向另一个相反的方向，因而过渡段也是环流过渡之处，过渡段环流的强度减弱或消失，横向泥沙运动减弱或停止，造成局部泥沙堆积形成过渡段浅滩。有些地方虽然不是弯曲型河流的过渡段，但在泥沙冲淤的造床过程中，两岸边滩和深槽犬牙交错分布，造成水流曲折，产生类似的环流，在其过渡段处也形成浅滩。

2) 放宽段浅滩。由于河床断面放宽，水流分散，水流流速明显减缓，输沙能力减弱，使泥沙大量淤积，形成放宽段浅滩。

3) 峡口浅滩（河槽束窄处上游浅滩）。当河道突然束窄，水流受到峡口的壅水作用，在缺口上游一定范围的河段内，流速明显减缓，输沙能力减弱，泥沙在束窄处上游河段大量淤积。形成河槽束窄处上游浅滩，即峡口浅滩。

4) 分汊河段浅滩。在河流的分汊段，河道的总宽度比单一河道宽。由于水流分散，航道内水深不足。根据不同的河床形态和水流条件，汊道浅滩的出浅位置可能在汊道的进口、出口或较长汊道的中部。汊道入口，由于江心洲颈部的顶托作用和两个汊道阻力不一致，以及分流时水流发生弯曲，形成水面横比降及环流，影响汊道演变。在分流点上游，主流表面指向江心洲头部，在洪水和中水期，江心洲头部和两侧受水流冲刷，冲刷下来的泥沙，在环流作用下一部分带向岸边，其余部分被带到汊道的中、下游或江心洲的尾部，因此在汊道的中部和尾部也常有浅滩。

5）支流河口浅滩。支流河口浅滩主要是由支流入汇，干、支流相互顶托壅水造成的。出浅情况和浅滩的位置，与干、支流的来水、来沙条件，干、支流交汇角以及入汇处的河床形态等有密切关系。

干流与支流的洪峰期往往不一致，大多是相互错开，如干流的洪水流量大于支流，此时支流受干流水位的顶托，支流的比降减缓，流速降低，甚至形成洪水倒灌，大量泥沙将淤积于支流河口段内。若支流的流量相对较大时，干流受支流顶托影响较严重，则大量泥沙淤积在干流支流河口浅滩的位置，并与最后一次洪水发生的河道有关。最后一次洪水发生在干流，则支流内的浅滩出浅；反之，则干流内的浅滩出浅。

2. 浅滩的成因

除石质浅滩的形成是由于地质构造因素之外，其他浅滩都是河床演变的产物。其他浅滩的形成原因可归结为上游来沙量大于本河段的输沙能力，上游来沙不能被本河段水流所带走淤积而成。

1）因泥沙输移在时间和空间上不平衡，形成沙质或砂卵石碍航淤积体。这种情况多出现在冲积性河流上，在输沙量较多河流的中、下游和河口段，绝大部分浅滩由此形成。主要表现有以下几个方面：

① 河段流速突然减小，输沙能力降低，如河道放宽、束窄壅水、分汊、分流、入汇等。

② 环流消失或不稳定，造成河段横向输沙能力降低，如弯道过渡段过长时，过渡段环流减弱或消失，泥沙落淤。

③ 洪、枯水流方向不一致，洪水期水流携带的大量泥沙产生淤积，枯水期得不到足够的冲刷。

④ 上游来沙量过多，如上游发生山洪、冲刷、塌方等原因。

2）因多年泥沙沉积，形成淤泥质或黏土质碍航淤积体。这种情况多出现在湖区、运河以及水沙运动缓慢的水网航道上。湖泊内泥沙沉积的快慢与入湖河流携带泥沙数量以及湖泊周边土侵蚀等因素有关。运河水网航道泥沙沉积快慢除与其汇水条件、土侵蚀状况等有关外，还涉及与天然河流的相通状况。实践表明，无论湖泊或者运河、水网，凡位于与天然河流相通处，泥沙沉积往往大于其他部位。

3）因地质构造形成水下碍航岩盘。这种情况基本上出现在山区河流上，形成的碍航浅滩为石质浅滩，多存在于非冲积性河流或河段上。

4）因人类活动使河床发生再造过程，形成新的碍航淤积体。这种情况多出现在拦河建筑物的上、下游，过河建筑物的上游，以及大型调（引）水工程的下游。在泥沙较多的河流上兴建水库后，在水库的变动回水区往往会因泥沙淤积而形成新的浅滩；在枢纽下游，在"清水冲刷"过程中可能出现的不平衡输沙或河床侧蚀，也会导致新的浅滩出现。建桥后由于桥墩壅水促成边滩增长、影响通航桥孔上游航道淤浅已有实例。在大型调（引）水工程下游因流量锐减，可能导致一系列原有浅滩变化并形成新的浅滩也有研究成果。

3.1.2 急滩

急流滩主要出现在山区河段，平原、丘陵河段相对比较少见。

1. 急滩的分类

（1）按成因分类

1）基岩急滩，指滩段河床由较坚硬的基岩构成，不易被水流冲蚀，同时河床过水断面窄小的急流滩险。

2）卵石急滩。有些较宽的河道，中、洪水期有大量的卵石淤积，当卵石粒径较大，排列紧密，退水期不能全部冲刷，在航槽中形成浅埂，过水断面缩小，枯水期水流湍急而成为卵石急滩。

3）溪口急滩，指河道一岸或两岸有溪沟汇入，山洪暴发时冲出大量石块堆积溪口，造成河床断面减小而形成的急滩。

4）崩岩与滑坡急滩，指岸边发生较大的崩岩或滑坡，大量破碎岩体倾入江中，造成过水断面减小的急滩。

（2）按形态分类

1）突嘴型急滩，是指由岸边伸向江中突嘴所形成的急滩，又可分为单口、对口、错口与多口等滩型。

2）窄槽型急滩。由于基岩或其他地质原因，形成窄长形河道，如峡谷型急滩。

3）横埂型急滩。由于基岩或崩岩原因，形成横亘江中的石埂，埂顶高低不平，或潜入水下，或露出水面，产生跌水，多在枯水期成滩。

4）汊道型急滩。在有些分汊河道中，由于基岩突嘴或潜埂，缩小河床泄水断面，可能在通航汊道内形成急滩。

（3）按成滩期水位分类

1）枯水滩。在枯水期成滩碍航。一般其成滩期的上限水位较低，随着水位的下降，碍航情况越来越严重，水位下降到设计最低通航水位时，碍航最严重，即最汹水位往往在设计最低通航水位附近。

2）洪水滩。在洪水期成滩碍航。一般其成滩期的下限水位较高，随着水位的上升，碍航情况越来越严重，水位上升到设计最高通航水位时，碍航往往最严重，即最汹水位往往在设计最高通航水位附近。

3）中水滩。在中水期成滩碍航。其成滩期的下限水位高于设计最低通航水位，上限水位低于设计最高通航水位，碍航的最汹水位在成滩下限水位和上限水位之间。有些滩险存在两种水位期或全年各个水位期都成滩，所以还有中枯水位滩、中洪水位滩以及常年滩等几种。

2. 急滩的成因

急滩的成因主要是由于河床泄水断面的缩小，造成局部河段水流能量的急剧变化。在缩小断面的上游，水位壅高，位能增大，在位能转换为动能的过程中，形成陡坡急流，给上行船舶产生较大的坡降阻力与流速阻力。当船舶的推力小于上述两阻力之和时，上行船舶需借助施绞设施上滩，而成为碍航的急滩。造成河床泄水断面缩小的原因主要有：

（1）地质构造　局部河段，河床为较坚硬的基岩构成，或为岸边突出石嘴或为江中潜伏石埂，不易被水流冲蚀拓宽，阻束水流而形成基岩急滩。

（2）溪沟冲石　河道的一岸或两岸溪沟，遇山洪暴发时，冲出大量石块，在溪口淤成较大的堆积扇，使河床断面缩小而成为溪口急滩。

（3）崩岩滑坡　由于较陡的岸坡发生崩塌或滑移，造成大量岩体与石块倾入江中。有的在江中形成石埂，有的在岸边形成一处或多处突嘴，使河床断面急剧缩小而成为崩岩或滑坡急滩。

（4）卵石淤积　有些较宽的河道，中、洪水期有大量的卵石淤积，当卵石粒径较大，排列紧密，退水期不能全部冲刷，枯水期在航槽中形成浅埂，缩小过水断面，使水流湍急而成为卵石急滩。

（5）陡坡急流　因兴建拦河坝，下游发生不均匀冲刷，局部隆起形成陡坡急流。

有的水利枢纽建在山区河流上，而枢纽下游位于山区向平原过渡的范围内，较大抗冲能力的卵石层在保持向下游逐步倾斜的总趋势中，有的部位局部隆起，形成"门坎"。水库蓄水运用后，下泄水流变清，引起下游冲刷，卵石顶面上覆盖的沙层冲光，卵石层也出现少量冲刷并形成抗冲保护层，由于"门坎"下游沙层厚，冲刷后水面降低值大于"门坎"上游，因而在"门坎"处极有可能形成坡陡流急段。"门坎"越突出，形成急滩的可能性越大，例如三峡工程下游的芦家河至枝江河段。

有的急滩可能由两种或多种原因所造成，如基岩与卵石或崩岩等因素综合构成的急滩。

3.1.3　险滩

险滩多出现在山区河段，也有少数险滩存在于丘陵河段。较复杂的险滩，往往出现多种碍航因素。

1. 险滩的分类

险滩的种类很多，当一个险滩有几种碍航现象并存时，按照碍航原因的主次，命名为急险滩、浅险滩等，以下四种是主要的险滩。

（1）礁石险滩　在某些河段中，由于地质原因，在岸边或江中有些较坚硬的岩石不易被水流冲蚀，形成明暗礁石，使航道不得不在礁石丛中通过，航槽弯曲狭窄，船舶极易发生触礁事故而成为碍航险滩，影响船舶的安全航行。

（2）泡漩险滩　泡漩水的产生，主要是较强水流受不规则河床的作用，造成水流运动与能场特异变化而形成的一种不良副流，其形成原因与河床形态、流速、水深等因素有关。一般情况水深大于2m，流速大于2m/s，受到岸边或河底突出石梁的挑流作用，有泡漩水产生。在山区河流，不同水位、不同河段，均可能出现泡漩水，但需要达到一定强度，在一定位置，才会对航行构成不利影响。

（3）滑梁险滩　当岸边或江中有突起沿水流方向的纵向石梁时，达到一定水位后，水流产生漫过石梁的横流，类似侧向宽顶堰水流形态，即为滑梁水。在梁顶被淹没而不足航行水深期间，若船舶靠近石梁航行，则有被横流冲向石梁而发生触礁的危险。当河面较宽时，船舶可避开滑梁水航行，若江面较窄船舶驾驶不慎，则易受滑梁水影响而发生事故，特别是两岸同时产生滑梁水时，对船舶航行的危害更为严重。

（4）扫弯险滩　微弯型的弯曲河段，在弯道环流的作用下，一般可成为优良航道。当弯曲半径较小时，弯道环流的强度增大，形成冲向凹岸的强烈横流，下行船舶极易被强烈的横流冲向凹岸，发生触底事故，成为扫弯险滩。越狭窄的急弯，其扫弯水对航行的危害也越严重。

2. 险滩的成因

（1）地质构造或地质灾害　因地质构造或地质灾害，形成过分狭窄或曲折的石质航槽。这种情况发生在山区河流，其基本特征是江中礁石密布，水流紊乱，船舶极易触礁造成恶性事故。这些密布的碍航礁石多数是长期地质构造的产物，少数是由崩崖、滑坡引起的。

（2）水流长期塑造　因水流长期塑造形成弯曲狭窄抗冲性强的河槽。黏土质弯窄航槽在滨湖河道、平原水网河道以及三角洲范围内的河网都有可能出现，其弯曲半径达不到要求，航宽又不富余，船舶行经此处极易碰坡或者扫尾。在山区河流上出现急弯险滩，除了上述碍航因素外，往往还伴有不良流态，尤以"扫弯水"居多，增加出险的因素。

(3) 自然因素　因自然因素形成强烈的泡水、漩水、泡漩水、剪刀水、滑梁水、扫弯水等碍航水流，一般都出现在山区河流上，有害的副流对船舶航行安全危害极大。

(4) 因兴建拦河坝或大型调（引）水工程等　因兴建拦河坝或大型调（引）水工程等形成的碍航险滩。生产实践和科学试验已经表明，在河流上兴建拦河坝后，库尾可能出现航槽易位，易位后的航槽如果处于礁石区内，则可能成为新的礁石险滩；在坝区，有的将通航建筑物的引航道置于泄水闸和电站之间，或者让引航道紧邻泄水闸，其间导流（隔流）堤长度不足，均有可能使引航道口门区和口门外连接段汛期流态恶劣，成为新的通航险区。在大型调（引）水工程的引水口附近以及大型电厂的排水口附近，有可能出现碍航横流或斜流，对航行安全造成威胁。

3.2　整治工程分类及整治原则

3.2.1　整治工程分类

1. 按航道所处地域分类

按航道所处地域可分为山区河道整治工程、平原河道整治工程和河口整治工程。

山区河道两岸多为基岩，河底由粗沙、卵石或基岩组成，坡度较陡，流速较大，水位涨落较快，河床变形较小。整治措施一般采用渠化工程、爆破、疏浚和修建局部整治建筑物。平原河流发育于冲积平原，由于河道来水、来沙和河岸河床土质的差异，常形成顺直、弯曲、分汊和散乱等四种基本河型，各具不同演变特性，对顺直型河道，一般通过修建河道整治建筑物，冲刷航槽，稳定航深；对弯曲型河道，一般采取人工裁弯等措施，整治成顺直微弯的河段；对分汊型河道，一般采取塞支强干等措施，以稳定、改善汊道；对散乱型河道，一般采取重新规划整治线，通过整治建筑物使其成为较窄深、稳定的河床。

河口段受径流和潮流的共同作用，泥沙冲淤变化复杂，整治措施多采取固滩护岸、堵汊并流、疏浚导流等。

2. 按滩险性质分类

按滩险性质可分为浅滩整治、急滩整治和险滩整治。这几种复杂的滩险应根据碍航的主要原因，采取炸礁、疏浚和筑坝等不同的工程措施。

3. 按河床地质情况分类

按河床地质情况可分为沙质浅滩整治、卵石浅滩整治和石质浅滩整治。沙质浅滩和卵石浅滩应重点研究水、沙条件变化和河床演变规律；石质浅滩整治应重点研究地形条件对水力因素的控制作用。前两者宜采取整治建筑物与疏浚相结合的措施，石质浅滩整治宜采取爆破开槽措施，必要时可辅以筑坝壅水措施。

3.2.2　整治原则

1）航道整治应根据水资源综合利用的原则和河床演变规律，进行全河段总体规划，局部滩险整治应服从全局。

2）航道整治应根据山区河流、平原河流和潮汐河口的不同特性区别对待，采取下列相应的整治原则和工程措施。

① 山区河流航道整治应修整不利于航行的河槽形态，改善水流条件。岩石河床应以炸礁为主，砂卵石河床宜采取疏浚与筑坝相结合的措施，整治措施多为实施渠化工程。

② 平原河流航道整治宜采取筑坝或疏浚与筑坝相结合的措施，稳定航槽，形成有利于冲深航槽的水流。稳定浅滩可采取基建性疏浚措施。对顺直型河道，采取修建整治建筑物等措施，以稳定河势；对弯曲型河道，可采取人工裁弯等措施将其整治成平顺微弯的河段；对分汊型河道，多采取塞支强干等措施，以稳定、改善汊道。

③ 潮汐河口航道整治宜采取疏浚或疏浚与筑坝相结合的措施，以集中水流、增加航道深度，多采取固滩护岸、堵汊并流、疏浚导流等措施。

3) 航道整治应根据浅滩、急滩和险滩的不同碍航特性，制订整治措施，优选工程方案。

4) 拟建或在建的枢纽工程河段上的航道整治，应对枢纽工程可能造成的水沙条件变化、河床冲淤变形和枢纽工程调度运行对航道造成的影响进行分析研究，采取相应的整治措施。

3.2.3 整治工程设计内容

整治工程的基本设计内容是整治线设计、整治断面设计和整治建筑物设计。整治线设计包括整治线位置、走向和形态的设计；整治断面设计包括设计通航水位、整治水位和整治线宽度的确定；整治建筑物设计主要包括整治建筑物的结构形式选择、断面设计和结构稳定计算等。

3.3 整治线设计

整治线（Regulation Lines）是指与整治水位对应的，整治河段设计航槽左右两侧的整治控制线，如图3-1所示。

3.3.1 整治线分类

整治线根据河流性质可分为山区河流航道整治线、平原河流航道整治线和河口航道整治线。山区河流航道整治线主要以满足通航要求为主，一般仅需要规划其枯水河槽整治线。平原河流航道整治线根据

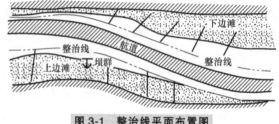

图3-1 整治线平面布置图

水位的高低可分为洪水河槽整治线、中水河槽整治线和枯水河遭整治线三类。其中对河势起控制作用的是中水河槽整治线。河口航道整治线的确定取决于河口类型与整治目的。对有通航要求的分汊型三角洲河口，宜选择相对稳定的主槽作为通航河汊；对于喇叭形河口，整治线的平面形式宜采用自上而下逐渐放宽的喇叭形；对有围垦造地要求的河口，应使口门整治与滩涂围垦工程相适应。

3.3.2 整治线布置

1. 浅滩整治线布置

1) 整治线的走向和位置应依靠主导河岸，其起讫点应与稳定深槽的河岸相衔接，并根据河流的地形、地貌特征，利用比较固定的河岸、突嘴或矶头等作为整治线的控制节点。

2) 整治线应布置成缓和而平滑的连续曲线，两组反向曲线之间应以直线过渡段连接，如图3-2所示。直线过渡段长度应大于设计顶推船

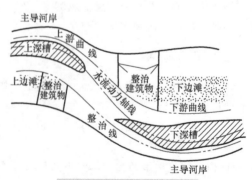

图3-2 整治线过渡段位置

队长度或设计最大单船长度，但不得大于整治线宽度的 3 倍。

3）整治线的范围宜选在河流退水期冲刷较快、泥沙淤积较少和深泓线较稳定的区域，整治线的走向宜与中、枯水流向吻合。

4）有支流或溪沟汇入的口门不宜布置整治线。因为口门处易形成拦门沙，整治线应当布置到河中或对岸。

5）应与沿岸城镇建设和港口发展相结合和满足防洪需求。在两岸有取水口、排水口、港口等建筑物时，应避免整治线的布置引起取水口和排水口淤塞，影响正常运转。整治线的布置同时应考虑对防洪大堤的影响，主导河岸如果太靠近大堤，整治线应尽可能移向凸岸。

2. 急滩和险滩整治线布置

1）急滩整治线布置应满足设计船舶或船队自航上滩或改善绞滩条件的要求。

2）险滩整治线布置应满足设计船舶或船队上下行安全行驶所需的航道尺度和水流条件，保障航行安全。

特别复杂的浅滩、急滩、险滩，其整治水位、整治线宽度和整治线布置，宜通过河工模型试验或数值模拟研究综合确定。

3.3.3 整治线线形及尺寸

通常情况下，整治线由两个反向曲线内插一个长度适当的直线段的线形构成。

1. 弯曲半径

确定整治线线形时主要确定整治线的弯曲半径，整治线的弯曲段可以由一个或几个圆弧段组成，是缓和而平滑的连续曲线，一般情况下，曲线与曲线之间设长度适当的直线过渡段。曲线的弯曲半径和直线段的长度与该河流来水来沙及其过程、河床地质、河岸组成有关，不同的水文、泥沙、地质条件形成适应自身稳定的河形。根据国内外的工程经验和调查资料，得出整治线的最小曲率半径 R，见表 3-1。

表 3-1 整治线最小曲率半径 R 参考值

情况	R	备注
来沙较多，枯水比降较大	$R = 4B_2$	B_2 为整治线宽度(m)
来沙较少，枯水比降较缓	$R = 6B_2$	B_2 为整治线宽度(m)
需切凸角，改善航行条件	$R = (2 \sim 3)B_2$	B_2 为整治线宽度(m)
经验公式	$R > 40\sqrt{\omega}$	ω 为过水面积(m^2)
当天然河湾 $R' > 40\sqrt{\omega}$	$R = \dfrac{100\sqrt{Q}}{\varphi}$	Q 为造床流量(m^3/s)；φ 为河湾中心角(rad)
马卡维也夫提出稳定河段弯曲半径	$R = K\dfrac{Q^m}{J^n}$	Q 为整治流量(m^3/s)；J 为水面比降；非黏性土河床 $K = 0.0014$；$n = 0.5$；$m = 1$

2. 直线段长度

两弯曲段之间的直线段长度应大于设计顶推船队长度，但不得大于整治线宽度的 3 倍，经论证可适当减小，但不宜小于 1 倍整治线宽度，如遇长顺直河段无法控制在 3 倍以内，最多不得超过 5 倍。

弯曲半径和曲线段间直线段的长度，也可参照邻近具有相似来水、来沙的优良河段选定。（优良河段是指天然河流中经过历年冲淤后河槽形态、河床来水和来沙变化不大，并且通航水深满足要求的河段)。优良河段的稳定性为航道整治工程提供了一个整治滩险的参照河段。在无法准确计算和预测整治工程中整治线的具体形态时,多个优良河段就可为工程提供依据。

3. 整治线与航槽间的距离

整治线是布置整治建筑物头部的位置,航道则位于两侧整治线范围内满足航行要求的深水河槽部分。航道边缘与整治线间应有一定的距离,可用下式计算确定

$$L=(3\sim 5)h+c \tag{3-1}$$

式中　L——航道边缘与整治线的距离(m);

　　　h——整治建筑物头部高度(m);

　　　c——安全距离(m),大、中型河流可取10m。

3.4　整治断面设计

整治断面的选定主要是平原河流中水河槽和山区河流枯水河槽的断面尺度,通常可参考邻近优良河段的断面选定,也可根据整治前后泄流和输沙能力不变的原则采用有关公式计算选定。

3.4.1　设计通航水位

设计通航水位(Designed Navigable Stage)是指设计所采用的允许标准船舶或船队正常通航的水位,包括设计最高通航水位和设计最低通航水位。这两种水位是计算设计船舶、船队正常通航期的依据。前者是确定跨河建筑物底部最低点净空高度的起算水位和控制桥梁、跨河建筑物净高的水位,其数值的大小直接影响航道通过能力及桥梁工程造价。后者是确定枯水期航道通航水深的起算水位。当水位高于设计最高通航水位时,船舶、船队不能正常通过跨河桥梁、跨河建筑物。当水位低于设计最低通航水位时,船舶、船队也不能正常通航。

设计通航水位应根据河道近期连续的水位和流量资料通过计算分析确定。当水文条件发生变化时,应根据变化情况,通过论证研究及时进行调整。水位和流量资料的取用应符合下列规定:

1)基本站资料具有良好的一致性时,应取近期连续资料系列,取用年限不短于20年。

2)当基本站资料不具有良好的一致性时,应根据其变化原因及发展趋势,确定代表性资料系列的取用年限。

3)当工程河段的水文条件受人类活动和自然因素影响发生明显变化时,应通过分析研究,选取变化后有代表性的资料。

1. 天然河流和潮泊通航水位

(1)天然河流设计最高通航水位的确定　不受潮汐影响和潮汐影响不明显的河段,设计最高通航水位的洪水重现期应按表3-2规定确定。

表3-2　设计最高通航水位的洪水重现期

航道等级	Ⅰ、Ⅱ、Ⅲ	Ⅳ、Ⅴ	Ⅵ、Ⅶ
洪水重现期/年	20	10	5

注:对出现高于设计最高通航水位历时很短的山区性河流,Ⅲ级航道洪水重现期可采用10年;Ⅳ级和Ⅴ级航道可采用5~3年;Ⅵ级和Ⅶ级航道可采用3~2年。

潮汐影响明显的河段,设计最高通航水位应采用年最高潮位频率为5%的潮位,按极值Ⅰ型分布律计算确定。

(2) 天然河流设计最低通航水位的确定　不受潮汐影响和潮汐影响不明显的河段，设计最低通航水位应采用综合历时曲线法计算确定，其多年历时保证率符合表 3-3 的规定；采用保证率频率法计算确定，其年保证率和重现期应符合表 3-4 的规定。

表 3-3　设计最低通航水位的多年历时保证率

航道等级	Ⅰ、Ⅱ	Ⅲ、Ⅳ	Ⅴ、Ⅵ、Ⅶ
多年历时保证率(%)	≥98	98~95	95~90

表 3-4　设计最低通航水位的年保证率和重现期

航道等级	Ⅰ、Ⅱ	Ⅲ、Ⅳ	Ⅴ、Ⅵ、Ⅶ
年保证率(%)	99~98	98~95	95~90
重现期/年	10~5	5~4	4~2

潮汐影响明显的河段，设计最低通航水位应采用低潮累积频率为 90% 的潮位。

(3) 河网地区天然航道的通航水位　可按 (1) 和 (2) 确定。运输特别繁忙的河网地区航道的通航水位可按 Ⅰ 级航道的规定确定。

(4) 湖泊航道的通航水位　可按 (1) 和 (2) 规定，并结合堤防和风浪等情况综合分析确定。河湖两相湖区航道的设计最低通航水位应按 (2) 规定确定。

(5) 封冻河流和湖泊的通航水位　可按 (1) 和 (2) 确定，其通航期应以全年总天数减去封冻和流冰停航的天数计算。

2. 运河和渠道通航水位

(1) 开敞运河、设闸运河通航水位　开敞运河、设闸运河的通航水位按天然河流的规定确定。

(2) 综合利用的通航渠道通航水位　综合利用的通航渠道通航水位的确定应符合下列规定：

① 设计最高通航水位，灌溉渠道应采用设计最大灌溉流量时的相应水位；排涝渠道应采用设计最大排涝流量时的相应水位；排洪渠道应采用设计最大排洪流量时的相应水位和按天然河流规定的洪水重现期计算的水位中的高值；引水渠道应采用设计最大引水流量时的相应水位。

② 设计最低通航水位应根据综合利用的要求并结合天然河流规定确定。

(3) 运输特别繁忙的运河通航水位　可按天然河流 Ⅰ 级航道的规定确定。

3. 枢纽上、下游通航水位

综合利用的水利枢纽应按改善通航条件、提高通航能力和发挥综合开发效益的原则确定通航水位。枢纽瞬时下泄流量不应小于原天然河流设计最低通航水位时的流量。

(1) 枢纽通航建筑物上游通航水位的确定

1) 设计最高通航水位应采用枢纽正常蓄水位或设计挡水位和按表 3-5 规定的洪水重现期计算的水位中的高值。当预计枢纽正式运行后正常蓄水位有可能提高时，应计入提高值；当泥沙淤积将影响水位时，应计入泥沙淤积引起的水位抬高值。

表 3-5　通航建筑物设计最高通航水位的洪水重现期

通航建筑物级别	Ⅰ、Ⅱ	Ⅲ、Ⅳ	Ⅴ、Ⅵ、Ⅶ
洪水重现期/年	100~20	20~10	10~5

注：对出现高于设计最高通航水位历时很短的山区性河流，Ⅳ 级和 Ⅴ 级通航建筑物洪水重现期可采用 5~3 年，Ⅵ 级和 Ⅶ 级通航建筑物可采用 3~2 年；平原地区运输繁忙的 Ⅴ~Ⅶ 级通航建筑物设计最高通航水位，洪水重现期可采用 20~10 年；山区中小型通航建筑物经论证允许溢洪的，其上游设计最高通航水位可根据具体情况通过论证确定，但不应低于通航建筑物修建前的通航标准。

2) 设计最低通航水位应采用水库死水位和最低运行水位中的低值。

3) 当通航建筑物与其他挡水建筑物不在同一挡水前沿时,通航水位应根据枢纽布置作相应调整。

(2) 枢纽通航建筑物下游通航水位的确定

1) 设计最高通航水位应采用按本标准表3-5规定的洪水重现期计算的枢纽下泄最大流量所对应的最高水位。当枢纽下游有梯级衔接时,应采用下一梯级的上游设计最高通航水位,并计入动库容的水位抬高值。

2) 设计最低通航水位应采用枢纽瞬时最小下泄流量对应的水位,并计入河床下切和电站日调节等因素引起的水位变化值。当枢纽下游有梯级衔接时,应采用下一梯级的上游设计最低通航水位时回水到本枢纽通航建筑物下游的相应水位。

(3) 枢纽上游河段通航水位的确定

1) 设计最高通航水位应采用表3-2规定的重现期洪水与相应的汛期坝前水位组合,以及坝前正常蓄水位或设计挡水位与相应的各级入库流量组合,得出多组回水曲线,取其上包线作为沿程各点的设计最高通航水位,并应计入河床可能淤积引起的水位抬高值。

2) 设计最低通航水位应采用表3-3规定的多年历时保证率的入库流量与相应的坝前消落水位组合,以及坝前死水位或最低运行水位与相应的各级入库流量组合,得出多组回水曲线,取其下包线作为沿程各点的设计最低通航水位,并应计入河床冲淤可能引起的水位变化值。

(4) 枢纽下游河段通航水位的确定

1) 设计最高通航水位应按表3-2规定的洪水重现期,分析选定设计流量,并考虑枢纽运行对该河段航道的影响推算确定。

2) 设计最低通航水位应按表3-3规定的多年历时保证率,分析选定设计流量,并考虑河床冲淤变化和电站日调节的影响推算确定。

枢纽上下游河段通航水位应结合枢纽运行后的实测资料进行必要的验证和调整。

枢纽进行电站日调节引起的枢纽上下游水位的变幅和变率,应满足船舶安全航行和作业要求。

3.4.2 通航期确定

通航期是设计船舶、船队正常通航的天数。航道通航期应根据水位、水流条件、风、浪、雾、冰封和流凌等水文、气象要素进行统计分析确定。当航道上有通航建筑物时,还应考虑通航建筑物维修和清淤的影响。

航道通航期可按下式计算

$$P_d = 365 - R_s - R_f - R_w - R_b - R_y - R_x \tag{3-2}$$

式中 P_d——航道通航期 (d);

R_s——水位、水流条件不满足通航要求的天数 (d),包括低于设计最低通航水位、高于设计最高通航水位和洪水封航的天数;

R_f——影响通航的大风与波浪的换算天数 (d),根据设计船舶抗浪能力确定;

R_w——影响通航的大雾换算天数 (d);

R_b——冰封的天数 (d);

R_y——影响通航的流凌天数 (d);

R_x——通航建筑物维修、清淤的天数 (d)。

式（3-2）中的各项参数均采用多年统计资料的年平均值。在统计资料时，若发现某年某些项发生日期重复，则保留影响较大一项的天数，其余重复的天数则从资料中扣除。内河航道中波浪与大风几乎同时出现，故大风与波浪放在一项中统计。

各项换算天数采用如下方法确定：

1) 湖区和库区中风和浪按统计资料中发生的天数确定，昼夜通航的航道统计资料中按发生天数的 1/4 确定，不夜航的航道按统计资料中按发生天数的 1/2 确定。

2) 大雾统计资料中按发生天数的 1/2 确定。

3) 流凌按该河段内开始发生中度流凌至其完全结束的日期确定。

通常把航道通航期与全年天数的比值称为航道的通航保证率。通航保证率越高，航道等级越高。故通航保证率是计算航道通过能力的重要参数。

3.4.3 整治水位

整治水位（Regulation Stage）是指对整治目标区段航行条件有显著改善，与整治流量相应的水位。浅滩整治水位可采用优良河段造床流量法、水位和航道水深关系法、平滩水位法、多年平均流量法等，结合本河段的整治经验综合分析确定。其确定方法如下：

1. 造床流量法

当滩段有足够的实测水文资料时，可采用造床流量法推求与第二造床流量相应的水位，并与优良河段平滩水位和多年平均流量相应的水位相比较，结合当地的实践经验，合理选取整治水位。

造床流量是指其造床作用与多年流量过程的综合造床作用相当，对塑造河床形态起着决定作用的某个流量。它既不是较大洪水流量，也不是最小枯水流量。洪水流量的造床作用强烈，但是造床历时短，对塑造河床不起决定性作用；枯水流量历时长，但流量小，也不对造床起到控制作用。因此，造床流量是介于洪水流量与枯水流量的中间值。

前苏联学者马卡维耶夫认为，造床流量就是其输沙能力和造床历时乘积的最大值，水流的输沙能力与 Q^2J（流量 Q 的二次方与比降 J 的乘积）成正比，历时可用出现的频率 P 表达。因此，当 Q^2JP 的乘积最大时，所对应的流量对塑造河床起决定作用。

马卡维耶夫分析前苏联平原河流资料后，认为存在两个较大的峰值，如图 3-3 所示。相应于最大峰值的流量约相当于多年平均最大洪水流量，保证率为 1%~6%，其水位约与河漫滩高程齐平，称为第一造床流量。相应于第二峰值的流量略大于多年平均流量，其保证率为 24%~45%，其水位约与边滩高程相当，称为第二造床流量。对于束水归槽、冲刷浅滩，应取第二造床流量作为整治流量，其相应的水位即为整治水位。

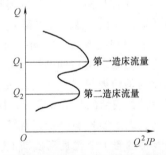

图 3-3 流量 Q 与 Q^2JP 关系图

2. 水位和航道水深关系法

当浅滩具有多个水文年的水位和航道水深、相应地形实测资料时，可通过绘制退水时段的水位与水深关系曲线，选取边滩完整、冲刷良好的年份发生明显冲刷的起始水位作为整治水位。

3. 经验法

可参考同类河流的实践经验，结合本工程实际条件分析确定。当缺乏参考资料时，可采用表 3-6 中的数值。

表 3-6 整治水位高于设计最低通航水位的经验值　　　　　　　　　（单位：m）

河流类型	山区河流	平原河流
小型	0.5~1.2	0.5~1.5
大中型	0.8~2.0	1.0~3.0

4. 平滩水位法

优良河段的河槽稳定，水流条件良好，一般不出浅碍航。优良河段的形成与河势及边滩高程有密切关系，边滩起到良好的束水造床作用。实际工程观察表明，当河流的水位大约与边滩的高程齐平时，其造床作用最大。因此，选择优良河段的边滩高程作为整治水位。

5. 多年平均流量法

采用多年平均水位或多年平均流量的相应水位，此水位接近于平滩（边滩）水位，作为整治水位。用这种方法确定的整治水位，理论上依据不足，据统计资料，多年平均流量与河流来水条件有关，我国有些小河，其值与优良河段平滩水位的流量大体相当，但一些大型河流，如川江各站的多年平均流量为 10000~14500 m³/s，而整治水位的流量则为 4500~55000 m³/s。两者相差较大，选用此方法时需慎重对待。

3.4.4 整治线宽度

整治线宽度（Regulation Width）是指整治水位时的河面宽度，即在建整治建筑物后，左右两侧整治线之间的水平距离。整治线宽度与航道宽度的区别是，航道宽度根据航道等级计算论证确定，整治线宽度根据浅滩所需的冲刷强度确定。

整治线宽度应根据河流的具体情况和整治经验综合分析确定，也可采用经验公式计算确定。缺乏整治经验的河流，整治线宽度可采用优良河段模拟法、实测河宽与航槽水深关系法和理论计算方法综合确定。

1. 优良河段模拟法

当采用优良河段模拟法时，应在同一河流内，选择水沙条件与整治滩段类似的若干个优良过渡段，以平滩水位的水面宽度平均值作为整治线宽度。

（1）直接量测　对于具有周期性演变规律的浅滩，可根据滩段航道优良时期实测河道图，取浅滩对应部位平滩水位水面宽度的平均值作为整治线宽度。

（2）河相关系法　在同一河流内，选择水沙条件与整治滩段类似的若干个优良河段断面，根据浅滩的整治要求，寻找河相关系式，然后再计算要整治的浅滩的整治线宽度。具体做法如下：

通过调查和资料分析，选择水沙条件与整治滩段类似的若干个优良河段断面，如图 3-4 所示，量取平滩水位（整治水位时）的水面宽 B_2、断面平均水深 H 和航道边缘水深 T。

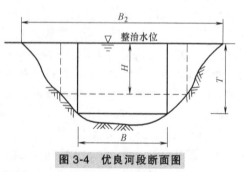

图 3-4 优良河段断面图

在双对数纸上点绘 H-B_2 的相关线，在相关线上求得截距为 K，斜率为 m，则河相相关线的方程为

$$\frac{B_2^m}{H} = K \tag{3-3}$$

绘优良断面在整治水位时的航道边缘水深 T 和断面平均水深 H 的相关曲线，如图 3-5 所示。

根据浅滩的整治要求，已求出的整治水位，即知道航道边缘水深 T，由 T 查 H-T 相关曲线得 H，再将 H 代入式（3-3）计算，求得整治线宽度 B_2。

2．实测河宽与航槽水深分析法

当采用实测河宽与航槽水深分析法时，可在滩段及上下游水沙条件相似的河段内选取若干横断面，量取相应于整治水位时的水面宽度和设计航道宽度范围内的最小水深，点绘河宽 B 与航槽水深 T 关系图，参考点群的下包线选取满足航深条件的水面宽度作为整治线宽度 B_2，如图 3-6 所示。

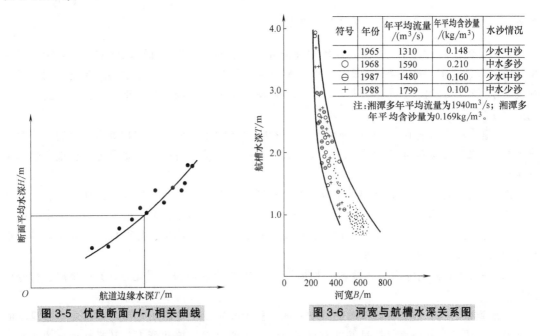

图 3-5　优良断面 H-T 相关曲线　　　　图 3-6　河宽与航槽水深关系图

整治水位下河宽与航槽水深关系法较符合实际情况，可以推广应用。

3．理论计算方法

1) 一般河流整治线宽度按式（3-4）计算。

$$B_2 = KB_1 \left(\frac{H_1}{\eta H'} \right)^y \tag{3-4}$$

式中　B_2——整治线宽度（m）；

K——系数，通常情况取 1，复杂情况取 0.8～0.9；

B_1——整治水位时整治前的水面宽度（m）；

H_1——整治水位时整治前的断面平均水深（m）；

η——水深修正系数，根据优良河段断面形态或本河段工程实际选取，估算时取 0.7～0.9；

H'——整治水位时设计的航道水深（m）；

y——指数，河床稳定的河流取 1.67；以悬移质造床为主的河流取 1.33；以推移质造床为主的河流取 1.2～1.4。

2) 来沙量较少和河槽较稳定的河流，整治线宽度按式（3-5）计算。

$$B_2 = \frac{Qn}{H_2^{\frac{5}{3}} J^{\frac{1}{2}}} \tag{3-5}$$

式中　B_2——整治线宽度（m）；
　　　Q——整治流量（m/s）；
　　　n——河床糙率；
　　　H_2——整治水位时设计的断面平均水深（m）；
　　　J——水面平均比降。

3) 汊道浅滩的整治线宽度应结合汊道的分流比与所选汊道的各项水力因子，参照上述方法确定。

3.4.5　整治水位和整治线宽度的调整

航道整治工程设计中，按上述经验、理论方法推求的整治水位和整治线宽度，有时在实践中达不到设计要求，第2年必须调整这些设计参数，有的浅滩上往往修改多次才能达到航道水深的要求。原因是河流来水来沙与河床形态之间具有十分复杂的关系，采用的计算公式有不足之处，主要表现在以下方面：

1) 整治水位和整治线宽度的最优组合不清楚，整治水位定高了，可以算出一个满足冲深要求的整治线宽度，若整治水位定低了，也可以算出一个整治线宽度，到底哪种组合最合理，缺乏论证。

2) 公式中的断面B_2是在整治水位时的设计断面，至于从整治水位降至设计最低通航水位过程中对浅滩的作用未予以考虑，在实际中，水位降落到整治水位时，能满足设计要求，而当水位再从整治水位降至设计最低通航水位时能否达到要求还不明确，需要核实，故应进行枯水校核，对整治线宽度做适当调整。

3) 理论计算假定整治前后糙率、比降不变，与实际情况不符，因此对计算结果应进行分析论证。

考虑到整治水位主要控制浅滩的冲刷时间，整治线宽度主要控制浅滩冲刷强度，而浅滩能否达到设计要求，并一直保持足够的航道尺度，既需要足够的挟沙能力，又要有足够的冲刷历时。因此，浅滩的整治水位与整治线宽度应相互协调。特别是复杂的浅滩，整治水位与整治线宽度应通过模型试验或数值模拟研究确定。

3.5　整治建筑物设计

整治建筑物（Regulating Structures）就是用于整治航道的起束水、导流、导沙、固滩和护岸等作用的建筑物。整治建筑物应根据整治线的设计、整治断面确定和整治建筑物形式的选择，材料状况、水流、风浪和河床底质等自然条件及其他技术要求，进行结构设计。

3.5.1　整治建筑物的类型

1. 按整治建筑物的牢固程度分类

按整治建筑物的牢固程度，航道整治建筑物可分为重型整治建筑物和轻型整治建筑物两种。

（1）重型整治建筑物　重型整治建筑物一般由土、石料、钢筋混凝土和土工织物等材料建成。一般都具有一定的使用寿命，既能抵御水流、冰、波浪等环境荷载对建筑物的作用，又能在自然环境下具有良好的防腐性能，使用年限长，也称为永久性整治建筑物。抛石结构整治建筑物是靠自重稳定，适应性强，具有施工简单、维修方便、容易就地取材的特点，是当前国内外普遍采用的一种形式。

(2) 轻型整治建筑物　轻型整治建筑物一般用竹、木、草、梢料、橡胶等建成的整治建筑物，称为轻型整治建筑物。其结构简单、施工期短、工程费用小、强度小、使用期限短、防腐性差，也称为临时整治建筑物，这种整治建筑物目前国内使用较少，其主要作为沉排护底。

2. 按整治建筑物形式分类

按整治建筑物形式，航道整治建筑物可分为丁坝、顺坝、锁坝、平顺护岸、鱼嘴和潜堤等。

（1）丁坝（Spur Dike）　坝根与岸或其他建筑物相接，坝头伸至整治线，与水流流向成较大交角，起挑流、束水作用的整治建筑物。丁坝在平面上与河岸构成丁字形。丁坝的主要作用是，未淹没时束窄河床，增大流速冲刷浅滩；淹没时形成环流，横向导沙；在分汊河道的进口处，调整分流比、分沙比；增大通航汊道的通过流量。

（2）顺坝（Longitudinal Dike）　坝根与河岸或江心洲相接，坝身轴线与整治线走向一致的整治建筑物称为顺坝。顺坝的主要作用是，在平原河流上多用于束窄河床，增大航槽流速或引导水流冲刷航槽，以保持航槽稳定；堵塞支汊，增大通航汊道的通过流量；在江心洲头和洲尾，调整分流分沙比、汇流处的交汇角。

（3）锁坝（Closure Dike）　坝的两端分别与两侧河岸相连接的横向整治建筑物称为锁坝。锁坝的作用是堵塞支汊、集中流量冲刷通航汊道，满足航深的要求；潜锁坝主要壅高上游水位，调整流速、比降。

（4）平顺护岸（Continuous Revetment）　在受水流或波浪作用的河岸岸坡上，保护河岸岸坡的建筑物称为平顺护岸。它是用抗冲材料平顺覆盖河岸及其坡脚，以抗御水流冲刷的护岸措施，其作用是保持河岸岸坡的稳定，防止水流淘刷和波浪冲蚀。

（5）鱼嘴（V-Shaped Dike）　鱼嘴是在江心洲的头部修筑的形状似鱼嘴的分流堤，前端伸入水下，后部逐渐升高，起分流、导流、分沙、固滩等作用的建筑物。

（6）潜堤（Submerged Dike）　潜堤是坝顶终年潜没于水下的建筑物。港口工程中的潜堤起消浪减淤作用，有效地阻拦或减少泥沙进港。航道工程中的潜堤主要作用是壅高上游水位，调整比降，增加水深，也可以促淤赶沙，减小过水断面和消除不良流态等。在海涂围垦工程中需满足加速淤积，发挥保滩促淤的作用。

3.5.2　整治建筑物的材料与构件

1. 整治建筑物的材料

整治建筑物的材料应具有较好的防腐、抗冲性和一定的柔韧性，以适应水流冲刷、河床变形；应经济实用，就地取材，便于施工和维修，建筑物外观与当地环境相协调。整治建筑物主要采用的材料为石料，竹、木料，梢料，混凝土和土工织物等。

（1）石料　石料包括块石、碎石、卵石等。块石主要用于筑坝、护坡、护脚工程。碎石及卵石主要用于充填坝身、石笼和护坡垫层。块石应质地坚硬，在水中或受冰冻后不崩解，级配合理，不宜采用片状。坝面块石粒径，可根据经验或计算确定。

（2）竹、木料　竹子主要用来编织竹笼，里面填充卵石或小石块，用来抛筑坝体。木料主要用来做木桩及透水建筑物构件。

（3）梢料　梢料是指小树枝、芦柴和 2~5 年生长的灌木。凡结实耐用、长度在 2m 以上、直径不超过 5cm 的树枝，均可用梢料。梢料常用作柴排、沉排和轻型建筑物的构件。沉排是指用土工织物或梢料捆扎组成，用块石等重物压沉于水底，作护脚、护底。

（4）混凝土　在重要工程中或特殊情况下，整治建筑物的材料可采用混凝土或钢筋混凝土预制构件。

(5) 土工织物　土工织物主要指聚丙烯（PP）纤维、聚乙烯（PE）纤维、聚酯（PER）纤维和聚酰胺（PA）纤维等原料制造的土工编织材料。航道整治工程中的土工织物应满足抗拉、顶破和撕裂等设计要求，并应满足设计等效孔径和渗透系数等保土透水性要求。

2. 整治建筑物的构件

上述整治建筑物的材料，有时直接用于修建整治建筑物，有时可预先制作成整治建筑物的构件，然后再用来修建整治建筑物。整治建筑物的构件有如下几种：

(1) 梢龙或梢捆　梢龙或梢捆是将梢、秸、苇、毛竹等捆扎起来，细而长的称梢龙，短而粗的称梢捆。梢龙主要用来扎制沉枕或沉排，梢捆主要用于护底或修坝。

(2) 石笼　石笼是指用钢丝、竹篾、荆条或其他材料编织成各种网格形笼筐，内填块石、砾石或卵石的构件。网格的大小应根据石料的粒径而定，应不漏失石料。钢丝、钢筋石笼具有较大的体积和重量，使用年限较长。竹石笼、PVC石笼韧性好，但强度较差。

石笼多用于抛石坝的坝芯、堤岸护脚等，在水深流急而又缺乏足够大的块石时可用以代替块石，为加强石笼的整体性和防止石料因笼破损而散失，可用少量水泥砂浆将石料胶结。

(3) 沉排　沉排是指将梢料或土工织物制成大面积的排状物，用块石、沙袋或混凝土压沉于河底，以保护河底免受冲刷。用梢料制成的排称为柴排，用土工织物制成的排称土工织物排，土工织物排是能适应河床变形过大，且对环境影响小的排体。土工织物软体排主要有散抛压载软体排和系结压载软体排等多种。无论何种软体排，其排体均由土工织物和加筋条缝制而成，区别主要在于压载方式和压载物不同。除以上常用的两种软体排外，还有一种沙被式软体排，在缺乏石料、地形平坦和河床变形小的地区可采用。从发展情况看，土工织物软体排有取代柴排的趋势。

沉排的整体性强，排体具有柔韧性，能够较好的紧贴河底，抗冲性能较好，使用年限较长。沉排作为构件，常用于丁坝、顺坝、锁坝、鱼嘴及护岸等工程的护底。

(4) 人工块体　用混凝土或钢筋混凝土预制的四角锥体、钩连块体、削角王字块等构件统称为人工块体，主要用于潮汐河口整治建筑物的护面。人工块体坚固耐用，需要大量的水泥、钢材，投资较大。

(5) 钢筋混凝土半圆体　在长江口整治工程中，有部分导堤利用预制的半圆形构件，卧放在堤轴线上，形成导堤。半圆体构件重量大，抗风浪能力强，稳定性好，但需要专门的大型预制场和专门的起吊设备。

3.5.3　丁坝

丁坝是航道整治、取水工程和海岸防护工程中常见的水工建筑物，丁坝修建后使水流缩窄，产生坝头分离流和坝尾回旋流，局部流动呈强三维紊动特性。

1. 丁坝的分类

丁坝按不同的分类方法主要分为以下几种：

(1) 按丁坝高程和水位的关系划分　按丁坝坝顶高程与水位的关系，可分为淹没丁坝和非淹没丁坝两种。将坝顶经常处于水下的丁坝称为淹没丁坝；将一般洪水时坝顶不被淹没，即使淹没，历时很短，这类丁坝称为非淹没丁坝。

1) 非淹没丁坝。如图3-7所示，水流流向丁坝时受丁坝壅阻，比降逐渐减小，流速降低，接近丁坝时出现反比降，迫使水流流向河心，绕过坝头下泄。当水流接近丁坝断面（Ⅰ—Ⅰ断面）时，流速加大，比降也加大。水流绕过丁坝后在惯性力的作用下，发生流线分离和水流进一步收缩现象，在距丁坝l处，形成一个收缩断面（Ⅱ—Ⅱ断面），此时流线彼此平行，流速最大，动能最大。在收缩断面下游，水流又逐渐扩散，动能减小而位能增大。至 A 点时，水流的压缩程度等于丁坝断面。在 A 点以下水流扩散，慢慢恢复到天然状态下河宽 B_1 的水流状态，故称 A 点处的断面为临界断面（Ⅲ—Ⅲ断面）。

在丁坝上下游形成几个回流区，如图 3-7 所示。丁坝下游大回流区 1，小回流区 2，丁坝上游小回流区 3，在这些回流区内，流速滞缓，泥沙容易落淤。

上述的水流现象说明，可以利用丁坝加大主流区的流速，冲刷浅滩，使泥沙下移或导入坝田落淤在回流区内。

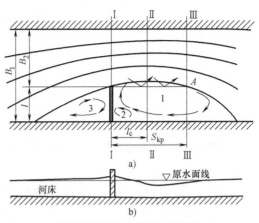

图 3-7 丁坝附近绕流现象
a) 平面图　b) 纵剖面图

由于丁坝坝头处的水流流速急剧加大，不仅使坝头受到很大冲击，而且使坝头下的河床遭受强烈冲刷，形成冲刷坑。

2) 淹没丁坝。水位淹没丁坝后，丁坝束水作用大大降低，坝下回流区逐步消失，丁坝相当于堰流，水流漫过坝顶，在坝后产生横轴螺旋流。这时丁坝主要起导沙作用，导沙的部位与河流水流条件、丁坝轴线的方向密切相关。

(2) 按丁坝的长度划分　按丁坝长度占枯水河床的宽度之比，可将丁坝分为长丁坝和短丁坝。长丁坝是指丁坝的长度大于枯水河宽的 1/3；短丁坝是指丁坝的长度不大于枯水河宽的 1/3，丁坝越长，束窄河床宽度越大，挑流作用越强。短丁坝对水流影响小，坝前冲刷轻，产生的回流弱，有护岸、护滩的作用。据统计，长江下游坝长一般为 10～150m，坝间距不超过坝长的 10 倍，大多为 5～6 倍，黄河下游丁坝长多为 100～130m。

(3) 按丁坝的外形划分　按丁坝的平面外形可分为普通丁坝、勾头丁坝和丁顺坝。普通丁坝的坝轴线为直线；勾头丁坝在平面上坝头为勾形，如图 3-8 所示，若勾头部分较长则为丁顺坝。在图 3-8 中，L_1 为坝身在垂直水流方向的投影长度，L_2 为勾头长度。当 $L_2 \leq 0.4L_1$ 时称为勾头丁坝；当 $L_2 > 0.4L_1$ 时称为丁顺坝。勾头丁坝主要起丁坝的作用，其勾头部分的作用是改善坝头流态，减缓坝头流速，使水流比较平顺。另外，丁坝加筑勾头，可切断绕流使坝田转向正常淤积。丁顺坝则同时兼起丁坝和顺坝的作用，可用以取代坝根与河岸连接工程量太大的顺坝。

勾头丁坝又分为下伸勾头坝、上伸勾头坝和 T 形勾头坝，如图 3-8 所示。下伸勾头坝以改善流态为主时采用；上伸勾头坝可兼顾拦上方坝田内的泥沙，或削弱横流；T 形勾头坝可用于凹岸控制主导岸形。在勾头丁坝使用中，以下伸勾头丁坝使用较为广泛。增建勾头后，丁坝间距可相应的增大；如已建的丁坝间距过大，可增建勾头加以弥补。

增加下伸勾头坝的勾长比 L_2/L_1，可减小坝头流速约 20%，原因是随着勾长增加，不同程度地切断在原坝头涡体充分发展的空间和削弱涡体的强度；勾长比增加，减少了坝头最大的冲刷坑深度，使坝后冲刷范围减少。

(4) 按丁坝的挑流角划分　根据丁坝轴线与水流的交角大小，即挑流角大小，可将丁坝分为上挑丁坝、下挑丁坝和正挑丁坝三种。丁坝轴线与水流交角用 α 表示，若 $\alpha<90°$ 为上挑丁坝；$\alpha>90°$ 为下挑丁坝；$\alpha = 90°$ 为正挑丁坝。如图 3-9 所示，夹角不同，丁坝对水流结构的影响也不同。

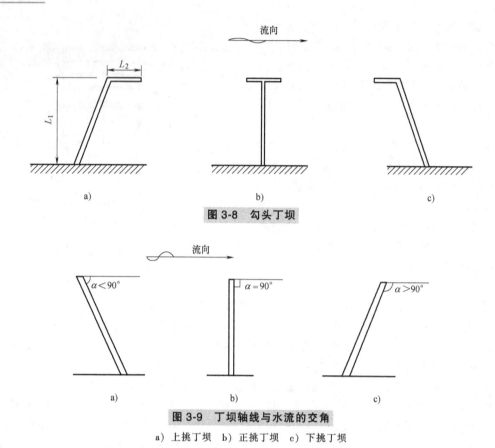

图 3-8 勾头丁坝

图 3-9 丁坝轴线与水流的交角
a) 上挑丁坝 b) 正挑丁坝 c) 下挑丁坝

1) 上挑丁坝。丁坝方向指向上游,非淹没上挑丁坝坝头水流较为紊乱,坝头冲刷坑较大。淹没上挑丁坝水流漫顶后,丁坝的表面流流向丁坝外缘,与主流挤压,而此时底流流向岸边,由于底层含沙量大于表面,故使泥沙易导入坝田淤积。坝田是指位于相邻两丁坝间的区域。同时坝后的螺旋流也是自坝头向坝根运动,所以,淹没式上挑丁坝的坝田的淤积效果较好。实践证明,在顺直河段上,适宜的角度为 $\alpha = 60° \sim 90°$。

2) 下挑丁坝。丁坝方向指向下游,非淹没坝头水流较上挑丁坝平顺,坝头冲刷坑小而浅。淹没丁坝水流漫过丁坝后偏向河岸,则底层水流趋向坝田外缘,坝田岸边部位淤积较慢,一般下挑角度为 $\alpha = 120° \sim 135°$。

3) 正挑丁坝。坝轴线与水流垂直,坝轴线最短,坝头冲刷坑和坝田淤积体介于上述两者之间。在潮汐河段或流向顺逆不定的河段上,可采用正挑形式。对冲刷严重的河床也可采用正挑丁坝,如钱塘江、汉江、莱茵河等。

丁坝的效果与河床地质、水流、泥沙、河床质的组成有密切关系。在来沙量大、流速较小,要求冲刷航槽,淤积坝田为主的浅滩,可采用上挑丁坝。在流速较大、来沙量小,调整流向,以维持航槽稳定为主的浅滩,宜采用下挑丁坝。用于壅高水位调整比降、在河口的双向水流区,宜采用正挑丁坝。丁坝的挑流角应结合滩险河段的自然条件和航道整治的具体任务来考虑,具体情况做具体分析,确定合适的丁坝形式。

(5) 按丁坝坝顶相对高程划分 按丁坝坝顶相对高程(相对于设计最低通航水位),可将丁坝分为高水丁坝、中水丁坝、枯水丁坝和潜丁坝。坝顶高程接近洪水位时为高水丁坝;坝顶高程与中水位相当的称为中水丁坝;坝顶高程在设计最低通航水位以上 0.5~3.0m 的为枯水丁坝；坝顶高程低于设计最低通航水位、常年淹没在水面以下的称为潜丁坝。在航道整治工程中，枯水丁坝使用较多。

(6) 丁坝群　在浅滩范围内，根据整治断面设计布置丁坝。每条丁坝只能控制一段河长，故一般都需布置数条丁坝，形成丁坝群。

1) 对口丁坝和错口丁坝。丁坝在河流两岸同时布置时，根据河岸地形排列成对口丁坝或错口丁坝，如图 3-10 所示。

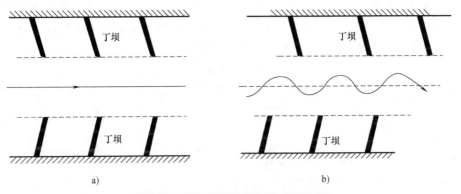

图 3-10　两岸丁坝位置对水流的影响
a) 对口丁坝　b) 错口丁坝

对口丁坝即两岸丁坝坝头相对布置，水流流过坝间比较平顺，流态良好，在流速较小的河流上比较适用，如荷兰莱茵河航道整治就利用对口丁坝的作用。

错口丁坝即两岸丁坝坝头错开布置。水流绕过坝头比较迂回曲折，在流速较大的山区河流上宜采用错口丁坝。

2) 阶梯降低式和阶梯升高式丁坝群。航道整治工程中，在同一浅滩上各丁坝的坝头高程都相同，称为等高式丁坝群。各丁坝高程自上游向下游逐次降低，称为阶梯降低式丁坝群，坝高逐次增加的，称为阶梯升高式丁坝群。

在平原河流中，水面比降小，阶梯降低式丁坝群的高程相差不大，故上游丁坝露出水面时，下游丁坝处于淹没状态，淹没丁坝的主要功能是导沙入坝田，这种丁坝群淤积效果好，有利于航道的冲刷和稳定。阶梯升高式丁坝群，当上游丁坝漫水时，下游丁坝仍露出水面，这样漫越上游丁坝的水流受下游较高丁坝阻挡，必然导致水流转向航道方向，使流动更加紊动，同时下游的非淹没丁坝导沙能力差。

2. 丁坝布置的一般原则

平原河流丁坝宜正交或下挑布置，丁坝群首座丁坝可下挑布置；具有双向水流的浅滩，丁坝宜正交布置；山区河流的卵石滩宜布置成下挑丁坝、带勾头的正交或下挑丁坝。抬高水位、调整比降的对口丁坝、护岸的短丁坝和加高心滩与顺坝相连的短丁坝，宜与水流正交。

3. 丁坝间距的确定

丁坝间距的大小，直接关系到工程效果和工程量。间距过大，丁坝之间不能互相掩护，达不到控制整治线的目的；若间距太小，则丁坝数目增多，造成浪费。因此必须合理确定丁坝间距。

(1) 确定丁坝间距的原则

1) 为防止坝头、坝根受到冲刷，应使下一道丁坝的壅水刚好达到上一道丁坝。同时应使水流绕过坝头后形成的扩散水流边线能达到下一条丁坝有效长度范围内，避免坝根冲刷。

2）能控制整治线的各个部位，使各条丁坝后的回流区边线的连线组成趋近于整治线的平滑曲线，不致因丁坝间距过大影响束水冲沙效果。

3）应防止坝田内产生较大的流速，影响坝田淤积。

（2）确定丁坝间距的方法　确定丁坝间距的方法有多种，本书简要介绍以下两种方法：

1）经验取值方法。基于防止坝田产生较急水流和促进坝田淤积的要求，一般认为，坝田间距 D 以取上游坝长 L 的 1~4 倍较适宜。根据了解，日本取用：顺直河段 $D=(1.7~2.3)L$，凹岸 $D=(1.4~1.8)L$，凸岸 $D=(2.8~3.6)L$；英国认为：$D=(1~1.5)L$ 较适宜；美国常用 $D=1.5L$；德国取值 $D=(2~4)L$。我国根据各地实践经验，丁坝群中的两坝间距可按表 3-7 选取。当整治线方向与洪水主流向夹角较大或有流冰时，丁坝间距可缩小。

表 3-7　丁坝间距

所处位置	凸岸	凹岸	顺直段
一般丁坝	$(1.5~3.0)L$	$(1.0~2.0)L$	$(1.2~2.5)L$
护岸丁坝	—	$(0.8~2.0)L$	—

注：L 为上一座丁坝在过水断面上的有效投影长度。

2）采用推求"尖灭点"位置的方法。从水流经丁坝后的收缩和扩散规律，推求收缩水流的"尖灭点"。如图 3-11 所示，A 为坝头，B 为尖灭点，B 点以上为上游水流向河心收缩，B 点以下为水流向河心扩散，若在 B 点不建坝约束水流，水流分散就无力冲刷河床，河槽中将出现新的沙洲或浅滩。由于在整治线范围内水流为变速流，目前无法建立理论关系式，故其计算方法仍以经验为主，其公式为

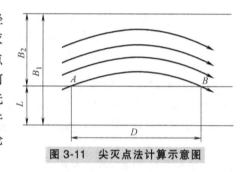

图 3-11　尖灭点法计算示意图

$$D = uL\sin\beta \tag{3-6}$$

式中　D——尖灭点与其上游坝的距离，即坝间距（m）；

L——上游丁坝过水断面上有效投影长度（m）；

β——丁坝轴线与水流方向的夹角（°）；

u——系数，由 $\dfrac{L\sin\beta}{B_1}$，按表 3-8 确定，B_1 为原河床宽度（m）。

表 3-8　系数 u 取值表

$\dfrac{L\sin\beta}{B_1}$	0.49	0.30	0.25	0.20	0.10
u	2.9	4.2	5.0	6.3	10.5

以上计算适用于顺直段。在弯段，凹岸坝距应减小 0.4~0.7 倍，凸岸应加大 0.3~1.0 倍。同时还需考虑因建坝而引起的壅水，分析其流速值是否会减少至泥沙起动流速以下，若有可能时，坝距应缩小。

4．丁坝结构

（1）丁坝的组成　丁坝由坝体、坝面、坝头、坝根、护底组成，如图 3-12 所示。

1）坝体。坝体是坝的主要结构，除了采用抛填块石外，近年来土工织物充填袋、模袋混凝土及混凝土构件也得到不同程度的应用。

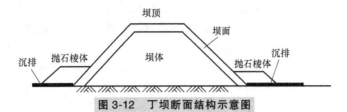

图 3-12 丁坝断面结构示意图

2) 坝面。坝面也称护面,在整治水位上、下最容易受流木、流冰的撞击而损坏。因此,在流速较大的河流以及有流木、流冰的河流,坝面应采取防护措施。

3) 坝头。坝头是丁坝伸入江中的最前沿,受水流冲击力最大的部位,在坝头一定范围内,坝体应加宽,并且在坝头部位不宜采用沙袋填心坝。

4) 坝根。坝根是指坝体与河岸或洲滩的连接部位,当水位淹过坝顶以后,在坝根的上、下游会形成回流及螺旋流。如果河岸或洲滩不具备很强的抗冲刷性,在连接处容易被水流淘刷,使得坝体与岸坡分离,不仅使整治建筑物失去作用,而且可能使岸坡大面积坍塌,农田冲毁,造成严重后果。因此,对坝根的处理要特别重视。

5) 护底。护底是坝的基础。一般采用柴排或土工织物排结构,在石料充足且价格较低、河床抗冲性较好和地形起伏大的地区宜采用抛石护底。石块大小能满足抗冲稳定的需要。在波浪比较大地区,有时采用护脚结构形式,防止坝底被淘刷。护脚结构形式参照护岸结构设计。

6) 反滤层。由于丁坝越来越被广泛建造在波浪较大的地区,故在坝体和坝面间根据需要,设置块石、土工织物等作为反滤层,以保护坝体填料防脱空。

(2) 丁坝的结构设计

1) 坝体的结构形式如下:

① 抛石、砌石结构。抛石坝是航道整治工程中最常用的建筑物。选择一定级配的坚硬、未风化且不溶于水的块石,水下部分采用人工或专业机械抛筑,水上部分的边坡和坝面采用人工砌筑。抛石坝体施工简单,经久耐用,维修方便,容易就地取材,是当前国内外采用最普遍的一种形式。抛石丁坝的缺点是:

a. 坝基偏高,当河床刷深,坝脚挂空后,导致护面开裂破损,在水流的强动力作用下,块石被大量淘走,维修工程量大,费用高。

b. 主体结构松散,坝身整体性较差,一旦护面或坝头结构遭破坏,块石被迅速冲失,很快影响整个坝体,导致整条丁坝破坏。

c. 抛石坝混凝土护面只能浇筑在水面以上部分,一般坝面只能比施工时低水位高 1.5~2.0m。试验表明,丁坝的防冲效果弱,坝头局部冲刷严重。

水流作用下块石粒径宜根据经验或模型试验确定。当流速大于 3m/s 时可按下式估算

$$d = 0.04 V_f^2 \tag{3-7}$$

式中 d——块石等容粒径 (m);

V_f——建筑物处的最大表面流速 (m/s)。

波浪大的水域,建筑物块石的稳定重量可按《防波堤设计与施工规范》(JTS 154—1) 的有关规定确定。

有流冰和船行波等因素影响的河段,块石粒径应综合分析确定。

② 石笼、填充袋填芯混合结构。用钢丝、钢筋、竹篾、荆条或 PVC 等材料编成各种网络笼状物,内装块石、砾石或卵石制成石笼,为防止笼子腐烂,一般将石笼作为坝芯,外面抛块石防护,称为石笼填芯混合结构。

充填袋填芯混合结构建筑物则是利用水力机械将泥沙充填在土工织物编织袋内，待灌满泥沙扎紧袋口后抛入河中形成坝体填芯部分，然后进行抛石护面的整治建筑物。当袋布和充填料粒径选择适当时，可以防止袋内部泥沙流失，用于填筑坝芯，在石料短缺地区降低工程造价。例如，我国在汉江襄樊至皇庄河段整治、长江界牌河段整治和长江口深水航道整治等重大工程实践中，充填袋填芯混合结构建筑物均得到了不同程度的应用。充填袋填芯建筑物断面形状如图 3-13 所示。

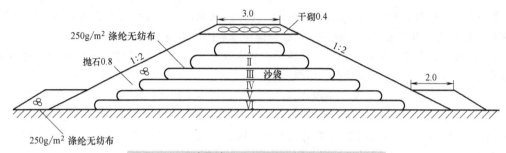

图 3-13　充填袋填芯建筑物断面形状（单位：m）

③ 桩式结构。桩式结构是将桩打入河床中采用不同的护底措施作为丁坝的一种新型结构形式。

a. 板桩式结构是将预制钢筋混凝土板桩连续施打成排，桩顶用帽梁现浇连成整体的新型丁坝。为减少局部冲刷，各板桩之间留有一定的间隙，使坝身和坝头均约有15%的透水率。板桩丁坝与抛石丁坝相比，两者平均促淤效果差别不大，在丁坝附近的局部形态相差很大，抛石丁坝的坝头冲刷坑比板桩丁坝深，且坝头冲刷坑范围大。

b. 桩板式结构是将预制的混凝土桩沿坝轴线每隔 2m 左右打入土中，在桩与桩之间用螺栓锚住钢筋混凝土板，组成的坝体的桩板式结构。图 3-14 所示为上海川沙海塘的护岸丁坝。法国河流整治也曾采用过桩板式结构，如在小罗纳河 20km 的整治河段上，使用了 187 组板桩坝，采用钢桩挂混凝土板，起转流导沙作用，取得了成功。

c. 桩体实体结构是桩与桩紧密相连，形成堵墙式的结构物。为了防止桩式建筑物从底部被淘刷，沿着坝轴线设置为 3~4m 梢排带；也可利用浮梢，将它布置成两行并垂直于建筑物，顺水流方向与桩紧密相靠。将梢捆用石块压载，之后再用附加桩及横梁，把

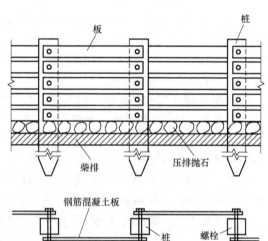

图 3-14　混凝土桩板式结构

梢捆压沉至河底。在桩式实体丁坝和导流坝的头部，除了沿建筑物设置梢料带以外，还要沉入垫底梢排。这些垫底梢排在迎水面要伸长 5m，在背水面伸长 8m，在向河面伸长 5m，有时在建筑物头部将梢排的伸长部分抛上石料。

d. 桩土混合结构是由打入土中的桩与桩紧密相连组成实体墙，为了避免水流冲刷桩基，用碎石增强基床或在墙体两侧筑土料棱体，上铺碎石护面形成实体建筑物，断面如图 3-15 所示。桩土混合结构可用作丁坝、锁坝和顺坝。坝顶高程由计算确定，通常采用高出设计水位 1~2m。

从坝根至坝头，桩与桩之间要紧密打入，桩墙在河床部分自坝顶到岸边的纵坡取 1：100～1：300，在坝根附近的纵坡取 1：25。在有卵砾石的河床上修建桩式建筑物，为防止底部冲刷，板墙需穿透卵砾石覆盖层。

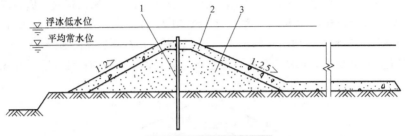

图 3-15 桩土混合结构
1—桩 2—护面块体 3—堤心石

④ 沉箱结构。预先做成数米长的钢筋混凝土沉箱，如图 3-16 所示。趁高潮位或高水位时，浮运到施工地点，将箱内填土下沉，组成丁坝、顺坝等。我国在长江口原川沙县[一]护岸工程曾采用此形式（施工方便，还可以重复利用）。若该处边滩已淤成，可将箱内泥土挖出。涨水后浮起拖运至它处再用，虽然一次性投资较大，但在无石料的地区，是可以考虑的一种形式。

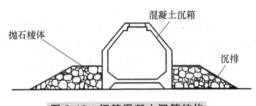

图 3-16 钢筋混凝土沉箱结构

⑤ 人工块体混合结构。在河口开敞水域，受径流、潮汐、风浪动力条件影响。建筑物受力条件异常复杂，而且河口基础条件差，施工难度大，为了适应河口地区的水动力条件，河口整治工程中常采用人工块体混合结构。

a. 四角锥体坝。四角锥体坝基最底层为碎石，碎石层上铺一层 15～50kg 的块石，然后为一层 0.7m×0.7m×0.7m 的混凝土块体，坝基上抛放四角锥体，组成四角锥体坝，如图 3-17 所示。

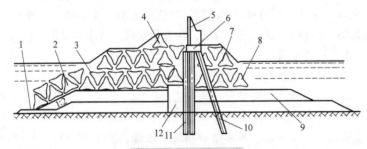

图 3-17 四角锥体坝
1—碎石垫层 2—防护用四角锥体（5t） 3—成双大形四角锥体（13t） 4—四角锥体（5～7t）
5—钢筋混凝土墙 6—钢筋混凝土圈梁 7、8—支撑用四角锥体（13t） 9—混凝土抛块
10—槽形钢桩柱 11—钢板桩墙 12—混凝土块体

四角锥体坝建筑物的关键是将下层的锥体正确安放与压载，以及锥体在抛放时布置方法，最优的布置方案为最底层四角锥体的中央角锥朝上，而第二层的中央角锥朝下。四角锥体坝的

[一] 川沙县，现已撤销，位于上海市东郊，长江入海口南侧。

心墙由钢板桩或钢筋混凝土板桩、槽形支撑钢桩组成。

这类建筑物坚固、耐久,类似建筑物还有抛筑其他不同形式的人工混凝土异形块体,但是要大量投资。

b. 钩连块体混合坝。钩连块体混合坝是长江口整治设计的一种断面形式。堤芯用10~100kg小块石充填,外包100~150kg的块石垫层,然后是用4t的钩连块体护面,两侧堤脚用150~300kg的大块石镇脚。该种形式使用石料较多,要求较高,在石料货源充足的条件下可以优先选用,具体形式如图3-18所示。长江口深水航道整治二期工程采用的钩连块体质量为6t、10t。

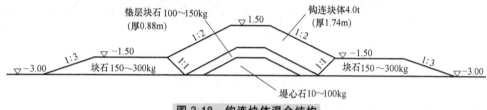

图3-18 钩连块体混合结构

⑥ 半圆形混合结构。半圆形混合结构坝是长江口整治工程的推荐结构形式,是利用预制半圆形构件,卧放在堤轴线上,该形式利用半圆体构件上设置的圆形小孔,减小潮流、风浪的浮托力,使坝体稳定,其基本结构形式如图3-19所示。

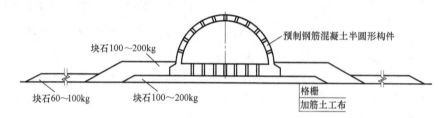

图3-19 半圆形混合结构

2) 丁坝坝体的构造如下:

① 块石丁坝坝体。块石丁坝的梯形横断面,建筑物上游一面的斜坡,称为迎水坡。迎水坡可取1:1.0~1:2.0;建筑物下游一面的斜坡,称为背水坡,背水坡可取1:1.5~1:3.0。在流速较大的部位,坡度应适当放缓。

坝顶宽可取2~5m,在流速大或有流冰的地区,可取较大值。特殊情况也可适当加宽。

坝体抛石应级配合理,并进行理坡和坝面平整。

潜丁坝坝顶常年淹没在水下,受水的冲蚀作用大,加之潜丁坝全部为水下施工,坝的顶宽高程的精度控制难度大,且坝顶无法采取防护措施。因此,潜丁坝的断面尺寸应适当加大。潜丁坝顶宽不宜小于3m,迎水坡坡度可取1:1.0~1:2.5,背水坡坡度可取1:2.0~1:3.0。在流速大的部位,坡度应放缓。护底的范围可按表3-9选取。

表3-9 丁坝护底范围

护底外缘线范围	距迎水坡脚/m	距背水坡脚/m	距坝头向河坡脚/m
容易冲刷	5~10	10~15	15~30
特别容易冲刷	20~30	30~40	40~70

② 充填袋填芯坝坝体。坝体的梯形横断面,迎水坡可取1:1.5~1:2.0,背水坡可取

1：2.0~1：3.0。坝体顶宽可取 2.0~5.0m，特殊情况也可适当加宽。

充填袋坝芯外宜加盖无纺布，外层采用块石护面，块石厚度可取 0.7~1.0m。受波浪影响较大的地区尚应采用人工块体护面。

坝体坡脚需设置抛石棱体时，棱体高度宜取 1.0~1.5m，迎水面的棱体顶宽宜取 1.0~1.5m，背水面的棱体顶宽宜取 1.5~2.0m。

3）丁坝坝顶纵坡。坝顶纵坡坡度可取 1：100~1：300，特长的丁坝应结合滩岸高程调整纵坡。需要在不同水位下发挥作用的丁坝，坝顶可分段采用不同的高程或不同的纵坡坡度。有排冰或其他要求的航道，丁坝坝顶可设为平坡。

4）丁坝坝根结构。丁坝坝根宜采用喇叭形接岸。当河岸易冲蚀且水流作用较强时，坝根应嵌入岸坡内，并应适当护坡，防止根部淘刷。坝根护坡长度应根据河岸地质和水流情况确定，上游护坡长度可取 5~50m，下游护坡长度可取 10~100m，特殊情况可适当增减。坝根护坡高度应根据地质和地形情况确定，护坡高出坝根顶部不宜少于 1.5m。坝根接岸处的岸坡坡度不宜陡于 1：2.5。

5）丁坝坝头结构。坝头平面宜布置成圆滑曲线，向河坡坡度宜取 1：5~1：10。根据水流对坝头的作用情况，距坝头 5~15m 范围的坝体顶宽可加宽 1~3m，充填袋填芯坝坝头加宽段应全部采用块石。坝头可采用人工块体护面。

6）丁坝坝面结构。坝面应根据地质、水流和波浪条件采用大块石、浆砌条石、浆砌块石或整体性较好的刚性结构护面。流冰河段坝面的防冰措施，可采用灌注速凝混凝土或钢丝笼装块石将坝面块石连接成整体。

7）丁坝护底措施。在河床易冲刷变形的河段，丁坝应采取护底措施。河床地形较平缓且抗冲性较差的部位，护滩和护底结构应优先选用软体排。河床地形起伏大的部位，护滩和护底结构可采用散抛体，散抛体的大小应满足抗冲稳定的要求。在石料充足、河床抗冲性较好的地区宜采用抛石结构。在河床抗冲性较差的部位，可采用透水构件结构。

① 护滩和护底软体排结构形式的选择应满足下列要求：

a. 在风浪小、水流平稳、水深和流速较小、地形平坦的地区，宜采用散抛压载软体排。

b. 在风浪较大、受水流顶冲、地形较平坦、水深和流速较大的地区，宜采用沙肋软体排或混凝土系结块软体排。

c. 在受水流顶冲、表面流速大、地形较为复杂和水深较大的地区，宜采用混凝土系结块软体排或混凝土联锁块软体排。

d. 在缺乏石料、地形较平坦和河床变形小的地区，宜采用沙被软体排。

② 软体排设计应满足下列要求：

a. 软体排的设计长度应考虑河床地形起伏程度、水深和流速等因素综合确定，确保稳定性。

b. 在地形较陡的地区，陆上部分应采用削坡处理，水下部分应采用抛石或土工织物充填袋调整水下坡度，坡度不宜陡于 1：2.5。

c. 相邻两块排体之间搭接宽度在陆上不得小于 1.0m，小型河流水下不得小于 2.0m，大型河流或海域水下不得小于 3.0m。水深流急情况可适当加大。

d. 陆上相邻两块排体之间可采用缝接或系接方式连接。

e. 软体排的排头应牢固稳定，宜埋于排头沟内或固定于岸坡固定桩上。当排头固定在岸边有困难时，也可将排头通过压载固定于河底，压载数量和方式应通过计算分析确定。

f. 软体排的边缘可采用抛石、抛透水构件或预埋等进行防护。

③ 丁坝护底范围可按表 3-9 选取，必要时，通过计算或模型试验确定。

3.5.4 顺坝

顺坝是坝轴线沿水流方向或与水流交角很小的建筑物。顺坝的整治效果，取决于顺坝的位置、坝高、轴线形态及其与水流的交角，其中位置和线形最为关键。

1. 顺坝的分类

（1）导流顺坝 导流顺坝的坝轴线与整治线走向一致，可根据需要布置为直线或平缓曲线，坝根与河岸相连，坝头宜接近下深槽，以引导水流由上深槽平顺过渡到下深槽。当浅滩过渡段区较长时可与丁坝群结合，用以缩窄河床，冲刷航槽，如图 3-20 所示。

（2）洲头顺坝 布置在江心洲洲头，坝根与江心洲相连，坝身向上游延伸的顺坝称为洲头顺坝，如图 3-21 所示。洲头顺坝主要用于调整两条汊道的分流、分沙比，拦截洲头横流，改善汊道进口流态。

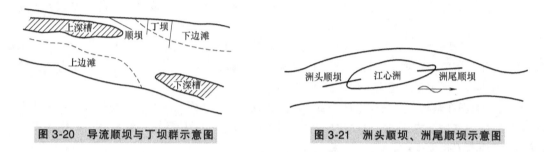

图 3-20　导流顺坝与丁坝群示意图　　　图 3-21　洲头顺坝、洲尾顺坝示意图

（3）洲尾顺坝 布置在江心洲洲尾，坝根与江心洲相连，坝身向下延伸的顺坝称为洲尾顺坝，如图 3-21 所示。洲尾顺坝主要促使两汊水流在洲尾平顺汇合，减小两汊水流相互顶托作用，防止汊道出口淤积出浅，并可拦截洲尾横流，改善流态。

（4）固滩顺坝 在平原河流的汊道浅滩上，为稳定和加高低矮而且游移不定的河心沙滩，可布置一道适当长的顺坝，并在其两侧加筑与顺坝相连的短丁坝，形成类似鱼骨状的组合坝，以加高河心沙滩，促进泥沙淤积，如图 3-22 所示。

（5）封弯顺坝 在河道过于弯曲、水流扫弯的滩险，可在凹岸布置封弯顺坝，在凸岸一侧开挖新航槽，改变河床的平面形态，增大弯曲半径，如图 3-23 所示。

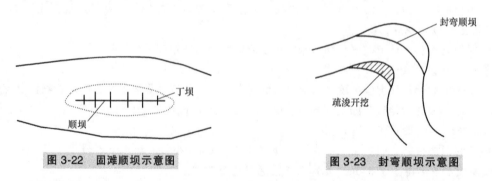

图 3-22　固滩顺坝示意图　　　图 3-23　封弯顺坝示意图

2. 顺坝的作用

顺坝对水流结构改变不大，沿坝水流平顺，在平原河流和山区河流整治工程中，使用较为广泛。顺坝一旦建成，就很难改动，因此在确定坝位、线形时应慎重。另外，水流经过顺坝坝头后迅速扩散，流速降低，容易形成"关门浅"。

（1）调整急弯，规顺岸线 在山区航道整治中，对于航道过于弯曲的河段，用顺坝封弯来修整不规则的枯水岸线，使之形成新的河岸，平顺水流，改善流态。

（2）堵塞支汊，调整分流分沙比　在分汊河段上布置顺坝，堵塞支汊，增加主航槽枯水流量，调整分流分沙比。

（3）拦截洲头横流，改善汊道进口流态　在分汊河段，存在两汊道水面高程不一致，在江心洲头部产生横流，妨碍船舶航行。在江心洲头部布置洲头顺坝，拦截横流，使汊道进口水流平顺。

（4）调整汇流处的交汇角，改善汇流条件　在分汊河段汇流处，受两汊水流相互顶托影响，在口门处易产生淤积碍航，或因两汊水面高程的差异，产生碍航横流。在江心洲尾部布置洲尾顺坝，可调整汇流处的交汇角，改善汇流条件，平顺水流，减小淤积。

（5）用于丁坝上游，以改善丁坝坝头水流条件　在丁坝群上游第一道丁坝，一般采用下挑丁坝。根据河道条件，在丁坝群的上游也可布置顺坝，改善丁坝群的水流条件。在岷江朱石滩整治中，右岸丁坝群的上游布置了一条长顺坝，不仅航道尺度达到设计要求，而且横比降减小，整治效果好。

3. 顺坝的布置原则

（1）导流顺坝与封弯顺坝的布置

1）顺坝坝身一般沿整治线方向布置，常布置在主导河岸一侧。

2）顺坝坝轴线与水流交角不宜过大，当洪水、中水、枯水流向不一致时，封弯顺坝的坝轴线宜与中水流向一致，以避免中水位时水流漫顶产生滑梁水，导致航行事故。

3）浅滩不宜在两岸同时布置顺坝，否则施工后，若发现整治宽度不合适，难以改动。一般可在主导河岸一侧布置顺坝，另一岸布置丁坝。

4）顺坝平面形态应为平缓的曲线或直线构成，坝根应与河岸平缓连接，顺坝起点的位置应在水流转向点以上，当顺坝与河岸岸线间距较大时，若用顺坝平缓与岸线连接，坝身过长时，可用丁坝与河岸连接，形成丁顺坝形式，以节省工程量。

5）顺坝坝头宜接近下深槽，避免坝头附近出浅。坝头轴线应平顺，不能向航道内、外挑出，以免造成不良流态，威胁航行安全。

6）为加速顺坝坝田淤积，可在顺坝与原河岸之间建格坝，格坝坝根与原河岸连接，其高程比顺坝顶略低，顺坝内侧的格坝间距可按凸岸丁坝间距确定，如图3-24所示。有条件时可将浅滩上挖出的砂卵石吹填成格坝。

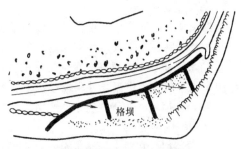

图3-24　顺格坝组合应用

（2）洲头顺坝、洲尾顺坝的布置

1）以拦截横流为主的洲头顺坝，坝头应该布置在能拦截有害横流处，与江心洲地形平顺衔接，以避免水流绕过坝头后再次产生分流，在靠近坝体一带形成回流、漫水，使得泥沙淤积而碍航。

2）以调整分流分沙比为主的洲头顺坝，坝轴线的位置应根据分流分沙比的需要，由计算或模型实验确定。

3）洲尾顺坝坝头宜接近下深槽或水流平顺的地方，避免泥沙淤积形成拦门沙。

（3）固滩顺坝的布置　固滩顺坝上下两端坝头的位置，应分别按有利于控制分流分沙比和改善汇流条件的原则合理确定。顺坝两侧还应布置一定数量的短丁坝，组成鱼骨坝，其宜与水流正交。

4. 顺坝结构

(1) 顺坝材料选用和结构形式　顺坝整体受力没有丁坝大,靠航槽一侧所受的水流冲刷力很大。顺坝的结构组成和坝体结构形式可参照丁坝。抛石丁坝和充填袋填心坝的材料可按丁坝要求选用。

(2) 顺坝的构造　顺坝的横断面多为梯形,顺坝坝顶宽宜取 2~5m,边坡坡度宜取 1:1.5~1:3.0。洲头分流、洲尾导流或封弯导流等顺坝,应根据不同的受力情况,增加坝顶宽度和放缓边坡。

1) 坝头。顺坝坝头可适当加宽,顺坝坝头平面宜布置成圆滑曲线,沿坝轴线向河坡坡度 1:3~1:10,两侧逐渐变坡与坝身段平顺相接。充填袋填芯坝坝头部分应全部采用块石结构。

2) 坝根护坡、坝面结构。顺坝的坝根护坡、坝面结构和丁坝的有关规定一致。

3) 纵坡。洲头顺坝的纵坡宜采取与建坝后整治水位时的水面比降反向的坡度;洲尾顺坝纵坡坡度宜与建坝后整治水位时的水面比降一致;护滩顺坝的纵坡可根据滩面地形确定;丁顺坝可采用平坡。必要时纵坡坡度根据模型试验确定。

4) 坡脚。坝体坡脚需设置抛石棱体时,棱体宽宜取 5~10m,特殊条件不小于 10m,棱体厚度应不小于 0.5m。

5) 护底。在易冲刷变形的河段,顺坝宜采取护底措施。护底结构应符合丁坝的规定。护底范围可伸出边坡坡脚外 5~15m,伸出坝头坡脚外 10~20m。

3.5.5　锁坝

锁坝把水流集中到可以利用的较宽航道中,增加船舶航行的安全。为了增加航道水流速度和水深,满足船舶通航的要求,避免触礁和触滩等事故发生,可采用人工方法对部分狭窄的不具备通航能力或者虽然具备通航能力但通航危险的河道进行封堵。

1. 锁坝的分类

根据锁坝的不同作用,可将锁坝分为堵汊锁坝、导流锁坝和潜锁坝(壅水潜锁坝)等三大类。前两者分别建在支汊内和支汊进口处,后者建在主河槽内,是锁坝的一种特殊形式。

(1) 堵汊锁坝　布置在分汊河道中的支汊锁坝,坝轴线与水流的方向正交,为了堵塞支汊或限制串沟发展,集中流量冲刷通航汊道,增加航道的深度,故称堵汊锁坝。

(2) 导流锁坝　布置在支汊入口处,坝轴线与水流的夹角较小,形同顺坝的锁坝即为导流锁坝,又称堵顺坝。

(3) 潜锁坝　在单一河道或分汊河道的通航主汊中修建的跨越两岸的潜堤称为潜锁坝,又称壅水潜锁坝。对于急流滩,主要用于抬高水位。减缓流速、比降,也可促淤赶沙,减小过水断面和消除不良流态等。

2. 锁坝的平面布置原则

(1) 锁坝的坝位　锁坝的坝位应根据航运、防洪、工农业用水等实际情况,并结合地形、地质、水流、泥沙、工程结构及施工条件等各方面因素综合考虑确定。平原河流上的锁坝,宜建在汊道的中、下段,并与汊道主流向正交。当汊道的水面落差超过 0.8m 时,宜分别在汊道的中上段和中下段建锁坝;山区河流上的锁坝,宜建在汊道的上段、中段。

(2) 锁坝的方向　堵汊锁坝坝轴线一般与水流正交,以避免因斜交而产生的对一端坝根的集中冲刷。导流锁坝的方向应根据滩险地形而定,坝轴线与水流的交角宜尽量减小。壅水潜锁坝的坝轴线应与水流正交,以充分发挥潜锁坝的壅水作用。

(3) 锁坝数量的确定

1) 当汊道较长，比降较大，总落差较大时，为了保证锁坝的安全，可以修建几座锁坝，使每座锁坝承受的水位落差为总落差的一部分。锁坝的数目 n 可由下式确定

$$n = \frac{\Delta Z}{\Delta h} \tag{3-8}$$

式中 ΔZ——设计水位时江心洲头至洲尾的水位总落差（m）；

Δh——一条锁坝所担负的落差（m），通常为 0.5~0.8m。

2) 主航道上的壅水潜锁坝坝顶上水深较大，锁坝的作用范围有限，壅水潜锁坝的数量应通过水力计算或模拟试验确定。

3. 锁坝结构

锁坝由坝体、坝面、坝根和护底组成。锁坝可根据实际工程的需要，锁坝坝面结构可采用与丁坝相同。

(1) 锁坝的横断面尺寸 锁坝的横断面形式一般为梯形，如图 3-25 所示。锁坝迎水坡度可取 1∶1.5~1∶2.0，背水坡坡度可取 1∶2.0~1∶3.0。锁坝顶宽可取 3~6m，在流速大或有流冰的地区，宜取较大值。潜锁坝全部在水下施工，尺寸控制较困难，坝顶宽度和边坡取较大值。

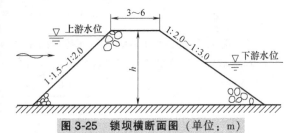

图 3-25 锁坝横断面图（单位：m）

(2) 锁坝的坝根结构

1) 锁坝上下游河岸应护坡，上游护坡长度可取 10~15m，下游护坡长度应通过水力计算确定，但不应小于 15m，护坡高出坝根顶部不宜小于 1m。

2) 当坝根与砂卵石江心滩相连接时，应在江心滩上开槽，将坝根嵌入一定长度，必要时应进行防渗处理。坝根护岸范围可适当延长。

(3) 护底结构 锁坝坝下应采用柔性防护结构形式，护底外缘线至坝脚的距离，上游面可取坝高的 1.5 倍，下游面可取坝高的 3~5 倍，也可按式（3-9）~式（3-10）进行计算，必要时通过模型试验确定。距坝脚 0.5 倍坝高的范围内应重点加强防护。潜锁坝坝体下游护底范围应适当延长。

$$L = m\Delta h_p \tag{3-9}$$

$$\Delta h_p = 0.33 p \left(\frac{h}{d}\right)^{0.33} \left(\frac{\Delta h}{h}\right)^{0.35} \tag{3-10}$$

式中 L——护底伸出长度（m）；

m——护底稳定边坡系数，取 2.0~2.5；

Δh_p——原河床床面起算的冲刷坑最大深度（m）；

p——自河床起算的坝高（m）；

h——坝下冲刷前水深（m）；

d——床沙中值粒径（m）；

Δh——锁坝上下游水位差（m）。

堵汊锁坝坝顶高程一般可采用经验判断或水力计算的方法确定，可参考有关文献，复杂而重要的工程项目还可通过模型试验予以优化。

(4) 坝顶纵坡 锁坝坝顶一般为平坡，必要时可设不陡于 1∶10 的纵坡，减弱水流对坝下

接岸段的冲刷。

4. 锁坝稳定计算

锁坝应进行块石粒径的验算和锁坝抗滑稳定计算，以便加强锁坝的上、下河岸和边坡的防护措施。坝体块石粒径验算与丁坝相同。

1) 锁坝最危险的滑动面，泥质基础按圆弧滑动计算，沙质基础和卵石基础可按平面滑动计算，沙质基础为 AO，卵石基础为 AE，如图 3-26 所示。

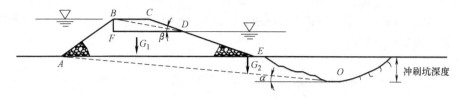

图 3-26 锁坝平面滑动整体稳定验算断面示意图
BD—浸润线 AO—最危险滑动面

2) 在计算时，应考虑在各级水位下荷载的不利组合，验算其稳定性。
3) 沙质基础上锁坝的平面滑动稳定可按式（3-11）~ 式（3-15）计算

$$K = \frac{(G_1+G_2)\cos\alpha\tan\varphi}{T_\varphi+(G_1+G_2)\sin\alpha} \quad (3\text{-}11)$$

$$G_1 = A_1(\gamma_s-\gamma)+A_0\gamma_s \quad (3\text{-}12)$$

$$G_2 = A_2(\gamma_2-\gamma) \quad (3\text{-}13)$$

$$T_\varphi = A_3\gamma J_\varphi \quad (3\text{-}14)$$

$$J_\varphi = \tan\beta = \frac{BF}{DF} \quad (3\text{-}15)$$

式中 K——锁坝抗滑稳定系数，K 值不应小于 1.2；
G_1——锁坝单位长度自重（kN/m）；
G_2——滑动棱体基础土的单位长度重度（kN/m）；
α——锁坝滑动面与水平面交角（°）；
φ——基础土壤的内摩擦角（°）；
T_φ——渗流压力（kN/m）；
A_1——浸润线以下锁坝横断面 $ABDE$ 的面积（m²）；
A_0——浸润线以上锁坝断面 BCD 的面积（m²）；
γ_s——块石重度（kN/m³）；
γ——水的重度（kN/m³）；
A_2——基础土断面 AEO 的面积（m²）；
γ_2——基础土壤重度（kN/m³）；
A_3——渗流面 $ABDEO$ 的面积（m²）；
J_φ——渗流水力坡度。

4) 卵石基础上锁坝的平面滑动稳定可参照沙质基础上平面滑动计算。

3.5.6 平顺护岸

护岸工程的作用是保护河岸、控制河势与稳定河槽。平顺护岸一般可分为斜坡式护岸和直立式护岸两种类型,其中斜坡式护岸是内河航道中普遍采用的一种形式。

1. 斜坡式护岸

斜坡式护岸从河底到陆域的护岸断面呈斜坡式(单一斜坡或复式斜坡)。一般在水位变动区和波浪水流冲刷区设置块石类、混凝土护坡类、砌块类护坡结构。护岸效果好,外观整齐美观,价格较为低廉,适合于陆域宽度较宽的护岸。但由于护坡几乎全部硬化,在水域到陆域的斜坡上,难以形成水生植物—亲水植物—陆生直物和水生动物—两栖动物的生态系统,生态效果不佳。

(1) 斜坡式护岸分类

1) 土坡和斜坡式人工护岸。将原有河岸适当削坡、修整,岸坡材料为河道开挖成形前的原状土,或用土填筑而成,该土质岸坡称为土坡。用块石、混凝土预制板、混凝土预制块体、混凝土现浇大板、现浇模袋混凝土,以避免水流淘刷,形成具有防护功能的护岸称为斜坡式人工护岸。

2) 连续护岸和间断护岸。斜坡式护岸可分为连续护岸和间断护岸。将河岸连续防护起来的护岸工程称为连续护岸,长度可达几公里甚至更长。将河岸间断防护起来的护岸工程称为间断护岸。

(2) 设计标准 限制性航道护岸结构与其他内河堤防一样,应根据航道等级和河岸功能,采用不同的标准进行设计。有防洪要求,必须与当地的防洪标准一致,采用规定的洪水频率标准设计。岸顶(堤顶,或用作防洪线的岸顶)高程应在设计洪水位上加超高值。

$$Y = R + e + A \tag{3-16}$$

式中 Y——岸顶超高值(m);

R——设计波浪爬高值(m);

e——风雍增水(m);

A——安全超高(m),A 值可参阅表 3-10 确定。

表 3-10 堤防工程的安全超高 (单位:m)

堤防工程级别		1	2	3	4	5
安全超高	不允许越浪的堤防工程	1.0	0.8	0.7	0.6	0.5
	允许越浪的堤防工程	0.5	0.4	0.4	0.3	0.3

(3) 土坡设计 土坡的断面形状应满足河岸整体滑动稳定。在岸坡高度范围,根据土坡土质抗剪强度,结合水流、风浪和船行波的冲刷能量,以及土方施工工艺等要求采用单级坡、二级坡或多级坡,确定各级坡的坡度比。

为了提高土坡滑动的安全性,可在坡上设置消浪平台。消浪平台应结合地形、航道现状,将平台建在原地面或老平台上,以便于施工。为风浪而设置的消浪平台,平台位于静水位附近,平台顶宽取 1~2 倍浪高,且不小于 3m。为船行波设置的消浪平台,平台位于静水位以下 0.5 倍波高,平台顶宽在 0.25 波长和 4 倍的波高之间。重点工程的消浪平台的高程和尺度,宜通过模型试验确定。

(4) 斜坡式人工护岸设计 限制性航道护岸会受到波浪、船行波和水流等各种水动力因素的作用。江河、湖泊、水库的风浪要素计算方法不同于海港水文规范,通常采用莆田实验站法。船舶在航道内航行,船头推开水体,船尾绕流补水,船体周围压力场发生变化,受压力和表面张力作用水面形成的波浪,称为船行波。船行波遇到直立式护岸产生波浪反射,遇到斜坡式人工护岸,波浪上爬,船行波波浪爬高不同于风浪,有关计算可参考相关文献。

斜坡式人工护岸防护范围一般分为护坡上段、护坡下段和护脚等三部分,如图 3-27 所示。

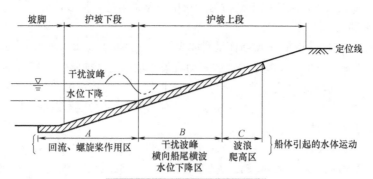

图 3-27 人工护岸分段示意图

根据风浪在坡面的上爬高度或船行波在坡面的上爬高度，可确定护坡上段的上限；根据船行波在坡面的下泄回落高度确定护坡上段的下限。而岸坡下段和底部的防护决定于船行波回流速度。港池进出口，船闸引航道进出口区域，船舶螺旋桨尾流的侵蚀作用必须考虑。

1）结构组成。建在限制性航道的斜坡式平顺护岸结构，主要应由护底、水下护坡及护脚棱体和水上护坡等组成，水上护坡宜由枯水平台、盲沟、反滤层、护面和坡顶护肩等组成，如图 3-28 所示。

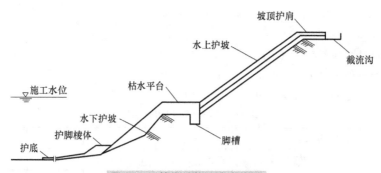

图 3-28 护岸结构组成断面图

① 护底宜采用系结压载软体排，河床冲刷较小的护岸段也可采用抛石或充填袋结构。当采用抛石或充填袋结构时，应满足下列要求：

a. 抛石护底范围，受水流顶冲、河床有局部冲刷坑且深泓贴岸的护岸河段，抛石护底内侧与护脚衔接，外侧抛至深泓线；非迎流顶冲的护岸河段，枯水位以下坡度较陡时，抛至河床横向坡度为 1:3~1:4 或深槽的一定高程处，在近岸护底段加抛防冲填料，防止冲刷加剧；当采用充填袋结构时，采取抛石盖面。

b. 抛石厚度不小于抛筑块石粒径的 2 倍，水深流急处适当加大。

当采用软体排结构时，护底还应满足下列要求：

护底排体的排头与多年平均最低水位以下的护脚部分搭接，或直接埋入脚槽；在岸坡较缓，深泓离岸较远的水流平顺段，可护至坡度为 1:3~1:4 的缓坡河床处；在深泓贴岸段，排尾位置达到或接近深槽最深处。

护底排体按垂直于护岸轴线逐条布置，每条排体的宽度不小于 15m，顺水流方向上游排体压下游排体。

排尾处块石或充填袋压载，块石粒径取 0.2~0.5m，或按抛石抗冲粒径计算确定。

② 护脚棱体的作用是支承护面结构和防止底脚被淘刷,或发生淘刷时,仍能够有足够的支承力。护脚棱体采用浆砌块石或混凝土宜做成梯形或矩形,抛石一般选择梯形断面。

③ 水下护坡的护坡体和护脚棱体宜采用块石、混凝土块、石笼或块石与充填袋混合的结构,护坡体的抛石粒径应根据水深和流速等因素确定,水下护坡和护脚棱体的尺度宜通过稳定计算确定。水下护坡的向河外边线位置宜通过稳定计算确定,护坡的坡度宜为 1:2.5~1:3.5。护脚棱体的外侧坡度不应陡于 1:2,棱体厚度可取块石粒径的 2 倍,水深流急处厚度宜增大至 3~4 倍。水下护坡上端宜抛至枯水平台。间断式平顺护岸的间断部分应进行削坡和护脚。

④ 水上护坡的枯水平台宜采用块石结构,枯水平台宽度可取 1~3m,平台顶高程不宜低于施工水位。平台内侧可设断面面积为 0.6~1.0m² 的矩形脚槽。

⑤ 水上护坡应在平整坡面和回填凹坑的基础上设置,对于较陡的河岸应削坡至设计坡度,坡度可采用 1:1.5~1:3.0。护坡与土体之间宜铺设无纺布或砂石反滤层,当采用砂石反滤层时,层厚不宜小于 0.15m;对含水率较大的软土岸坡,反滤层宜采用回填砂与无纺布相结合的形式。有地下水渗出的岸坡,宜设置"Y"形或"T"形排水盲沟,盲沟断面及数量应根据地下水溢出点位置、渗流量大小和岸坡土质条件等确定。

⑥ 水上护坡的坡面和坡顶护肩宜采用干砌块石、钢丝网护垫、干砌混凝土块或浆砌块石。块体尺度和重量可通过水流、风浪、船行波和流冰等作用下的稳定计算综合确定。采用浆砌块石时应设置排水孔和变形缝,排水孔孔径可取 0.05~0.10m,孔距可取 2~3m,并宜按梅花形布置。护肩的宽度宜取 0.5~1.0m。

⑦ 护岸顶高程宜根据工程需要、河岸土质和植被情况确定,不宜低于整治水位时波浪最大爬高以上 1.0m,必要时护至河漫滩滩顶。砂土地区护坡坡度宜取 1:2.5~1:3.0,抗冲性较好的坡岸宜取 1:1.5~1:2.5,在满足稳定要求的条件下,可选取偏陡的数值。

⑧ 平顺护岸的起止点应通过论证确定,宜设在岸坡较平缓稳定处,护岸两端应与河岸平顺衔接过渡,过渡段长度宜为 10~50m。过渡段应进行削坡,水上和水下边坡应抛石护坡。

2) 结构类型。斜坡式护岸结构类型主要有以下几种:

① 干砌块石斜坡式护岸。如图 3-29 所示,干砌块石斜坡式护岸为限制性航道护岸的常见形式,特别是当地石料资源丰富、波浪和船行波不大,该护坡形式更具有优越性。干砌块石护坡形式的特点是能较好地适应岸坡变形,施工简单,容易维修。其不足之处:

a. 整体性差,易被船舶挤靠和碰撞而松动。

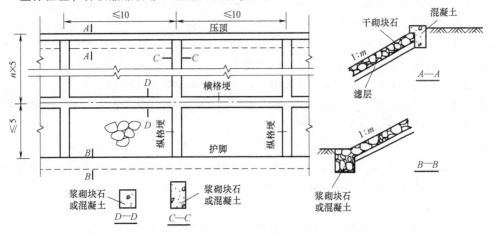

图 3-29 干砌块石斜坡式护岸(单位:m)

b. 要做到上、下层错缝、所有缝隙必须填塞密实，砌筑工效低。
c. 当岸坡护砌块石的坡面较长，工程量大，投资增大。
d. 抗风浪能力弱。

干砌块石护岸面层是护坡的主体，需要验算在水流、风浪和船行波作用下的稳定厚度和重量。护岸块石尺寸不小于25cm，护面层厚度不小于35cm。为了改善干砌块石整体性，在坡面上布设纵（垂直水流）、横（平行水流）格埂，纵格埂间距不大于10m，横格埂间距不大于5m。格埂截面尺度一般为40cm×60cm和50cm×70cm，用浆砌或小石子混凝土灌砌均可。护脚支承块石护面层的重量要确保护面层的稳定，同时防止波浪的淘刷，护脚截面一般为60cm×80cm和70cm×100cm，要求浆砌。也可按海堤工程护脚形式选用护面做到岸顶处，设置混凝土压顶和坡后地面连接，防止雨水冲刷。压顶截面一般不小于50cm×20cm和50cm×30cm，必须浆砌。为了消浪需要一般在设计水位上、下设置消浪平台，平台顶宽一般为2~3m，可采用黏土、水泥土或混凝土铺筑。为了增加干砌块石护面层个体块石间的连接，采用水泥砂浆勾缝，设泄水孔，干砌块石护面不勾缝，可不设泄水孔，护面层下层应按反滤层设计。

② 浆砌块石斜坡式护岸。如图3-30所示，浆砌块石斜坡式护岸具有较好的整体性、外表美观、抗波浪能力强、管理方便，但适应变形能力差，当岸坡发生不均匀沉陷时，砌缝容易出现裂缝。

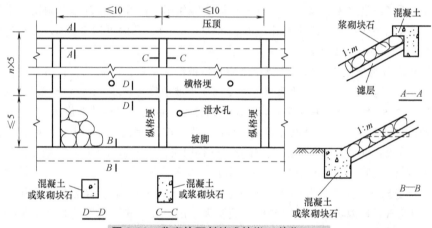

图3-30 浆砌块石斜坡式护岸（单位：m）

浆砌块石护面层，需要验算在水流、风浪和船行波作用下的稳定厚度和重量，并考虑一定的安全系数。块石块体一般不小于25cm，护面层厚度一般不小于35cm。为了提高浆砌块石护面层的稳定性，设纵、横格埂，格埂的截面尺度、间距、压盖顶、坡脚和消浪平台的尺度均可参照干砌块石护面结构。护面底层设滤层。布设泄水孔，根据坡前高、低水位和坡后水位（地下水位）对岸坡的作用效应，在不同的高程设2~3排，同一排内泄水孔间距3~5m，排与排间的泄水孔按梅花形或矩形状布置，泄水孔孔径一般为5~10cm，在土体内的孔口及其周围应布设排水棱体和土工织物结合的滤水体，可渗水但不宜堵孔。

③ 抛石斜坡式护岸（人工护面块体）。当工程所在区域石料缺乏，波浪较大的河段，可采用消浪性能好的人工护面块体护坡；当石料来源丰富，可采用两层以上的抛石护面护坡结构。该结构具有一定的抗水流、波浪和船行波的冲刷能力。

常用的结构形式有三种：

a. 水下为抛石棱体和护底，护面层采用抛石护面层或安放方石、混凝土人工块体，层底设反滤层。

b. 水下为抛石护面和护底,在施工水位附近设置平台,平台部分可安放大块石或混凝土预制方块,水位以上的护面层一般采用干砌块石、干砌条石或浆砌块石。

c. 当堤顶有通道要求时,宜在堤顶设置胸墙,护面层结构可视具体情况选用上述 a. 或 b. 结构。

航道岸坡上的消浪平台可参照港口工程规范规定,为有效减小波浪爬高而设置的平台,其顶高程位于设计高水位以上,宽度可取 2~3 倍的设计波高。抛石棱体顶高程设在低水位以下 1 倍波高处,顶宽不小于 2m,厚度不小于 1m,坡比不陡于 1:1。

④ 混凝土预制板块斜坡式护岸。如图 3-31 所示,混凝土预制板块斜坡式护岸,铺筑方式和干砌块石基本相同,其表面糙率较小,对水流、波浪的消能作用略差,但其抗冲刷的性能较强,可集中预制,工程质量易于控制,平整度高,外观美观,铺筑效率高,块体厚度 8~12cm,工程投资较小,适合于水位以上。如在水下采用,若有淤积,则难于清淤,被船舶撞损又难于修复。

混凝土预制板块体以六边形和矩形为主。边长一般 50~80cm,块与块间采用砂浆填塞抹平,为加强其整体性也可布设纵、横格埂。

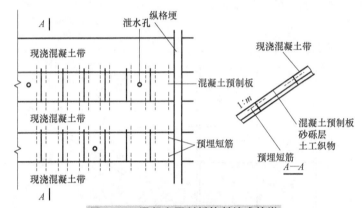

图 3-31 混凝土预制板块斜坡式护岸

⑤ 模袋混凝土斜坡式护岸。如图 3-32 所示,模袋混凝土斜坡式结构整体性较好、抗冲刷能力较强、施工工艺较简单、工效高,既可用于新建工程,也可用于航道改建工程。

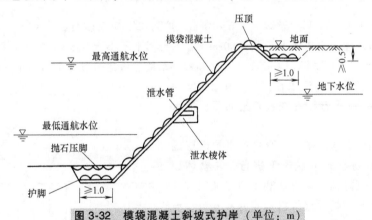

图 3-32 模袋混凝土斜坡式护岸(单位:m)

模袋是一种双层聚合物制成的连续或单独的袋状物,模袋上下两层织物之间每隔一定距离,有一定长度的尼龙绳,把两层织物连拉在一起,控制灌注成形的厚度,它可代替模板,用高压泵将混凝土或砂浆灌入模袋,硬化后形成高强的硬结板块,可用于大面积护面工程。

模袋充填混凝土后的厚度为 15~70cm,充填砂浆时不宜小于 10cm。混凝土强度等级不宜低于 C20，砂浆的强度不宜低于 M15。

模袋形式、充填厚度和适用范围应根据工程要求和当地土质、地形、水文和施工条件，参照表 3-11 选用。

表 3-11 模袋形式、充填厚度和适用范围

模袋形式	充填厚度/cm	适用范围
混凝土	15~25	护岸、围堤护坡、护底
	30~70	海堤防护
砂浆	10~15	一般坡面、内河航道

⑥ 现浇混凝土板斜坡式护岸。如图 3-33 所示，现浇混凝土板斜坡式结构是在坡面上直接浇筑混凝土，施工简便、快捷。具有混凝土预制板块护面层的抗冲刷功能，省去了预制、搬运和铺装工序。板块体积大、整体性好，层较薄，边坡不陡于 1:3，只能在水上施工，随着坡面下土的变形而出现坑洼不平或开裂，影响外观。

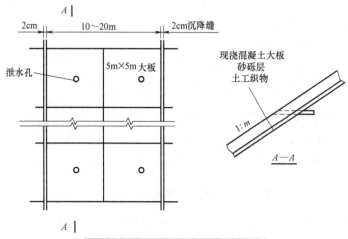

图 3-33 现浇混凝土板斜坡式护岸

现浇混凝土护面，厚度一般不小于 6~10cm，护面层下应设砂石滤层或土工织物（布）滤层，坡底设坡脚，埋入河床底下不小于 80cm，在平台面下不小于 60cm，或埋入稳定的下部坡面下 1m，护脚尺度应满足护面层稳定需要。必须设伸缩缝，缝距一般为 15m，并不得大于 25m。

该结构应设置 2~3 排泄水管，每排泄水管间距 3~5m，排与排间泄水管按梅花或矩形布置，泄水管管径 5~10cm。

3）护面块体稳定计算。斜坡式护岸护面层的施工是在土坡自身稳定的状态下进行，其整体稳定、渗透稳定和沉降的计算方法和土质岸坡的方法相同。以下主要介绍护面层抗滑稳定和在水流、波浪和船行波作用下的护面层稳定厚度，块体稳定重量等的计算。

① 护面层抗滑稳定计算。

a. 航道护岸的护脚阻止护面层下滑的极限承载能力按式（3-17）计算，如图 3-34 所示。

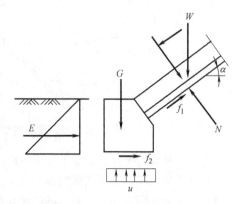

图 3-34 护面层抗滑稳定计算示意图

$$\gamma_0 \gamma_\omega W(\sin\alpha - f_1\cos\alpha)\cos\alpha \leq (\gamma_G G - \gamma_u u)f_2 + \gamma_E E \tag{3-17}$$

式中 γ_0——结构重要性系数;
γ_ω——材料重度分项系数,取 1.0;
W——护坡面层(可含滤层或垫层)的重力标准值(kN);
f_1——面层沿垫层或垫层沿土层的摩擦系数设计值,见表 3-12;
γ_G——护坡基脚的材料重度分项系数,取 1.0;
G——坡脚材料的重力标准值(kN);
γ_u——扬压力分项系数,取 1.0;
u——坡脚底面的扬压力标准值(kN);
f_2——坡脚与地基间的摩擦系数设计值,见表 3-12;
γ_E——土压力分项系数,取 1.0;
E——被动土压力标准值(kN)。

表 3-12 摩擦系数设计值

护面层材料类别	底土(垫层、滤层)类别	摩擦系数
干砌块石	底土(黏土、黏性土)	0.25~0.40
浆砌块石	垫层(碎、砾石)、滤层(第一层粗砾料)	0.40
预制混凝土板块	底土(黏土、黏性土)	0.25~0.35
现浇混凝土板块	垫层(碎、砾石)、滤层(第一层粗砾料)	0.35~0.45
抛块石、安放方石、块石	底土(细砂、粗砂)	0.45~0.55
	底土(粉砂)	0.35
	底土(砂质粉土)	0.30~0.45
	底土(黏土、黏性土)	0.25~0.40

b. 模袋混凝土坡面的滑动稳定性可用下式验算。

图 3-35 所示为模袋混凝土护岸坡面滑动稳定计算示意图。

$$K_{SR} = \frac{(W_3 + W_2\cos\alpha)\tan\varphi_{sg}}{W_2\sin\alpha} = \frac{(L_3 + L_2\cos\alpha)}{L_2\sin\alpha}\tan\varphi_{sg} \tag{3-18}$$

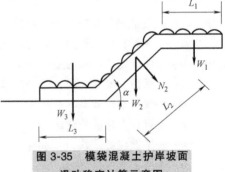

图 3-35 模袋混凝土护岸坡面滑动稳定计算示意图

式中 K_{SR}——抗滑稳定安全系数,一般不小于 1.5;
W_2、W_3——坡面、坡脚模袋混凝土的重力(kN);
L_2、L_3——模袋混凝土在坡前、坡脚处的长度(m);
α——坡度角(°);
φ_{sg}——模袋混凝土与坡土界面间的摩擦角,应根据试验确定,当无试验资料时,可取土内摩擦角的 0.6~0.8 倍。

② 坡面块石的稳定粒径和质量、厚度计算。

a. 水流作用下护面块石稳定粒径可按式(3-19)计算。

$$d_w = 0.04 V_f^2 \tag{3-19}$$

式中 d_w——受水流作用时,护面块石稳定粒径(m);
V_f——水流表面流速(m/s),适用于 $V_f > 3$m/s。

b. 水流作用下抛石坡面或抛石护脚，块石抗冲刷稳定粒径（折算粒径）可按式（3-20）~式（3-22）计算。

$$s = \frac{V^2}{c^2 2g \frac{\gamma_s - \gamma}{\gamma}} \quad (3\text{-}20)$$

$$s = \frac{\pi d_c^3}{6} \quad (3\text{-}21)$$

$$d_c = \left(\frac{6s}{\pi}\right)^{1/3} = 1.24 s^{1/3} \quad (3\text{-}22)$$

式中　d_c——受水流作用，块石稳定粒径，按球形体积的折算直径（m）；
　　　s——石块体积（m³）；
　　　V——水流速度（m/s）；
　　　g——重力加速度，取 9.81m/s²；
　　　c——石块运动的稳定系数，水平底坡 $c=1.2$，倾斜底坡 $c=0.9$；
　　　γ_s——块石重度（kN/m³）；
　　　γ——水的重度（kN/m³）。

c. 波浪作用下护面块石稳定粒径可按式（3-23）、式（3-24）计算。

$$d_p = 1.24 \left(\frac{M}{\gamma_s}\right)^{1/3} \quad (3\text{-}23)$$

$$M = \frac{\mu \gamma_s H^2 L}{\left(\frac{\gamma_s}{\gamma} - 1\right)(1+m^2)^{1/3}} \quad (3\text{-}24)$$

式中　d_p——受波浪作用时护面块石稳定粒径（m）；
　　　M——块石在波浪作用下的稳定质量（t）；
　　γ_s、γ——块石重度、水的重度（t/m³）；
　　　μ——系数，堆置时取 $\mu=0.25$，砌置时取 $\mu=0.21$；
　　　H——设计平均波高（m）；
　　　L——设计平均波长（m）；
　　　m——岸坡坡度系数 $m=\cot\alpha$；
　　　α——岸坡坡度角（°）。

d. 波浪作用下干砌块石、方石、条石护面厚度可按式（3-25）计算。

$$t = K_1 \frac{\gamma}{\gamma_s - \gamma} \frac{H}{\sqrt{m}} \sqrt[3]{\frac{L}{H}} \quad (\text{适用于 } 1.5 \leqslant m \leqslant 5.0) \quad (3\text{-}25)$$

式中　t——波浪作用，干砌块石（方石或条石）护面层厚度（m）；
　　　K_1——系数，干砌块石 $K_1=0.266$，干砌方石、条石 $K_1=0.225$；
　　　γ_s——块石重度（kN/m³）；
　　　γ——水的重度（kN/m³）；
　　　H——设计波高（m）；

当 $\dfrac{d}{L} \geq 0.125$，取 $H_{4\%}$，当 $\dfrac{d}{L} < 0.125$，取 $H_{13\%}$；d 为水深（m），H 的下脚标为波高的累积频率；

L——波长（m）。

其他符号意义同前。

设置排水孔的浆砌石的护面层厚度可按式（3-25）计算。

e. 波浪作用下抛石或安放经分选的块石护面层，单个块石的质量及护面层厚度可按式（3-26）、式（3-27）计算。

$$Q = 0.1 \frac{\gamma_b H^3}{K_D \left(\dfrac{\gamma_b}{\gamma} - 1 \right)^3 m} \quad \text{（适用于 } m = 1.5 \sim 5.0\text{，安放或抛石护面层结构）} \tag{3-26}$$

$$t = nc \left(\frac{Q}{0.1\gamma_b} \right)^{1/3} \tag{3-27}$$

式中 Q——主要护面层的护面块体或块石的个体质量（t），当护面由二层组成，则块石质量可选在 $0.75Q \sim 1.25Q$ 内，但应有 50% 以上的块石质量大于 Q；

γ_b——人工块体或块石的重度（kN/m³）；

γ——水的重度（kN/m³）；

H——设计波高（m），当 $\overline{H}/d < 0.3$ 时，宜采用 $H_{5\%}$；当 $\overline{H}/d \geq 0.3$ 时，波高宜采用 $H_{13\%}$；

K_D——稳定系数，可按表 3-13 确定；

t——块体或块石护面层厚度（m）；

n——护面块体或块石的层数；

c——系数，按表 3-13 确定。

表 3-13 稳定系数 K_D 和系数 c

护面类型	构造类型	稳定系数 K_D	系数 c
块石	抛填二层	4.0	1.0
块石	安放（立方）一层	5.5	1.3~1.4
方块	抛填二层	5.0	1.2

③ 护底块石的稳定质量计算。最大波浪底流速作用下护底块石稳定质量的计算方法如下：

计算斜坡堤前的最大波浪底流速

$$V_{\max} = \frac{\pi H}{\sqrt{\dfrac{\pi L}{g}} \sinh \dfrac{4\pi d}{L}} \tag{3-28}$$

式中 $V_{\max}$——斜坡堤前最大波浪底流速（m/s）；

H——计算波高（m），当 $\dfrac{d}{L} \geq 0.125$ 时，取 $H_{4\%}$，当 $\dfrac{d}{L} < 0.125$ 时，取 $H_{13\%}$；

d——堤前水深（m）；

L——波长（m）。

由 $V_{\max}$ 值，查表 3-14 选定堤前护底块石稳定质量。

表 3-14 堤前护底块石稳定质量

V_{max}/(m/s)	W/kg	V_{max}/(m/s)	W/kg
2.0	60	4.0	400
3.0	150	5.0	800

④ 坡面混凝土预制块的稳定厚度计算。

a. 水流作用下混凝土预制板块坡面的稳定厚度可按式（3-29）计算

$$h_b = \frac{\beta K V^2 \gamma}{2g(\gamma_b - \gamma)} \tag{3-29}$$

式中 h_b——护面混凝土或钢筋混凝土预制板块，在水流作用下的坡面稳定厚度（m）；

β——护坡密实系数，见表 3-15；

K——脉动荷载系数，见表 3-15；

V——平均流速（m/s）；

g——重力加速度，$g = 9.81 \text{m/s}^2$；

γ——水的重度（kN/m³）；

γ_b——混凝土板块的重度（kN/m³）。

表 3-15 护坡密实系数 β 和脉动荷载系数 K 值

| 护坡形式 | β | K | |
		水流平顺	水流受阻
实体	0.35	1.7	2.7
透宽	0.16	2.7	3.7

b. 波浪作用下安放人工块体护面层，单个块体质量及护面层厚度可用式（3-26）和式（3-27）进行计算。

⑤ 坡面现浇混凝土板的稳定厚度计算。

a. 波浪作用下现浇混凝土护面板厚度可按式（3-30）计算

$$t = \eta H \sqrt{\frac{\gamma L}{(\gamma_b - \gamma) B m}} \tag{3-30}$$

式中 t——现浇混凝土护坡面板厚度（m）；

η——系数，对开缝板可取 $\eta = 0.075$，对上部开缝板，下部闭缝板，可取 $\eta = 0.10$；

H——计算波高，取 $H_{1\%}$；

γ_b、γ——混凝土板重度、水的重度（kN/m³）；

L——波长（m）；

B——沿斜坡方向（垂直于水边线）的护面板长度（m）；

m——岸坡坡度系数，其中 α 为岸坡角（°）。

注意：式（2-30）适用于均质土堤的护坡；不适用于土堤临水面有抛石体，在抛石体上铺放的混凝土板。

b. 对具有明缝的混凝土或钢筋混凝土板护坡，满足稳定所需的面板厚度可按式（3-31）确定

$$t \geq 0.007 \eta H \sqrt[3]{\frac{L}{B}} \cdot \frac{\gamma}{\gamma_c - \gamma} \cdot \frac{\sqrt{m^2+1}}{m} \tag{3-31}$$

式中 η——系数，对整体式大块护面板取 $\eta=1.0$，对装配式护面板取 $\eta=1.1$；
　　H，L——设计波高与波长（m）；
　　B——垂直水边线护面板长度（m）；
　　γ——水的重度（kN/m³）；
　　γ_c——混凝土板的重度（kN/m³）；
　　m——岸坡坡度系数，取 1:2~1:5。

⑥ 模袋混凝土的稳定厚度计算。模袋混凝土抗浮所需厚度可按式（3-32）计算

$$t \geqslant 0.07CH_\omega \sqrt[3]{\frac{L_\omega}{B}} \cdot \frac{\gamma}{\gamma_c-\gamma} \cdot \frac{\sqrt{1+m^2}}{m} \tag{3-32}$$

式中 C——面板系数，无滤点板取 $C=1$，有滤板取 $C=1.5$；
　　H_ω、L_ω——设计波高与波长（m）；
　　B——垂直水边线护面板长度（m）；
　　γ——水的重度（kN/m³）；
　　γ_c——混凝土或砂浆的有效重度（kN/m³）；
　　m——岸坡坡度系数，取 1:2~1:5。

2. 直立式护岸

直立式护岸适应于岸坡变形较小的河段或河流，造价较高，除天然河流的城区、码头区以及运河、水网航道等两岸占地受限制外，天然河流的航道整治及河道治理采用较少。

（1）结构组成及构造　直立式护岸按断面形式不同分为重力式护岸、衡重式护岸、悬臂式护岸、后仰重力式护岸4种结构。

1) 重力式护岸。重力式护岸是平原航道上较为普遍的结构形式，由混凝土底板、浆砌块石墙身和混凝土盖顶三个部分组成，如图 3-36 所示。与码头上的岸壁结构一样，主要是依靠自身的重量维持稳定。

混凝土底板作为结构的基础，主要作用是支承墙身，形成直立岸壁，并将墙身和上部荷载传给地基。底板宽度与墙高比，一般为 0.8~1.2，厚度一般采用 50~100cm。底板设齿槛，可以增加墙体抗滑能力，改善基础埋深。

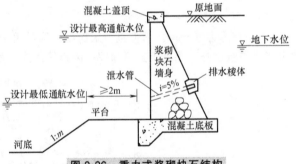

图 3-36　重力式浆砌块石结构

浆砌块石墙身顶面宽度一般为 50cm，临水面可以采用 10:1 或垂直，临土面可根据土压力分布情况做成折线。墙身设泄水管，以降低护岸后的地下水位，减小渗透压力。

混凝土盖顶直接承受荷载，并将荷载传给墙身。宽度一般为 50~100cm，厚度 20~50cm，可根据结构需要，进行配筋。为了减少不均匀沉降，应沿护岸设置沉降缝，沉降缝间距为 15~20m，最大不得超过 25m。

2) 衡重式护岸。衡重式护岸一般适用于地基较好、开挖基坑边坡较陡。由混凝土底板、浆砌块石墙身、混凝土盖顶三个主要部分组成，如图 3-37 所示。衡重式护岸的底板较重力式护岸的短，墙身断面较重力式小，不适宜于在地震高烈度地区采用该结构形式。

混凝土底板宽度与墙高之比，一般 0.6~0.7，厚度 50~100cm。墙宽一般 50~100cm。墙身各断面，要求不出现拉应力，若有拉应力时，应不超过 0.1MPa。盖顶细部构造和尺寸、沉降

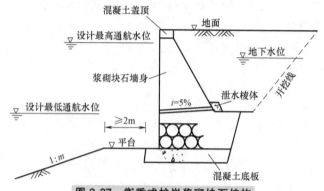

图 3-37 衡重式护岸浆砌块石结构

缝、泄水管等要求同重力式护岸。

3）悬臂式护岸。悬臂式护岸对地基的适应能力较强，由钢筋混凝土底板、钢筋混凝土悬臂墙身以及泄水管、反滤层等设施组成，如图 3-38 所示。

底板宽度与墙高大体相等，其厚度 50~80cm，墙顶宽一般为 15~45cm，墙身临土面可根据强度需要，由上往下逐步加厚。泄水管、墙背连续滤层的设置同其他护岸结构。沉降缝设置间距以 15~25m 为宜，缝宽 2~3cm。

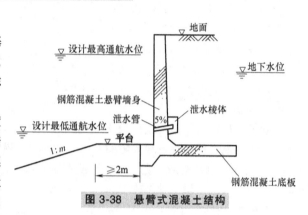

图 3-38 悬臂式混凝土结构

4）后仰重力式护岸。后仰重力式护岸结构适用于原土坡坡面能保持自身稳定的河岸。该结构由浆砌块石墙身、混凝土盖顶和铰接齿板等组成，如图 3-39 所示。

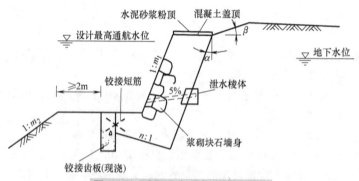

图 3-39 后仰重力式浆砌块石结构

基础和墙身做成一体，均采用浆砌块石，墙身较高时，基础外挑在墙身外，墙身不高时，基础可不外挑。当基础的最大和最小地基反力比值较大，需外挑基础，可采用混凝土基础。外挑砌石基础厚度应大于外挑长度的 1.4 倍；外挑混凝土基础厚度应大于外挑长度的 1.0 倍，若小于 1.0 倍，需配钢筋。为了满足墙体稳定的需要，减小墙后荷载的影响，墙身顶宽宜取大值。临水面，一般采用 1:0.25~1:0.15 倾斜坡度。盖顶一般仅做水泥砂浆找平，厚 3~5cm，也可采用混凝土盖顶。为了增加墙体的抗滑能力，应在基础前设置齿板，齿板应单独现浇，厚度 30~40cm，高度 40~100cm。

（2）结构计算　为了保证直立式护岸结构安全，应进行如下的计算：沿墙基底面的抗倾稳定和抗滑稳定验算；沿墙身底面的抗滑稳定验算，沿抛石或铺石基床底面的抗滑稳定验算；墙体和地基整体稳定验算；地基应力和地基承载力验算；基床承载力验算；重力式结构墙身断面应力和轻型结构断面应力验算；混凝土和钢筋混凝土构件裂缝宽度计算；地基沉降计算。

3. 生态护岸工程

河道护岸应在满足河道防洪、排涝、蓄水等功能的前提下，还应考虑河道与周边历史环境、社会环境、生态环境及人文环境的统一。

从20世纪80年代后期开始，人们越来越关注与自己密切相关的环境问题。生态护岸建设是河道环境综合整治的新方法，它把水边作为多种生物栖息空间的核心，并把河流建设成尽量接近于自然状态，创造出具有丰富自然并富有魅力的水边环境。

生态护岸是指恢复后的自然河岸或具有自然河岸"可渗透性"的人工护岸。它拥有渗透性的自然河床与河岸基底，丰富的河流地貌，可以充分保证河岸与河流水体之间的水分交换和调节功能，同时具有一定的抗洪强度。

（1）生态护岸设计原则　河道生态护岸建设的基本思想和设计原则主要表现在以下几个方面：

1) 自然环境、生态系统的设置，主要通过扩大水面和绿地、设置生物的生长区域和水质保护等实现。

2) 水边景观的设计，通过设置建筑物来保证与周围环境的和谐以及保证水边景观的连续性、自然性。

3) 亲水空间的设计，通过水边的台阶、缆绳、绿地、亭台等设施来实现。

4) 循环型空间的设计，利用木材、石头、砂子等天然材料的多孔性构造，控制废料的产生，尽量避免二次环境污染。

（2）生态护岸的作用

1) 滞洪补枯、调节水位。生态护岸采用自然材料，形成一种"可渗透性"的界面。丰水期，河水向堤岸外的地下水层渗透储存、缓解洪灾；枯水期，地下水通过堤岸反渗入河，起着滞洪补枯、调节水位的作用。另外，生态护岸上的大量植被也有涵蓄水分的作用。

2) 保护和建立丰富的生态系统。在河道中形成浅滩和深潭，把岸线做成有宽有窄、有陡有缓，扩大水面和绿地，增强岸边动物栖息地的连续性，营造出多种多样的、丰富的环境条件，形成丰富、稳定的生态系统，提高河流的自净作用。

3) 形成优美的风景。生态护岸不仅可以与周围环境形成相协调的河道景观，而且可以通过保护和建立丰富的生态系统使河水清澈见底、鱼虾洄游、水草茂盛的自然生态景观。

（3）生态型护岸工程的设计要点

1) 工程设计的目标。生态型护岸设计的最终目标应是在满足人类需求的前提下，使工程结构对河流的生态系统冲击最小化，不仅对水流的流量、流速、冲淤平衡、环境外观等影响最小，而且要适宜于创造动物栖息及植物生长所需要的多样性生活空间。

2) 工程实施前的调查。对于所提出的各种生态护岸设计方案，在选用之前应对工程区进行调查，以确定生态工程技术是否适用。主要调查以下几个方面的问题：气候条件，水文条件，河势的变化规律和趋势，岸坡土体的物理和力学性质，工程区关键物种的分布，工程管理状况，现场可用或容易取得的施工材料，有无严重的土质和水质污染，工程施工是否会带来新的生态问题，以及是否需要相应的补偿措施等。

3) 植物种类的选择。选择合适的植物种类对于项目的成功实施非常必要。采用天然材料护岸时，特别是通过植被措施护岸时，不同植物材料的有效性很大程度上取决于它们对于水位和土质的适应性。可根据不同水位，结合当地情况，在不同区域选取适合的植物种类。现场或现场附近已有物种对于护岸工程中植物种类的选择具有很好的参考作用，可在当地苗圃种植培育所需植物种类，但要考虑到工程施工中的时间因素。

4）反滤层的设计。在生态型护岸工程中，除考虑传统的技术要求外，还要兼顾生物栖息地的加强和改善等要求，可引入一些新的结构形式，以利于植被的生长发育，如石笼、间插植被的堆石、空心混凝土块、生态砖、鱼巢砖等。在这些防护结构下面设置土工合成材料或碎石反滤层。在土工合成材料作为反滤层的生态型护岸工程中，除了对土工合成材料的保土性、透水性、防淤堵性及强度有要求外，对于土工合成材料的可栽种性也应有要求。在生态型护岸工程中最好使用可被生物分解的土工合成材料层，其分解后可促进腐殖质的形成，如黄麻、椰壳纤维、木棉、稻草、亚麻等天然纤维制成的材料。此外，不同的植被方式、期望使用年限、腐烂时的分解产物等问题也会影响工程效果。因此，对于所使用的土工材料，应进行试验以确定土工材料的可栽种性。

(4) 生态型护岸工程的实施　生态型护岸技术种类多样，可根据当地的具体情况在设计时进行调整，如土体生态工程技术、生态砖、鱼巢砖等构件、石笼席、天然材料垫、土工布包裹、混凝土块、土工格室、间插枝条的抛石护岸、椰壳纤维捆、木框墙、三维土工网垫等。工程实施过程中应形成规划、设计、施工、监测等各方合作的机制，以根据现场情况对施工细节做出适时调整，并应根据监测方案收集数据以对各种方案做出合理评价。

3.5.7　鱼嘴

航道整治工程中，鱼嘴工程按其作用可分为固滩鱼嘴、分流鱼嘴和护洲鱼嘴三个类型。

1. 固滩鱼嘴

有些分汊河段，江心洲滩低矮或游移不定会造成航道水深的不足，要固定这些洲滩，江心洲头部的抬高和加固是关键。为此种分汊河段的加固所修建的整治建筑物称为固滩鱼嘴，如图3-40所示。

(1) 固滩鱼嘴平面布置　固滩鱼嘴就是以抬高和加固的江心洲滩的头部为依托，并适当考虑调整分流、分沙比的需要，选定鱼嘴头部及其后续结构的位置，以获得最佳的综合治理效果的工程。固滩鱼嘴宜采用导堤式结构，由圆弧段、两侧导堤段和堤后格坝组成。从有利于促淤和保持自身稳定的要求出发，固滩鱼嘴宜建成适当形式的圆弧形，即上游迎流部分为圆弧段，鱼嘴两侧为直线或缓变的曲线，即导流段，其迎流部分能保护江心洲滩较高部位以减缓较高水位时的漫滩流，如图3-40a所示。如果需要保护和加固的江心洲范围较长、较广，完全依靠一个圆弧形的鱼嘴难以起到固滩的全部作用，则可自鱼嘴头部起向下游增建"鱼骨坝"，即堤后坝格以构成完整的固滩建筑物，如图3-40b所示。

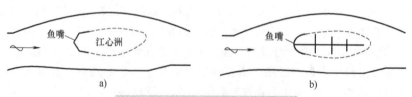

图 3-40　固滩鱼嘴平面布置示意图

a) 单独的圆头形固滩鱼嘴　b) 圆头形鱼嘴与"鱼骨坝"结合

(2) 固滩鱼嘴结构设计　鱼嘴圆弧段的护底宜采用系结压载软体排，垂直于坝轴线铺设，并相互搭接。迎水面的软体排宽度宜通过冲刷计算或试验确定，背水面的软体排宽度可取堤高的 3~5 倍。堤身宜采用块石或充填袋填芯混合结构，断面尺寸宜按锁坝的有关规定确定。鱼嘴两侧导流段应考虑沿堤流的作用，护底宜采用系结压载软体排。软体排宽度，迎水面可取 15~20m，背水面可取 10~15m，必要时应通过冲刷计算或试验确定。堤身宜采用块石或充填袋填芯混合结构，断面尺寸宜按顺坝有关规定确定。堤顶纵坡可采用逆坡，坡度可取 1：300~1：800。鱼嘴内侧坝格可布置在靠近圆弧段末端的适当部位，坝格的结构和断面尺寸可按锁坝有关规定确定。鱼嘴尾部应与江心洲稳定河岸平顺衔接，防止连接处被水流淘刷。

2. 分流鱼嘴

分流鱼嘴就是在分汊河段，当通航汊道因分流、分沙比导致航道水深不足时，可在江心洲滩或江心洲头适当部位修建整治建筑物，通过调整分流点位置，使通航汊道的分流、分沙状况和水流动力轴线也随之得到合理调整，以达到航槽稳定，提高航道尺度为目的的整治建筑物，如图 3-41 所示。

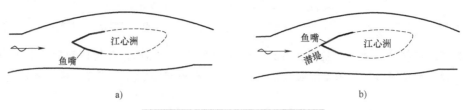

图 3-41 分流鱼嘴平面布置示意图
a）不设潜堤的分流鱼嘴 b）设潜堤的分流鱼嘴

分流鱼嘴分流点位置非常重要，它控制着汊道分流、分沙比的调整程度和通航汊道流速场的变化，必须慎重论证和比选，重要的工程项目应通过模型试验确定。

分流鱼嘴的结构设计可参照固滩鱼嘴的结构设计。

3. 护洲鱼嘴

有些分汊河段虽然主支汊比较分明，但随着江心洲的冲蚀后退，水流进入河道的展宽部分，深泓线将变得越来越不稳定，水深将不能满足通航要求，为保护洲头不崩退为主要目的的整治建筑称为护洲鱼嘴。

护洲鱼嘴工程实质上是江心洲的斜坡式平顺护岸，结构断面包括护底、水下护坡及护脚棱体和水上护坡等，水上护坡有枯水平台、截流沟、反滤层、护面和坡顶护肩等，如图 3-28 所示。结构设计可参照护岸工程。

3.6 平原河流航道整治与实例

浅滩是天然河流中航道自然水深有时不能满足设计标准或维护要求的区段。稳定深槽通常是指位于浅区上游或下游，水深超过通航标准且范围较长的深水区。一条河流的最小通航水深，是由浅滩水深控制。在平原河流中，其平面尺度通常都能满足航行要求，限制航行的关键是水深，因而航道整治的主要目的就是增加碍航浅滩的水深。

从平面外形看，浅滩的一般形式如图 3-42 所示，位于沙埂上、下游的边滩称为上、下边滩；与上、下边滩相对的深水部分称上、下深槽；上、下深槽的尖端部分，分别称尖潭和沱口（或倒套）；沙埂的迎水和背水部分，分别称迎水坡和背水坡；上边滩到下边滩最高点的连线称滩脊线。

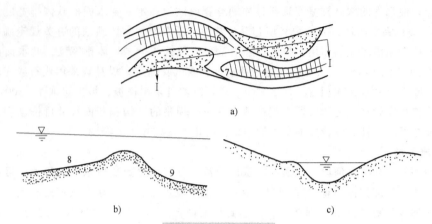

图 3-42 浅滩的组成

a) 平面图　b) 深泓线纵剖面图　c) Ⅰ—Ⅰ剖面图

1—上边滩　2—下边滩　3—上深槽　4—下深槽　5—浅滩　6—尖潭　7—沱口（倒套）　8—迎水坡　9—背水坡

平原河流按其外形和演变规律，可分为顺直微弯形、弯曲形、分汊形和散乱形4种类型。对冲积河流碍航浅滩可分为顺直段航道整治，弯曲段航道整治、分汊段航道整治和散乱段航道整治。

3.6.1 顺直段航道整治

一般情况，在顺直形河段上下深槽之间，若直线段长度 L 大于3倍河宽 B，则可称为长顺直河段，若小于3倍河宽，则称为短顺直河段。在顺直形河段上，常会出现各种浅滩形式。根据浅滩平面形态，可分为正常过渡浅滩、交错过渡浅滩和复式浅滩，在整治方法上也有较大差别。

1. 正常过渡浅滩整治

正常过渡浅滩长度适中，其上、下边滩较高，水流平顺，浅滩冲淤变化不大，是较好的一种滩形。

（1）微弯河段内正常过渡浅滩整治　微弯河段内正常过渡浅滩整治时，为了防止凹岸冲刷后退，一般在凹岸布置护岸，在主流开始偏离凹岸的部位建顺坝或丁坝等，引导水流冲刷航槽，如果边滩过于低平，采用丁坝群加固，抬高边滩，如图3-43所示。

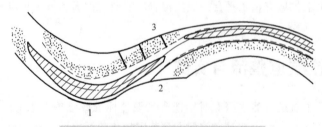

图 3-43 微弯河段内正常过渡浅滩整治

1—护岸　2—顺坝　3—丁坝

（2）顺直河段内正常过渡浅滩整治　顺直河段内正常过渡浅滩的整治，一般采用丁坝固定和加高上下游边滩，以集中水流冲刷浅滩。如果边滩较高，可采用护面固滩。另外，还可以在上游凹岸建顺坝以引导水流，或在凸岸建丁坝群束窄河床，调整航道流速，集中水流冲刷航槽，如图3-44所示，使之逐渐形成曲率平缓的单向微弯河段。

2. 交错过渡浅滩整治

交错过渡浅滩常出现在河宽较大、边滩比较发育的顺直河段或曲率大、过渡段很短的弯曲河段上，交错过渡浅滩形成了上下深槽之间的横比降，产生横向漫滩水流，这种水流极易造成航行事故。

图 3-44 顺直河段内正常过渡浅滩整治

1—顺坝 2—丁坝

（1）堵塞沱口　堵塞沱口可以消除吸引水流的条件，同时削弱漫向沱口的横向水流，故一般在沱口修建上挑丁坝，从而使水流集中于浅滩，冲刷航道，并将泥沙导入沱口，显著地改善浅滩水深和通航条件。丁坝坝头高程应不低于上沙嘴顶部高程，若沱口较长可布置数条丁坝，如图 3-45 所示，如果沱口宽而深，则可采用顺坝堵塞沱口，削弱横向漫滩水流的影响，束窄河床，加大流速冲刷浅滩。顺坝可以与岸连接以封闭沱口，也可以根据通航、引水口等需要，与岸间留一通道，如图 3-46 所示。

图 3-45 丁坝堵塞沱口

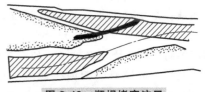

图 3-46 顺坝堵塞沱口

（2）抬高和固定下边滩　在下边滩高程很低、过渡段河槽宽阔的情况下，如果采用丁坝堵塞沱口，虽然削弱了沱口所引起的漫滩水流，但由于过渡段河槽过于宽浅，流速依旧很小，并没有使浅滩水深达到通航要求。故在削弱了漫向沱口横向水流的同时，还应采用丁坝群抬高和固定下边滩，如图 3-47 所示。

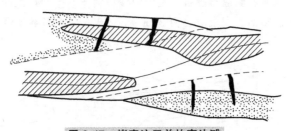

图 3-47 堵塞沱口并抬高边滩

（3）堵塞上深槽尖潭　在某些特殊情况下，虽然上下深槽交错，但上边滩距沱口较远，产生的横向漫滩流对航行影响小，且上深槽处有溪流汇入带来泥沙淤积，下边滩很低，水流不可能由尖潭过渡，此时可利用沱口通航，堵塞上深槽尖潭，如图 3-48 所示。

3. 复式浅滩整治

复式过渡浅滩是由两个以上紧邻的过渡段以及其间的公共边滩和中间深槽组成的连续浅

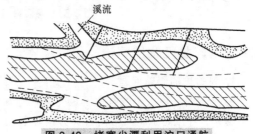

图 3-48 堵塞尖潭利用沱口通航

滩。在长顺直河段较易出现复式过渡浅滩，整治一般复式浅滩，一方面，应将上下浅滩作为一个整体考虑，防止只改善下浅滩水深，引起上游水位过分降低，以致上浅滩水深更浅；另一方面，若只加强上浅滩的水流输沙力，冲刷下来的泥沙就可能落淤在下浅滩，使下浅滩水深变小。

(1) 固定和抬高所有边滩　为了稳定中间深槽，并促使其发展，一般按双向过渡原则整治。整治复式浅滩采取布置几组丁坝群的措施，固定和抬高上、中、下边滩，并特别注意提高中间边滩高程。同时，为了防止由上浅滩冲刷下来的泥沙落淤在下浅滩，下浅滩的整治线宽度可略小于上浅滩河槽的整治线宽度，如图 3-49 所示。

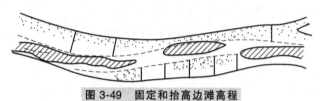

图 3-49　固定和抬高边滩高程

(2) 切割公共边滩　当中间边滩位于凹形的主导河岸，且上深槽尖潭和下深槽沱口正在发展，在中间边滩上已有被水流切割的趋势时，可因势利导，切割中间边滩，沿主导河岸在边滩根部布置基建性挖槽。挖槽的进出口与上下深槽的线相吻合，同时用一组丁坝封闭中间深槽，堵塞老航道，如图 3-50 所示。切割中间边滩后，可同时消除两个浅滩，并使航道取直，从根本改变航行状况，是值得提倡的一种工程整治措施。

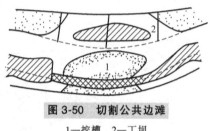

图 3-50　切割公共边滩
1—挖槽　2—丁坝

整治复式过渡段浅滩，关键在于根据边滩和深槽的具体情况，合理规划整治线。如中间深潭容积较大可利用时，可作两个反向的双过渡段统一整治，采取几组丁坝固定和加高上、中、下边滩，封闭沱口，为防止泥沙在出口段淤积，下滩整治线宽度可略缩小。图 3-51 所示为湘江五级航道的白马辽滩，该滩右侧遍布礁石，左侧为沙质河床，整治前最小水深仅 0.7m，利用左侧中间深槽按复式过渡段整治，现航宽已由 30m 扩至 100m，曲率半径由 300m 增至 1100m，水深达到要求。

图 3-51　湘江白马辽滩整治工程示意图

3.6.2　弯曲段航道整治

1. 弯曲段的碍航问题

(1) 弯曲半径太小或航宽不足　弯曲河道由于环流的作用，不断向弯曲方向发展，弯道的曲率越大，环流越强，河弯向弯曲方向发展的速度也越快。到弯道发展后期，弯曲半径达不到航道尺度要求，有时航宽也不足。

(2) 弯顶上游枯季淤浅碍航　由于环流的影响,河湾处的横断面成不对称三角形,河床窄而深;但在弯道上游的横断面一般成抛物线形,河床宽而浅。中洪水期受河弯阻力影响,河弯上游水位升高,比降减小,流速降低,水流挟沙力减小,大量泥沙在河弯上游落淤。当水位下降时,若不能将中洪水期淤积物冲走,则枯水期易出浅碍航。

(3) 弯道过分发育使航程增加　在蜿蜒性河道上,随着河弯不断发展,长度越来越长,必然相应增加航道里程。除河弯内产生新的浅滩影响航行外,还会大量消耗航行燃料,增加航行成本,延长航行时间,降低运输效益,对发展水运不利。与此同时,还会进一步对工农业及防洪等部门带来不良影响,如凹岸受冲坍塌,直接影响到堤防的安全;沿岸的港口码头、工矿企业、取水设施等受到严重威胁。

2. 碍航弯道的局部整治

(1) 平顺护岸保护弯道凹岸　弯道凹岸航道条件若满足航行要求,为了防止凹岸后退,可采用平顺护岸。弯道护岸的范围,从进口区到顶冲变异区的下段为常年贴流区,其以下为出口区,在一年内随水流动力轴线的变化而转移,如图3-52所示。顶冲变异区和常年贴流区崩塌最多,应重点保护,进口和出口区也应保护。

(2) 用整治建筑物束窄过宽的弯道　当弯道过分宽阔时,不仅水流分散,枯水期航深不足,而且随着水位变化,常发生航槽左右摆动,对发展航运不利。特别是当弯道断面宽阔,出口断面狭窄时,

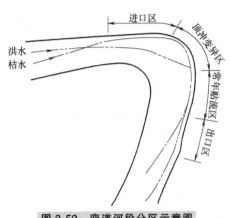

图 3-52　弯道河段分区示意图

洪水期弯道的壅水作用更大,使弯道内流速减小,水流挟沙力降低,大量泥沙淤积沉淀,当水位下降时不能将淤积物全部带走,便增加了枯水碍航程度。此时可在弯道一侧或两侧抛筑丁坝,束窄河床使水流归槽,控制弯道航道走向,增加航深,稳定航槽。

以广东东江大炮山弯道浅滩的整治为例介绍如下:

1) 浅滩形成原因分析。大炮山浅滩上段较顺直,下段为金鸡沥河弯,滩长4km,河床为沙质。浅滩河段河宽最大750m,最小600m,滩下弯道出口处河宽仅400m。在洪水期,由于滩下弯道出口处缩窄,造成壅水,浅滩流速减小,泥沙在宽阔河段落淤。洪水过后,又因水流挟沙能力不足,不能将淤积的泥沙完全冲走而形成浅滩。枯水期水流分散,航道弯曲、水浅,如图3-53所示。

整治线从稳定的左岸上深槽起,以缓和平滑的曲线通过过渡段转向右岸,再顺河势,沿凹岸以微弯曲线与右岸稳定的下深槽相接。

整治建筑物采用抛石丁坝,共24条。第一组为左岸1~4坝和右岸1~9坝共13条,用于加高边滩及护岸,增强水流挟沙能力,增大上段水深;第二组为右岸10~14坝共5条,用于增大下段水深;第三组为右岸15~20坝共6条,用于防止金鸡沥洲崩塌,调整凹岸岸线。丁坝横断面为梯形,坝顶宽1.0m,上、下游边坡1:1,坝头向河坡1:3,坝身纵坡1:300。整治建筑物平面布置如图3-53所示。

2) 整治效果。与整治前相比,主要体现在以下两个方面:

① 航道尺度提高,边滩淤高。整治前浅滩河床布满零乱沙丘,航道曲折,航道最小水深0.6m,水深不足1.0m的长度共1000m。整治后零乱沙丘已消失,航道水深大于1.0m,航道宽度大于30m,达到航道维护尺度要求。左岸1~4坝坝田淤积泥沙11.55万m³,右岸10~20坝坝

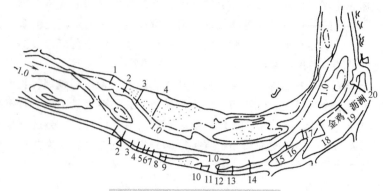

图 3-53 大炮山航道整治示意图

田淤积泥沙 9.17 万 m³。边滩得到淤高稳定，起到束水归槽的作用。

② 水流平顺，凹岸稳定。整治前航道弯多，且在弯道处紧靠凹岸，使凹岸不断崩塌后退，航行条件日益恶化。整治后深泓线沿整治线轮廓，由主导河岸的左岸圆滑地偏向右岸，然后以微弯曲线与下深槽相接，水流平顺，航行条件大为改善。

3. 人工裁弯取直

当内河弯道演变成很长的河环，不仅航道弯曲，半径太小，出现浅滩，同时延长了航道里程，排洪不畅，加大洪水威胁。裁弯工程可分为两种：一种是自然裁弯；另一种是人工裁弯。弯曲型河段经过一段时间的发展和演变，极容易发生自然裁弯，其结果是侵蚀农田等其他设施，在有通航要求的河道，还会影响航运。为了避免自然裁弯产生的不利影响，可遵循河道发展的自然规律，实行人工裁弯。人工裁弯就是在河道的狭颈处开挖新河，裁弯取直。改变河道天然形状的工程措施。人工裁弯必须全面规划，充分论证。

长江中游下荆江河段是典型的蜿蜒性河道，历史上曾经发生多次自然裁弯和撇弯切滩，河道变化较为频繁。过分弯曲河道影响洪水宣泄，增加荆江大堤负担。下荆江先后实施了中洲子人工裁弯和上车湾人工裁弯等两项裁弯工程，如图 3-54 所示。上车湾人工裁弯工程取得预期的防洪效果，同时航运也有明显的改善，缩短航程，改善通航条件。特别是裁掉了原有弯道内吴家庄、张马套等两个重点碍航浅滩，起到了治河和整治航道的双重作用。

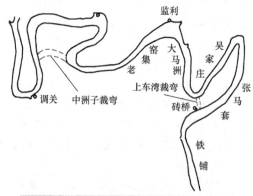

图 3-54 下荆江河段人工裁弯工程示意图

3.6.3 分汊段航道整治

1. 分汊河段浅滩碍航实例

（1）汊道进口浅滩 松花江冷营滩整治前平面图如图 3-55 所示，该分汊河段长约 4.0km，河床为细沙，分左、右两汊，航道在左汊。枯水期，左汊进口和出口的水深都不足，经常发生船舶搁浅事故。每年都要进行一次或多次疏浚，才能维持通航。该滩发生船舶搁浅的成因主要是由于主汊流量不足，水深小，水流挟沙能力小，泥沙易淤。

（2）汊道中部浅滩 湘江杨梅洲滩整治前平面图如图 3-56 所示，杨梅洲将河道分为左右两汊，右汊为通航汊道，浅滩位于右汊中部，碍航严重。成滩原因是右汊过分宽阔，水流分散，流速减少，从洪水下降到枯水阶段，水流不能将洪水期淤积的泥沙全部冲走，枯水出浅碍航。

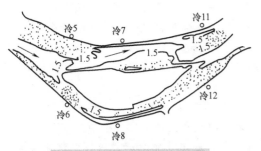

图 3-55　冷营滩整治前平面图

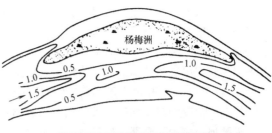

图 3-56　杨梅洲整治前平面图

（3）汊道出口浅滩　湘江泥鳅滩整治前平面图如图 3-57 所示，金马洲将河道分为左、右两汊，右汊为通航汊道，在汊道出口处形成浅滩。每年中洪水时期，左右两汊在金马洲尾汇合，由于洲尾较低，左汊分流量占总流量的47%，对右汊水流产生顶托，使右汊流速减小，泥沙大量沉积。枯水期，流速增大，开始冲刷，但是并不能及时全部冲走，故泥沙大量地在出口处沉积，形成关门洲。

2. 分汊河段碍航浅滩整治

（1）一般整治措施　整治汊道浅滩，应在

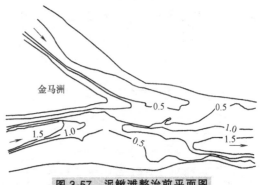

图 3-57　泥鳅滩整治前平面图

慎重选汊的前提下，采取工程措施稳定和调整汊道间的分流比，改善通航汊道的通航条件。汊道的选择应考虑以下因素：汊道的稳定性和发展趋势；通航水流条件；分流比和分沙比；输沙能力和河床质粒径；与城镇工业、交通、水利布局的关系；施工条件；工程投资等。

汊道浅滩的整治主要遵循下列原则：当通航汊道的分流量能够满足要求时，宜采取固滩鱼嘴或护洲鱼嘴等措施稳定分流比；当分流量不能满足要求时，应在洲头修建分流鱼嘴，或在非设计通航汊道内修建锁坝，并结合其他整治建筑物，调整汊道分流比。

1）汊道进口段浅滩整治。汊道进口段的浅滩是平原河流中常见的一种滩形。因不同浅滩的成滩原因、进口形态和河段的特性均有不同，问题复杂，难以给出通用的整治方案和工程布置，应具体情况具体分析，采取符合实际的整治措施。以图 3-58 所示为例，右汊为通航汊道，在进口处出现碍航浅滩。整治时，可在左汊进口上游附近修建挑流坝，调整汊道分流比，同时在右汊右岸筑短丁坝群，束窄河床，增加流速，刷深航槽。此外，还可辅以疏浚措施，满足航深的要求。

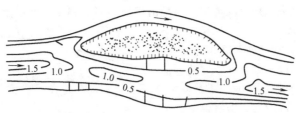

图 3-58　汊道进口段浅滩整治平面图

2) 汊道中部浅滩整治。若汊道较长或汊道出口不畅，则泥沙容易在中部淤积，枯水期出浅碍航。一般采用单一河道中浅滩的治理方法整治汊道内的碍航浅滩，但应注意整治工程对两汊分流比的影响，如图3-59所示芭蕉滩，在开始整治时，在左汊进口筑1号锁坝，堵塞左汊，筑坝后，将大量泥沙导入航道内每年需疏浚，很难维持航深，后来将锁坝拆除，在左汊建3号上挑丁坝，以增加主汊流量，几年后，支汊全部淤塞，达到了堵塞支汊的目的。并在右汊修建两个上挑丁坝2号和4号，一面束窄河床，同时将泥沙导入坝田淤积。后又在主汊中部修建6号上挑丁坝，辅以疏浚挖槽。以上工程完成后，十多年情况良好。

3) 汊道出口段浅滩整治。汊道出口段浅滩是汊道浅滩主要滩形之一。在进行整治时，应按浅滩的实际情况和演变规律，采取相应的整治措施。若浅滩仅在汊道出口段出现，可采用在洲尾修建顺坝，整治江心洲尾部浅滩，泥鳅滩整治工程布置，如图3-60所示。洲尾顺坝修建后，一方面减小水流交角，从而减轻洲尾的泥沙淤积；另一方面迫使浅滩下移，在顺坝末尾形成"关门洲"。为消除"关门洲"，可在顺坝的对岸修筑丁坝群，可以束水归槽，刷深航道，让泥沙淤积在丁坝的坝田内。同样也可在不易冲刷的浅区进行基建性疏浚。

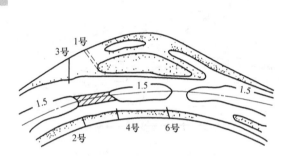

图3-59 芭蕉滩汊道中部浅滩整治平面图

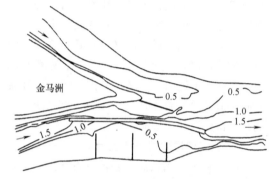

图3-60 泥鳅滩整治工程布置图

(2) 塞支强干整治措施　在一些分汊河段中，由于河流分汊，枯水期通航汊道内的水深往往不足，当采用洲头顺坝或鱼嘴等调整分流比的措施仍不能满足通航汊道所需流量时，可采用丁坝、顺坝和堵汊锁坝整治建筑物，以塞支强干，集中全部流量以增加航深。由于堵塞支汊后容易引起整个河床的急剧变化，故塞支强干的整治措施需经实验模拟和数值计算加以验证。

1) 利用丁坝或顺坝堵塞支汊。当被堵塞的汊道有明显的衰退趋势，而另一汊正处于发展阶段时，为了节省工程费用，宜在被堵汊道的上游修建丁坝或顺坝，将主流逼向发展的汊道，使水流集中，加速通航航道冲刷，而被堵塞的汊道，因丁坝或顺坝导沙促淤作用，使支汊逐渐淤堵，如图3-59所示。用丁坝和顺坝堵塞汊道，效果比锁坝好，因为丁坝和顺坝不但能封闭汊道进口，起到锁坝的作用，同时还导沙促淤于坝田，束窄通航汊道，冲刷航槽。

2) 利用锁坝堵塞支汊。在中小河流上，当两汊流量相差不大，必须堵塞其中一汊才能满足另一汊的通航要求时，多采用堵汊锁坝。但是由于锁坝堵汊将引起两汊道流量和沙量的重新分配，造成河道的剧烈变化，易产生不良后果。堵汊锁坝应根据地形、地质、水流、泥沙以及施工条件等方面因素，可以布置在支汊的首部、中部或尾部，如图3-61所示，每一种布置形式都具有各自的优缺点，可综合考虑而定。

修建在汊道首部的堵汊锁坝，由于江心洲

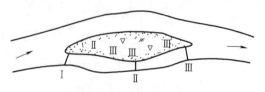

图3-61 锁坝位置图

首部一般较高，锁坝根部衔接条件较好，溃坝机会较少，同时汊道首部紧靠航道，施工条件较为方便。其缺点是堵汊锁坝建在首部，将会使上游来的泥沙全部导入通航汊道，有时会引起通航汊道的淤积，达不到增加水深的目的。建在汊道中部的堵汊锁坝，由于锁坝上游的淤塞较快，整治效果较好，同时可把锁坝坝址选在汊道较窄处，降低锁坝的工程造价。其缺点是水运条件较差，不利于通过水路将施工物资和器材运到工地，施工条件差。建在汊道尾部的堵汊锁坝，上游的汊道能较快地为泥沙淤塞，施工物资及器材可以由水路直接运到工地。其缺点是江心洲尾部较低，坝根衔接条件差，容易发生溃坝，洲尾河面较宽，地势较低，锁坝需做的长而高，工程造价高。

3.6.4 散乱河段航道整治

散乱浅滩河段的基本特征是水流主流摆动不定，没有明显的边滩和深槽，沙体散乱，沙体位置随水位变化而频繁变动，很不稳定，航道弯曲，水深小且航槽位置经常摆动，因而航行条件极差。

散乱浅滩的具体整治工程措施为整治因边滩切割而形成的散乱浅滩，应按微弯河形规划整治线，建丁坝群加高和固定上下边滩，形成稳定的过渡段航槽。整治因河岸和河床均不稳定而形成的散乱浅滩，应利用节点，顺应河势，统筹规划护岸措施，固定边滩和心滩，保护可以作为主导河岸的滩岸，结合新航槽的开挖，形成稳定的中枯水河槽。

3.7 山区河流航道整治与实例

流经山区及流经丘陵地区的河流称为山区河流，前者简称为山区河段，后者为丘陵河段。我国长江、珠江、黄河、闽江以及澜沧江等水系都有不少支流和一些干流河段是山区河流。例如长江干流上游段（宜宾至宜昌河段，习惯称"川江"）是山区河流。其中宜宾至重庆，两岸丘陵连绵起伏，流经川南深丘地带，属丘陵河段；重庆至宜昌，大部分属山区河段。

3.7.1 山区河流浅滩整治

1. 沙质浅滩整治

浅滩整治应进行下列资料的整理分析：
1）浅滩河段冲淤变化。
2）水位、流量与航道最小水深的关系。
3）深泓线及纵横断面变化。
4）分汊河段分流比和分沙比的变化。
5）河床底质中值粒径分布。
6）滩段洪、中、枯水期动力轴线的变化和沿程流速、比降或水面线的变化。

整治沙质浅滩应掌握其成滩原因、上游来水来沙情况、出现冲刷和淤积的水位，分析河岸、洲滩和航槽的年际年内变化规律，分析上下游河势变化、其他工程设施和沙石开采活动等对本滩的影响。

（1）过渡段浅滩整治　整治过渡段浅滩，应固定和加高边滩，调整航道流速，集中水流冲刷航槽。具体工程措施应符合下列规定：

1）整治正常过渡段浅滩，宜根据浅滩长短、边滩高低及完整程度，在一侧或两侧布置不同数量的丁坝，特殊情况下可采用顺坝。丁坝群的首座和末座宜分别靠近上深槽末端和下深槽首端。

2) 整治交错过渡段浅滩,宜在过渡段两侧建适当数量的丁坝,规顺流路,上深槽尖潭和下深槽沱口可适当予以封堵。当过渡段处于河道的顺直放宽段时,除在过渡段布置丁坝外,也可采用适当方式固定和加高上下边滩,堵塞窜沟,稳定深泓走向,使河道在整治水位时成为微弯形态。

3) 整治复式过渡段浅滩,应根据中间深潭容积大小及发展趋势,按双向过渡或单向微弯过渡,在一岸或两岸合理设置丁坝群。当边滩变化较大或过于低平时,应予固定和加高。

4) 蜿蜒河段交错过渡段浅滩和复式过渡段浅滩,应考虑上下弯道的局部护岸。

(2) 弯道浅滩整治 整治弯道浅滩应规顺岸线,调整过小的弯曲半径。具体工程措施应符合下列规定:

1) 岸线不规整的弯道浅滩,可采取切嘴或建丁坝群等措施平顺岸线。对抗冲性能较差的弯道凹岸,应辅以必要的护岸。

2) 弯道过分发育,弯顶产生撒弯切滩,或凸岸边滩侵入航道,可在凹岸布置整治建筑物,必要时应疏浚凸岸边滩浅区。当需要裁弯取直时,应进行充分论证或模拟试验研究。

(3) 汊道浅滩整治 整治汊道浅滩,应在慎重选汊的前提下,采取工程措施稳定或调整汊道间的分流比,改善通航汊道的通航条件,并应符合下列规定。

1) 通航汊道的选择,应考虑汊道的稳定性和发展趋势、通航水流条件、分流比和分沙比、与城镇工业交通水利布局的关系、工程投资等,通过综合分析比较确定。

2) 汊道浅滩中通航汊道的分流量能够满足要求时,宜采取固滩鱼嘴或护洲鱼嘴等措施稳定分流比;当分流量不能满足要求时,应在洲头修建分流鱼嘴,或在非设计通航汊道内修建锁坝,并结合其他整治建筑物,调整汊道分流比。

3) 整治汊道进口段浅滩,应在保证所需流量前提下布置整治建筑物,稳定洲头,加高洲头边滩,调整流速分布。当河岸易于冲蚀时,应采取必要的护岸措施,稳定河势;当浅区不易冲刷时,宜同时进行疏浚。

4) 整治汊道出口段浅滩,宜在一岸或两岸布置建筑物,并可根据需要建洲尾顺坝;当浅区不易冲刷时,宜同时进行疏浚。

5) 整治汊道中部出现的浅滩,可参照整治单一河道的原则和方法布置整治建筑物,并应避免通航汊道分流比的明显减少。

6) 整治因心滩低矮而形成的汊道浅滩,可采取固滩鱼嘴或两侧带短丁坝的顺坝等措施加高心滩,也可采用适当数量的丁坝使心滩与岸相连,固滩与堵汊并举。

(4) 散乱浅滩整治 整治散乱浅滩,应采取固滩、筑坝和护岸等措施改善滩槽形态。集中水流,稳定中枯水流路。具体工程措施应满足下列要求:

1) 整治因边滩切割而形成的散乱浅滩,可按微弯线形规划整治线,建丁坝群加高和固定上下边滩,形成微弯、稳定的过渡段航槽。

2) 整治因河岸和河床均不稳定而形成的散乱浅滩,应利用节点,顺应河势,统筹规划整治线,可采取建丁坝群和护岸等措施,巩固、完善边滩和心滩,保护可以作为主导河岸的滩岸,必要时应结合新航槽的开挖,形成稳定的中枯水河槽。

(5) 支流河口浅滩整治 支流河口浅滩整治,应采取适当的措施减小汇流角,改善汇流条件,增大浅区冲刷能力,具体工程措施应满足下列要求:

1) 当支流无通航要求时,应按有利于冲刷干流浅区的原则,合理布置整治线和建筑物,必要时应采取措施减小汇流角,可在汇流处建导流顺坝。导流顺坝的整治水位应通过专题论证确定。

2) 当干支流均有通航要求时，除应采取措施减小汇流角外，尚应根据支流汇入干流凹岸或凸岸、干支流相互顶托和滩槽分布等情况，统筹规划干支流整治线走向，合理布置整治建筑物。当汛期汇流口淤沙量较大时，宜适当提高整治水位，必要时应采取疏浚措施。

2. 卵石浅滩整治

卵石浅滩整治的资料整理分析，除应符合沙质浅滩资料规定外，还应分析卵石的排列方式和紧密程度。

（1）整治原则

1) 整治过渡段浅滩应按沙质浅滩规定执行。当浅滩上浅下险时，可在下深槽沱口内建丁坝或潜坝，调整流速，改善流态。

2) 整治弯道浅滩，可在凹岸适当部位建顺坝或下挑丁坝，平顺近岸水流，必要时应疏浚凸岸浅区，增大弯曲半径；也可建顺坝封闭弯槽，开挖直槽。

3) 整治汊道浅滩除应符合沙质浅滩的规定外，尚应符合下列规定：

① 整治汊道进口段浅滩，宜建洲头顺坝，拦截横流，调整流向，并稳定洲头。当存在碍航流态时，也可建潜坝，改善流态。

② 整治汊道出口段浅滩，宜布置洲尾顺坝，必要时应在通航汊道加建丁坝。

③ 当将枯水期分流比较小的支汊辟为枯水航道时，应经充分论证或模拟试验验证。

④ 整治分汊河段两槽交替通航的淤沙浅滩，应查明淤沙浅滩开始冲刷的水位，可采取筑坝措施，提前冲刷淤沙航槽，抬高其开航水位，也可炸除、开挖非淤沙航槽，降低其封航水位。

4) 整治支流河口浅滩应按沙质浅滩的规定执行。

5) 整治峡口浅滩，宜以峡口壅水消退期淤沙开始冲刷的水位作为整治水位，布置整治建筑物，集中水流加速航道冲刷。有条件开辟新航槽作为过渡航道时，也可开挖新槽。

（2）整治措施 山区河流卵石浅滩整治宜采取整治建筑物与疏浚相结合等工程措施。

1) 修建整治建筑物。对于过宽和浅区较长的浅滩，两岸边滩较低，水流分散，需在浅区两岸同时布置整治建筑物，才能达到冲深浅区的目的。例如，嘉陵江北门浅滩为一较宽阔的浅滩，如图3-62所示，河床弯曲但滩段较顺直，两岸卵石边滩较低，枯水期需通过疏浚保持通航。整治方案在左岸建丁坝3座，右岸相对建丁坝2座，束窄最浅段的河面宽度。整治后航槽稳定，满足了航行要求。

2) 整治与疏浚相结合。当上边滩距下深槽倒套较远，漫滩水流对航行影响较小，而下边滩低矮，水流较平顺进入下深槽时，可利用倒套而封闭尖潭。例如，湘江的松柏坪浅滩，如图3-63所示，该滩河床地质为砂卵石，枯水期最小水深仅0.7m，整治方案采用建丁坝3座封堵上深槽尖潭，将主流挑向挖槽，使上深槽向右侧扩宽，倒套下缩，挖槽位置选择浅脊中部，施工后航宽由30m扩宽至70m，水深达1.4m，达到了相应航道尺度的要求。

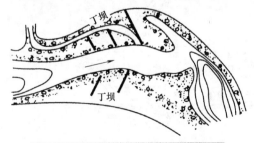

图3-62 嘉陵江北门浅滩整治方案图

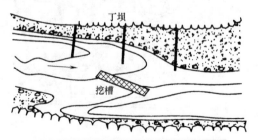

图3-63 湘江松柏坪浅滩整治方案图

3）开辟新航槽。以右江思林滩为例，江中有一大的砂卵石碛洲，将河床大部分堵塞，枯水流量主要沿右岸通过，航槽十分弯窄。整治前，弯曲半径约90m，航道宽度10m，水深最浅时0.6m，每年枯水疏浚也无法维护正常通航，浅区逐年延长，上行船队需要分拖，下行船队常有搁浅事故发生。经分析研究，确定在江中的沙洲上开挖一条顺直的新航槽，如图3-64所示，在原右侧航槽上口建锁坝1座。坝顶高于设计水位0.2m，将枯水流量集中到新开航槽，为避免洲尾下游因河面突然放宽，泥沙产生淤积，建洲尾坝1座，洲尾坝以下主流偏向左岸，为保持岸坡与航槽的稳定，在左岸建丁坝5座，另在其下游建对口丁坝两座，用以减缓由于裁弯取直而造成流速、比降的增大。坝顶高于设计水位0.2m，仅在枯水期起作用，而不影响中、洪水的泄流。整治后，调整滩段流速、比降，丁坝坝田很快淤积，航道条件良好，多年不淤积。

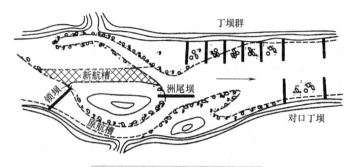

图3-64 右江思林滩整治方案图

再如广东省飞来峡峡口浅滩，峡口上游浅滩位于峡口上游3km范围内，如图3-65所示。河床为中、粗沙组成。河床宽度为800~1000m，河道至飞来峡口，河床宽度突然束窄为290m。洪水期峡口以上河段流速变缓，泥沙大量淤积。水位降落时，淤沙不能全部冲刷，以致在3km河段内，形成眉坑口、禾仓村和饭店角三处浅段，每年枯水期都需要疏浚。

1966年整治时，布置10座丁坝。其中1~3号坝采用下挑丁坝，挑流冲沙，解决眉坑口浅段。3号丁坝以上的7座短丁坝，作为护岸工程。其对岸4~6号丁坝，一方面用于固定左岸边滩，同时束窄禾仓村一带河床，以集中水流冲刷浅滩。上段两岸的7~9号坝采用正交丁坝，用于固定饭店角两岸边滩，以稳定新开航槽。

整治后，一般效果都较好，但有些丁坝几度被冲开缺口，有些丁坝间的间距较长，为了进一步巩固两岸的边滩，1969年又增加了10~14号的5座丁坝。经过这次整治后，效果更好，达到了要求的航道尺度，彻底改善了航行条件。

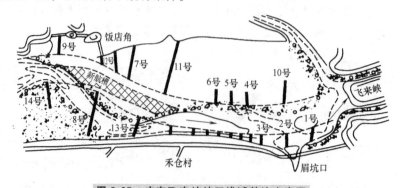

图3-65 广东飞来峡峡口浅滩整治方案图

3. 石质浅滩整治

由于河道中有石盘或横跨的石梁，河底的抗冲性较强，下切受阻，河道发展以侧蚀为主，故河道宽浅，往往浅区较长，成为碍航的卡口河段。

（1）整治原则

1）整治无泥沙冲淤变化的石质浅滩，应进行滩段的流速、比降和流态等资料的分析；整治有泥沙冲淤变化的石质浅滩，尚应分析泥沙运动规律。

2）整治石质浅滩应根据有无泥沙冲淤变化情况，采取开槽或筑坝措施。

① 在无泥沙冲淤变化的石质浅滩上开槽，应合理确定开挖断面的形式和纵坡，并与上下深槽平顺衔接，避免进出口处出现横流和急流。

② 整治有泥沙冲淤变化的石质浅滩，宜按中枯水流向，合理确定航槽走向。除采取炸礁开槽措施外，必要时可通过筑坝增大输沙能力。

3）石质浅滩开挖后，当水面降落造成不利影响时，宜在浅滩下游筑丁坝或潜坝壅水。

（2）整治措施　石质浅滩整治宜采取爆破开，必要时辅以筑坝壅水措施，主要是增加航槽水深，其次是改善流态与减缓流速，一般情况先炸深航槽，满足水深要求。在有泥沙冲淤变化的石质浅滩爆破开槽，宜按中枯水流向确定航槽走向，必要时配合整治建筑物束水归槽，冲刷泥沙。石质浅滩爆破开槽后，当水位下降过多造成不利影响时，宜在浅滩下游筑丁坝或潜坝壅水。

1）炸礁清槽。航槽内有较大范围的礁石，航道不明显，水深不足，但水流条件较好，可采取炸礁清槽，以达到足够的航道尺度。

川江礁石子为石质浅滩，江中有较大面积的岩盘与暗礁潜伏，枯水期水深、航道宽度不足，如图3-66所示，航行困难。整治方案主要是炸除航槽中碍航的岩盘与暗礁。炸礁后达到了设计要求的航道尺度，水流平顺，不需再布置其他整治建筑物，船舶可安全航行。

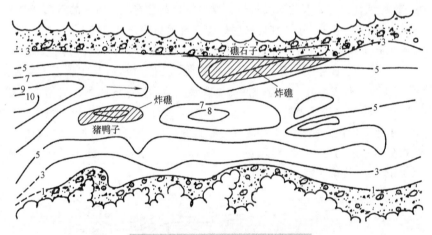

图 3-66　川江礁石子滩炸礁方案图

2）筑坝壅水。当石质浅滩炸礁工程量大，施工困难，或降低水位可能引起上游滩险恶化时，可采用筑坝束窄河床，产生壅水抬高上游水位，增加航槽水深。筑坝束窄河床，往往加大坝下流速，影响上行船舶航行。因此，采用筑坝壅水时，会束窄河床的泄流断面积，应慎重研究确定。

北盘江岩架滩长约800m，上段主要枯水期碍航，航槽最小水深0.5m，且比降较大，水流较急。下段水深较大，主要中水碍航，流速大、流态不良、上行船舶需要施绞。

整治方案选择筑坝壅水,在滩下段布设丁潜坝共 10 座,如图 3-67 所示。每座丁潜坝连接成一体,即河底为潜坝,两岸为丁坝,各座丁潜坝的间距为 65m,约大于一个船队长度,两岸丁坝坝头间的河面宽约 35m,丁坝坝顶高出设计水位 0.12m,潜坝坝顶高程为设计水位下 1.3m。另外清除部分右岸边滩,以补偿丁潜坝占去的河床面积与扩大中水的泄水断面,减缓中洪水比降、流速,改变流态。完工后每座丁潜坝壅水高度平均约 0.15m,总壅水高度达 1.42m,壅水水面线与设计水面线十分接近,全滩比降减缓,原浅水处水深超过设计要求,中水绞滩也得以消除,但洪水后,整治建筑物大部分被冲毁,因此,建坝时应注意校核整治建筑物的稳定和通航条件。

在石质浅滩上筑坝壅水时,整治水位与整治线宽度的确定与冲积河流不同,主要是根据设计流量、航道尺度和要求的壅水高度,通过水力计算确定。例如,岩架滩两岸壅水丁坝坝头间的距离基本按航道尺度的宽度确定。若兼有航槽防淤的要求时,坝顶高程还应考虑泥沙冲刷的需要。

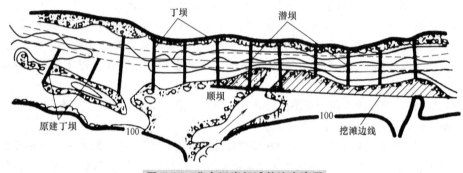

图 3-67 北盘江岩架滩整治方案图

3)炸礁、筑坝综合治理。有些滩段较长、滩势较复杂且有泥沙覆盖的石质浅滩,应根据滩险的碍航特点慎重分析研究,因地制宜地采用炸礁、筑坝的综合治理措施。

赣江账石滩为石质浅险滩,河底有礁石潜伏,面层有较细泥沙覆盖,枯水期航槽变化不定,最小航深有时仅 0.4m,造成停航。开始采用炸礁,加深拓宽航槽后又在航道右侧建顺坝一座,如图 3-68 所示,堵塞了有害水流,航行条件明显改善。但不接岸的顺坝,对增大航槽冲刷能力的作用较小,不久航槽仍然淤浅阻航。进一步治理时,进行了多方案比较,最后确定在顺坝下段右侧,建锁坝 1 座,坝顶高程略低于右侧现有礁石的高程。这样可增加左侧航槽的枯水流量,右侧仍可存储和分泄一定的泥沙,同时不影响顺坝右侧的中水航道。施工后航槽中的泥沙被冲走,枯水航深大于 1m,效果一直良好。

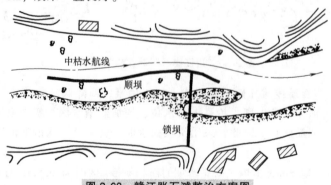

图 3-68 赣江账石滩整治方案图

4）新开航槽。当浅滩是由横跨河底石梁造成时，若原航槽弯曲狭窄且礁石阻碍，通过整治，航行条件难于根本改善，可在石梁上开辟顺直的新航槽，满足航运需要。例如，新挖航槽有泥沙淤积，必要时可修建顺坝或丁坝束水归槽，以保持航槽稳定。

赤水河黑蛮滩有砂岩层横穿河床，右岸相继有两大石盘突起，中低水期，水流被挤向左岸，由岩盘的低凹处奔流而下，航槽两侧又有礁石潜伏，水深不足，使航槽弯窄，严重碍航，曾进行炸礁整治，但施工期会造成断航，水下炸礁不易彻底，后来确定在右岸石盘上新开航槽，如图 3-69 所示，施工期不影响航行。新航槽设计为直线，航宽 25m，水深 1.3m，航槽底坡 1‰，槽长 380m，上、下口均做成喇叭形。实施后航槽流速 1.8m/s，无泥沙淤积，航行效果良好。

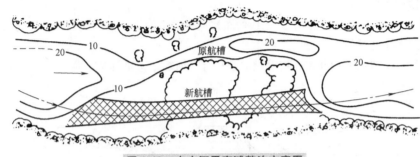

图 3-69　赤水河黑蛮滩整治方案图

3.7.2　山区河流急滩整治

山区河流急流滩整治，应从消除和避开急流入手，主要是采用炸礁或疏浚措施，扩大滩口的泄水断面，减缓流速、比降，满足船舶自航上滩的要求。

1. 整治原则

（1）急滩整治设计应收集、分析的资料

1）成滩期现行航线及拟开辟航线上的比降和流速，碍航流态类别、位置、范围和强度等观测资料。

2）设计船型、设计船队的航迹和航速资料。

3）船舶绞滩、助推助拖上滩、事故的调查分析资料。

4）溪口急滩溪沟内山洪来石量及相应水文条件的调查和观测资料。

5）卵石急滩卵石输移带位置及走沙期水文资料。

（2）整治原则

1）急滩成滩期的上限水位、下限水位和最汹水位，应根据滩险在各级水位下的碍航情况确定。

2）急滩整治应优先采取清礁或疏浚措施扩大滩口过水断面、筑坝或填槽改变河床断面形态等措施，调整航线上的流速分布和比降，满足船舶自航上滩的流速、比降要求。当整治工程量过大时，也可采取构成错口滩形或延长错口长度、拓宽缓流航槽等方法整治。

3）急滩整治应满足船舶在整治河段的设计最高通航水位以下自航上滩。受条件限制时，也可采用整治与助推助拖相结合，或通过综合分析确定经济合理的上限通航流量。

4）船舶自航上滩允许的比降和流速，可通过实船试验、船模试验或分析计算确定。

5）急滩整治设计，应进行整治前后水面线和断面流速分布计算，预测整治后航线上的流速、比降及其对上游河段的影响，对上游河段有不利影响时，应采取措施消除不利影响。

6）急滩整治开挖线的布置、开挖断面形式及需扩大的面积应采用数值模拟计算进行多方案比较确定，计算整治前后比降及断面流速分布的变化。滩势复杂或跌水较大的急滩，必要时应通过河工模型试验和船模试验确定整治方案。

急滩整治开挖线的布置应符合下列规定：

① 开挖线的布置应尽量满足开挖区不产生回淤，有利于整治后航线的平顺衔接，开挖线不应与水流方向形成较大交角。

② 以拓宽或开辟缓流航道为主的整治，开挖线应布置在有缓流的一岸。

③ 以扩大过水断面、减缓流速和降低比降为主的整治，开挖线宜布置在主流偏向的一岸。

④ 以构成错口滩形为主的整治，开挖线布置宜采取切除上突嘴的下游部分、下突嘴的上游部分，延长错口长度。

⑤ 成滩水位变幅较大的急滩，开挖线的布置应适应不同水位期的航行需要，必要时可在不同高程上布置多条开挖线。

急滩整治开挖横断面和开挖区底部纵坡应符合下列规定，如图 3-70 所示。

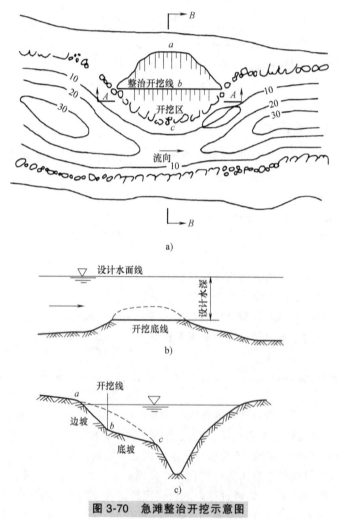

图 3-70 急滩整治开挖示意图
a) 开挖线布置　b) 开挖纵断面 A—A　c) 开挖横断面 B—B

① 横断面稳定的边坡值可按表 3-16 选取。当需要扩大过水面积时，其边坡可缓于表中数值，必要时可采用变坡。

表 3-16　横断面稳定边坡

岩石类别	基岩	块石	碎石	卵石
边坡	1：0.2～1：1.0	1：1.0～1：1.5	1：1.5～1：2.5	1：2.5～1：3.0

② 横断面底坡上需过船时，水下清礁根据清礁区宽度宜采用平坡或台阶式，陆上炸礁宜采用单一坡度，根据地形、地质条件和整治工程的需要也可采用变坡。中、洪水急滩采用斜底坡时，底坡不宜缓于 1：6。

③ 横断面底坡上需过船时，开挖线的高程应充分考虑船舶过滩动吃水的影响。

④ 中、洪水急滩开挖线的纵坡，当底坡上不过船时宜与开挖线相同高程时的水面纵比降相一致，当底坡上需过船时宜与最低可通航水位时的水面纵比降相一致。枯水急滩开挖线的纵坡宜与设计最低通航水位时的水面纵比降相一致。

7）基岩急滩的整治应符合下列规定：

① 对口形突嘴急滩，可采用切除一岸或同时切除两岸突嘴，扩大过水断面，减缓流速与比降。

② 错口形突嘴急滩，在通过切除突嘴满足船舶自航上滩的炸礁工程量过大时，也可根据突嘴的分布位置和形态，切除部分突嘴，延长错口长度，利于船舶交替利用两岸缓流上滩。

③ 多个突嘴相临近的急滩整治，可根据各突嘴间的相互影响，参照对口形和错口形突嘴急滩的整治方法确定各突嘴的切除方案，必要时进行模型试验。

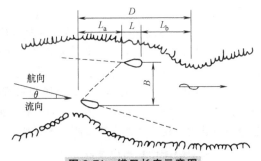

图 3-71　错口长度示意图

④ 错口滩形的错口长度，如图 3-71 所示，可采用式（3-33）～式（3-35）计算

$$D = L + L_b + L_a \tag{3-33}$$

$$L_a = B \frac{V_f - KU\cos\theta}{KU\sin\theta} \tag{3-34}$$

$$K = \sqrt{\frac{T_0 - WJ}{T_0}} \tag{3-35}$$

式中　D——错口长度（m）；

　　　L——船舶或船队的长度（m）；

　　　L_b——船尾至下突嘴的安全距离（m）；

　　　L_a——与船舶横渡航宽 B 相应的纵向距离（m）；

　　　B——滩口有效航行宽度（m）；

　　　V_f——滩口有效航行宽度范围内的表面平均流速（m/s）；

　　　U——船舶的静水航速（m/s）；

　　　θ——航向与流向的交角（°），取 15°；

　　　K——航速折减系数；

　　　T_0——相应于船舶静水航速的推力（N）；

　　　W——船舶或船队的总排水量（N）；

　　　J——滩口水面比降。

⑤ 窄槽形急滩和潜埂形急滩宜采用清礁措施，扩大过水断面，枯水急滩在下游有条件筑坝时可筑坝壅水，减缓滩口流速和比降。

8）崩岩急滩和滑坡急滩的整治除应执行基岩急滩整治的有关规定外，还应符合下列规定：

① 应考虑滑坡体的稳定性，开展工程地质调查，进行稳定计算。当需采用爆破措施时，应根据滑坡体的监测成果和稳定计算，限制每次起爆的最大用药量。

② 开挖区宜选择在非滑坡一岸。当必须整治滑坡区一岸时，开挖区整治线布置和整治断面形状，应结合改善通航条件及有利滑坡体稳定进行综合论证。滩势复杂、碍航严重的崩岩急滩和滑坡急滩整治，开挖区选择、整治线布置和整治断面形状等应通过模型试验确定。

③ 对相对稳定的崩岩和滑坡区，断面形式宜设计成宽浅形复式断面，边坡宜采用缓坡折线式或阶梯式。

④ 对稳定性较差的崩岩和滑坡区，必要时可采取削坡减载、抗滑桩、锚杆和支挡、在滑坡区外围设截流沟、在滑坡区布置排水系统等防治措施。

⑤ 大型崩岩急滩和滑坡急滩整治宜按初期整治和后期整治分期进行。初期整治可先采用水下清礁开挖等措施，减缓急险程度，实现助推助拖上滩。后期整治应以稳定滑坡体和改善通航为主。

9）溪口急滩的整治，除应按基岩急滩的有关规定执行外，还应符合下列规定：

① 溪沟内有筑坝条件，并能容纳 5 年以上溪沟山洪来石量时，可采用溪沟内筑栅栏坝拦石的方案，来石量较大或库容不够时，可采用多级拦石坝。

② 溪沟口下游有可容纳 5 年以上溪沟来石量的深沱区，沟口有适宜筑坝实施溪口改道的条件时，可在溪沟口建导流坝，将溪沟内来石导向滩下深沱。导流坝应建在基岩或坚固的基础上，宜避开山洪的直接顶冲。当溪口改道无天然的沟槽可利用时，可开挖导流沟。

10）卵石急滩的整治应符合下列规定：

① 整治河床较稳定的卵石急滩，应采用整治与疏浚相结合的方法，扩大滩口过水断面，调整滩口河床形态。有条件的滩段，可在两岸布置错口丁坝，使船舶能交替利用缓流上滩。

② 整治年内或年际有一定变化的卵石急滩，在扩大滩口过水断面的同时，应根据卵石输移等情况，布置适当形式的建筑物引导水流，改变卵石输移线路，减少滩段航槽淤积。

11）连续急滩的整治，应全面统筹考虑，根据滩段中滩口的分布情况，采取疏浚开挖与筑坝壅水相结合的工程措施，分散水面的集中落差，减缓流速比降。通过整治无法达到全部消除绞滩的连续急滩，可通过整治使较大的流速和比降相对集中到一处，变多绞为单绞。

12）分汊河段急滩的整治，应考虑整治后汊道分流比的变化，当通航汊道开挖后，分流比增大，产生流速和比降相应增大的负效应时，应在非通航汊道采取适当的分流措施。通航汊道进口段航槽平面开挖线布置，可采取喇叭形，便利船舶安全进槽。

2. 整治措施

（1）扩大泄水断面法　扩大泄水断面是急滩整治的基本方法之一。通过扩大滩口泄水断面，河床达到相对平顺。比降、流速得到调整，缓流段的比降、流速略有增大，急流段的比降、流速减缓，使调整后的水流条件，能满足船舶自航上滩的要求，在乱流段，整治后主流范围相应拓宽，回流范围缩小，泡漩减弱，流态也得到很大改善，对上、下行船舶的安全航行均有利。

整治设计时，需通过对滩势与航行等情况进行详细分析，慎重确定切除滩口一岸或两岸的突嘴，此种方法主要适用于突嘴形急滩。急滩整治需扩大的泄水断面通过水力计算法或图解分析法确定。

宝子滩由于左岸溪沟山洪冲出大量石块堆积溪口，缩小河床泄水断面，形成的突嘴形中、洪水急滩，如图 3-72 所示。成滩的下限水位为 9m，上限水位为 23m，最汹水位为 17m，根据分析研究，确定整治左岸突嘴，以减缓流速、比降，满足船舶自航上滩的要求，整治需扩大的泄水面积，采用图解分析法计算。

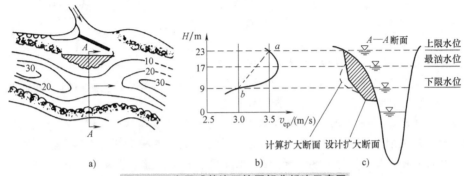

图 3-72　宝子滩整治开挖图解分析法示意图

由计算结果知，整治需增加的最大泄水面积为 419m²。在满足各级流量需增加泄水面积的基础上，并考虑便利航行、设标与岸坡稳定等因素，进行此滩整治断面设计，得出最大整治断面积为 462m²，按此整治断面面积，将左岸溪沟冲出的大块石突嘴炸除，达到了消除绞滩的整治目的。

（2）改造滩口形态法　构成错口滩形也是整治突嘴形急滩的有效方法之一。整治设计时应根据滩口段的表面流速分布，分析计算船舶由一岸缓流区到达对岸缓流区时的位置，并考虑船尾能超过下突嘴上游并保持一定的安全距离，以确定两岸突嘴整治后要求的错口长度。有条件的对口形急滩（包括单口和多口）与略具错口但船舶仍不能自航上滩的急滩，均可考虑改造滩口形态，以取得经济合理的整治效果。

黄石嘴急滩略具错口滩形，如图 3-73 所示，整治前错口长度约 80m，需通过整治加大错口长度。计算按标准船队 1942kW 推轮顶推 2 艘 1000t 驳船，总载量 1500t，总排水量 2680t。推轮的静水有效推力为 170kN，船队的静水航速为 6m/s，滩段流速为 4~5m/s。根据测图，在滩口分段取局部河宽及相应的流速值，按式 (3-34) 计算 L_a。

船队长度 135m，船尾至下突嘴的安全距离取 50m，按上式计算所得应有的错口长度 D = 129m，整治设计确定的错口长度取 150m。计算所得的船舶自航上滩航线与整治后的实际情况基本相符。

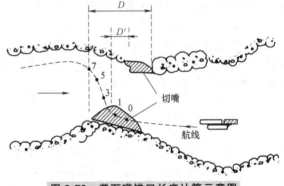

图 3-73　黄石嘴错口长度计算示意图

（3）滩下筑坝壅水法　有些枯水急滩，采用炸礁整治较困难，或扩大过水断面后，造成滩上水位下降而影响上游滩险时，可考虑在滩下筑坝壅水，减缓滩口比降、流速、改善流态，使船舶能自航上滩。

以湖南酉水的石灰碛急滩为例，该滩枯水期比降大、水流急，且流向与航线不一致，上行船舶需要拉滩。整治方案在滩下建丁潜坝 2 座，如图 3-74 所示，施工后，比降由 0.238% 降至 0.60%，流速由 2.9m/s 减为 2.5m/s，水深由 0.7 增至 0.9m，流向也得到调整，实现了自航上滩。

(4)"上疏下抬"综合法 将扩大滩口泄水断面法和滩下筑坝壅水法结合应用。在扩大滩口泄水断面或在石盘挖槽的同时,为了不使滩头水位降低太多,恶化上游滩险,或者为了更进一步减缓滩上的比降和流速,往往在下游邻近河段适当位置修建潜坝或丁坝,抬高滩上水位。

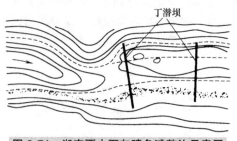

图 3-74 湖南酉水石灰碛急滩整治示意图

右江金陵大滩如图 3-75 所示,该滩过去号称"右江滩王",整治前右槽为航道,但因礁石密布,石盘外伸,致使航道窄、浅、弯、急,最大流速达 4m/s,最大比降达 0.99%,船舶需减载施绞上滩,下行船需设锚倒退过滩,每个船队过滩时间 6h 以上,严重影响航运。后来放弃右槽,用疏炸方法,挖通左槽横亘的石梁和清除左槽内的碍航礁石,竣工后滩头水位下降 0.8m,但滩上比降仍然较大。随后在滩尾深槽建两座壅水潜丁坝,使滩尾水位壅高 0.25m,平均比降由 0.3‰降到 0.13‰,最大比降由 0.99‰降到 0.3‰,最大表面流速不超过 2m/s,上下船队均能顺利过滩。

图 3-75 右江金陵大滩整治示意图

(5)开拓双槽通航法 有的汊道急滩,有条件时可通过整治开辟双槽通航。水流较急的汊道,可通过整治适当减缓水流,改善流态,作为下行船舶航道;水流较缓的汊道,可通过整治达到要求的航道尺度,作为上行船舶航道。

有条件采用双槽通航的汊道急滩,可减少控制河段,能取得更好的整治效果。例如,黔江师姑滩的整治,经模型试验反复验证,合理确定各支汊分流比,取得了良好的整治效果,如图 3-76 所示。

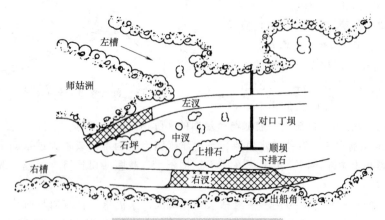

图 3-76 黔江师姑滩整治示意图

(6)开辟缓流航道法 根据河道水面流速分布的特点,主流的流速较大,靠两岸岸边流速较缓，上行船舶需要利用缓流上滩，但往往由于岸线凹凸不平或有礁石潜伏，造成流态紊乱，船舶不敢充分利用岸边缓流航行，通过整治，清除岸边突出的碍航礁石，平顺岸线，拓宽缓流航道，往往可达到船舶自航上滩的要求。

川江西陵峡中的水田角洪水急滩，采用此种整治方法，取得经济合理的整治效果，如图 3-77 所示。

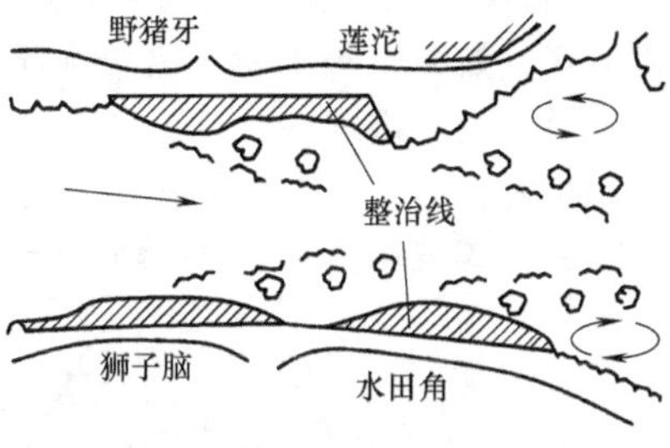

图 3-77 川江西陵峡中的水田角洪水急滩整治示意图

3.7.3 山区河流险滩整治

险滩整治设计收集分析资料与急滩相同，成滩期的上限水位、下限水位和最泐水位，应根据滩险在各级水位下的碍航情况确定。险滩整治应根据碍航特性和河床形态，采取炸礁、筑坝、填槽和疏浚等工程措施，拓宽和加深航道，增大弯曲半径，消除或改善不良流态。

整治险滩应有两种途径，一是针对其成因，采用爆破直接修整河床形态，或者修建整治建筑物改变水流结构，调整水流与河床的相互关系，使碍航流态减缓到适航程度；二是在条件允许的情况下，另辟航槽，避开碍航流态航行。对于礁石险滩，主要是采取炸礁措施，清除碍航礁石，扩大航道尺度。对于不良流态险滩，应分析不良流态的成因，采用炸礁、疏浚与筑坝等措施，平整河床，平顺水流，以消除或改善不良流态，有的险滩可通过整治利用副槽航行，或通过整治改善河床形态，使船舶避开不良流态而安全航行。

1. 礁石险滩整治

礁石险滩的整治应合理布置航槽线，采取炸礁或筑坝措施，改善流态，增大航道尺度。航槽内礁石的炸礁底高程应考虑船舶动吃水增大等因素适当加大富余水深，并宜结合远期规划的航道水深，一次整治到位。航槽边缘形成碍航流态的礁石，可采取清礁或修建顺坝，平顺水流。

（1）直槽礁石险滩整治　在顺直河段中，水流较平顺，如航槽中仅有零星礁石碍航，采用爆破方法，清除碍航礁石。例如，川江方滩的米心石，是江中孤礁，礁顶水深为设计水位下 1.9m，达不到 2.9m 的航深要求。由于孤礁阻水，在其上产生泡水，泡水与礁石均有碍船舶安全航行。整治措施是将米心石炸深至设计水位下 5m，孤礁上有足够的航行水深，泡水也基本消除，船舶航行安全畅通。

有的滩除江中礁石较多，并有泥沙淤积，整治措施除了采用爆破，清炸航槽中的碍航礁石，还需布置整治建筑物。例如，赣江火烧坪滩，河床顺直宽阔，但江中礁石密布，造成航槽弯曲狭窄，水流紊乱，船舶穿行其间，事故频繁。整治方案除了清炸航槽中的碍航礁石外，还在两岸各布置下挑丁坝 1 座，如图 3-78 所示，使水流归顺航槽，同时可冲刷礁石间的淤积泥沙。工程实施后，横流乱流随之改善，水深航宽增大，航槽顺直稳定，船舶可避离礁石安全航行。

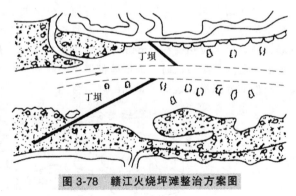

图 3-78 赣江火烧坪滩整治方案图

（2）弯道礁石险滩整治　弯曲河段礁石险滩的整治，主要是通过炸礁清槽，增大航道弯曲半径，必要时配合整治建筑物，减少炸礁工程量，改善弯道环流。

例如，岷江朱石滩为弯道礁石险滩，左岸为凸出的砂卵石边滩，凹岸有长约190m，宽120m的礁石区，如图3-79所示，船舶航行有触礁危险，如全部采用炸礁整治，水下炸礁工程量很大，且炸礁后，左岸边滩更会向江中延伸，航道更为弯曲。开始整治沿右岸布置系列丁坝，将礁石纳入坝田内，但丁坝头产生急流大浪，仍然碍航，后将上半段改为顺坝，采用顺坝与丁坝相结合，改善了弯道坏流，水流平顺，险、浅碍航的问题均得到解决。

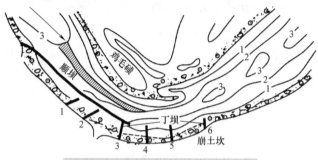

图3-79 岷江朱石滩整治工程示意图

（3）汊道礁石险滩整治 汊道险滩整治，首先有选汊问题，通航汊道主要根据水流平顺、航行安全，工程量小、施工便利等因素选定。例如，整治原航槽，航行仍有困难时，可选择另开新槽通航。

川江嵌岭滩为一汊道礁石险滩，如图3-80所示，江中有大珠石梁，将河道分为两汊，两汊中均有礁石密布，船舶航行其间极易发生触礁沉船事故。此滩初期整治，两槽均进行了裸爆炸礁，但均不彻底，效果不大。经分析比较，右槽航道弯曲，虽进行了较多的炸礁工程，流态情况仍不如左槽平顺。后来改进了施工方法，采用钻孔爆破与挖泥船清渣，集中整治左槽，使左槽成为宽60m、水深4m的顺直航槽，船舶可昼夜安全航行。右槽整治后，也

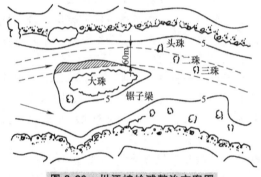

图3-80 川江嵌岭滩整治方案图

可作为上行船舶航槽，从而消除了川江航道上的一道"鬼门关"。

清水江倒水滩江中有巨大石梁，将河道分为两汊，但两汊均弯曲狭窄，整治后仍不利航行。后来整治方案确定沿右岸开辟顺直的新航槽，如图3-81所示，同时筑坝堵塞原航槽，增加新槽流量，使进口水位抬高约0.64m，达到了整治目的。后来堵坝被冲毁，进口水位降落，枯水期又无法通航。再次整治时，炸低航槽进口底高程，结合调整底坡，同时加宽航槽，做成喇叭口，增大新槽的分流量，达到了预期的整治目的。

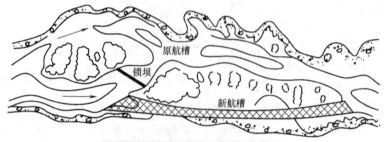

图3-81 清水江倒水滩整治方案图

2. 急弯险滩整治

急弯险滩对船舶航行安全航行危害较大,其整治方法主要是增大弯曲半径,平顺航槽,必要时配合整治建筑物,改变弯道环流。

(1) 整治原则 急弯险滩的整治应符合下列规定:

1) 整治急弯险滩,应加大航道宽度或弯曲半径,消除或改善扫弯水和回流等不良流态,满足船舶船队安全航行的要求。

2) 单一河道中的急弯险滩,可采取下列整治措施。挖除部分凸岸边滩,加大航道弯曲半径,必要时在凹岸深槽填槽或建潜坝,调整河床断面形态,改善水流条件;当凹岸有突嘴挑流时,在突嘴上游建丁坝或丁顺坝,将主流挑出突嘴,减缓扫弯水、泡漩水等不良流态;两岸有突出石梁交错的急弯险滩,以整治凸岸石梁为主。

3) 分汊河道内的急弯险滩,可采取下列整治措施。在汊道进口处建洲头顺坝或开挖洲头突出的浅嘴,减弱冲向凹岸的横流;在汊道出口处建洲尾顺坝,拦截横流,必要时在凹岸建顺坝或丁坝;废弃老槽、另辟新槽,或上下行船舶分槽航行。

(2) 整治措施 整治急弯险滩,一是改善水流扫弯情况,炸除凹岸碍航的突嘴和礁石;二是将凸岸水域拓宽增深,使航船能靠近凸岸行驶,避开扫弯水。对于在高水期航船能避开凹岸航行的跨弯险滩,可用顺坝直接封闭弯道,并在凸岸一侧开辟比较顺直的低水航道。

1) 凹岸建顺坝,封弯走碛。四川东河张华沟滩,航槽过于弯窄,整治前,航道偏靠右岸岩弯,有强烈的扫弯水,严重危害航行安全。整治方案采用顺坝封弯,使船舶更能靠近左岸卵石边滩航行。第一期整治,由于顺坝长度较短,如图 3-82a 所示,主流绕过坝头后,继续垮弯,左岸碛嘴仍然突出,形成新的扫弯险滩。第二期整治,顺坝延长,如图 3-82b 所示,但长度仍然不够,水流依旧扫弯,只是扫弯地点继续下移。第三期整治,在顺坝下游增建丁顺坝 1 座,如图 3-82c 所示,使整个坝位与河湾协调适应,弯曲半径增大,成为微弯的良好航槽。

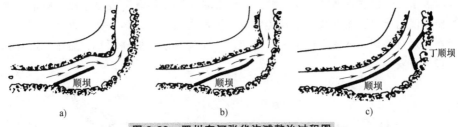

图 3-82 四川东河张华沟滩整治过程图

2) 凹岸建丁坝,调顺流向。有些扫弯险滩,由于凹岸有凸出石梁,产生泡漩乱流,对航行有更大危害,整治措施可在凹岸布置丁坝或丁顺坝,调顺流向,便于船舶安全航行。

川江三漩子为一弯道浅险滩,主要是左岸突嘴上游形成局部凹沱,主流冲向沱内,形成强烈横流,并有回流、泡漩,下行船舶有擦浅或扫弯触礁的危险,整治方案在左岸凹沱内建丁坝 1 座,目的是将主流挑出,调顺流向,泡漩水亦相应减弱,如图 3-83 所示,满足了船舶安全航行需要。

3) 建洲头坝,减弱扫弯水。出现在洲头处的扫弯险滩,是由于江心洲头部的淤积泥

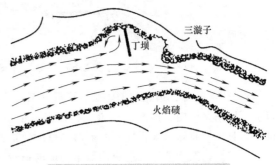

图 3-83 川江三漩子滩整治方案图

沙向两边汊道扩展，且非通航汊道水浅壅水，水面较高，产生冲向主汊凹岸的横流，形成强烈的扫弯险滩。整治方法主要是建造洲头顺坝，减弱横流。必要时配合疏浚挖除部分突出的碛脑，加大弯曲半径，减缓扫弯水强度。

川江渣角滩江中卵石洲将河道分为两汊，左汊水浅，枯水不能通航；右汊为枯水航槽，但航槽十分弯窄，右侧产生强烈扫弯水，左侧碛脑下游有较大回流，有效航宽不足60m，下行船舶极易发生扫弯触礁事故。整治方案原拟开辟顺直的左汊为枯水航槽，后经模型试验，要开辟左汊航槽，需布置较多的整治建筑物，航槽开挖工程量很大，而挖槽的稳定性把握不大。因此，又进行了整治右汊航道的试验研究，通过改善右汊的航道条件，仍利用右汊枯水通航。整治措施是建洲头坝1座，如图3-84所示，拦截横流，调顺流向，同时挖除了部分洲头突出的碛翅。施工后，主流向左增宽至120m，不再顶冲右岸渣角石嘴，扫弯水对航行的危害基本消除，航槽也保持了稳定，上、下行船舶均可安全航行，取得了经济合理的整治效果。

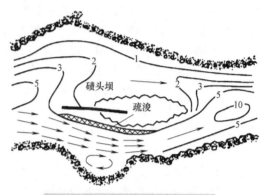

图 3-84　川江渣角滩整治方案图

4）封闭老槽，开辟新槽。有的扫弯险滩，要通过整治改善原航槽的航行条件甚为困难，而副槽有条件可以利用时，可考虑封闭老槽，开辟新槽的整治措施。

大渡河木笼溪扫弯险滩，就是采用封闭弯槽，开辟新槽取得成功的实例。木笼溪滩河道弯曲，在滩段的上、下口，均有低矮的江心洲，将河道分为两汊，上段枯水期左汊水浅，船舶无法通航；右汊水深，但航槽弯窄，横流大，下行船舶极易"扫弯"发生事故。整治方案采用顺坝封堵弯曲右汊的上口，新航槽的上段走左汊，下段走右汊，这样可减少挖槽工程量，也可适应水流微弯的运行规律，如图3-85所示。施工后，水流平缓，航槽顺直，船舶可避开扫弯水的危害，航行十分安全。

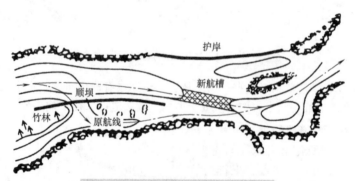

图 3-85　大渡河木笼溪滩整治方案图

5）炸除突礁，拓宽航槽。基岩形成的扫弯险滩，其整治方法主要是炸除凸岸伸出的石梁或石嘴，以拓宽航槽，加大弯曲半径，使扫弯水相应减缓，如凹岸有突出礁石，是否需要炸除，可根据具体的碍航情况而定。必要时也可配合布置整治建筑物，进一步改变流态。

川江长蛇梁为两岸均有突出石梁构成的扫弯险滩，如图3-86所示，右岸的长蛇梁，斜伸江中约250m，高20m，与凹岸突出江边130m、高6m的猫子石相对峙，主流受长蛇梁挑流作用，冲向凹岸猫子石，中枯水期下行船舶有扫弯触礁的危险。整治方案将右岸长蛇梁切除100m，炸至设计水位下3.4m，整治后，扫弯水势减缓，但下行船舶仍有可能在左岸猫子石扫尾，如继续施炸长蛇梁，工程量较大，经分析比较，确定将左岸猫子石炸除30m，水深也为设计水位下3.4m，施工后下行船舶可安全航行。

3. 泡漩险滩整治

泡漩水是水流和复杂河床相互作用而产生的，所以整治泡漩险滩，应针对其具体成因，

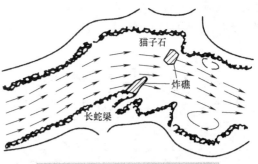

图3-86 川江长蛇梁滩整治方案图

分别采取炸礁修整河床形态，调整流速分布，或修建整治建筑物，调整流向，改善流态等措施。

(1) 整治原则

1) 河心礁石或岸边突出石梁形成的泡漩险滩，可炸除礁石或石梁平顺水流，调整河底水流结构。

2) 凹岸突出岩嘴形成的泡漩险滩，可根据河道宽窄情况，分别采用在岩嘴上游建丁顺坝或潜坝的措施，必要时可切除凹岸边滩突嘴。

3) 汊道进口处洲头主流顶冲河岸形成的泡漩险滩，可建洲头顺坝，调顺进口段主流流向，消减泡漩水。

(2) 整治措施

1) 炸除石嘴，平整岸线。河道两岸伸向江中的石嘴阻水挑流，是构成泡漩水的重要原因。因此，采用炸礁方法，炸除岸边突出石嘴，平整岸线，同时也可平顺水流，达到减弱或消除泡漩水的目的。

川江螃蟹岬泡漩险滩，河道弯曲，两岸突嘴交错挑流，洪水期产生较大回流，泡漩汹涌，严重碍航。整治采用炸除两岸挑流突嘴的方案，如图3-87所示，平整了岸线，使两岸回流范围大为缩小，泡漩水强度明显减弱，满足了船的安全航行的要求。

2) 深槽建潜坝，调整流速分布。由于凹岸突嘴的阻水挑流而形成的泡漩水，可在突嘴上游适当距离的深槽中建潜坝，达到消除泡漩水的目的。在突嘴上游深槽建潜坝后，深槽的水深减小，改变了断面形

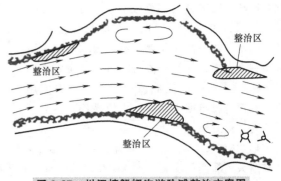

图3-87 川江螃蟹岬泡漩险滩整治方案图

态，使凹岸一侧的流量减小，凸岸一侧的流量增加，主流移至突嘴以外，突嘴的阻水挑流作用减小，泡漩水亦相应减弱而不再碍航。

川江钓鱼嘴为一泡漩险滩，由于左岸木鱼碛的挑流，使主流直冲右岸的钓鱼嘴，产生强烈的回流泡漩，对船舶安全航行危害极大。整治进行了模型试验多方案比较，方案一是将右岸的钓鱼嘴部分炸除，试验结果泡漩水并无多大改善，冲向右岸的横流反而变汹。方案二在钓鱼嘴上游建下挑丁坝1座，将主流挑出钓鱼嘴外，泡漩水有较大改善，但比降、流速增大，造成上行船舶航行困难。方案三是在钓鱼嘴上游深槽建丁潜坝1座，如用3-88a所示，与左木鱼碛挖槽相结合，潜坝右端与短丁坝相连接，坝顶为阶梯形，如图3-88b所示，右岸钓鱼嘴的阻水挑流作

用大大减弱,水流平顺,回流泡漩基本消失。同时主流左移后,更能保持木鱼碛挖槽的稳定,上、下行船舶均可安全畅通。

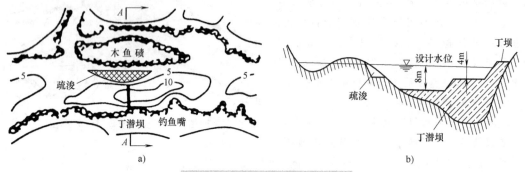

图 3-88 川江钓鱼嘴整治方案图
a) 平面图 b) A—A 剖面图

3) 凹岸建丁坝,改变流态。因凹岸突嘴形成的泡漩险滩,如滩段的枯水河面较宽,建丁坝或顺坝后,不致出现大的流速、比降,影响上行船舶航行,则采用此种整治方案,可取得良好的整治效果。

澜沧江打脑新滩河道弯曲,右岸下游有突出石嘴,石嘴外沿冲成深潭,枯水期深潭吸流,主流沿右岸扫弯而下,受石嘴的阻挑,形成大面积的回流泡漩。过往船舶,特别是下行船舶,受泡水与横流冲击,极易发生在右岸触礁或左岸搁浅的事故。此滩整治经模型试验多方案比较,确定在右凹岸建丁坝与丁顺坝各 1 座,如图 3-89 所示,以调顺水流,改善流态。另外枯水期江心洲左汊道,有一股水流将主流挤向右岸石嘴,不利于流态改善,故确定在左汊建锁坝 1 座,以拦截该股水流。方案实施后,航槽泡漩与横流消失,水流平稳,达到了预期的整治效果。

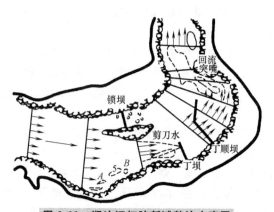

图 3-89 澜沧江打脑新滩整治方案图

4) 建洲头顺坝,拦截横流。由于江心洲挑流冲向对岸,受对岸突嘴反击而形成的泡漩水,可建洲头顺坝拦截横流,改变主流的冲击点,减缓冲击力,以减弱泡漩水。

嘉陵江白鹤滩为峡口下游的汊道泡漩险滩。左岸有大的秤杆碛边滩,江中有小卵石洲,左汊下段暗礁潜伏,枯水期水深不足,仅能通航小木船。右汊虽然水较深,但沿右岸有参差不齐的突出礁石。整治方案是在江心洲上建洲头坝 1 座,如图 3-90 所示,用以拦截减弱横流;另建洲尾坝 1 座,用以调整两汊交汇角,同时清炸左汊碍航礁石,并浚深航槽,增加左汊分流量。整治后右汊水流调顺,流量减少,泡漩乱流显著减弱,左汊流量与水深增大,达到双槽通航的目的。

5) 建潜坝或填汊,调整底流。有些峡谷型洪水泡漩险滩,由于水流汹涌,除了炸除两岸突嘴,同时需对河底进行必要的整治,调整水流结构,才能达到消除泡水的目的。例如,川江西陵峡下口的巷子口为洪水泡漩险滩,如图 3-91 所示。经模型试验验证,采用切除西岸突出的崖嘴,对改善泡漩水有一定的效果,但尚不能完全满足安全航行的要求,还需在巷子口至小南沱

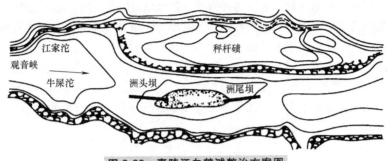

图 3-90　嘉陵江白鹤滩整治方案图

之间的深槽内建隔流潜坝或在小南沱抛石填沱，以调顺底流。整治方案除了炸除两岸突嘴，还采用了施工较为便利的抛石填沱方案，即利用巷子口附近炸除突嘴的石块，抛填小南沱。施工后泡漩水大大减弱，满足了航运需要。

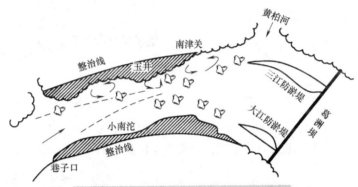

图 3-91　川江西陵峡巷子口滩整治方案图

4. 滑梁险滩整治

整治滑梁险滩的方法一是"躲避"，二是"消灭"。躲避是指另辟航道，或者提高产生滑梁水的水位，使船舶能避开滑梁水航行。消灭是指炸除或炸低产生滑梁水的石盘、石梁，将石盘淹没在最低通航水位以下。

(1) 整治原则

1) 整治滑梁水险滩，应分析滑梁水成因和碍航程度，并查明碍航期流速、比降、横流方向及强度，石梁上水深及对船舶安全航行的影响。

2) 整治一岸石梁形成的滑梁水险滩，可将石梁炸低至成滩的下限水位以下，或在石梁上建顺坝，其坝顶高程高于成滩上限水位。

3) 整治两岸石梁均有滑梁水的险滩，应采取措施消除一岸滑梁水，可炸低石梁或石梁上建顺坝，使船舶可避开另一岸滑梁水航行。

(2) 整治措施

1) 采用炸礁方法，消除滑梁水。如果水下石梁窄而低，炸除工程量不大，可将石梁炸至设计水位以下一定深度，清灭滑梁水。

川江兔儿梁为纵卧江中的窄长形石梁，梁顶高于设计水位 1.7m，中枯水期产生滑梁水，船舶航行困难。整治方案将兔儿梁全部炸至设计水位以下 3.6m，如图 3-92 所示，使枯水航宽达 100m，滑梁水完全消除，船舶可双向安全通航。

2) 开辟"避险"航道，错开滑梁水时间。采用炸礁降低一岸石梁的高程，或采用筑坝抬高一岸石梁的高程或者相结合的方法，错开两岸滑梁水出现时间，使船舶可避开滑梁水航行。

川江蚕背梁为河道中左侧的长条形石梁，其右岸为天鱼背石梁台地，河宽仅约100m，两岸同时出现滑梁水，为川江中水期著名的滑梁险滩，如图3-93所示。经整治方案比较，确定在蚕背梁的右边缘建长顺坝1座，坝高为设计水位以上6.5m，同时将蚕背梁左侧瓦子浩的底高程由设计水位以上3.1m炸低至1.5m，这样，当右岸天鱼背石梁上产生滑梁水时，船舶可靠近左顺坝航行，而当顺坝上产生滑梁水时，瓦子浩已有足够航行水深，因而可使船舶避开滑梁水安全航行。

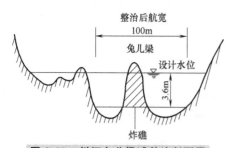

图3-92 川江兔儿梁滩整治断面图

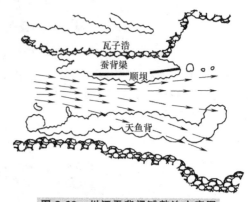

图3-93 川江蚕背梁滩整治方案图

3）采用筑坝方法抬高滑梁水位。有些滑梁险滩如要采用炸礁方法消除滑梁水，其炸礁工程量大，或施工困难时，可考虑采用筑顺坝，抬高产生滑梁水的水位，从而避免滑梁水的危害，往往更为经济合理。

川江柴盘子为一汊道滑梁险滩，右汊浅窄，枯水期不能通航大型船舶，左汊水深较大，为枯水航槽，但航槽弯窄，且左凹岸为较矮的石盘，枯水期产生较强的滑梁水。例如，沿左岸采用炸礁方法消除滑梁水危害，将有大量的水下炸礁工程量，且炸礁后水流更为扫弯，整治效果不佳。经分析研究，整治方案采用沿凹岸柴盘子石盘边沿，建长顺坝1座，如图3-94所示，坝高为设计水位以上5m，坝长约500m，当水位超过坝顶高程，产生翻坝水时，此时右汊已能安全通航，左汊由于水位抬高，航槽宽度增大，船舶也可避开滑梁水航行。

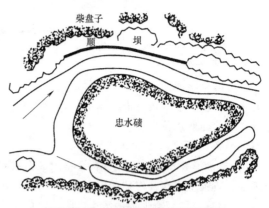

图3-94 川江柴盘子滩整治方案图

4）拓宽航道宽度。当两岸同时产生滑梁水时，航槽越窄对航行的危害越严重，如航槽较宽，滑梁水对航行的危害程度也相对减弱。因此可采用炸礁方法，使航槽达到一定宽度后，也可消除滑梁水的危害。航道尺度需要拓宽的数值，可根据滩段的流速、流向、比降以及船舶的大小与操作性能等因素而定，如无确切把握时，可分期施工，以避免浪费。

川江花滩两岸均有突出石梁相对峙，如图3-95所示，石梁高6~8m，两岸同时产生滑梁水，江面宽约200m，对单行航宽60m的要求，尚可满足安全航行的需要，但要满足双行航宽为200m，必须进行整治。由于河势影响，此滩主流偏向右岸，上行船舶一般靠近左岸上滩，整治方案为方便上行船舶航行，采用炸礁方法将左岸突出石梁部分炸除，使河宽达300m，有效航宽达 200m，能满足 1 万 t 级船队的航行需要。

3.7.4 山区河流的急、浅、险复合型滩险的整治

山区河流的滩险往往兼有急、浅、险中两种或三种滩性，河床形态较复杂，甚至由连续的滩群组成。因此，应详细分析滩险成因、碍航情况、水文条件、河床变化以及各滩险间的相互影响关系等因素，因地制宜地进行综合治理。对于复杂的复合型滩，应采用物理模型或数值模拟计算研究确定工程方案。复合型滩险的整治应符合下列规定：

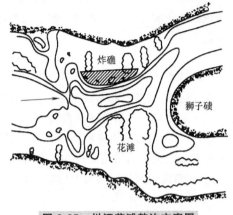

图 3-95 川江花滩整治方案图

1) 上浅下险的复合型滩险，在治理上段浅滩时，应充分考虑因上段航槽水流集中对下段险情的负面影响，适当加大对下段险滩段的治理力度。

2) 上浅下急的复合型滩险，在采用扩大过水断面方法治理下段急滩段时，应验算对上段浅区水面降落的影响，适当调整上段浅滩治理的整治参数。

3) 沿程急、险段交替的复合型滩险，应考虑急险段的分布状况、碍航程度及相互影响，进行多方案分析比较，综合治理。

3.8 潮汐河口航道整治与实例

潮汐河口是河流与海洋交汇的地区，也是工农业发达的地区。河口整治除考虑航运外，还有城市给水、防潮、农业灌溉和围垦等一系列问题，需要统筹兼顾，全面规划，综合利用河口资源。

3.8.1 潮汐河口演变分析

潮汐河口演变应着重分析潮汐性质、径流和潮流相互作用，并应根据近期实测资料进行下列分析。

1) 根据流域来水来沙的多年变化，尤其是大洪水和不同季节上游来水来沙、潮位、流速和流量变化，分析塑造整治段河床的主要动力因素，确定整治段潮波的性质。

2) 根据整治段盐水和淡水混合的程度确定其类型。

3) 整治河段水流动力轴线、河床纵横向的年际和年内冲淤变化及洪、枯季河床质的粒径变化。

4) 整治河段的风况和波浪等特征。

3.8.2 整治原则

1) 河口潮流段、口外海滨段的浅滩和河口拦门沙浅滩的整治，应根据其成因和水沙特性，采取不同的整治工程措施。

2) 有航运要求的潮汐河口，不宜建挡潮闸。必须建挡潮闸时，应进行充分论证，并采取必要的工程措施满足通航要求。在河口上游建水库、水闸和在潮区界范围内围垦，均应论证对河口航道尺度的影响。

3）潮汐河口航道应根据河床边界条件、水文、风浪、泥沙、地质和河床演变等，通过技术经济论证和方案比选确定整治方案。自然条件复杂的潮汐河口航道，宜通过模拟研究论证、优选整治方案。

4）潮汐河口整治水位和整治线布置应通过分析潮汐特性、涨落潮动力条件和输沙条件，结合归顺涨落潮流路和改善航行条件等综合研究确定。

① 潮汐河口航道的整治水位，在河口潮流段可采用洪、枯季大、中、小潮产生最大落潮流速时的平均水位，在口外海滨段且当整治建筑物兼有防浪或拦沙作用时可高于该水位。

② 河口潮流段航道整治线走向宜与落潮流主流向一致且其线形宜采用微弯形，口外海滨段航道整治线走向宜与涨落潮流主向一致。

③ 河口潮流段和口外海滨段航道整治线宽度应有一定的放宽率，其直线段的沿程整治线宽度可按式（3-36）计算

$$B_2 = B_0(1+\Delta B)^x \tag{3-36}$$

式中　B_2——下游计算端的整治线宽度（m）；

　　　B_0——上游计算端的河宽（m）；

　　　ΔB——放宽率，根据优良河段资料反求或通过模型试验经综合论证确定；

　　　x——河流轴线上游计算端和下游计算端之间的距离（km）。

5）整治潮汐河口航道，应利用涨落潮流的动力作用，采取疏浚、筑坝或两者相结合的措施，增加航道内的单宽流量，增加航道深度。

6）在潮汐河口设计挖槽时，应进行潮流、波浪和泥沙运动的分析论证，选取相对稳定的以落潮流为主的深槽为挖槽。在口外海滨段，当涨潮流占主导地位，并由此形成深槽时，应选取涨潮流主槽为挖槽。潮流与挖槽轴线的交角宜小于15°，且不应大于30°。

潮汐河口航道疏浚的抛泥区宜选在开挖航槽的下游，并应避免涨潮流挟带弃土进入航槽造成回淤。

7）在洪、枯水流量变幅较大或风浪作用较强的潮汐河口，应分析洪水或风浪对航槽淤积的影响。

8）拦门沙航道设计应研究河口拦门沙的成因和演变规律，并应包括下列内容：

① 水流动力分布情况。

② 盐水和淡水混合情况，最大混浊带位置变化和泥沙特性。

③ 径流量和潮流量比值及变化。

④ 上游来沙、潮流输沙、波浪掀沙和沿岸输沙的情况。

⑤ 底质组成和底沙输移形态及对河口地形的影响。

河口拦门沙航道设计应根据历年地形图，比较分析其年际和年内洪、枯季的变化规律。

多汊道河口拦门沙航道的整治，宜选择河势稳定、落潮流动力强和分沙比小的汊道为主航道，采取双导堤和分流鱼嘴与疏浚相结合的工程措施，需要时可在导堤内侧布置丁坝或在非通航汊道内建坝限流。导堤和丁坝的平面走向、间距和高程等布置宜通过模型研究确定。

易变河口拦门沙航道的整治，宜采取建单侧或双侧导堤的工程措施。为适应排洪、纳潮和延长中枯水冲刷历时需要，可沿导堤内侧布置高程略低于导堤的丁坝。

当河口拦门沙受沿岸输沙影响，导堤需兼顾拦截沿岸输沙功能时，单侧导堤应布置在沿岸来沙方向一侧。

9）口门内浅滩的整治，宜选落潮流主槽为航槽，采取疏浚和建丁坝、顺坝或加高潜洲等措施集中水流。

10）潮汐河口口门内分汊河段浅滩的整治，宜选择落潮流动力较强、分沙较少的汊道为主航道，适当布置整治建筑物，引导水流，增强其冲刷能力。

11）当在网状的入海河口选择一汊作为航道并整治其口门内浅滩时，应综合分析其涨落潮动力条件和河床演变规律，合理选择工程措施。

12）口门内浅滩整治工程的丁坝布置，坝轴线宜与落潮流方向垂直，坝头高程应达到整治水位，坝根高程宜高于中潮位或与岸滩面高程一致。

3.8.3 整治措施

河口地区有两种基本类型的浅滩，一是拦门沙和沙坎，二是口门内浅滩。对拦门沙和沙坎，整治范围常涉及整个河口环境，而口门内浅滩规模较小，整治设计的范围也相对较小。我国的通航河口，潮汐处于中等强度，平均潮差在 2~4m。下面主要介绍拦门沙和沙坎的整治措施。

1. 调整山潮水比值

如果要改变浅滩部位，使滩顶降低，可以通过改变山潮水比值来实现。因为山潮水比值介于 0.1~0.02 的过渡状态时，河床的纵剖面较平整，无明显隆起。对拦门沙宜采取减小山潮水比值整治，使淤积内移，滩顶降低。相应的措施可以另辟排洪道，引走洪水；也可以清除河口内河床阻力障碍物，减小潮波变形，增加进潮量。对于口门以内深远的沙坎整治，宜采取增大山潮水比值，可降低滩顶，滩位下移。相应的措施是从浅滩下游口门附近束窄河宽或建挡潮闸，减少进潮量，拒潮进入河口以内，也可以设法从临近河流引入水源，或建造水库调节枯水流量等，以增加山水流量。

2. 改善浅滩水流条件

对多数冲积平原河口的拦门沙整治，可考虑直接改变浅滩上的水流分布，采用在拦门沙上长距离范围用丁、顺坝或导堤束窄河宽，约束水流，增加主槽内单宽流量，相应减少边滩流量分配，达到增加航深的目的。对口内沙坎整治，也可以采用全线束窄，减少进潮量，增大单宽流量，增加水深。

束窄河宽的措施，可以增加单宽涨潮流量，也可以增加单宽落潮流量。为避泥沙向上游输移，引起上游淤积，常采用优先增加单宽落潮流量来冲刷河槽，促使泥沙向下游输移。

增加单宽落潮流量可以从增加山水流量、束窄河宽和增加进潮量三方面考虑。山水流量决定于流域条件，改变比较困难。在不影响排洪、航行和建筑物安全的条件下，尽可能将河宽束窄，增加水深。进潮量与整治段以上河槽容积有关，尽可能归顺河身，减少潮波变形，扩大进潮量。

3. 防止泥沙过多进入航道

为了防止沿岸流携带泥沙进入河口，可在稍离河口的海岸带建造防沙堤，以减少沿岸流夹沙进入河口；也可以与河口导堤结合，将泥沙导向深水区。

流域来沙为主的河口，通常在口门附近淤积成拦门沙，河槽分汊。为了防止和减少泥沙淤积在航槽中，应选择来沙量少，便于开发和维护的汊道作整治的航道。为了促使汊道稳定，可以在河口以上河段进行一些固滩促淤，调整分汊口的分水、分沙等工程，甚至在条件允许时另辟排洪水道。

4. 注意盐水入侵与潮量改变的影响

浅滩形成的原因有动力因素，也有来沙因素，相互交错共同影响。整治时如果估计不足，就可能一处浅滩得到改善，另一处又出现新的碍航浅滩，甚至得不到预期的结果。

盐水入侵的影响。进行河口拦门沙整治，水深增加，然而水深增大后，盐水入侵会更向上游,将会发生新的淤积。因此整治前要考虑新的淤积能否使上游河段出现新的碍航浅滩,以及采取相应的对策。

潮量改变的影响。河宽束窄,主流被控制在整治线以内,主槽稳定,水流集中,山潮水比值增大,有利于航槽冲刷。整治线两岸流速减缓,涨潮带来的泥沙,落潮不易带出,很快出现淤积。槽冲滩淤的结果,槽蓄容积减少,从而影响单宽落潮流量,不利于航槽冲刷。因此,在经过不长时间出现新的平衡状态下,整治段及其下游河段的单宽流量能否增加,必须仔细估计,否则可能达不到预期的结果。

3.8.4 潮汐河口河段整治实例

长江口是巨型丰水多沙河口,长江口拦门沙航道自然水深常维持在6m多,加上平均2.6m的潮差,乘潮通航水深可达9m左右,能进出万吨级海船。随着国家的改革开放,长江口沿岸有许多建设5万~10万t级码头的深水岸线正在开发。因此急需加深长江口的航道,关键的问题是长江口拦门沙深水航道需要打通。

1. 自然条件

受潮波上溯、风浪及盐淡水的混合作用,长江口形成了宽浅的分汊型河口。长江径流量大,潮汐强度中等,下游河床平均纵比降小,潮区界在安徽省大通附近,距海口约640km。潮流界变动于江苏省的江阴与镇江之间,距海口约200~300km,自徐六泾以下河道分汊,崇明岛将河道分为南北两支,中央沙又将南支分为南港北港,横沙岛以外的九段沙再将南港分为南槽北槽,如图3-96所示,即所谓三级分汊、四口入海。

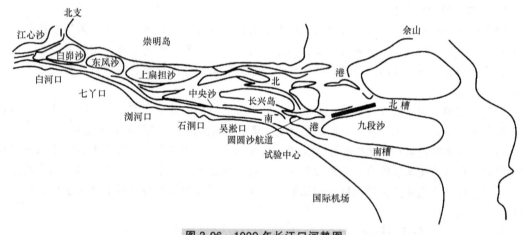

图3-96 1992年长江口河势图

(1) 水文泥沙情况 根据长江大通水文站统计,多年平均流量29500m³/s,最大日平均流量92600m³/s(1954年8月),最小日平均流量92600m³/s(1979年3月),多年平均洪峰流量约56000m³/s。每年12月至次年3月为枯水期,4月和11月为中水期,5~10月为洪水期,洪水期的径流量占年径流量的72%左右。

长江口的潮汐为不规则半日潮,口外东海潮波传播方向为305°,潮波方向基本上与河槽方向一致,由于河床摩擦及岛屿和堤岸的部分反射作用,河口区潮波是以前进波为主的混合波,潮波在传播过程中逐步发生变形,涨潮历时缩短而落潮历时加长,潮差沿程递减,直至完全消失。拦门沙滩顶以内基本上是往复流,口外潮流速是潮波质点运动速度、径流速度、沿岸流流速与密度流流速的矢量和,为旋转流。

长江口泥沙主要来自流域，据大通站统计，多年平均输沙总量 4.86×10^4 t，洪季含沙量约 $1.0kg/m^3$，枯季含沙量约 $0.1kg/m^3$，来沙的 50% 堆积在长江口水下三角洲区域，其余部分主要向东南方向扩散，成为杭州湾和浙江沿海细颗粒泥沙的重要来源之一。

长江口的波浪以风浪为主，口门 -10.0m 等深线引水船附近平均波高为 0.9m，口内高桥站平均波高为 0.35m，波高不大，但大风天生成的波浪在宽阔滩面上的掀沙作用很强，造成滩面冲刷，被掀起的泥沙经潮流的输运，常会在槽中造成淤积，一般在洪季小潮期，大风过后往往在拦门沙地区形成浮泥层。浮泥层的固结是航道发生骤淤的重要原因之一。

长江口悬沙平均中值粒径 0.009mm，河床质平均中值粒径，北支为 0.093mm，南支为 0.084mm，北港为 0.061mm，北槽为 0.059mm，南槽为 0.029mm。由于洪季流域来沙量大，拦门沙地区河床存在明显的洪淤枯冲规律。

(2) 河床变化情况　长江口各汊道均属宽浅型河道，沿程放宽率较大，从而使河道内沙洲罗列，滩槽经常变迁。

北支是一条萎缩衰亡的汊道。南支南岸边界抗冲性强，护岸及堤防坚固，弯道深槽的平均位置长期相对稳定。南支下段浏河口至石洞口是南支稳定较差的河段，浏河口至吴淞口两岸岸线顺直，浏河口处河宽 14km，吴淞口河宽 16km，由于河道宽浅，南北港分流比常在本段内上下变动。1958—1963 年和 1978—1981 年南北两次大规模的切滩，对南港和北港上端主槽造成了极大的影响，切滩冲刷的泥沙在南、北港主槽淤积，河床形态也发生了相当大的变化。

南支下段和南、北港上段的变迁集中表现为分流口的变化。1958 年以前，北港与南支主槽之间 -10m 等深线贯通年代不多，1958—1976 年，-10m 通道前后存在约 10 年左右，堡镇至横沙为北港中断，是一微弯型深水河槽，横沙岛以东的北港下段，基本上为一单一水道入海。但通过滩面及横沙东滩串沟与北槽之间存在着涨落水量交换，拦门沙位于串沟以东，滩顶高程为 5.5~6.5m。

横沙东串沟是北港与北槽涨、落潮水量交换的小通道。1973 年由于北港拦门沙水深减小，-5m 等深线缩窄，使北港下段落潮阻力增大，导致串沟发生大冲。经过一个汛期，约 $10^8 m^3$ 泥沙向下输移，使北槽下段河槽普遍淤浅，-7m 等深线中断。1975 年后，北港拦门沙水深增大，串沟水流减弱而淤积，北槽下段水深又逐年增大，滩顶最小水深为 -7.4m，北槽平面形态变化不大，深泓线稳定性相对较好。

长江口有横沙岛向外，河道突然放宽，基本上呈无岸约束状态，水流分散导致流速减小，输沙能力降低而产生淤积，开阔水域风浪增强，滩地侵蚀的泥沙通过潮汐水流搬运，大风浪后会在槽内发生淤积，河口地区盐淡水混合，使细颗粒泥沙发生絮凝，沉降速度加快，也是拦门沙形成的重要因素之一。

长江口水下三角洲的上端为拦门沙滩顶，下端至水深约 50m 左右处，北界与苏北浅滩相接，南界至杭州湾，总面积约 $1000km^2$ 以上。当长江主流经南港入海时，在南汇东滩外形成南堆积区，主流经北港入海时，在崇明东滩外形成北堆积区。近百年来，水下三角洲中部 -20m 等深线外移速度以南槽口外最快，北槽口外缓慢，北港口外变化甚微。

2. 整治措施

整治措施包括南北支整治及拦门沙深水航道整治两部分。

(1) 南北支整治　徐六泾至长兴岛和崇明岛一带，两岸有陆岸约束，这一带整治关键是稳定岸滩形成一条连续的入海深水航道，如图 3-97 所示。

1) 堵塞北支，防止泥沙倒灌。
2) 控制徐六泾节点工程。

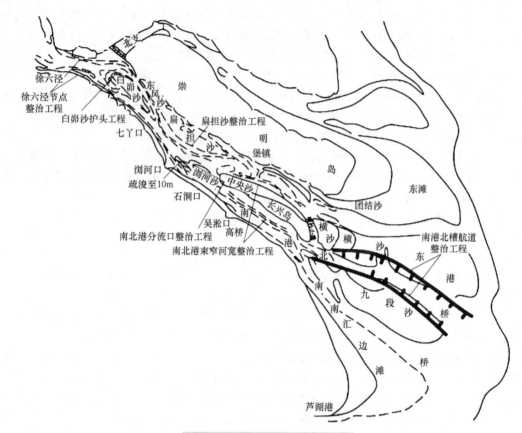

图 3-97 长江口整治工程布置图

3）稳定白茆沙体的护头工程。
4）稳定扁担沙体的围垦工程。
5）控制南北港分流口位置的顺坝工程。
6）束窄南北港河宽的围垦工程。

（2）拦门沙深水航道整治 1973年将拦门沙疏浚到-7.0m，选择航槽时，比较了南港南槽方案、南港北槽方案、北港北槽方案和北港四条线路。由于1973年横沙东滩串沟扩大，北槽下段淤浅，从而认为南槽较北槽稳定，选择继续疏浚南槽。但南槽口外拦门沙向外延伸快，拦门沙长，若进一步提高到9.5m以上深水航道，挖槽太长，回淤量大。

在南支没有彻底整治前，受到浏河沙、中央沙和扁担沙的变动影响，北港进口不稳定，这是限制选择北港作为深水航槽的主要原因之一。经过比较，目前深水航槽选在南港北槽，采取整治与疏浚相结合的措施，工程布置如图3-97所示。

从图中可见，为了节省工程造价，在北槽滩面较高处布置了南北两条导堤，在导堤内再建19座丁坝以束窄槽宽。丁坝坝头连线作为航道整治线，这样布置在工程实施过程中便于某些调整，同时，丁坝坝田中还有一定纳潮量，在落潮过程这一部分水量归槽，增加了沿程的水量，可适当加大整治线的放宽率，其中北导堤还能起到堵横沙东滩串沟的作用。

南北两条导堤分别长约45.08km和49.2km，是北槽深水航道整治的主体工程，坝顶高程，通过模型试验比较，取多年平均中潮位+2.0m（吴淞基面）比较合适。北导堤堤头设在-8.0m等深线处，南导堤堤头在-5m处，南北槽分流口工程起到调整及稳定南北槽分流比的作用，并使其在平面上稳定下来，调整后的分流比更有利于北槽深水航道的开发和维护，南槽成为南港的主要排沙道。分流口位置选在江亚南沙滩顶，并建南、北两条分流堤。封堵江亚北槽，促使江亚南沙并靠九段沙。

疏浚工程的作用是不使整治工程实施期间流量被南槽分走，不使上游河段潮位壅高，辅助整治工程取得预期的航道水深。

长江口航道整治工程分三期实施，使航道水深分期增深至 8.5m、10m 和 12.5m。其中，三期工程仅进行航道疏浚增深。

3.9 特殊河段航道整治与实例

除了前述各种情况的航道外，还有一些情况相对比较特殊，如湖泊水网地区的航道，水面平缓，流向复杂，泥沙来源多变。另外，受人类活动的影响，一些河段与自然情况不一样，本节将主要介绍桥区、湖区和水利枢纽上下游及内河进港的航道整治。

3.9.1 桥区河段的航道整治

桥梁是通航河流上最常见的跨河建筑物，建在河道中的桥墩、桥台和引堤对水流具有约束作用，使桥位河段水流流态发生变化，引起河床变化，桥位附近的滩险发生变化。同时，由于河道边界的改变，航道尺度和航道内的水流流态也发生变化。桥梁碍航主要是通航孔的水域条件和通航孔净空不满足通航要求，不同河段和位置的桥梁具有不同的碍航原因，主要有以下几种。

1. 桥梁碍航原因

（1）选址不当

1）桥址选择在基岩出露、河面狭窄或流态不良的险滩河段，桥墩又建在主河道内甚至主流区域内，造成航行条件恶化。

2）桥址选择在分汊河道处。例如，沅水桃源大桥桥址位于微弯分汊河段，洲头主汊一侧刚好是浅滩，滩上水浅流急，江心洲洲脊存在由左向右的漫滩水流，大桥距分流点近，分汊后的水流偏角较大，桥墩布置于航槽中间，恶化桥下水流条件，缩窄了桥位附近航槽宽度，导致船舶上行困难，下行危险。

3）桥址选择在弯曲河道上。石龟山澧水大桥选址在弯道过渡段，主通航孔洪、中、枯水流方向与大桥轴线法线交角过大，通视距离短，主通航孔流速大，桥位断面主流带主要分布在主通航孔附近，桥区为狭窄河段，平槽水位时河宽只有 150m，最大流速达到 3.45m/s，桥梁碍航严重。

4）桥位选择在浅滩上。耒宜公路大桥桥位选择在浅滩上，桥轴线法线方向与水流主流交角达 20°，在桥下航道不富余的情况下，将 12 号桥墩布置在枯水航槽中，使航槽缩小到 15m，达不到通航基本要求，使原来基本满足航行要求的航行条件严重恶化。

（2）通航净空不足　桥梁通航孔净空高度和宽度不满足航道要求，成为人为碍航物。例如，位于田阳县那坡镇的右江公路桥，其净空高度低于Ⅲ级航道要求的桥梁净空高度标准；南京长江大桥的净空高度不能满足长江航道等级提高的要求，成为影响长江航道等级提高的控制性约束。

（3）没有设助航标志或设置不规范　航道上的桥梁，如果不按规范的要求布置助航标志，就有可能成为碍航建筑物，威胁船舶安全航行，如右江河段的那坡公路桥、田东公路桥、平果南昆铁路桥、那阳公路桥等。

2. 桥区航道整治原则

（1）整治资料收集　桥区航道整治的资料收集除应满足基本要求外，尚应补充下列资料：

1）桥区河段河床地形资料。

2）桥区河段河床演变对比分析资料。

3）桥区河段特征流量时的流速和流向资料。

4）洪、中、枯不同水位期船舶通过桥区的航迹线资料。

5）桥梁通航安全影响论证资料。

6）已有桥梁的竣工资料，包括通航孔设置及净空尺度、桥墩防撞标准等。

（2）整治原则

1）桥区主航道应与主通航孔保持一致。航道轴线方向与水流主流向的夹角不宜大于5°，当航道水流流向与航道轴线方向交角较大且影响航行安全时，应采取筑坝等工程措施调整水流，稳定航槽。

2）桥区航道整治应采取固滩、护岸、筑坝等工程措施，稳定航槽和归顺通航桥孔水流流向。

3）当建桥后上游边滩扩大下移并威胁正常通航时，应布置整治建筑物，调整流向和流速分布，遏制边滩展宽和下移。

4）桥区为礁石河床，上游礁石挑流影响通航时，应切除突嘴，调整水流流向；下游礁石突出形成回流影响通航时，应切除突嘴，平顺岸线，减小回流范围。

5）当航道等级提升时，若已有桥梁净空满足规定时，应对通航桥孔两侧的桥墩进行专题防撞验算和防撞加固设计，并在桥梁通航孔上、下游合适位置标示桥梁净空尺度；若已有桥梁净空不满足要求时，应通过专题论证，提出建议措施。

3. 桥区航道整治措施

桥区航道整治通常采取整治建筑物和疏浚相结合，以及有效地助航措施，保障交通安全。

（1）整治建筑物和疏浚相结合　例如，在对沅水桃源大桥桥区航道整治中，用堆石坝在洲头建人工非对称、非等高、非实体鱼嘴使洲头相对上移，将桥位由原位于洲头处变为位于分汊河段中部，达到改善桥区水流结构、调整水流流向目的，如图3-98所示。

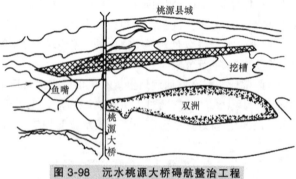

图3-98　沅水桃源大桥碍航整治工程

哈尔滨松花江公路大桥工程在规划阶段就将该河段航道整治工程列为大桥建设的附属工程，与大桥建设工程同步进行。整治措施为把原河道的左右两汊用重型抛石锁坝堵塞，用挖泥船从江心岛中间开通一条新河道，即中汊河道作为通航河道保证船舶安全过桥。整治工程布置为：

1）为使主流由左汊改走岛中间新开河道，并保证有足够的通航流量，在原通航的左汊建锁坝1，堵死左汊。

2）右汊用锁坝2和丁坝1、2、3封死右汊，并在锁坝2北端岛北侧建干砌石护岸。

3）为归顺水流稳固岛头，加速左汊淤积和减少锁坝1压力、控制汊道分流比，在岛头建分流坝一座。

4）何家沟以下主导河岸用砌石护岸保护。

5）两岛中间新开河道宽度经计算和试验确定，整治水位时稳定河宽为320m。所以，在分流坝下游按整治线位置和设计护岸长度堆石，待冲刷到护岸位置后自由塌落成堆石护岸。疏浚工程为：为了改变河势使主流和航道垂直过桥，用挖泥船在江心岛中间和右汊下部，开通一条新河道，新开挖槽设计宽度125m，保证航深2.4m，总挖泥量为126万 m³，具体的整治方案如图 3-99 所示。

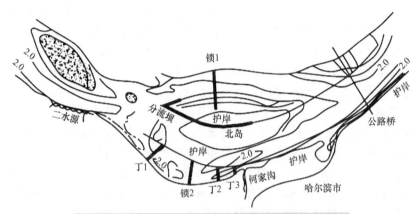

图 3-99　哈尔滨松花江公路大桥桥区航道整治方案图

对耒宜公路大桥碍航，整治思路为局部改变河床形态，调整水流流向，解决桥轴线法线与流向交角过大的问题。具体工程措施是在江心洲头部布置鱼骨坝，抬高洲头，隔断横流，并切除了江心洲的左半部分，同时辅以疏浚挖槽，拓宽航槽。

（2）设立导航助航标志和应用合理有效的引航技术　在黄石大桥桥区航道治理中，通过设立导航助航标志和应用合理有效的引航技术，以较小投入取到较好通航效果。根据黄石大桥水域的航道水文资料，通过分析航道、水文相关变量关系，确定航线、航向、转向点等引航技术参数，拟定了便于驾驶员操作的安全过桥引航方法，提高船舶安全过桥可靠度，取得了明显的效果。

3.9.2　湖区航道整治

我国南方平原地区分布众多湖泊，水量丰沛，终年不冻，水网纵横，发展航运条件优越，其中著名的有洞庭湖和鄱阳湖，以及其他大型湖泊如太湖、巢湖等的航槽也各有特色。

1. 通航湖泊自然条件及湖区航道特点

洞庭湖位于长江中游，湖南省的北部，它接纳了湘、资、沅、澧四水，及汨罗江、新墙河等支流。每年3～4月水位上涨，7～8月水位最高，11月至次年3月为枯水期。洞庭湖约四分之三的泥沙来自长江，每年约有一亿立方米泥沙在湖中淤积，由于严重的淤积和人为的围垦，洞庭湖的一些部分已形成河湖相间。洞庭湖湖区共有通航里程3148km，其中常年通航里程1643km，已形成了四通八达的航道网。

鄱阳湖位于长江中下游的右岸、江西省的北部，为我国最大的淡水湖，外形缸似葫芦，南部宽约60km，西北部窄深，湖底高程自东南向西北倾料。它汇纳了赣、抚、信、饶、修五条河流，环湖还有博阳河、东河、西河、徐家埠河直接入汇，流域雨量充沛，来水量大，受长江顶托期长，中高水期长达8个月。每年3～4月内河涨水，入湖流量增加，水流漫滩，湖体扩大。5～7月长江汛期，江水顶托倒灌，内河来水量也较多，湖内持续高水位，洲滩淹没，水流平缓，湖面宽阔，湖水连成一片，直至10月长江退水，湖水才逐渐下降。1月到第二年2月为枯水期，湖水归槽，形成多条带状湖沟，呈河流状，水流自南向北由湖口注入长江。鄱阳湖湖区常年通航的航道包括赣江航线，信饶航线，赣江东河航线等，目前可适航千吨级的船舶。

太湖、巢湖、洪泽湖、南四湖等湖泊的航道通过多年的建设，通航条件得到了很大改善，在各地的综合运输网络中起着重要的作用。

（1）水文及水流特点　通常情况下，春汛期受支流影响，含沙量较大，大量泥沙在洲滩淤积。洪水顶托期，湖水水位维持高水状态，洪水期长达半年之久，洪水期比降极小，湖水含沙量很少。待洪水顶托期结束，湖水位随退水而相应消落，湖滩岸线显露，水流归槽，比降加大，湖床冲刷，湖水含沙量急剧加大。湖区航道浅滩，洪水期流速较低，淤沙较细，航道开阔，过水断面较大，水面比较小；枯水期水位下降，滩洲显露，比较开始回升。由于流域各支流来水来沙的组合变化较大，湖区水位变幅很大。

（2）演变特点　水流入湖后，断面扩大，流速减缓，泥沙运动减慢，产生落淤。洪水期间，因流域土壤侵蚀，河流来沙量加大，湖水比降减小，流速变缓，水流挟沙能力降低，泥沙大量落淤。汛期过后，来沙量减少，随着湖面水位的下降，比降和流速相应增加，大部分高水期淤积下来的泥沙将冲入湖区深处，淤塞湖泊，抬高湖床。

（3）航道特点　常见的湖区航道分为以下三种：第一种是跨越湖泊或沿湖泊边缘开辟的航道，称为湖泊航道，这种情况，湖底较平坦，水深较大，航线较顺直。第二种航道的水体洪水是湖，枯水是河，称为河湖两相航道，这种情况年内水文条件变化较大，洪水期淤积较严重。第三种是位于以往是湖、现已部分筑堤围垸地区的航道，称为滨湖航道，对于单向水流情况，航道与普通河流区航道类似；对于双向水流情况，水流流向，水流动力轴线，环流结构等水流条件与普通河流区航道有较大差别。

2. 湖区航道整治原则

（1）整治资料收集　湖区航道设计资料除应满足基本要求外，应补充下列资料：

1）湖泊及与之相连的河流水位变化及相互关系，相互顶托影响的大小和时间。

2）河湖两相航道和滨湖航道在不同时期的流速、流向和比降资料，双向水流情况及规律。

3）湖泊航道与河湖两相航道的风浪掀沙现象与规律。

4）湖床演变长期资料。

（2）整治原则

1）湖区航道浅滩整治，宜采取疏浚措施；河湖两相航道和滨湖航道浅滩整治，宜采取疏浚或疏浚与筑坝相结合的工程措施；湖区对航道条件起控制作用的重要洲滩应采取守护工程措施。

2）在湖区航道浅滩上开挖航槽，宜选择淤积量较少、航程较短和工程量较小的线路，并应考虑风浪掀沙的影响，必要时应加大挖深和挖宽；经充分论证可建防沙导堤。

3）整治单向水流的河湖两相航道和滨湖航道浅滩，应分析浅滩的河床形态、河岸和河床组成情况及演变规律和趋势等，整治措施可参考沙质浅滩整治。有条件时航道整治应与防洪治理相结合。

4）在有双向水流的河湖两相航道和滨湖航道浅滩上进行挖槽定线和布置整治建筑物时，应分析湖床平面形态和各个时期水沙运动特点，适应中、枯水主流流向，有利于退水期航槽冲刷。在水面狭窄区布置整治建筑物时，应减少顺流和逆流流路的偏离；在水面开阔区挖槽定线时，应避开主要淤积部位，必要时在来沙较少、洲面较高和岸线较稳定处另辟新航槽。

5）有双向水流且为分汊型的河湖两相航道和滨湖航道，应优先选择双向水流的动力轴线基本一致的一汊为通航汊道；当双向水流动力轴线偏离较大时，应选择汊道进口方向与造床作用最为明显的水流流向基本一致的汊道为通航汊道；当汊道的一侧有较高边滩，或有防洪堤，能形成主导河岸时，应优先选择该汊道为通航汊道。

6）整治湖区泥质浅滩，宜采取疏浚措施，挖槽定线宜符合中枯水主流流向。

7）弯曲狭窄的航段宜采取切嘴、填槽或裁弯取直措施，有条件时航道整治应与防洪治理相结合。在分、汇流情况比较复杂的水网地区，采取切嘴或裁弯取直的工程措施时，应尽可能不影响各支流的分流比。当航段全由弯曲半径较小的连续弯道组成时，应通过实船试航和相关分析研究，确定航道设计参数。

8）有跌坎的湖区泥质浅滩整治，宜布置较长的挖槽，并利用疏浚土调整湖床形态，减小纵比降，降低流速，消除跌水；挖槽宜避开有沙质夹层或床质抗冲能力较弱的部位，当不能避开时，应采取避免形成新跌坎的湖床防护工程措施。挖槽水面线计算应符合规定，必要时应进行模型试验验证。

3. 湖区航道整治措施

湖区滩险的整治措施应考虑以下几个方面：

（1）疏浚与筑坝相结合　根据湖区浅滩的水流泥沙运动特性，宜采用疏浚与筑坝相结合的方法进行治理。入湖河口受湖水顶托，流向顺逆不定，影响泥沙运动。若采用疏浚方法疏通航道，因泥沙回淤，需要重复挖泥。此外，抛泥区选择也受到很大限制，如选择适合顺流的抛泥区，在逆流时，就有可能变为浅滩淤积的泥沙来源。采用筑坝方法整治湖口浅滩，在进入枯水期前，浅滩常受壅水影响，流速很小，不能刷深航道；若过分缩窄河床，则在洪水的初次上涨和无壅水期，流速急剧增大，引起河床过分冲刷。采用疏浚与筑坝相结合，可利用疏浚的泥土抛填整治建筑物，节约投资，提高浅滩的整治效果。

（2）筑导流堤、束水冲刷　湖区航道的水流条件与一般河流相比，中洪水期差异较大，枯水期差别较小，因此，应根据特殊的水流条件，采用正交丁坝等措施，以适合双向流的情况。

有些入湖河流，携带的泥沙虽然不多，但经过长期淤积，在河口附近湖区形成拦门沙，阻碍航行。整治时，可根据来沙量较小这一特点，筑双导流堤将航道延伸到深水区，改善枯水期航行条件。

（3）改善流向、提高输沙能力　在两河交汇的湖口区，应根据浅滩的演变规律，因势利导。以洞庭湖甘溪港浅滩为例，滩段水流条件十分复杂，主要表现在受资水与沅水两河水位差异的影响，甘溪港附近水流顺逆不定，经常变化。当沅水汇入资水时，在甘溪港附近的汇流交角接近90°，甘溪港附近的水面相对较宽。整治时，适当减小资水与沅水的交汇角，同时在甘溪港附近河道利用整治建筑物缩窄河床，提高退水期的冲刷能力，以便将高水期淤积的大部分泥沙冲走。

3.9.3　枢纽上下游航道整治

枢纽上下游航道包括变动回水区航道、常年回水区航道、通航建筑物上下游引航道口门外连接段航道和受枢纽调度运行影响明显的下游航道。

1. 变动回水区航道整治

水利枢纽建成后，在变动回水区的急、险滩，滩势将有所减缓，但由于建库后，库区航道等级提高，航行船舶的吨位与密度相应增大，对航行仍有影响。

（1）变动回水区的航道问题　在水库变动回水区和常年库区的末端常会因泥沙累积性淤积而使河床抬高，航槽易位，恶化某些原有浅滩，形成一些新的碍航浅滩。

1）水位消落期出浅碍航。水库高水位运行期间，变动回水区全河段逐渐处于天然来水来沙的情况，河床上淤积的泥沙来不及冲走，泥沙淤积量较天然情况下增多。当水库低水位运行一段时间后，高水期淤积的泥沙大量冲刷流向下游，变动回水区的航槽逐渐形成，但由于变动回水区的泥沙是累积性的淤积，因此原有浅滩的碍航程度增大，碍航时间提前，还可能出现新的碍航浅滩。

2）有的河段出现流急水浅碍航。在回水变动区内，由于泥沙累积淤积后，在一定河势地形条件下形成流急水浅。汉江篓子滩是一个胃状开阔河段，全长 7.2km，断面形态宽窄相间，高水期进口断面河宽1500m，中段水面宽最大可达 2500m，而尾端卡口处水面宽仅 500m。进口断面突然放宽，水流挟沙能力骤减，下口急剧收缩，又易产生壅水，便于泥沙落淤，该滩段位于变动回水区的下段，每年壅水历时较长，又利于泥沙淤积，使该滩成为丹江口库区淤积强度最大河段之一。

3）有的河道出现"走沙水"与"拦门沙"碍航。有些宽阔河段，建库后在汛期与蓄水期泥沙大量淤积，而在水库消落期，当水位下降至某一高度时，流量集中，流速加大，淤积泥沙大量起动输移，沙浪翻滚，船舶航行十分困难，严重时造成断航，称为"走沙水"。根据三峡工程泥沙模型试验有关成果，在三峡工程变动回水区的九龙坡河段与金沙碛河段，水库运行一定时期后，会出现"走沙水"现象。有些支流的河口段，在水库消落期，上游河段冲刷下来的泥沙，受干流较高水位的顶托，在河口附近淤积成大沙包，影响船舶进出支流河段，称为"拦门沙"。金沙碛正位于嘉陵江的河口段，受长江水流的顶托，常会产生"拦门沙"。

4）滩槽易位，出现礁石险滩碍航。变动回水区内原有的礁石险滩，因水库回水将其淹没，或泥沙淤积将其掩埋，使航程减小；但当水库水位下降，这些礁石上的航深不足或航槽过分弯窄，又阻碍航行。例如，郁江西津水库上游的涩滩，建库后右岸边滩的泥沙淤积范围增大，使航槽移位至左槽，而左槽中礁石众多，造成碍航。

（2）整治原则 变动回水区航道整治应在水位消落期适当加大水流挟沙能力、延长消落冲刷期、减少泥沙累积性淤积。条件许可时，整治措施可与水库运行调度方案优化和防洪工程协调考虑。变动回水区航道滩险整治设计，应按滩险所处位置，特性和成因采用不同的整治方案，并应符合下列规定：

1）变动回水区上段航道砂卵石浅滩整治，宜采用筑坝与疏浚相结合的工程措施。

2）变动回水区中、下段淤沙浅滩整治，宜以筑坝为主，增强消落期水流冲刷能力，必要时辅以疏浚。

3）整治变动回水区因泥沙累积性淤积航槽发生移位的滩险，应按移位后的航道走向布置挖槽和整治建筑物。

4）变动回水区因泥沙淤积或水位变化形成新的急滩和险滩，或原有急滩和险滩险情加重时，应进行整治设计。

（3）整治实例 汉江白沙盘浅滩位于汉江上游丹江口水库变动回水区上段，属正常过渡段浅滩，如图 3-100 所示。

由于两弯之间过渡段太长，河床宽浅，水流分散而成滩。该滩水浅流急，航道最小水深约 0.8m，航宽 25m，河床由卵石组成（d_{50} 约为 60mm）。该滩每年受水库回水影响约 2~4 个月，在壅水状态下，水流挟沙能力减弱，泥沙大量落淤，年内冲淤无法平衡，产生累积性泥沙淤积。自 1968 年至 1986 年，河床平均淤高 1.0~1.5m，滩顶高程净增 2.34m。过渡段加长，水深更浅，1986 年 1 月最小水深只有 0.5m。原有卵石河床已全部被中粗沙（d_{50} 为 0.4~0.8mm）覆盖，使河床可动性增大，累积性泥沙淤积导致过渡段无明显主槽，在床沙质细化的情况下，航槽多变，出浅时间增长，并以消落初期最为严重。

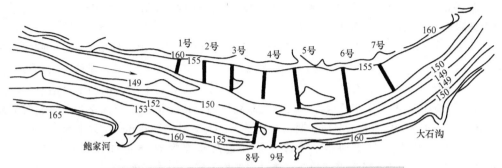

图 3-100　汉江白沙盘浅滩整治方案图（1990 年 2 月施测）

采用整治建筑物，在水位消落期束水冲沙，稳定航槽，原则上采用低水整治。此外，为了加速坝田回淤，丁坝间距控制在 1.5 倍坝长范围内，即选用"低水密坝"的治理方法，同时还将整治范围适当扩大，以增强水流对下深槽的冲刷。

设计部门设计了两个整治方案，一是丁坝群方案，二是丁顺坝结合方案，最后选用了丁坝群方案，即用丁坝群固定左岸边滩，束水攻沙，达到增加航深的目的。考虑到白沙盘滩过渡段长，下深槽严重萎缩，因此丁坝布置范围较长，达 1.2km，共布置丁坝 9 座，其中左岸 7 座，右岸 2 座，合计坝长 1330m。左岸 1~4 号坝，起稳定和束窄过渡段的作用；左岸 5~7 号坝位于下边滩上，既能增强下深槽的冲刷，又能加速边滩的淤积，以改善下深槽严重萎缩状况。右岸 8 号、9 号坝，主要针对上边滩尾部不够完整，直线过渡段过长，为稳定和控制中低水河势而布置。

整治工程自 1988 年 11 月下旬开工，1989 年 3 月底完成。整治前 1985 年 10 月至 1987 年 10 月有 40% 以上的天数达不到设计水深 1.2m。其中有 80 天水深小于 0.8m，严重时最小水深只有 0.5m。整治后，浅滩水深均超过设计水深，保证了航道的畅通。坝田大量淤积，加速边滩的完整发育，有利于稳定和集中水流，加速主槽冲刷，浅滩已向冲槽淤滩发展，淤积部位全在坝田，整治线范围内则是冲刷，河势得到控制，滩槽差加大，航槽相对稳定。

2. 常年回水区航道整治

在河流上修建水利枢纽以后，水库常年回水区内大量滩险将被回水淹没而消失，一些中、枯水急滩可得到极大改善甚至消除，但洪水期的急流险滩以及碍航礁石仍会对航行产生较大的危害。此外，由于建库后水流条件得到改善，有的航道等级将提高，原来的航道尺度不能满足新的通航要求，需要整治。

（1）整治原则

1）常年回水区航道内存在石质浅滩、碍航礁石、突嘴和河心石梁时，宜采取炸礁措施，炸除范围应考虑航槽移位情况，并满足通航水流条件的要求。

2）常年回水区峡谷型洪水急流滩的航道整治设计，宜采取炸礁和切嘴措施，减缓近岸流速，改善局部流态，拓宽缓流航道。

3）常年回水区峡谷型急弯段的航道整治设计，可采取炸除凸岸突嘴措施，增大航道弯曲半径或航道宽度。

4）常年回水区上段淤沙浅滩整治设计宜以疏浚为主，因泥沙累积性淤积航槽发生移位的滩险，应按移位后的航道走向布置挖槽。

5）枢纽上游引航道口门外连接段与主航道的水流应平稳过渡，连接段的水流表面最大流速不应影响船舶的安全航行。

(2) 整治实例　川江观音滩河段在三峡工程常年库区内，如图3-101所示，位于川江丰都县城上游附近，距三峡工程坝址约440km。

三峡工程建成后，按175m水位方案运行，该滩处于常年库区内，每年大部分时间需满足万吨级船队的航行，河床主要为基岩构成，河底高低起伏，岸线凹凸不平。滩段全长约5km，自上而下有朱家嘴、过河石、卷蓬子、观音滩、鹭鸶背等5处相对突嘴，汛期水流湍急，泡漩汹涌，具有明显的山区河流洪水急流滩的特性。滩险成因是由于河床呈窄深型，突嘴处河宽缩窄至200m左右。水深40~70m，中枯水期，水流平缓，当流量达20000m³/s以上时，水位大幅度升高，流量的增率大于过水面积的增率，尤其是两岸突嘴对峙的卡口河段，最大流速达5.6m/s，比降4.29‰，形成洪水期的急流滩群，造成上行船舶航行困难。

三峡工程建成后，按175m方案蓄水运行，水深增加，流速减小，滩势有所减缓，但汛期坝前水位145m，流量30000m³/s时，航线上的流速，比降仍对万吨级船队上行吃造成困难，为避免水库水位抬高后，造成施工困难与工程投资的大幅度增加，故而提前整治该滩，以保证三峡工程建成后，能增加万吨级船队上行的通航期。

通过模型试验研究，为了满足万吨级船队航行（上行船队载重量为6000t），对朱家嘴、过河石、观音滩等处进行炸礁切除，如图3-101所示，整治底高均在天然情况下最低通航水位1m以上，因此全部为陆上炸礁，朱家嘴最大炸礁厚度为8m，红岩头最大炸礁厚度约20m，观音滩最大炸礁厚度约11m。清渣均采用挖掘机自卸汽车施工。避免了成库后的水下炸礁，使工程投资大大减少，工程质量提高，效果良好。

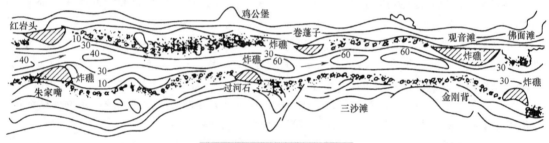

图3-101　川江观音滩河段图

3. 通航建筑物上下游航道整治

通航建筑物上下游航道整治，其范围应从枢纽的上锚地延伸到下锚地。坝区航道整治工程涉及上、下引航道的口门以及口门区以外的上下游连接段，有时也涉及上下锚地。

(1) 通航建筑物上下游航道问题　通航建筑物上下游航道通航条件的好坏与枢纽总体布置有关。由于受自然因素和人为因素的影响，不少已建、在建的枢纽将泄水闸和电站布置在原有主河槽内或紧贴主河槽，而将通航建筑物布置在原有主河槽之外，甚至布置在凸岸岸边，从而出现以下问题：

1) 引航道及其口门区出现泥沙淤积，需要采取必要的防淤、减淤和清淤措施。

2) 引航道口门区不能与原有主航道正常衔接，需要通过开挖或整治开辟一条口门外的连接段。

3) 在引航道口门区和口门外连接段，水流流速、流态满足不了正常通航的标准或要求，有的连接段还有泥沙淤积。

4) 枢纽建成后由于清水下泄，坝下游河床冲刷，水位降低造成枯水期下引航道、下门槛水深不足。

(2) 整治原则

1) 枢纽下游引航道口门外连接段存在泡漩、横流、回流等不良流态，影响船舶安全进出引航道时，应针对碍航水流的成因，采取切嘴、填槽、引流压泡或筑坝等工程措施，调整断面形态和流速分布，改善航道条件。

2) 当引航道布置在非主航道一侧或枢纽运行后水流条件发生改变，在连接段航道内出现浅区或弯窄等碍航情况时，应采取建坝导流等措施，保持航槽稳定。

3) 当枢纽下游航道因泄流和电站尾水影响，在下游引航道口门外连接段产生较强的横流、涌浪和泄水波，影响航道通航安全时，除应优化泄流方式外，可适当延长隔流堤长度、调整布置方向或增建导流建筑物，改善航道水流条件，也可通过炸礁或疏浚，将航道向另一侧拓宽，使船舶避开碍航水流航行。

4) 当枢纽下游引航道连接段位于江心洲分流区，水流分散，航道尺度不足或存在碍航水流而碍航时，除应采取疏浚和炸礁措施外，尚应通过建导流或限流建筑物，形成稳定的单一航槽或双槽交替通航。

5) 当枢纽建成后，因坝下河床下切造成较大的水面降落，使下引航道水深不足时，除应浚深引航道外，有条件时应在枢纽下游近坝河段适当采取综合工程措施，壅高引航道水位或遏制水位的继续降低。

6) 当枢纽上下游引航道连接段及锚地范围内存在碍航礁石时，应予以炸除。

(3) 整治实例

1) 上游引航道口门区及连接段整治。南津关河段处于西陵峡的出口，紧接葛洲坝船闸的上引航道，河道弯曲，在巷子口处，河道向右转 30°左右，至南津关时再向右转大约 60°，使河道由原来的自西向东，改为由北向南。在 1km 的河段内拐了 90°的弯。河床为基岩构成，岸线凹凸不齐，左岸有玉井突嘴，右岸有巷子口、向家嘴等突嘴交错对峙。河床底部为大幅度升高的反坡，且高低起伏，造成洪水期满江泡漩，水流汹涌。葛洲坝修建后，泡漩水有所减缓，但对船舶航行仍有很大危害，船舶由巷子口进入长江与三江引航道，小南沱、南津关、向家嘴等泡漩区是必经之路如图 3-102 所示。

巷子口泡漩水的成因是由于巷子口两岸突嘴对峙，束窄河床，形成剪刀水。由于受河弯的影响，弯道环流的底流直接冲向小南沱，同时又受巷子口突嘴挑流的影响，底部绕流也进入沱中，这两处底流遇陡峭的岸壁上升而形成泡水。因巷子口位于弯道的凸岸再加上小南沱泡水和回流的挤压，剪刀水直指左岸，受左岸玉井突嘴挑流的影响，主流转向河心，在南津关一带产生回流，而一部分底流则集中顶冲其外侧的底部陡坎，上升而形成南津关泡水区；另一部分底流则沿底部反坡上升到向家嘴一带，也形成泡水。由模型观测底部陡坎前的流速分布可知，陡坎上层的流速较缓，下层的流速较大，因而由动能转换成位能的泡水高度较大，剪刀水与两侧回流、泡水的交界面，因切应力的影响而产生漩流。

小南沱泡水的整治方案，主要是隔断因弯道作用形成的较急的底流和解决巷子口突嘴底部绕流进入沱中的问题，采取填塞凹沱，改变岸坡都有较好的效果。为此先考虑切除巷子口突嘴，经多方案比较，确定将突嘴开挖 70m 宽度，对改善小南沱泡漩水有一定的效果。结合巷子口开挖，将爆破块石填沱，基本消除了剪刀水，回流范围缩小，泡漩水也大为削弱。

南津关泡水的成因与小南沱不同，其整治主要是切除玉井突嘴，以平顺岸线，减弱挑流，压缩回流范围，增大主流宽度，调整泡漩区的流速分布，增大陡坎上部的流速与过流量，降低底层流速，使水流冲击陡坎的能量变小，在水流上升过程中又受到上层较大流速冲击的消能作用，实施"引流压泡"，因而泡漩水相应减弱。整治后泡水高度由 0.9m 降至 0.3m，引流压泡的

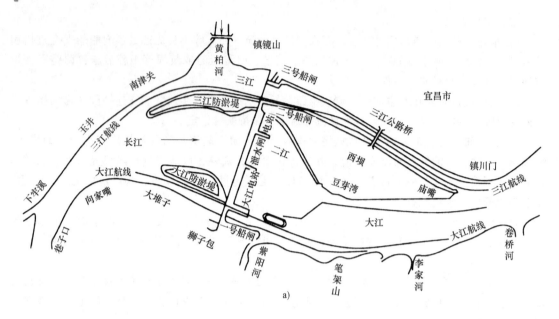

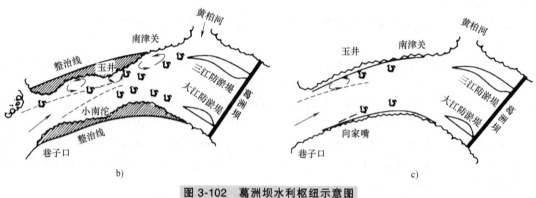

图 3-102 葛洲坝水利枢纽示意图
a) 枢纽总布置图 b) 南津关整治前流态图 c) 南津关整治后流态图

措施取得了良好效果。

为改善向家嘴下游的流态和增大进入大江船闸引航道的弯曲半径，对向家嘴也进行了大规模的开挖，整治后也满足了船舶安全进出大江航道的要求。

2）下游引航道口门区及连接段整治。株洲航电枢纽位于湘江空洲分汊河段，上距大源渡航电枢纽 96km，下距株洲市 24km。枢纽河段顺直微弯，左汊河宽 200~300m，工程前为主就道，右汊河宽 280~310m。枢纽主要建筑物的布置从左岸到右岸依次是左岸电站、左汊 11 孔泄水闸、空洲土石副坝、右汊 13 孔泄水闸、右岸船闸，如图 3-103 所示。

由于船闸下引航道口门区及连接段位于原河床右岸滩地上，原河床底高程为 30.0m 左右，而下引航道口门区及连接段长约 2km，底宽 75~90m，设计底高程 27.70m。因此，必须对该区域进行整治，以满足通航水流条件和通航水深等要求，并且尽量减少该区域的回淤，减少枢纽运行维护费用。

该区域覆盖层较简单，主要由圆砾和卵石组成，2~200mm 的卵砾石含量约占 85%，0.075~2mm 砂粒约占 14.2%，小于 0.075mm 的粉砂约占 0.8%，覆盖层下伏强风化砾岩，整个坝区风化砾岩高程为 20~29m，基本呈南高北低趋势。

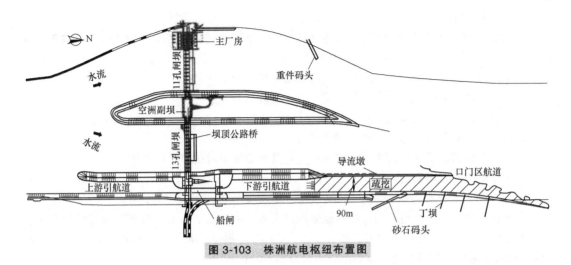

图 3-103 株洲航电枢纽布置图

考虑到上述问题的复杂性,通过动床模型进行了多方案优化试验研究,优化后的综合整治方案,如图 3-104 所示,主要措施如下:

① 根据河床质的不同采用疏浚与爆破相结合,对口门区及连接段长约 2km、底宽 75~90m 的范围进行疏浚,到达设计高程 27.70m,以满足通航水深的要求。

② 为改善口门区通航水流条件和减小口门区淤积,在下引航道口门区左侧均匀布置 6 个导流墩,导流墩断面为不对称菱形,长 25m,宽 3m,顶高程 42m,导流墩间距 25m。

③ 在导流墩底部的左侧增设导沙坎,导沙坎与导流墩形成约 15°夹角,导沙坎顶高程 33.00m。模型试验表明,如果导沙坎设在两导流墩之间,虽然口门区淤积量减小,但导流墩之间导沙坎局部的跌水而造成河床淘刷和泥沙堆积。因此,采用了在导流墩底部的左侧增设导沙坎,导沙坎与导流墩形成约 15°夹角的方案。

④ 充分利用右岸临时施工码头的挑流作用,在右岸合理布置丁坝 4 座,坝头顶面高程设为 32.80m,坝根设为 36.20m。

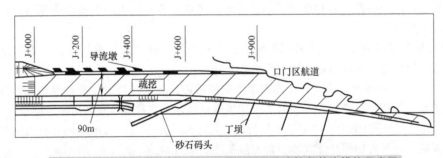

图 3-104 株洲航电枢纽下游引航道口门区及连接段整治措施示意图

4. 枢纽下游航道整治

枢纽建成后,上游形成水库,上游来沙大部分被拦淤在水库内,枢纽下泄水流含沙量很少。因此造成下游河床冲刷,冲刷逐步向下游发展,直到形成新的冲淤平衡,冲刷停止。

(1) 受枢纽影响的下游航道问题 枢纽修建过程中及建成运行后,坝下游河道会出现长距离、长时间的冲淤交化,有的河泓摆动,有的江面展宽,有的局部河段急剧冲刷、水位下降等。在这种水沙条件变化和河床调整过程中,有可能使原有的部分碍航滩险不仅没有改善,甚至碍航更严重,同时也会出现新的碍航滩险,对通航带来不利影响。

(2) 整治原则

1) 受枢纽影响的下游航道整治，除按照一般天然河流航道整治原则和方法外，要着重研究下游河床冲刷变形带来的一系列问题。枢纽下游航道整治应对下列情况进行分析研究：

① 水库调节性能、调度方式和建库前后枢纽下游水沙条件的变化。
② 枢纽下游近坝段的河床和河岸组成、抗冲层分布及埋深。
③ 下引航道口门外连接段的水流条件。
④ 水库运行后下游河床的冲刷进程和形式。
⑤ 枢纽下游清水下泄所造成的河床冲淤变化及水位下降对航道条件的影响。
⑥ 水库日调节对通航的影响。

2) 枢纽下游近坝河段有控制水位下降要求时的航道整治应符合下列规定：

① 枢纽下游近坝段航道整治，应根据近坝段来水、来沙及河床组成等资料采用模拟分析方法，确定对水位下降具有控制作用的关键部位，并可按各部位控制作用的强弱，分别采取护滩、护底加糙或筑潜坝等工程措施，遏制水位下降及向上游的传递。
② 建库后卵石露头较高的近坝河段，当受清水下泄、水位下降的影响，形成坡陡流急段或新的浅滩段时，宜采取开挖措施，消除或碱缓急、浅碍航，必要时可结合在开挖区下游建丁坝、潜坝或填槽等措施，减缓滩段流速和比降，同时应尽量减小因开挖而引起水位的下降。

3) 枢纽下游河床变形较大河段的航道整治，宜与河势控制工程相互协调配合，并应符合下列规定：

① 目前航道条件尚好，但因清水下泄，出现洲滩冲刷和岸线崩退，滩槽格局和航道条件有向不利方向变化趋势的河段，宜对关键洲滩实施守护工程，遏制不利变化趋势，维持有利的滩槽格局，稳定航道条件。
② 建库后河床变形较大，出现航道尺度不足的碍航河段，宜根据不同浅滩类型和不同碍航特性，在对关键洲滩实施守护的同时，采取筑坝、填槽等调整水流的整治措施，必要时辅以疏浚措施。
③ 分汊河段浅滩整治，宜在合理选汊的基础上，根据通航汊道及洲滩的冲淤变化趋势，采取下列整治措施：采用洲头鱼骨坝等措施适当调整两汊分流；筑坝增加浅滩段流速；护滩和护岸控制关键部位汊道边界。
④ 长直过渡段浅滩整治，宜采用护滩、筑坝和护岸相结合的工程措施，适当调整滩槽形态，固定过渡段位置，加强浅区冲刷，改善航道条件。
⑤ 弯曲河段浅滩整治，宜在凸岸边滩采取护滩措施，防止边滩发生冲刷或切滩，并在凹岸实施护岸工程，保持岸线稳定，必要时可采取填槽措施，调整弯道段断面形态，加强浅区冲刷。
⑥ 多分汊河段浅滩整治，宜通过工程措施，巩固和稳定主通航汊道的同时，限制非通航汊道的冲刷发展，并尽可能保持支汊原有的通航条件。

(3) 整治实例　现以葛洲坝枢纽下游航道整治为例，介绍筑潜坝壅水，抑制水位下降；挖填结合，解决坝下出现的陡坡急流等整治方案，如图 3-105 所示。

1) 筑潜坝壅水，抑制水位下降。

① 葛洲坝枢纽运用后下游河段的冲淤变化及对枯水位的影响。葛洲坝工程 1981 一期工程完成投入使用，1988 年第二期工程完成，进入正常运行期。由于枢纽采取一体两翼的布置方案，主流移至二江泄水闸下泄，水流弯曲半径较蓄水前减小。由于两岸岸壁的限制，河床变形只能表现在漫滩河槽的下切与扩宽上，不同的河段，其变化程度各异。

近坝段（坝下至镇川门）：主流线的摆动直接受工程运用的影响。如坝下 18 号断面，蓄水

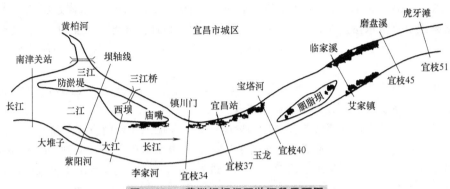

图 3-105 葛洲坝枢纽下游河段平面图

前左河槽最深点为黄海高程 29m，1987 年冲深至 21m。二期时，大江过流，右河床受枢纽运用的影响最大，冲淤变幅达 5m 以上。

微弯段：如宜昌站附近宜枝 37 号断面，凸岸的冲淤大于凹岸的冲淤量，如图 3-106 所示。一期时，以凸岸边滩扩宽为主。二期时，凸岸边滩河床变化为冲淤交替。

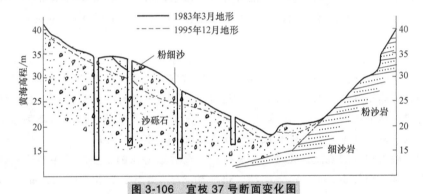

图 3-106 宜枝 37 号断面变化图

胭脂坝段：冲刷时，以冲主河槽为主，既下切又扩宽，胭脂坝段左岸为胶结砾石层，抗冲能力极强。主槽右侧靠胭脂坝体，均匀松散卵石，受到强烈冲刷。例如，宜枝 41 号断面最大冲刷深度达 8m，冲刷宽度 80m 左右，淤积时为淤槽冲滩，如图 3-107 所示。

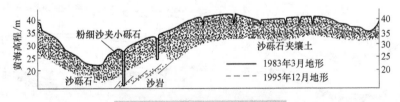

图 3-107 宜枝 41 号断面变化图

胭脂坝尾部段：为宽阔断面，整个河床的冲淤随上游来水来沙条件的变化而变化。

河段冲淤后，同流量的水位比天然情况下降，特别是枯水位下降相对较大，到 1998 年 4 月止，宜昌站枯水位与 1973 年设计值比较，累积下降了 1.11m。

② 三峡工程施工期及初期运用阶段，近坝段水位下降对航运的影响。根据有关研究成果。预估三峡工程施工期及初期运用阶段对宜昌枯水位的影响如下：

三峡工程 135m 蓄水运用期，水库运行第 3 年，即 2005 年，最低通航流量 3200m³/s 时，宜昌水位为37.3~37.8m，比葛洲坝枢纽设计值39m降低了1.2~1.7m。水库运行第5年即2007年，相应该流量宜昌水位为37.2~37.6m，比葛洲坝枢纽设计值降低了1.4~1.8m。此时三江二号船闸槛上水深仅为3.2~3.6m，三号船闸槛上水深为2.2~2.6m，三江下游引航道水深为2.7~3.1m。

三峡工程运行第20年，即至2022年，要确保宜昌站水位不低于设计值39m，则宜昌流量不低于6350m³/s，大大超过原设计最低通航流量3200m³/s。

坝下冲刷引起的水位降落对三江通航的影响。为了保证三江船闸及其引航道的通航，三峡水库蓄水运用各时段宜昌站最低通航水位要求为：135m蓄水运用期不低于38.0m，156m蓄水运用期不低于38.5m，175mm蓄水运用期逐步恢复到39.0m。135m蓄水运用期38.0m的宜昌站水位是现状最低通航水位，156m蓄水运用期的38.5m是船队运量增大所需，175m蓄水运用期39.0m是葛洲坝工程设计下游的最低通航水位。

根据设计部门提供的三峡水库运用20年的流量过程线，根据数学模型计算的宜昌站水位过程，三峡水库蓄水运用各时段宜昌水位小于上述标准的天数为：135m蓄水运用期，有59d宜昌水位小于38.0m，156m蓄水运用期，有80d宜昌水位小于38.5m，175m蓄水运用期，每年有2~4个月宜昌水位小于39.0m。后两者都未考虑三峡水库日调节的影响。因此，三线水库蓄水运用，因坝下冲刷、水位降落所引起的碍航问题不仅135m运行期严重，156m、175m运行期也很突出。

③ 整治措施。为解决宜昌枯水位下降引起三江通航水深问题，采取的措施有以下几种：一是采用潜坝方案，二是采用丁坝与潜坝相结合的复式潜坝方案，三是下游河床加糙，阻止河床的冲刷下切，壅高枯水位。无论哪种方案，壅水是一项主要指标，还应兼顾工程修建后坝上下游局部流态对通航的影响，是否对宜昌港区前沿船舶作业产生影响，以及局部整治工程是否影响了葛洲坝电厂的尾水位、洪水位有没有超过葛洲坝枢纽设计标准等。

葛洲坝下游近坝段的整治，经过多方案研究，最后选定在胭脂坝左汊主槽修建四道潜坝的方案，坝顶高程分别为34.3m、32.8m、31.8m、30.8m，相当于枯水流量3200m³/s时坝顶水深分别为3.5m、5m、6m、7m。加潜坝后水面线明显抬高，当潜坝顶高程在枯水位以下5m、流量3200m³/s时，宜昌水位抬高0.30m，对通航明显有利，考虑到葛洲坝建坝后，由于河床冲深洪水位已比建坝前降低了0.5m左右，因此也不至于对防洪造成威胁，如图3-108所示。

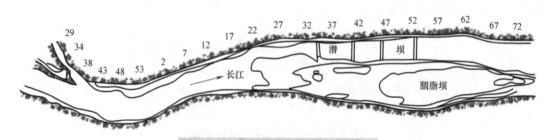

图3-108 葛洲坝下游河段整治示意图

2）挖填结合，解决坝下出现的陡坡急流。水库运行初期阶段，由于大量泥沙沉积于水库内，水库下泄基本为清水，造成坝下长距离发生冲刷并在一些航道内出现陡坡急流，妨碍航运，必须采取整治措施，现以长江芦家河水道的整治为例进行介绍。

① 芦家河浅滩的碍航情况。宜都至江口航道是长江出三峡以后流经山区丘陵以及丘陵与平原交界地带的航道，如图3-109所示。该段上起云池，下至七星台，全长78km，位于葛洲坝枢纽下游34~112km范围，区间有清江入汇长江，有松滋河分流入洞庭湖，松滋口以上河段属低

山丘陵河段，松滋以下则进入平原河段。

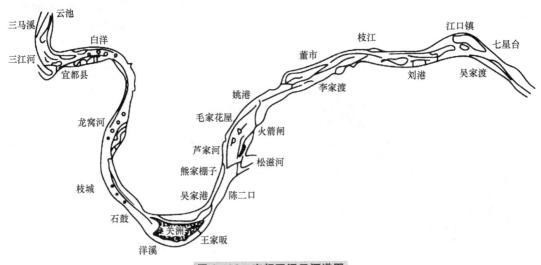

图 3-109　宜都至江口河道图

河道在平面形态上宽窄相间，窄处河宽为 1100~1300m，宽处河宽为 1800~2750m，河段存在微弯、弯曲、分汊三种河型，其中云池至白洋为弯曲段，白洋至江口为一个大的弯曲段，其中有关洲、枝江、江口三个分汊。

通航情况。芦家河水道的毛家花屋至姚港一段，枯水及倒槽期断面平均流速约为 1.2~1.9m/s，局部最大表面流速为 2.5~3.0m/s。汛后倒槽期有时不能满足航道设计水深。

三峡建库后的通航条件。在三峡水库 135m 运用的前二三年，如果汛后水位陡退，芦家河沙、石泓交接仍可能因沙泓进口未能及时冲开而出现碍航，由于沙泓的砂卵石顶板高程远低于石泓河床，沙泓将成为全年通航的主航道。但芦家河水道毛家花屋至姚港一带河床纵剖面高程比上下段高，而且河床不易冲刷下切，随着上下段河床冲刷，其水流流速、比降将进一步增大。因此，三峡建库后，芦家河水道由现在的中枯水浅滩转变成枯水险滩，影响通航。

② 整治方案。整治思路为近期与远期相协合，近期主要解决芦家河水通倒槽"青黄不接"，远期主要解决坡陡流急，如图 3-110 所示。

a. 加高洲滩的鱼嘴丁顺坝工程，在两碛坝之间筑顺坝，使两碛坝之间不过流，迫使中水期水流及早归槽，冲刷沙泓淤沙。

b. 松滋口分流控制工程，落水期减少松滋口分流量，使水流尽快冲刷沙泓。计算表明，鱼嘴丁顺坝工程方案整治，其航宽超过 150m，且该方案对行洪的影响较小。

c. 2009 年后芦家河水道的主要碍航是毛家花屋至姚港间的陡坡及急流的问题，主要整治措施是开挖沙泓，使局部比降在一个较长河段内重新分配。为此，从熊家棚子至姚港沿流路方向开挖长约 6.8km 的河槽，挖槽底宽为 250m，边坡为 1∶3；石泓进口也进行 0.7km 的开挖，开挖底高程为 30.0m。

d. 解决芦家河水道开挖后引起上游河段枯水位的降落问题，在虎牙滩至枝城间河段进行护底、加糙或筑潜坝工程，消除水位降落的影响。

3.9.4　内河进港航道整治

(1) 内河进港航道设计资料　内河进港航道设计资料除应满足基本要求外，尚应补充下列

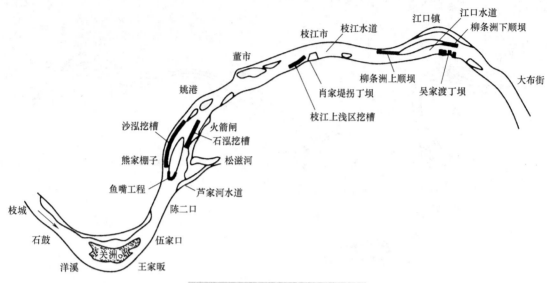

图 3-110 芦家河整治方案示意图

资料：
1）内河港区码头泊位平面布置资料。
2）港口前沿的流速、流向和流态资料。
3）船舶锚地范围及有关资料。
4）港口进港航道及专设航标的有关资料。
5）船舶在港区通行和靠离泊等方面的资料。
6）港口所在河段航标配布的有关资料。

(2) 整治原则

1）内河进港航道不得影响主航道畅通。
2）当码头紧邻主航道时，进港航道设计应符合下列规定：

① 当码头处于弯道凹岸，因凸岸边滩切割，主航道与码头前沿水域不能满足相关要求时，宜在凸岸修筑丁坝，保护边滩。

② 当码头处于较为顺直的河段内，因上游边滩存在下移趋势或上游发生滩槽易位现象，造成码头前沿线淤浅，影响作业时，宜采取措施固定上游边滩或控制上游河势。

③ 当码头处于蜿蜒河道或分汊河道内，受到河岸崩退或汊道分流比和分沙比变化的影响时，可采取护岸或限制其他支汊发展的工程措施，防止码头水域的淤积和主航道移位。

3）当码头远离主航道时，进港航道设计应符合下列规定：

① 在较为宽阔的单一河道上，应采取疏浚等工程措施，满足进港航道船舶航行要求。

② 在分汊河段上，当主航道与码头各处一汊，或两汊均有码头时，宜采取工程措施适当调整或控制两汊的分流比，保持主汊的优势地位和主航道应有的尺度，并使支汊的进港航道和港口水域不淤或少淤。

4）位于水库变动回水区的进港航道设计，应与港口布局相协调，统筹规划，区别情况予以处理。

5）当新建闸坝、引水工程和跨河桥梁等可能引起进港航道冲淤变化时，应通过模拟研究对工程效果进行预测，优选工程方案。

习 题

3-1 名词解释：碍航滩险，整治线，整治水位，整治线宽度，整治建筑物，丁坝，顺坝，锁坝，生态护岸。

3-2 滩险类型有哪些？各有什么特点？

3-3 整治工程设计内容有哪些？

3-4 如何布置整治线？

3-5 确定整治水位的方法有哪些？

3-6 确定整治线宽度的方法有哪些？

3-7 整治建筑物的类型有哪些？其作用是什么？

3-8 淹没丁坝和非淹没丁坝的区别是什么？

3-9 丁坝间距如何确定？

3-10 丁坝结构由哪几部分组成？各部分的作用是什么？

3-11 丁坝坝体的结构形式有哪些？各有什么特点？

3-12 顺坝的类型有哪些？

3-13 顺坝的布置原则有哪些？

3-14 锁坝的类型有哪些？

3-15 锁坝的布置原则有哪些？

3-16 简述护岸工程的类型和作用。

3-17 斜坡式护岸由哪几部分组成？各部分的作用是什么？

3-18 斜坡式护岸结构类型有哪些？各有什么特点？

3-19 护面块体稳定计算包括哪些内容？

3-20 直立式护岸结构形式有哪些？各有什么特点？

3-21 简述鱼嘴工程的类型及其作用。

3-22 简述平原河流航道整治措施。

3-23 简述山区河流航道整治措施。

3-24 简述潮汐河口航道整治措施。

3-25 简述桥区河段的碍航原因及航道整治措施。

3-26 简述湖区航道整治原则及措施。

3-27 简述枢纽上下游航道整治原则及措施。

3-28 某浅滩整治前整治流量时对应水面宽度为 670m，平均水深为 1.7m。假定整治水位时整治前后的 Q、n、J 相同，要求整治后设计水深为 2.2m。

（1）试用水力学方法推导整治线宽度的计算公式。

（2）当河流分别为悬移质和推移质造床为主时，求相应的整治线宽度。

第 4 章

航道疏浚工程

学习重点
疏浚工程的特点、类型，挖槽定线及抛泥区选择。
学习目标
了解疏浚工程设计内容；熟悉疏浚工程的任务；掌握挖槽定线的原则、抛泥区选择，以及挖槽设计和水力计算。

疏浚工程是指采用挖泥船或其他机具以及人工挖掘水下的土石方并进行输移处理的工程。航道疏浚工程是通过调整河床边界达到改善通航条件的工程措施。对于沙质和砂卵石河床，采用挖泥船挖除碍航的泥沙堆积物，增加航道水深。对于石质河床，采用爆破的方法（常称炸礁）炸除碍航的石嘴、石梁、孤石、岩盘等。

4.1 概述

疏浚工程主要目的是开挖港池、进港航道等；吹填造陆以及兴建码头、港区和临港工业区、沿海城市用地和娱乐休闲用地；岸滩养护；水利防洪和库区清淤；江河湖海等水环境的改善和生态恢复以及各类水下管线沟的施工和填埋等。疏浚工程对人类社会进步、环境改善及经济发展有重大作用。

4.1.1 疏浚工程的任务

在航道和港口工程中，疏浚工程主要任务有：
1) 开挖新的航道、港池和运河。
2) 浚深、加宽现有航道和港池。
3) 开挖码头、船坞、船闸及其他水工建筑物的基槽。
4) 与开挖相结合吹填陆域等。
疏浚可分为基建性疏浚、维护性疏浚和临时性疏浚。
（1）基建性疏浚　基建性疏浚工程的主要任务是在较长时期内根本改善航行条件，包括以下工作：
1) 改变河道的平面轮廓和航道尺度以建立新航槽，如裁弯取直、扩大航槽、切除岸滩等。
2) 裁掉河岸凸出部分的硬长角，消除或缩小河槽的沱口及其他有害的深水部分。
3) 堵塞分流和各种支汊以及与整治相结合的挖泥工作。

4) 为消除新航道上的障碍物和预先疏松航道上河床土壤，炸除石滩及硬土角而进行的爆破工作。

（2）维护性疏浚　维护性疏浚工程是为了保持航期内航道的规定尺度，以保证船舶和木筏的安全运行。例如，为恢复航道而进行的疏浚工作，在尺度不足的浅滩上进行挖泥或爆破工作等。进行此类的疏浚工作，关键是适应天然河流的演变规律，维持航道的尺度，不引起河流太大演变。不仅如此，在维护性疏浚工程中，必须力求增加航道的稳定性，并降低年挖泥量。

（3）临时性疏浚　临时性的疏浚工程，是为了解决工程量小的疏浚任务，一般是在没有经常性挖泥船的疏浚力量不足的河段上，临时利用其他地区的疏浚力量进行工作。

基建性挖槽往往和整治建筑物结合，用来改善维修性挖槽效果不良的航道，并且充分利用多年维修性挖槽积累的经验教训，认清河段的演变规律和碍航特点，作为设计、施工的依据。基建性挖槽和维修性挖槽有着密切的联系，由于基建性挖槽对河床的改变较大，以致引起水流条件的剧烈改变，为了消除对河床演变可能产生的不良影响，必须根据航道总体规划，仔细分析河流水文条件和河床演变规律，对整治线的轮廓形状和工程措施进行全面研究，以免影响工农业生产和航运。

4.1.2　疏浚工程的特点

疏浚工程的特点是通过疏浚，增加航道尺度，改善通航条件，不需要大量的工程材料和人力。随着挖泥船的生产能力日益加大，疏浚在航道工程上用得越来越多。在较大的平原河流下游和河口地区，由于河流尺度大，采用其他工程措施，工程量很大，还可能引起一系列问题，特别是河流性能还未充分掌握之前，贸然采取整治等强制性的工程措施，可能会引起不良后果，疏浚不会产生这些问题。

用疏浚方法改善航道，消耗建筑材料少，不但可以组织人力挖掘，而且在能利用巨大的挖泥机械和挖泥船施工时，效率高。疏浚方法可以单独使用，也可与整治建筑物结合，起相辅相成的作用。例如，在整治由砾石或黏土等难冲土质组成的河床时，必须在航道上形成很大的流速才能使河床变形，这样往往超出船舶航行允许的最大流速，使上水航行时船舶功率不够，下水航行时舵效失灵，都会增加运输的费用和危险。又如，在大型河流上，要想有效地调整河床断面的几何形态，除非采用特别巨大的整治建筑物，否则很难见效。但是这样会造成人力、物力和时间的巨大浪费，且目前技术上也有困难。

如果具有疏浚力量，上述问题就可以方便解决，链斗式挖泥船和单斗式挖泥船常用来疏浚卵石、砾石和黏土质的河床；抓斗式挖泥船可以在各种土质组成的河床上工作，而在砂卵石河床上生产效率最高；在一般土质的河道上，能看到巨大的耙吸式挖泥船和各种大小的绞吸式挖泥船，生产效率可达到每小时挖泥 $300m^3$。

由于用疏浚方法促使河道水流几何边界改变，显著而且突然，往往引起水流内部结构的巨大变化，如果新形成的水流运动，不但不会使泥沙在航道内落淤，而且能够把进入挖槽内的泥沙输送出去，这是挖槽的理想效果。在挖槽设计和进行疏浚时，尽量使疏浚的航道维持稳定，从而满足通航要求和减少以后的大量维护工作。但是，很多浅滩疏浚以后，挖槽常遭回淤，每年不得不进行恢复工作，这是没有很好地认识河床演变规律，缺乏经验和施工不当，也反映了疏浚的运用会受到一些条件的限制。例如，在非常不稳定的河床上疏浚，挖槽会很快消失。稳定的河流上进行疏浚是很有效的方法，平原河流都能利用整治建筑物和疏浚改善航道。除大河外，中小河流上往往采用综合措施。例如，用挖槽的泥土就近填筑成为整治建英物，引导水流，封闭沱口，使弃土有地，建坝有材，两种方法各取所长，互补所短，可收到事半功倍的效果。

4.1.3 疏浚工程设计的基础资料

疏浚工程设计应取得下列基础资料：
1）水深和地形测量资料。
2）水文气象资料。
3）疏浚岩土资料。
4）现场其他影响因素的调查资料。
5）疏浚设备市场调查资料。
6）疏浚设备费用及工程区材料与人工费。
7）当地法规、规划环保要求等。

4.1.4 疏浚工程的设计内容

疏浚工程设计应包括下列内容：
1）挖槽平面布置和尺度设计。
2）疏浚土分类、分级。
3）基建工程量和维护工程量的计算。
4）疏浚土利用、处置和处理方案的论证。
5）工艺方案比选。
6）挖泥船时间利用率的确定。
7）产量估算与疏浚设备配置。
8）辅助工程及配套设施设计。
9）提出环境监测与保护措施。
10）提出节能减排与安全措施。
11）工程总进度和施工工期安排。
12）概算、预算编制等。

4.1.5 疏浚工程设计因素分析

疏浚工程设计应对下列因素进行分析：
1）疏浚区与泥土处置区的选址和尺度的多方案比较。大型疏浚工程或水动力情况复杂的地区，必要时进行数学或物理模型试验研究。
2）疏浚工程量和施工强度。
3）疏浚土的土质及其物理力学特性、生物化学特性和可利用性评价。
4）疏浚对环境造成的影响和相关法规。
5）可供使用的疏浚设备和疏浚方法的评价。
6）疏浚作业环境分析和合理的施工顺序。
7）疏浚、吹填与长期发展规划的协调。
8）必要的监测与试验等。

4.1.6 疏浚方式

疏浚方式应根据工程条件、环境要求和拟选疏浚设备的性能按表4-1选用。

表 4-1 常用的疏浚方式

方式	设备组合与工艺流程	适宜范围	特点
挖运抛	耙吸挖泥船疏浚区挖泥—运泥至抛泥区—抛泥	水域宽阔、挖槽长、运距远、除岩石以外各种土质的大中型疏浚工程	船型单一,运距不受限制,施工效率高,抗风浪和抗干扰能力强;对疏浚区、抛泥区及航行水域有较高水深要求
挖运抛	耙吸挖泥船挖泥装驳—拖轮泥驳运泥—泥驳抛泥	疏浚区水域宽阔、风浪较大、运距远,除岩石以外各种土质的大中型疏浚工程	运距不受限制,土质适应性强,施工效率高,抗风浪和抗干扰能力强;对疏浚区有较高水深要求
挖运抛	斗式或绞吸等挖泥船挖泥装驳—拖轮泥驳运泥—泥驳抛泥	内河或风浪较小的海区、具备抛泥区的各类疏浚工程	运距不受限制,土质适应性强;使用设备种类和数量多,组织管理工作量大,抗风浪能力弱,施工干扰大,对运泥通道有水深要求
挖运吹	耙吸挖泥船在挖泥区挖泥装舱—运泥至吹填区附近—通过岸排或艏喷将泥土输送到吹填区	疏浚区与泥土处置或吹填区相距较远但有水路相通的疏浚吹填工程	船型单一,运距不受限制,施工效率高,抗风浪和干扰能力强;对疏浚区、吹填锚泊区及航行水域有较高水深要求
挖运吹	绞吸挖泥船、斗式挖泥船、射流泵船、气动泵船等挖泥装驳—拖轮泥驳运泥—吹泥船将泥土吹填至吹填区	风浪较小、疏浚区与泥土处置或吹填区相距较远但有水路相通的疏浚吹填工程	运距不受限制,土质适应性强;使用设备种类和数量多,组织管理工作量大,抗风浪能力弱,施工干扰大,对运泥通道有水深要求;吹泥船工作不连续
挖吹	绞吸挖泥船挖泥区挖泥,通过输泥管线将泥土输送到处置区或吹填区	疏浚区与泥土处置或吹填区相距适宜的疏浚吹填工程	施工船型单一,连续施工,船舶利用率高,土质适应性和施工能力强;疏浚区与泥土处置区距离受限制,施工对输泥管线有较高要求
挖运抛吹	耙吸挖泥船挖泥装舱并运至储泥坑抛泥—绞吸挖泥船吹泥	疏浚区与泥土处置或吹填区相距较远,疏浚区风浪较大,处置区或吹填区附近具备设置储泥坑条件的疏浚吹填工程	不受疏浚与处置区距离限制,抗风浪和抗干扰能力及土质适应性强,船舶连续施工、利用率高,施工能力强;耙吸船运及设置储泥坑对水域都有较高要求,储泥坑抛泥对周边水域有影响
挖运抛吹	耙吸挖泥船挖泥装驳—拖轮泥驳运泥至储泥坑抛泥—绞吸挖泥船吹泥	疏浚区与泥土处置或吹填区相距较远,风浪和流速较小,处置区或吹填区附近具备设置储泥坑条件的疏浚吹填工程	不受疏浚与处置区距离限制,土质适应性强,船舶连续施工、利用率高,施工能力强;拖轮泥驳运泥及设置储泥坑对水域都有较高要求,抗风浪能力较弱,储泥坑抛泥对周边水域有影响,绞吸挖泥船装驳,应具有装驳系统和相应的舱容
挖运抛吹	斗式挖泥船挖泥装驳—拖轮泥驳运泥至储泥坑抛泥—绞吸挖泥船吹泥	疏浚区与泥土处置或吹填区相距较远,风浪和流速较小,处置区或吹填区附近具备设置储泥坑条件的疏浚吹填工程	不受疏浚与处置区距离限制,土质适应性强,绞吸船连续施工、利用率高;使用设备种类和数量多,组织管理工作量大,抗风浪能力弱,施工干扰大,拖轮泥驳运泥对水域有一定要求,设置储泥坑对水域有较高要求,储泥坑抛泥对周边水域有影响

(续)

方式	设备组合与工艺流程	适宜范围	特点
挖运抛吹	射流泵船、气动泵船等挖泥装驳—拖轮泥驳运泥至储泥坑抛泥—绞吸挖泥船吹泥	疏浚区与泥土处置区或吹填区相距较远，风浪和流速较小，处置区或吹填区附近具备设置储泥坑条件的小型疏浚吹填工程	不受疏浚与处置区距离限制；土质适应性和施工能力较弱，使用设备种类和数量多，组织管理工作量大，抗风浪能力弱、施工干扰大，拖轮泥驳运泥对水域有一定要求，设置储泥坑对水域有较高要求，储泥坑抛泥对周边水域有影响

注：疏浚设备能力和数量应根据土质、工程量、工期和设备时间利用率等条件计算确定。

4.2 挖槽定线及抛泥区选择

冲积性河流中开挖航槽后，不可避免地要产生回淤，为了减少挖槽的回淤，必须正确地选择挖槽的位置，设计挖槽的走向、线形、断面形态和尺度，选择合理的抛泥区域，以便建成有利于船舶通航而又稳定的挖槽。

4.2.1 挖槽定线的原则

挖槽设计，应该最大限度地满足航行要求，能保证船舶安全顺利地通过；尽可能使挖槽回淤量较少，具有良好的稳定性，应考虑技术上的可能性，经济上的合理性，使工程量最少，并易于施工。从上述要求出发，挖槽定线的原则可归纳为以下几点：

1. 有利于船舶安全航行

设计挖槽的尺度和走向应满足船舶安全航行的要求。从航行要求来看，航道和水流方向一致对行船最为有利。

1）挖槽中心线与主流向交角不应过大，在可能条件下不应超过15°，斜交的水流可能会引起船舶发生事故。

2）挖槽本身不应弯曲，在必要的情况下，允许有一个角度不大的转折，在转折处航道应当适当放宽，以便于船舶航行。

3）挖槽与上、下游深槽必须平顺相接，在交接处可将挖槽逐渐放宽成喇叭口形。挖槽与上、下游航道组成的轮廓应当平顺微弯，不允许急弯或呈急促的S形反向弯曲。这主要是为船舶安全航行考虑，并兼顾航标的设置工作。

4）挖槽必须有足够的宽度和深度，并符合该水域航道尺度的规定。

5）对于有冰冻的港口航槽选线时，应注意排冰条件和冰凌对船舶航行的影响。

2. 经济合理

应使挖槽工程量小或较小。因此挖槽应布置在水深较大处，应进行方案比较，在满足其他要求的情况下，避免大量开挖岩石、暗礁等，优先选择工程投资较小的方案为推荐方案。对内河浅滩和河口拦门沙处的挖槽设计应研究河床演变规律，使设计的挖槽较为稳定，在减少基建性挖槽投资的同时还应考虑维护工程的费用。

3. 施工可能性

挖槽的设计，要充分考虑到施工的可能性，使挖槽水域能正常从事疏浚施工，考虑施工船舶抛锚、转头、设标、提驳、靠驳、浮管布置、让船等情况。

4. 水力最佳

水力最佳是指挖槽内水力条件较好，挖槽不易积淤或少回淤，使挖槽稳定。在满足要求的航道尺度前提下，挖槽宜挖成窄、深的断面。

1）挖槽应尽量避开淤积严重、河床多变的地带，并与整治线相协调。
2）应使挖槽内的流速大于开挖前挖槽区的流速，即开挖后挖槽区的流速有所增加。
3）应使挖槽河段开挖后的断面平均流速不小于挖槽上游段的断面平均流速。
4）应使挖槽内的流速沿程相等或有所增加。

4.2.2 抛泥区选择

挖槽的泥土处理必须与挖槽设计同时考虑，疏浚土处理有两种办法，一种是卸泥于岸上，一般和陆上吹填相结合，即所谓陆上吹填工程，需要有被吹填的泥塘和吹泥机具；另一种是水下卸泥，即在河流、海湾等合适的水域直接进行水下抛泥。由于所抛泥土在水流的作用下仍具有一定的活动性，对抛泥区水域的自然条件，对周围环境会带来一定的影响，因此，在选择抛泥时应尽量减少对周围环境的不利影响，发挥其有利的一面，兼顾各方利益，统筹考虑。一般情况下，抛泥区选择应满足以下要求：

1. 航行要求

抛泥区不能选择在妨碍航行的地方，如航道边缘，挖槽进出口附近，以及通向码头和船坞的水域。通常抛泥区在凸岸边滩下部等不影响航行的地方。

2. 河床稳定要求

疏浚泥土抛置后，应不致再回淤至挖槽或附近的航道。抛泥区最好选择在下深槽沱口，以消除其有害作用，也可将挖出的泥土用以抬高边滩，以便在较高水位时引导水流冲刷航道，但要注意配合一定措施使抛泥稳定。抛泥区也可选择在不通航的汊道，以增加通航汊道内的流量。抛泥区应与岸滩连接，不能抛成彼此不相连的沙滩，以免在岸滩和抛泥之间形成凹塘，并发展成副槽。抛泥区也不宜选在挖槽进口的上方，以免排下的泥沙被水流重新带入挖槽。

3. 施工要求

依据抛泥机具、抛泥方式、挖掘泥土的性质及抛泥区水深条件，只能在排泥管的长度范围内选择最合理的抛泥区；若用泥驳抛泥，抛泥区有一定的水深要求，若水深太小，驳船就无法抛泥，同时要求抛泥区水域满足机动轮和泥驳的运转。

4. 环保要求

应避免在养殖场、取水口等工、农、渔生产地区选择泥区，防止对环境产生污染。

图4-1所示为几类典型浅滩挖槽布置及挖泥区选择示意图，可供挖槽设计时参考。

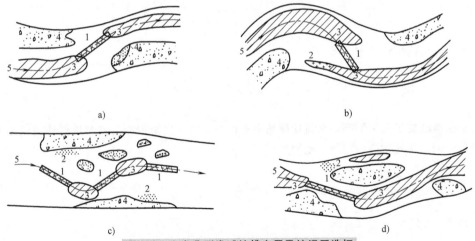

图4-1　几类典型浅滩挖槽布置及挖泥区选择
a）正常浅滩挖槽布置　b）交错浅滩挖槽布置　c）散乱浅滩挖槽布置　d）汊道浅滩挖槽布置
1—挖槽　2—抛泥区　3—深槽　4—边滩　5—航道中心线

4.3 挖槽设计和水力计算

根据挖槽定线的原则，确定挖槽位置后，还需进行水力计算，计算挖槽的方向、尺度，验证挖槽的稳定性，计算挖泥后的水面降落等。计算前必须准备最近的地图、水位、流速和流量等资料。

4.3.1 挖槽方向

挖槽的方向，通常用挖槽和流向的交角表示。挖槽轴线与主流流向尽可能保持一致，有困难时，其夹角一般不应超过15°。

4.3.2 挖槽断面尺寸

1. 挖槽断面的最佳尺寸

挖槽断面尺寸是指挖槽的宽度和深度，一方面要满足航行要求，使其具有规定的航道尺度；另一方面应力求挖槽回淤量小，比较稳定。挖槽稳定的流速条件，必须使挖槽内的纵向流速大于挖槽开挖前在该断面上的流速，并大于挖槽上游河段的流速，同时挖槽内的流速应沿程逐渐增大，这样才能输送从上游来的泥沙，保持输沙平衡。要使挖槽内流速增大，除布置整治建筑物和选择挖槽位置外，挖槽本身的断面尺寸也有一定影响。

Н.А.列亚尼兹从航道内获得最大流速的原则，以谢才公式为基础，假定水流是等速运动情况下推导出挖槽断面的最佳尺寸。

设计挖槽的横断面如图4-2所示。设 v_0、h_0、B_0、J_0 为挖泥前浅滩上的平均速度、平均水深、水面宽度和水面比降；v_t、h_t、B_t、J_t 为挖泥后挖槽内相对应的数值。假定糙率 n 在挖泥前后不变。挖泥前浅滩上的平均速度 v_0 为

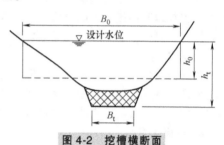

图4-2 挖槽横断面

$$v_0 = \frac{1}{n} h_0^{2/3} J_0^{1/2} \tag{4-1}$$

挖泥后挖槽内平均速度 v_t 为

$$v_t = \frac{1}{n} h_t^{2/3} J_t^{1/2} \tag{4-2}$$

由于挖槽改变了河床形态。水流比较集中于挖槽，因而挖槽内的流速与挖槽外的流速不同。假定挖槽外的比降与挖槽内相同。挖槽外流速为 v_0' 为

$$v_0' = \frac{1}{n} h_0^{2/3} J_t^{1/2} \tag{4-3}$$

上两式相比可得

$$v_0' = v_t \left(\frac{h_0}{h_t}\right)^{2/3} \tag{4-4}$$

浅滩段开挖前流量为 $Q_0 = v_0 B_0 h_0$

浅滩段开挖后流量为 $Q_t = v_t B_t h_t + v'_0 (B_0 - B_t) h_0$

挖槽前后河段内通过的流量相等，则

$$v_0 B_0 h_0 = v_t B_t h_t + v'_0 (B_0 - B_t) h_0 = v_t B_t h_t + v_t \left(\frac{h_0}{h_t}\right)^{2/3} (B_0 - B_t) h_0 \tag{4-5}$$

得

$$\frac{v_t}{v_0} = \frac{\dfrac{B_0}{B_0 - B_t}\left(\dfrac{h_t}{h_0}\right)^{2/3}}{1 + \dfrac{B_t}{B_0 - B_t}\left(\dfrac{h_t}{h_0}\right)^{5/3}} \tag{4-6a}$$

即

$$\frac{v_t}{v_0} = \frac{\left(\dfrac{h_t}{h_0}\right)^{2/3}}{\dfrac{B_0 - B_t}{B_0} + \dfrac{B_t}{B_0 - B_t} \cdot \dfrac{B_0 - B_t}{B_0}\left(\dfrac{h_t}{h_0}\right)^{5/3}} \tag{4-6b}$$

令 $\dfrac{h_t}{h_0} = a$ 为相对挖泥深度；$\dfrac{B_t}{B_0} = b$ 为相对挖泥宽度；$\dfrac{v_t}{v_0} = K_m$，则式（4-6b）可简化为

$$K_m = \frac{a^{2/3}}{1 - b + ba^{5/3}} \tag{4-7}$$

式（4-7）为计算挖槽断面的公式，以 a 为参数，绘 K_m-b 关系曲线，如图 4-3 所示。

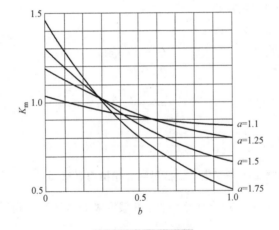

图 4-3 K_m-b 曲线

从图中可以看出，当 $b \geq 1/3$ 时，$K_m < 1$，即挖槽宽度若大于三分之一河宽，则挖槽内的流速将低于挖泥前浅滩上的平均流速，容易产生淤积。

为了计算方便，将 b 作为参数，绘制 K_m-a 关系曲线，如图 4-4 所示，为了求出 K_{max}，可根据式（4-7）求极值，$\dfrac{dK}{da} = 0$，故挖槽内获得最大流条件为

$$a = 0.78 \left(\frac{1-b}{b}\right)^{0.6} \tag{4-8}$$

式（4-8）为挖槽最佳尺寸的计算式。将式（4-8）代入式（4-7）得 K_m 的最大值。

$$K_{\max} = \frac{0.51}{(1-b)^{0.6} b^{0.4}} \qquad (4-9)$$

再根据前苏联第聂伯河等已完成挖槽的试验资料及式（4-8），绘制出挖槽最佳尺寸的计算曲线，如图4-5所示。这样已知 $b = \frac{B_n}{B_0}$ 值，即可根据式（4-8）或图4-5的计算曲线求得 a 值，从而求得挖槽的深度 $h_n = a h_0$。$K_m = 1$ 为挖槽开挖后允许流速降低的临界曲线；$K_m = K_{\max}$ 为挖槽最佳尺寸的计算曲线。

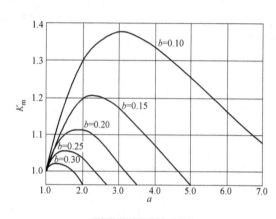

图4-4 K_m-a 曲线

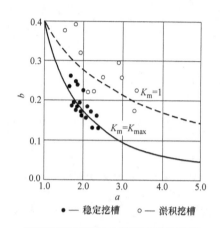

图4-5 挖槽最佳尺寸的计算曲线

2. 挖槽断面与输沙能力的关系

（1）挖泥后挖槽内的流量变化

挖泥后挖槽内的流量为 $\qquad Q_t = v_t B_t h_t$

挖泥前挖槽内的流量为 $\qquad Q'_t = v_0 B_t h_0$

挖泥前后挖槽内的流量比为 $\qquad \dfrac{Q_t}{Q'_t} = \dfrac{v_t B_t h_t}{v_0 B_t h_0} = K_m a \qquad (4-10)$

将式（4-7）代入后得 $\qquad \dfrac{Q_t}{Q'_t} = \dfrac{a^{5/3}}{1-b+ba^{5/3}} \qquad (4-11)$

（2）挖泥前后悬移质输沙率变化 设挖泥前后挖槽内悬移质输沙率分为 P'_t 和 P_t，根据水流挟沙力公式 $S = K\left(\dfrac{v^3}{gh\omega}\right)^m$ 计算，m 为试验系数，并假定 K 和 ω 不变，则两者之比分别为

$$\frac{P_t}{P'_t} = \frac{Q_t S_t}{Q'_t S_0} = \frac{K_m a S_t}{S_0}$$

因

$$\frac{S_t}{S_0} = \left(\frac{v_t^3}{h_t} \cdot \frac{h_0}{v_0^3}\right)^m = \left(\frac{K_m^3}{a}\right)^m$$

故

$$\frac{P_t}{P'_t} = K_m a \left(\frac{K_m^3}{a}\right)^m = K_m^{3m+1} a^{1-m} = \frac{a^{m+\frac{5}{3}}}{(1-b+ba^{5/3})^{3m+1}} \qquad (4-12)$$

（3）挖泥前后推移质输沙率变化 设 g'_t 和 g_t 分别为挖泥前后挖槽的推移质单宽输沙率，由公式

$g = 0.00124 \times \dfrac{\alpha \gamma v^4}{g^{2/3} h^{1/4} d^{1/4}}$ 表示，则挖泥前后输沙率比为

$$\frac{g_t}{g'_t} = \left(\frac{v_t}{v_0}\right)^4 \left(\frac{h_0}{h_t}\right)^{1/4} = \frac{K_m^4}{a^{1/4}} = \frac{a^{29/12}}{(1-b+ba^{5/3})^4} \tag{4-13}$$

从式（4-12）和式（4-13）可知，挖槽输沙能力的强弱，主要决定于槽内流速比 K_m，只要挖槽内的流速 v_t 稍有增加，便可提高输沙能力。因此，提高挖槽内的流速，对挖槽的稳定性关系很大。

由于水位的变化，挖槽尺寸在某一时期可能适合，在另一时期就不一定合适，因此，挖槽断面尺寸，一般可按设计水位来计算，用整治水位来校核，若能保证 K_m 值大于 1，则挖槽设计比较合理，否则应尽量满足整治水位时冲刷要求的尺度。对于枯水期淤积较为严重的浅滩，为了增加挖槽的生命力，应按浅滩上自然冲刷停止时的水位计算挖槽尺寸。

4.3.3 挖槽横断面形状

挖槽横断面形状，一般设计成对称梯形，挖槽设计边坡坡度应根据土质、水动力条件和拟采用的疏浚设备确定。挖槽设计边坡坡度应在进行边坡稳定性分析后确定。必要时，可通过试挖验证。在缺乏资料的情况下，各类土质的水下边坡坡度可采用表 4-2 中的数值。

表 4-2 不同岩土的水下边坡坡度

岩土类别	岩土名称	岩土状态	岩土有关指标				边坡坡度
			标贯击数 N	天然重度 $\gamma/(\text{kN/m}^3)$	天然含水率 $\omega(\%)$	孔隙比 e	
淤泥土类	流泥	流态	—	$\gamma < 14.9$	$85 < \omega \leq 150$	$e > 2.4$	1:25~1:50
	淤泥	很软	$N < 2$	$14.9 \leq \gamma \leq 16.6$	$55 < \omega \leq 85$	$1.5 < e \leq 2.4$	1:8~1:25
	淤泥质土	软	$2 \leq N \leq 4$	$16.6 \leq \gamma \leq 17.6$	$36 < \omega \leq 55$	$1.0 < e \leq 1.5$	1:3~1:8
黏性土类	黏土、粉质黏土	中等	$N \leq 8$	$17.6 < \gamma \leq 18.7$	—	—	1:2~1:3
		硬	$8 < N \leq 15$	$18.7 < \gamma \leq 19.5$	—	—	
		坚硬	$N > 15$	$\gamma > 19.5$	—	—	
	黏质粉土	软	$N \leq 4$	$\gamma \leq 17.6$	—	—	1:3~1:8
		中等	$4 < N \leq 8$	$17.6 < \gamma \leq 18.7$	—	—	
		硬	$8 < N \leq 15$	$18.7 < \gamma \leq 19.5$	—	—	1:1.5~1:3.0
		坚硬	$N > 15$	$\gamma > 19.5$	—	—	
砂土类	砂质粉土	极松	$N \leq 4$	$\gamma \leq 18.3$	—	—	1:5~1:10
		松散	$4 < N \leq 10$	$18.3 < \gamma \leq 18.6$	—	—	
		中密	$10 < N \leq 30$	$18.6 < \gamma \leq 19.6$	—	—	1:2~1:5
		密实	$N > 30$	$\gamma > 19.6$	—	—	
	粉砂、细砂、中砂、粗砂、砂砾	极松	$N \leq 4$	$\gamma \leq 18.3$	—	—	1:5~1:10
		松散	$4 < N \leq 10$	$18.3 < \gamma \leq 18.6$	—	—	
		极松	$10 < N \leq 30$	$18.6 < \gamma \leq 19.6$	—	—	1:5~1:10
		松散	$N > 30$	$\gamma > 19.6$	—	—	

（续）

岩土类别	岩土名称	岩土状态	岩土有关指标				边坡坡度
			标贯击数 N	天然重度 $\gamma/(kN/m^3)$	天然含水率 $\omega(\%)$	孔隙比 e	
岩石类	软质岩石		$R_c \leqslant 30MPa$				$1:1.5 \sim 1:2.5$
	硬质岩石		$R_c > 30MPa$				$1:0.75 \sim 1:1$

注：1. R_c 单轴饱和抗压强度。
　　2. 对黏质粉土和砂质粉土，当开挖深度超过 5m 时可采用较陡的边坡坡度。
　　3. 通常可不考虑波浪和水流作用，但对有强浪和强流作用的边坡坡度宜适当放缓。

在我国长江口等处，由于泥沙颗粒非常细小，甚至形成半流动状态的浮泥层，所以挖槽边坡十分平坦，最大可达到 1:100。

挖槽纵断面底坡宜与挖槽后的水面线一致，做到与上下深槽平顺连接，避免进出口处出现横流、急流。

4.3.4 挖槽稳定性校核

对于枯水期仍有推移质来源的浅滩河段，则必须校核挖槽的稳定性。

设在挖槽范围内开挖前的流速为 v_0，开挖后的流速为 v_t，上游段的流速为 v_r，欲使挖槽不淤或少淤，则需满足

$$v_t > v_0 \tag{4-14}$$

$$v_0 \geqslant v_r \tag{4-15}$$

另外，整个挖槽的纵向流速沿程变化，一般应相等或有所增加，避免突然显著减少而产生的淤积。

挖槽范围内的流速，可用下述公式进行相似计算，挖槽的横断面面积如图 4-6 所示。

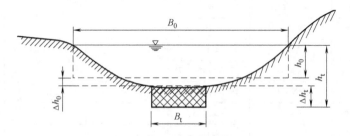

图 4-6 挖槽横断面示意图

假定水流为均匀流，由均匀阻力公式可得任意垂线上的平均速度

$$v = \frac{1}{n} h^{2/3} J^{1/2} \tag{4-16}$$

式中　h——垂线水深（m）；
　　　J——水面比降；

n——糙率。

在冲积河流中，糙率 n 是变化的，假定可由式（4-17）表示

$$n = a(hJ)^{1/6} \tag{4-17}$$

式中　a——参数。

将式（4-17）代入式（4-16）得

$$v = \frac{J^{1/3}}{a} h^{1/2} \tag{4-18}$$

令 $\dfrac{J^{1/3}}{a} = \eta$，并假定为常数，得

$$v = \eta h^{1/2} \tag{4-19}$$

因总流量

$$Q = Av = A\eta h^{1/2} \tag{4-20}$$

式中　A——过水面积（m）；
　　　v——断面平均流速（m/s）；
　　　h——断面平均水深（m）。

得

$$\eta = \frac{Q}{Ah^{1/2}} = \frac{QB^{1/2}}{A^{3/2}} \tag{4-21}$$

由此，可得任意垂线平均流速表达式

$$v = \frac{QB^{1/2}}{A^{3/2}} h^{1/2} \tag{4-22}$$

根据上述公式，可求得开挖前挖槽范围内的平均流速为

$$v_0 = \frac{QB^{1/2}}{A^{3/2}} h_0^{1/2} \tag{4-23}$$

式中　h_0——开挖前挖槽范围内平均水深（m）。

开挖后挖槽范围内平均流速

$$v_t = \frac{QB^{1/2}(h_0 + \Delta h_t)^{1/2}}{(A + A_t)^{3/2}} \tag{4-24}$$

式中　Δh_t——平均开挖深度（m）；
　　　A_t——开挖断面面积（m²）。

令开挖后挖槽范围内平均流速增大倍数为 K_m，则

$$K_m = \frac{v_t}{v_0} = \frac{\left(1 + \dfrac{\Delta h_t}{h_0}\right)^{1/2}}{\left(1 + \dfrac{A_t}{A}\right)^{3/2}} \tag{4-25}$$

具体计算时，可在挖槽进口稍下方、出口稍上方和中间水深最小处选择三个有代表性的断面进行分析。计算结果如不能满足上述流速条件，应结合河床演变分析，判定其冲淤情况，若判定挖槽不稳定，应考虑修改挖槽布置或横断面尺寸，或采取其他整治措施。

例如：某滩有上、下两个浅段，历年最小水深仅0.48m，故采用挖泥方法浚深浅段，并将挖出的泥土做成一座抛泥坝。设计挖槽长652m，宽36m，要求水深1.5m，左侧抛泥坝长290m，工程布置如图4-7所示。为了解设计挖槽的稳定程度，进行挖槽稳定校核。

已知设计水位为27.65m，相应的流量为180m³/s，河床质平均粒径$d_{cp}=1.0$mm。

计算步骤如下：

1）选定计算断面，绘出断面图，求出特征值见表4-3。

2）按式（4-23）计算开挖前挖槽范围内平均流速，见表4-4。

3）按式（4-24）计算开挖后挖槽范围内的平均流速，见表4-5。

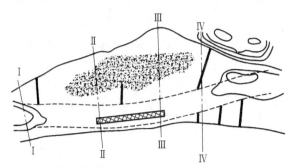

图4-7 某滩整治工程及挖槽布置图

表4-3 各断面特征值

断面号	位置	代表性	河宽/m	平均水深/m	断面面积/m²
Ⅰ—Ⅰ	1号坝上354m	上深槽	402	1.74	698
Ⅱ—Ⅱ	1号坝下58m	挖槽进口	387	0.55	352
Ⅲ—Ⅲ	2号坝下133m	挖槽出口	450	0.78	355
Ⅳ—Ⅳ	3号坝	下浅段出口	400	1.5	624

4）上述计算成果表明，挖槽范围内开挖后的流速均大于开挖前的流速，挖槽中的流速大于上深槽的流速，基本满足稳定校核中提出的流速要求。但挖槽出口流速反比进口流速小，需采取工程措施增大出口处流速。

表4-4 开挖前挖槽范围内平均流速

断面号	B/m	A/m²	h_0/m	$B^{1/2}$/m	$A^{3/2}$/m²	$h_0^{1/2}$/m	v_0/(m/s)
Ⅰ—Ⅰ	402	698	2.50	20.0	18440	1.58	0.31
Ⅱ—Ⅱ	387	352	1.10	19.7	6604	1.05	0.56
Ⅲ—Ⅲ	450	355	0.75	21.2	6689	0.87	0.50
Ⅳ—Ⅳ	400	624	1.80	20.0	15587	1.34	0.31

表4-5 开挖后挖槽范围内平均流速

断面号	A_t/m²	Δh_t/m	$1+\dfrac{A_t}{A}$	$1+\dfrac{\Delta h_t}{h_0}$	K_m	v_t/(m/s)
Ⅱ—Ⅱ	14.4	0.40	1.041	1.36	1.10	0.62
Ⅲ—Ⅲ	27.0	0.75	1.076	2.00	1.26	0.63

4.3.5 挖泥后水面降落计算

疏浚后，因挖槽扩大了过水断面，同一流量下的水面曲线将随之下降，在挖槽进口处下降最大，逐渐向下递减，至出口（深槽）处消失。挖泥后的水面降落，在枯水期，使得挖槽实际所增加的水深小于要求的设计水深，同时，使上游河段某些浅滩水深减少，甚至成为碍航浅滩。因此，在进行挖槽设计时，需要预先估计水面降落值。

通常算出挖槽前后水面线，进行比较就可得到水位降落值。在计算挖泥后的水面线时，应考虑挖槽断面的影响，若挖槽断面积与河床断面积的比值不大，糙率可假定与原河床糙率相同，若挖槽面积相对较大，应采用综合糙率，其计算公式为

$$n = \sqrt{\frac{n_0^2 x_0 + n_t^2 x_t}{x_0 + x_t}} \tag{4-26}$$

式中 n_0——原河床糙率；
n_t——挖槽糙率；
x_0——原河床断面中未挖部分湿周；
x_t——挖槽湿周。

挖槽糙率根据河床组成，按经验或查糙率表确定，天然河床部分糙率由实测值，反推求得。计算流量根据要求而定，一般只对设计流量和整治流量进行计算。

在工程实践中，有时不需要了解水面曲线变化的详细情况，而只需要了解疏浚后水位降低值的大小，此时，可采用下述近似方法进行估算，其原理同筑坝后水位壅高值的估算。

1. 挖槽河段的水位降落值

由图 4-8 可得

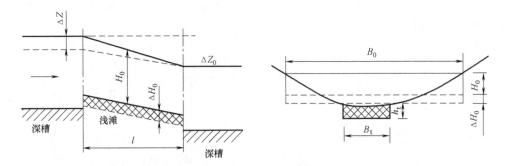

图 4-8 挖槽河段水位降落值计算

$$\left(1 + \frac{\Delta H_0}{H_0} - \frac{\Delta Z}{2H_0}\right)^{10/3} \left(1 - \frac{\Delta Z}{\Delta Z_0}\right) = 1 \tag{4-27}$$

式中 H_0——原河段平均水深（m）；
ΔH_0——浅滩平均开挖深度（m）；
ΔZ_0——原河段落差（m）；
ΔZ——挖泥后水位降低值（m）。

式 (4-27) 中的 H_0、ΔZ_0 均为已知，ΔH_0 可根据设计挖槽宽度 B_t 和平均挖深 Δh_t 来确定，当挖槽尺寸相对不大时，可直接由下述几何关系求得。

$$\Delta H_0 = \frac{B_t}{B_0} \Delta h_t \tag{4-28}$$

代入式（4-27）即可求得水位降落值 ΔZ。

由式（4-27）可知：

1) 在给定 H_0、ΔH_0 时，浅滩河段原来的水位落差 ΔZ_0 越大，挖泥后水位降落值 ΔZ 也越大，ΔZ 的大小，直接反映比降的大小，在一般中小河流上，往往比降较大，因而采用疏浚的办法来增加航道水深，其效果受到一定限制。

2) 在给定 H_0 和 ΔZ_0 时，浅滩平均开挖深度 ΔH_0 越大，挖泥后水位降落值 ΔZ 也越大。因此，在一定的设计条件下，挖槽的开挖深度 ΔH_0 是有一定限度，不能完全随航道的要求确定开挖深度 ΔH_0，否则，尽管浅滩高程可以降低，但水深增加有限，甚至不能增加。

3) 在给定 ΔH_0 和 ΔZ_0 时，浅滩原来的水深 H_0 越小，则挖泥后水位降落值 ΔZ 越大，因此，对原来水深很小的浅滩，欲较多地增加水深，仅用疏浚的办法将不能获得预期的效果，必须结合整治工程措施。

2. 上游河段水位降落值

如图 4-9 所示，为挖槽河段上游受水位降落影响的某河段，ΔZ_1 为上游末端水位降落值，ΔZ_2 为首端水位降落值。因下游浅滩开挖前后该处通过的流量不变，糙率相同，因此有

$$\left(1-\frac{\Delta Z_1+\Delta Z_2}{2H_0}\right)^{10/3}\left(1+\frac{\Delta Z_1-\Delta Z_2}{\Delta Z_0}\right)=1 \tag{4-29}$$

式中的 H_0、ΔZ_0 均为已知，ΔZ_1 由下游河段可以推算出来，从而可求出 ΔZ_2。

3. 分段计算

当河段较长，河床形状又不规则时，可将河段分成若干小段进行计算，这种情况下的计算比较复杂，因计算河段上端的水位降落值，既决定于计算河段下端的水位降落，又决定于本河段的挖槽引起的水位降落，如图 4-10 所示。

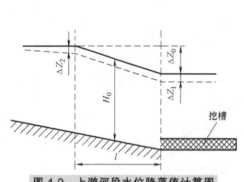

图 4-9 上游河段水位降落值计算图

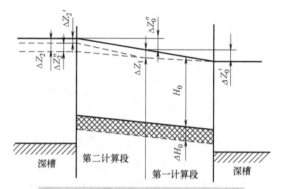

图 4-10 挖槽河段水位降落值分段计算

第一计算段水位降落值 ΔZ_1，按式（4-27）计算，第二计算段水位降落值分成两部分计算。

$$\Delta Z_2 = \Delta Z_2' + \Delta Z_2'' \tag{4-30}$$

式中　$\Delta Z_2'$——不考虑挖槽，仅考虑由于下端水位降落 ΔZ_1 而引起的水位降落，按式（4-29）计算；

$\Delta Z_2''$——不考虑下端水位降落，仅考虑由于挖槽而引起的水位降落，按式（4-27）计算。

4.4　疏浚对环境的影响

疏浚工程应进行有益利用、水中处置、陆上圈围处置和处理等疏浚土管理，并避免疏浚土

对环境造成的不利影响。疏浚土应作为一种有价值的资源予以利用。

4.4.1 影响的内容和原因

疏浚及疏浚泥土处理对环境的影响是近年来提出的一个新的课题，它直接关系到疏浚工程的施工要求。疏浚工程对环境的影响主要有下列两个方面：

1) 对自然环境的影响，包括对施工区域水力条件改变的影响，对水域底部形态变化的影响，对水质带来的变化，施工区域空气质量的变化。

2) 对社会环境的影响，包括施工期机具噪声的干扰，弃土与抛泥沿程带来的泄漏影响，在挖泥和排泥操作扰动水底沉积物并使之重新悬浮时，造成二次污染对船体磨蚀和人群健康的影响，水体污染异色，失去旅游观光的价值等。疏浚作业必然对河底沉积物进行扰动与运输，如被疏浚的沉积物大多数是细粒泥沙、黏土和胶体成分，在水中，由于化学作用，表面一般都带有阴电荷的阳离子，同时由于细粒的表面积很大，因而可以吸附大量离子。泥沙对水质的影响，主要是作为污染物的载体。影响污染物在水体中的物理—化学迁移过程。由工业废水、工厂和油船等排出的含油沉积物，人口稠密区大量排泄有机物等都吸附在泥沙中，重金属和稳定的难以降解的有机污染物富集在河底泥沙中，成为具有长期潜在的二次污染源。

4.4.2 疏浚施工过程对水体中的污染物迁移影响

疏浚施工过程对水体中的污染物迁移影响主要表现在以下两个方面：

(1) 水中污染物在水体中变化

1) 机械迁移。由于挖泥搬运过程中将原河底或水中污染物质携带到抛泥区的搬迁。

2) 物理学转化。由于疏浚时对水体和河底的扰动，污染物在水体中发生一系列新的物理化学作用。无机污染物以简单离子、络离子或可溶性分子的形式在转化过程中伴随迁移，其迁移主要通过溶解—沉淀作用、氧化—还原作用、水解作用、络合作用、吸附—解吸作用来实现。有机污染物质通过化学降解、光化学降解、生物降解等过程实现迁移。物理—化学迁移是污染物质在水环境中迁移的主要形式，这种迁移的结果决定了污染物质在水体中存在的形态、富集和潜在危害程度。

3) 生物性转化。由于水体扰动污染物质是通过生物体的新陈代谢、生长、存亡等生理过程进行迁移，生物迁移的表现形式有生物的吸收与富集、生物降解、生物放大等，其迁移强度与生物体的种属、生理、生化、遗传、变异有关。

由于疏浚过程对水环境条件的改变，引起污染物迁移外部因素的变化，对污染物原有的迁移强度和转化速度产生影响，水体流速、流态，水体氧化—还原条件，吸附—解吸环境，沉淀等也都随之有所改变，从而影响到污染物的迁移，加速了悬浮物的浓度与沉淀过程发生变化。

(2) 抛泥和弃土过程中污染物的变化　由于疏浚工程的抛泥区与挖泥施工区域不同，在运输及抛泥过程中，污染物有以下变化：

1) 水体中吸附的污染物由水相转化为固相形成新的污染形态。

2) 在抛泥区的氧化环境发生变化，形成污染物新的扩散条件和范围，可造成二次污染。

4.4.3 疏浚土评价的内容

疏浚工程设计中疏浚土评价应包括下列内容：

1) 疏浚土分级、分布情况及工程量。
2) 疏浚土的水力特性分析及施工应对措施。

3) 黏性土附着力指标。
4) 疏浚土对疏浚设备的可能磨损。
5) 水力输送时产生黏土球的可能性。
6) 障碍物、漂石、爆炸物的情况等。

疏浚工程设计应预先判断工程对附近自然与生态环境等造成的可能影响并提出应对措施。

4.4.4 疏浚污染的控制

疏浚工程对环境的影响和控制，重点是对水质和土质的控制，主要措施有以下两种：

(1) 施工过程中的控制

1) 在挖泥时采取措施，不使泥浆及有害气体扩散，并保证在高浓度情况下吸耙泥土，既尽可能地全部除去这些沉积物，又不污染周围水体。

2) 采用沙帘的方法，在挖泥区围堰溢流口外一定范围内，用封闭式网帘数层，使浑水不得外流，帘子起滞流泥沙下沉及过滤等作用。这种方法在流速小于 0.5m/s 的水域中采用较为有效。

3) 建立不渗漏的抛泥区，以容纳废物，使排放的废水能在围堰中保存一定时间，以便排出清水。

4) 研究采用旁通、边抛等施工方法的地点和时间，尽量减少污染物对人类的危害。

(2) 减少弃泥二次污染的措施

1) 采用化学或生物方法，将疏浚泥土变成不污染的陆域土的填充料。

2) 将河底泥烧成陶瓷和黏土砖，既可解决挖出泥不经处理而堆放造成的二次污染，又可缓解建材业与农家争地的矛盾。

3) 利用疏浚淤泥作为城市绿化材料。利用有些植物不仅不怕污染，反而喜欢那些对人体有损害的重金属污染物，如核桃树、杏树、夹竹桃、棕榈、桧木、青扬等植物在具有污染物的土填中生长更好，对淤泥物含量进行科学检测，把清淤挖出的污泥用于绿化，有计划地栽种能吸收污染物的树种，就能起到变废为宝的作用。

疏浚土利用应考虑其物理、化学与生物特性的适宜性，根据操作可行性、环境的可接受性和成本等因素提出利用方案。当其物理和化学特性满足利用要求，且对敏感的自然环境产生的影响在可接受范围内时可直接利用。当其化学特性不能满足利用要求或对敏感的自然环境产生的影响不能接受时应经处理后再加以利用。污染疏浚土未经处理严禁直接利用。疏浚土可根据物理与化学特性指标用于工程建设农业生产或改善环境。疏浚土利用应制定监测方案，并实施监测。

例如，根据中国和挪威两国全面开展的《苏州河水环境综合整治规划研究》成果表明，苏州河市区段河底泥沙中铬、铜、汞、锌、铁、砷等均属于正常的环境背景值，为减少其他综合利用的工程量及成本，上海市园林专家就建议在河道近旁选择一些暂不用的地块，把河道中疏浚挖出的淤泥摊在下面，租给花卉苗木经营者，作为临时花圃和苗圃。另一种方式就是在河道两岸规划垒筑成一定高度的围墙，将淤泥堆积其间，沥干水分后就可成为一座厚的泥坑。可以在上面有选择地种植一些既耐污染又能绿化的高大乔木。若干年后，河道两旁就会出现郁郁葱葱的树林。

习 题

4-1 疏浚工程的任务是什么？

4-2 疏浚工程的特点有哪些？
4-3 疏浚工程设计应收集哪些资料？
4-4 简述疏浚工程设计内容。
4-5 挖槽定线的原则有哪些？
4-6 抛泥区选择应满足哪些要求？
4-7 如何确定挖槽断面尺寸？
4-8 如何计算挖泥后水面降落？
4-9 疏浚对环境有何影响？如何控制疏浚污染？
4-10 结合工程实例，简述挖槽稳定校核计算步骤。

第 5 章

渠 化 枢 纽

学习重点

渠化枢纽组成，渠化枢纽总体布置。

学习目标

了解枢纽工程等别、设计标准和设计水位；熟悉渠化工程规划的程序、内容和方法；掌握渠化枢纽组成，以及水工建筑物的布置方式。

为了综合利用水资源，在渠化工程中，通常需要建造不同的水工建筑物，并把它们有机地组合在一起，以发挥枢纽更高的使用效果，这些建筑物的综合体称为渠化枢纽（Canalization Hydrojunction）。葛洲坝水利枢纽布置如图 5-1 所示。

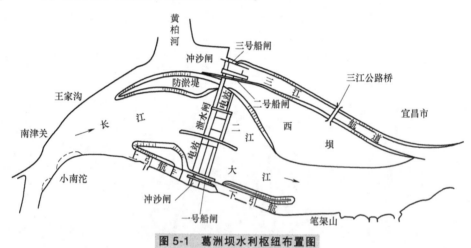

图 5-1 葛洲坝水利枢纽布置图

5.1 渠化枢纽组成

渠化枢纽一般由挡水建筑物、泄水建筑物、通航建筑物、水电站、坝岸连接建筑物及护岸建筑物组成。渠化枢纽示意如图 5-2 所示。

1. 挡水建筑物

挡水建筑物是渠化枢纽的主要建筑物，其作用是拦蓄水量、抬高上游水位，增加通航水深，如各种水闸、拦河坝等。

2. 泄水建筑物

泄水建筑物是渠化枢纽的主要建筑物，洪水期通过泄水建筑物宣泄洪水，恢复原河道的行洪状态。因此，应充分重视枢纽的泄洪能力，要求枢纽的行洪不对原河道的泄洪产生过多的影响。泄水建筑物包括泄水闸、溢流坝、泄水孔等。

3. 通航建筑物

通航建筑物是用以克服挡水建筑物所造成的集中水位落差，通航建筑物有船闸、升船机等。

4. 水电站

水电站是利用水能资源发电的场所，是水、机、电的综合体，是将水能转换为电能的综合工程设施。充分利用渠化枢纽满足发电需要的工程，称为水电工程。

5. 坝岸连接建筑物

渠化枢纽中，挡水、泄水建筑物、通航建筑物、水电站等与河岸或堤坝连接时，需设置岸墙和翼墙等专门的连接建筑物。其作用是：

1) 挡两侧填土，保证岸土的稳定及免遭过坝、过闸水流的冲刷。

2) 改善通航建筑物、泄水建筑物及水电站的出流条件，引导水流平顺、均匀扩散，提高消能防冲效果。

3) 控制坝、闸墙身两侧的渗流，防止土壤产生渗透变形。

4) 减轻结构边荷载影响，减少两岸地基沉降对相邻结构的不利影响。

渠化枢纽中各建筑物形式，应根据各建筑物的使用要求和枢纽所在河段的地形、地质、水文及泥沙等自然条件和施工条件综合考虑确定。

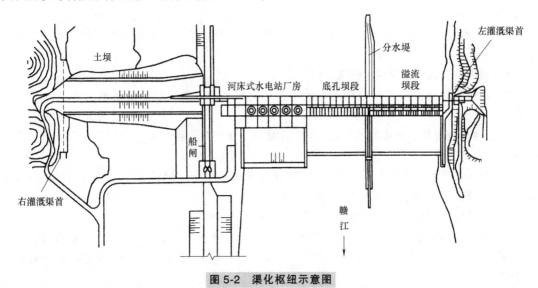

图 5-2 渠化枢纽示意图

5.2 渠化枢纽总体布置

在枢纽中，各个建筑物相互间的位置确定，即枢纽的布置，在设计中是既重要又复杂的工作，直接关系到各个建筑物作用的发挥及工程的投资。

枢纽布置（Layout of Hydrojunction）应该根据综合利用水利资源的原则，顺应河势，遵循河床演变规律，体现出枢纽的特点，充分发挥各建筑物的作用，以达到安全可靠、经济合理、使用管理方便、施工容易的目的。枢纽布置应根据枢纽的任务，进行充分研究以寻求最合理的方案。对于大型的渠化枢纽一般都要进行枢纽总体模型试验，确定枢纽的布置。

枢纽布置应考虑下列因素：地形、地质、水文和泥沙条件；上、下游航道衔接条件；主要水工建筑物的使用要求；淹没损失及环境影响；施工条件；施工周期和施工期通航条件；分期投产及其衔接条件；使用和管理条件；工程量及造价等。

枢纽总体布置方案应在满足航运要求的前提下进行多方案比较，对其技术可靠性、经济合理性、综合利用效益和环境影响等方面进行综合评价。

枢纽总体布置分为集中布置和分散布置两种方式。

1. 集中布置

集中布置是指通航建筑物与组成枢纽的其他主要水工建筑物都布置在河床内的枢纽布置方式。

当坝址处河面开阔、河道顺直，河床内能同时布置挡水建筑物、泄水建筑物、通航建筑物及水电站等水工建筑物时，枢纽总体布置可采用集中布置的方式。

(1) 挡水和泄水建筑物、通航建筑物、水电站的布置　集中布置时，挡水和泄水建筑物、通航建筑物、水电站的布置应符合下列规定：

1) 通航建筑物不应布置在通航期泄水或过水建筑物之间。
2) 通航建筑物的纵轴线与坝轴线宜正交。
3) 泄水建筑物、通航建筑物和水电站三者之间应避免水流的互相干扰。
4) 船闸闸室宜布置在坝轴线的下游，需将闸室布置在坝轴线上游时，应经技术经济论证，且船闸不得溢洪。

(2) 通航建筑物与水电站的布置　集中布置时，通航建筑物与水电站宜异岸布置，并应符合下列规定：

1) 通航建筑物宜布置在主航道一侧。
2) 通航建筑物上、下游引航道与泄水建筑物相邻的一侧，应布置足够长的隔水墙或分水堤。

(3) 通航建筑物与水电站的布置　集中布置时，通航建筑物与水电站同岸布置应符合下列规定：

1) 通航建筑物应临岸布置，水电站应布置在临河一侧；通航建筑物上、下游引航道与水电站相邻的一侧，应设置足够长的隔水墙或分水堤。
2) 通航建筑物和水电站上游进口应位于河流主流一侧。
3) 通航建筑物下游引航道轴线方向应与水电站尾水出流方向基本一致。当下游引航道与水电站尾水汇合口下游共用一河槽或渠道时，下游引航道出口段轴线与共用河槽轴线的交角不宜大于25°。
4) 枢纽公路应满足通航建筑物和水电站使用及管理的要求，进出水电站的公路尚应满足机组运输安全和便利的要求。
5) 电力线路跨越通航建筑物应有必要的安全超高和安全保障措施。

(4) 分汊河道上枢纽布置　分汊河道上枢纽集中布置应符合下列规定：

1) 坝轴线宜与所在河槽的主流方向垂直。
2) 通航建筑物与水电站宜布置在不同的河槽内。
3) 通航建筑物宜布置在主河槽的凹岸一侧，其下游引航道出口应与主航道平顺衔接。
4) 枢纽布置应避免建坝后由于河槽分流比的变化，导致对河势演变产生不利影响。

(5) 坝顶设置公路和公路桥　当坝顶设置公路和公路桥时,跨过船闸顶部的公路桥,其桥下净空应符合《内河通航标准》(GB 50139)的有关规定。过坝公路路面高程不应低于非溢流坝坝顶高程。

2. 分散布置

分散布置是指通航建筑物布置在渠道中,挡水建筑物、泄洪建筑物和水电站布置在河床内,或通航建筑物和电站布置在渠道中,挡水建筑物,泄水建筑物布置在河床内的枢纽布置方式。

当坝址处河面较窄、弯曲,其凸岸适宜布置通航建筑物时,或当坝址处河面虽开阔、顺直,但将通航建筑物或电站布置在岸上开挖的渠道内枢纽综合效益较佳时,枢纽总体布置可采用分散布置的方式。

(1) 分散布置方式　分散布置的渠化枢纽,根据具体条件可采用下列三种布置方式:
1) 挡水和泄水建筑物、水电站布置在河床内,通航建筑物布置在凸岸的渠道中。
2) 挡水和泄水建筑物布置在河床内,通航建筑物和水电站布置在同一渠道中。
3) 挡水和泄水建筑物布置在河床内,通航建筑物和水电站布置在各自的渠道中。

(2) 水工建筑物布置　分散布置时,位于河床内的水工建筑物布置可按照集中布置的要求进行。

(3) 渠道进口段布置　分散布置时,渠道进口段与坝轴线间应有足够的距离。渠道进口段应与坝上游河岸走势平顺衔接,出口段应与下游主航道平顺衔接。

(4) 通航建筑物和水电站的布置　渠道中通航建筑物和水电站的布置应符合下列规定:
1) 当通航建筑物位于凸岸渠道中时,宜将其布置于渠道的中段或中下段。
2) 当通航建筑物和水电站布置在同一渠道中时,两建筑物宜布置于渠道的下段,水电站出流段出口应位于通航建筑物下引航道出口的上游,通航建筑物与水电站之间应有足够长度的隔水墙或分水堤。通航建筑物和水电站的布置尚应满足:
① 渠道位于河流左岸时,通航建筑物布置在水电站左侧。
② 渠道位于河流右岸时,通航建筑物布置在水电站右侧。
3) 当通航建筑物和水电站布置在同岸各自的渠道中时,通航建筑物的渠道上游进口应位于水电站渠道进口的上游;其渠道下游出口应位于电站渠道出口的下游。

(5) 通航建筑物的渠道设计　通航建筑物的渠道设计应满足现行国家标准《内河通航标准》(GB 50139)中同等级限制性航道标准尺度及通航水流条件的要求。通航建筑物和水电站共用的渠道,在满足通航要求的前提下,应兼顾水电站对渠道的设计要求。

5.3　枢纽水工建筑物选型与布置

枢纽水工建筑物应根据水文、泥沙、气象、地形、地质和地震等基本资料及相关的试验资料进行选型与布置。

枢纽水工建筑物的选型与布置应根据枢纽总体布置要求进行,并应满足下列要求:
1) 通航条件、输水系统布置和泄洪要求。
2) 发电等综合利用要求。
3) 施工导流、施工期通航、度汛和交通运输等施工条件要求。

枢纽水工建筑物应结构简单、布置合理、运用方便、安全可靠、建筑美观、经济和节能,并便于维护保养。当需要设置过鱼建筑物时,应通过技术经济论证,合理确定设计方案。有过木要求时，应在枢纽上游设置收排站，由通航建筑物通过。设置专用过木筏道时，应进行专门论证。取、排水建筑物布置在通航建筑物同一岸侧时，其布置应符合《船闸总体设计规范》（JTJ 305）的有关规定。

1. 挡水和泄水建筑物

平原河流或沿河两岸地势较低、淹没损失较大的枢纽，可采用泄水闸。沿河两岸地势较高、库区淹没较少的枢纽，可采用溢流坝。洪、枯水位变幅大，水位暴涨、暴落的山区河流，当枢纽水头不大时，可选用低槛活动坝。根据具体条件也可选用泄水闸、溢流坝、低槛活动坝和非溢流坝组合的布置形式。

泄水建筑物应布置在河流的主河槽中，其轴线宜与河流的主流向垂直。泄水建筑物泄流壅高值应根据对上游淹没影响、允许过闸单宽流量和工程造价等因素综合比较确定，平原地区泄水建筑物在宣泄设计洪水或校核洪水时，壅高值不宜大于 0.3m。泄水建筑物泄流宽度应满足安全通过设计洪水和校核洪水，并且泄流宽度与上、下游河道宽度相适应。

泄水闸闸孔孔径和孔数及门型的选用，应根据确定的泄流宽度、地质条件、结构布置、运行要求和闸门制作、运输、安装等因素，经技术经济比较确定。

泄水闸宜采用开敞式的闸室结构，其底板形式的选择应符合下列规定：

1）平原地区河流泄水闸闸室底板宜采用平底板；软弱地基当荷载较大时，也可采用箱式平底。

2）符合下列情况之一，可采用堰型底板：

① 闸前水深较大，需限制单宽流量。

② 地基表面松软，需要降低闸底建基面高程。

③ 多泥沙河流上有拦沙要求。

④ 需要降低闸门高度。

3）当闸室高度不大，上、下游河道底高程相差较大，地基条件较好时，可采用折线型底板。

泄水闸堰顶高程应根据河床高程、泄流条件、泥沙、地质和运行等条件，结合堰型、门型和泄流宽度，经技术经济比较确定。

低槛活动坝固定挡水部分不宜过高。泥沙问题比较突出的渠化枢纽工程应设置专门的排沙设施或采取专门的排沙。渠化工程挡水建筑物可采用混凝土或砌石重力坝、土石坝等。水闸结构应根据工程地质条件和地震情况，结合闸门形式采用闸室底板分缝或闸墩分缝。水闸结构应根据工程地质条件和地震情况，结合闸门形式采用闸室底板分缝或闸墩分缝。

2. 通航建筑物

通航建筑物类型选择应通过技术经济论证确定。船闸严禁用作泄洪，当采用溢洪船闸时，必须经过技术经济和安全论证。通航建筑物的总体布置见第 6 章。

通航建筑物的上、下游引航道口门一定范围内不宜有支流、溪沟汇入，无法避免时应对支流、溪沟的水流和泥沙等问题研究，并采取相应措施。

3. 水电站建筑物

渠化枢纽中的水电站布置宜采用河床式或引水渠式。河床式水电站宜与挡水和泄水建筑物布置在同一条坝轴线上。

水电站的引流段、进水口段和尾水出流段的布置应保证水电站进出水流平顺。

1）水电站进水口的高程应根据机组特性通过水力计算确定。进水口前不应有漩涡和横向水流，进水口段应防止泥沙、漂浮物和冰凌堵塞，并设置拦污栅、拦沙坎或导沙墙等。

2）尾水出流段布置应考虑泄水建筑物底流流向，避免发生尾水壅高和漩涡，并应采取措施减轻泄水对下游河床冲刷或淤积，以及回流等对尾水的影响。

引水渠式水电站的引水渠道应有足够的输水能力，边坡和渠底应稳定、安全，并可维护。引水渠的纵坡、流速及断面尺寸等应根据流量、地形和地质等条件确定。

水电站与泄水建筑物之间应设置足够长度的导流墙。水电站厂房布置应与枢纽其他建筑物布置相协调，避免或减少干扰，满足水电站出线要求。水电站主厂房、副厂房、主变压器场地和输出系统等建筑物布置应紧凑，满足运行安全和管理、维护方便的要求。水电站宜布置在接入电网近的一岸，其位置应考虑电站输出系统的进出线、进厂道路及变电所等的布置。进厂公路宜从下游侧进入厂房，厂前应设有平直段。当因地形、地质和枢纽布置条件限制必须由厂房端部平行于厂房轴线方向进厂时，应设置警戒标志或阻进器。水电站与通航建筑物同侧布置时，进出厂房主要交通可采用垂直运输方式。厂区布置应满足进厂交通、消防、排水、检修和绿化要求。

4. 坝岸连接建筑物

渠化枢纽挡水和泄水建筑物、通航建筑物、水电站等与河岸或防洪堤的连接应设置接岸建筑物。

接岸建筑物的布置应保证河岸或防洪堤稳定，改善泄水建筑物、通航建筑物和水电站等进出水流条件，提高消能防冲效果，满足侧向防渗需要，减轻结构边荷载影响。

接岸建筑物的布置应根据地质、地形、水文和所连接的建筑物的结构形式等条件确定，并应符合：

1）当地基较好时，通过综合比较可用边墩直接连接。
2）当地基软弱时，宜采用独立的岸墙。
3）建筑物接岸侧应设置齿墙等防渗设施。

岸墙或边墩向上、下游延伸部分的翼墙平面布置应根据过闸水流条件和防渗要求等确定。

渠化枢纽护坡工程布置应根据水流、风浪、船行波、河岸抗冲能力和地质条件等因素确定。设计护坡的长度应大于河底防护的范围。

渠化枢纽位于洪枯水位变幅较大、洪水位较高的河段，当允许洪水漫溢接岸建筑物或与河岸相连的台地时，应经过论证，并采取有效的防护措施。

5.4 枢纽建筑物顶部高程确定

1. 枢纽挡水建筑物的顶部高程

枢纽挡水建筑物的顶部高程，应根据枢纽的功能，使用要求、工程的重要性和枢纽间水位衔接要求等因素确定。枢纽挡水建筑物的坝体顶部高程确定应符合下列规定：

1）枢纽挡水建筑物的坝体顶部高程应高于正常蓄水位和校核洪水位中的大值，土石坝坝体的顶部高程应高于该大值的 0.5m。
2）无防浪墙的挡水建筑顶部高程应为正常蓄水位和校核洪水位中的大值加上安全超高和波浪超高或波浪爬高之和。
3）设有防浪墙的挡水建筑物，防浪墙顶高程应为正常蓄水位和校核洪水位中的大值加安全超高和波浪超高或波浪爬高之和。
4）斜坡式挡水建筑应加上风壅水面高度。
5）安全超高值不应小于表 5-1 的规定值。

表 5-1　永久性挡水建筑物安全超高值　　　　　　　　　（单位：m）

建筑物类型及运用情况			永久性挡水建筑物级别			
			1	2	3	4、5
土石坝	设计		1.5	1.0	0.7	0.5
	校核	山区、丘陵区	0.7	0.5	0.4	0.3
		平原、滨海区	1.0	0.7	0.5	0.3
混凝土坝、浆砌石坝	设计		0.7	0.5	0.4	0.3
	校核		0.5	0.4	0.3	0.2

2. 无闸门控制的溢流坝坝顶高程

无闸门控制的溢流坝坝顶高程应按枢纽的正常蓄水位确定。

3. 泄水闸顶部高程

1) 泄水闸闸顶高程应根据挡水和泄水两种运行情况确定。挡水时，闸顶高程不应低于正常蓄水位或可能出现的最高挡水位加波浪计算高度与相应安全超高之和；泄水时，不应低于设计洪水位或校核洪水位与相应安全超高之和。安全超高不应小于表 5-2 规定值。

表 5-2　安全超高值　　　　　　　　　　　　（单位：m）

建筑物级别		1	2	3	4、5
挡水时	正常蓄水位	0.7	0.5	0.4	0.3
	最高挡水位	0.5	0.4	0.3	0.2
泄水时	设计水位	1.5	1.0	0.7	0.5
	校核洪水位	1.0	0.7	0.5	0.4

2) 泄水闸露顶式闸门顶高程应按正常水位或可能出现的最高挡水位加 0.3~0.5m 超高确定。

4. 枢纽挡水线上的船闸挡水建筑物、接岸建筑物顶部高程

枢纽挡水线上的船闸挡水建筑物、接岸建筑物顶部高程参见第 6 章。

5. 河床式电站厂房挡水前沿顶高程

河床式电站厂房挡水前沿顶高程应符合国家现行有关标准的规定。

5.5　枢纽工程等别、设计标准和设计水位

渠化枢纽工程等别应根据工程规模、效益及其在国民经济中的重要性确定。渠化枢纽工程设计水位的确定，应保证上、下游梯级通航水位的衔接，满足通航标准要求，并兼顾水资源的综合开发利用。

1. 枢纽工程等别和建筑物级别

（1）渠化枢纽工程等别　渠化枢纽工程等别应根据表 5-3 的指标进行划分，当按表中的分等指标确定的枢纽工程等别不同时，应以其中的最高等别作为枢纽工程的等别。

表 5-3 渠化枢纽工程分等指标

枢纽工程等级	通航		水库总库容/亿 m³	发电	灌溉	防洪		供水
	航道等级	设计通航船舶吨级/t		水电站装机容量/MW	灌溉面积/万亩	保护城镇及工矿企业的重要性	保护农田/万亩	供水对象重要性
一	Ⅰ	3000	≥10	≥1200	≥150	特别重要	≥500	特别重要
二	Ⅱ	2000	10~1.0	1200~300	150~50	重要	500~100	重要
	Ⅲ	1000						
三	Ⅳ	500	1.0~0.1	300~50	50~5	中等	100~30	中等
四	Ⅴ	300	0.1~0.01	50~10	5~0.5	一般	30~5	一般
五	Ⅵ	100	<0.01	<10	<0.5	—	<5	—
	Ⅶ	50						

注：1. 设计通航船舶吨级是指通过通航建筑物的最大船舶载重吨，当为船队通过时是指组成船队的最大驳船载重吨。
2. 跨省际Ⅴ级航道上的渠化枢纽工程等别提高1级。
3. 水库总库容是指最高水位以下的静库容。
4. 洪水期基本恢复天然状态的渠化枢纽水库总库容采用正常蓄水位下的静库容。

（2）永久性水工建筑物级别　渠化枢纽工程的永久性水工建筑物级别，应根据其所在工程的等别及建筑物的重要性按表5-4确定。

表 5-4 永久性水工建筑物级别

枢纽工程等别	永久性水工建筑物级别	
	主要建筑物	次要建筑物
一	1	3
二	2	3
三	3	4
四	4	5
五	5	5

注：1. 主要水工建筑物是指其失事后，造成下游灾害或严重影响工程效益的水工建筑物。
2. 次要水工建筑物是指其失事后，不致造成下游灾害或对工程效益影响不大并易于修复的水工建筑物。

位于同一挡水线上的各种水工建筑物级别不同时，其前沿挡水部位应采用其中最高级别作为统一设计标准。

失事后损失巨大的2~5级主要永久性水工建筑物的级别和洪水标准，经技术经济论证可相应提高1级；当工程地质条件复杂时，其级别可提高1级，但其洪水标准不应提高。

失事后损失不大的1~4级主要永久性水工建筑物，经技术经济论证后级别可降低1级。

（3）临时性水工建筑物的级别　施工期使用的临时性水工建筑物的级别，应根据保护对象的重要性、失事后果、使用年限和临时性水工建筑物的规模按表5-5确定。

表 5-5 临时性水工建筑物级别

级别	保护对象	失事后果	使用年限/年	临时性水工建筑物规模	
				高度/m	库容/亿 m³
3	有特殊要求的1级永久性水工建筑物	淹没重要城镇、工矿企业、交通干线，或推迟总工期，造成重大灾害和损失	>3	>50	>1.0

(续)

级别	保护对象	失事后果	使用年限/年	临时性水工建筑物规模	
				高度/m	库容/亿 m³
4	1级、2级永久性水工建筑物	淹没一般城镇、工矿企业，或影响总工期，造成较大经济损失	3~1.5	50~15	1.0~0.1
5	3级、4级永久性水工建筑物	淹没基坑，但对总工期影响不大，经济损失较小	<1.5	<1.5	<0.1

注：1. 有特殊要求指施工期不允许过水等要求。
2. 使用年限指1个施工导流期的使用年限，2个或2个以上施工导流期共用的临时建筑物，如在2个施工导流期共用的纵向围堰，其使用年限不能叠加计算。
3. 临时性水工建筑物规模一栏中，高度指临时挡水建筑物最大高度，库容指临时挡水建筑物在设计水位时所拦蓄的水量。

当临时性水工建筑物按表5-5指标分属不同级别时，应取其中最高级别作为统一设计标准。但对3级临时性水工建筑物，符合该级别规定的指标不得少于两项，其中临时性水工建筑物规模指标中的高度和库容应同时满足。

利用临时性水工建筑物通航、挡水发电时，经技术经济论证，4、5级临时性水工建筑物的级别可提高1级。

（4）水工建筑物的结构安全级别　水工混凝土结构设计，应按水工建筑物的级别，采用不同安全级别。水工建筑物结构安全级别可按表5-6划分为3级。

表5-6　水工建筑物结构安全级别

水工建筑物级别	水工建筑物结构安全级别
1	Ⅰ
2、3	Ⅱ
4、5	Ⅲ

对特殊安全要求的水工建筑物，其结构安全级别应经专门研究确定。

结构及结构构件的结构安全级别，可根据其在水工建筑物中的部位、本身破坏对水工建筑物安全影响的大小，采用与水工建筑物的结构安全级别相同或降低一级，但不得低于Ⅲ级。

2. 枢纽工程设计标准

渠化枢纽工程通航建筑物的通航标准应符合现行国家标准《内河通航标准》（GB 50139）的有关规定。

渠化枢纽工程永久性水工建筑物的洪水重现期标准，应根据工程所在地区条件和建筑物的级别分别确定。

1）平原区渠化枢纽工程永久性水工建筑物洪水重现期标准应按表5-7确定。

表5-7　平原区永久性水工建筑物洪水重现期标准

水工建筑物级别	1	2	3	4	5
设计洪水/年	300~100	100~50	50~20	20~10	10
校核洪水/年	2000~1000	1000~300	300~100	100~50	50~20

注：当平原区渠化枢纽工程挡水建筑物的挡水高度高于15m，且上、下游水位差大于10m时，其洪水重现期标准宜按山区、丘陵区标准确定。

2) 山区、丘陵区渠化枢纽工程永久性水工建筑物洪水重现期标准应按表5-8确定。

表5-8 山区、丘陵区永久性水工建筑物洪水重现期标准

水工建筑物级别		1	2	3	4	5
设计洪水/年		1000~500	500~100	100~50	50~30	30~20
校核洪水/年	土石坝	10000~5000	5000~2000	2000~1000	1000~300	300~200
	浆砌石坝 混凝土坝	5000~2000	2000~1000	1000~500	500~200	200~100

注：当山区、丘陵区的渠化枢纽工程挡水建筑物的挡水高度低于15m，且上、下游水位差小于10m时，其洪水重现期标准宜按平原区标准确定。

3) 低水头或失事后损失不大的渠化枢纽工程挡水和泄水建筑物，经过专门论证后，其校核洪水重现期标准可降低1级。

4) 渠化工程枢纽挡水和泄水建筑物施工期临时度汛洪水重现期标准，应根据建筑物的结构形式及其拦蓄库容按表5-9确定。根据其失事后对下游的影响程度，洪水重现期标准可适当提高或降低。

表5-9 挡水和泄水建筑物施工期临时度汛洪水重现期标准

拦蓄库容/亿 m³		>1.0	1.0~0.1	<0.1
度汛重现期/年	土石坝	>100	100~50	50~20
	混凝土坝、浆砌石坝	>50	50~20	20~10

5) 施工导流和围堰等临时性水工建筑物的洪水重现期标准，应根据建筑物的结构类型及其级别按表5-10确定。当临时性水工建筑物失事后果严重时，应考虑遭遇超标洪水的应急措施。

表5-10 临时性水工建筑物洪水重现期标准 （单位：年）

临时性水工建筑物级别	3	4	5
土石结构	50~20	20~10	10~5
混凝土、浆砌石结构	20~10	10~5	5~3

6) 铁路、公路、水运、水利、电力、电信、军事等设施和文物古迹等淹没对象，其设计洪水重现期标准应按照国家现行有关标准的规定确定。

7) 渠化枢纽工程建筑物抗震设计标准应符合：
① 渠化枢纽通航建筑物抗震设计标准应符合现行标准《水运工程抗震设计规范》（JTJ 225）的规定。
② 渠化枢纽挡水、泄水和水电站等建筑物的抗震设计标准应符合现行水利、水电行业有关标准的规定。

3. 水库淹没

1) 水库淹没对象的设计洪水标准应根据淹没对象按表5-11确定。

表5-11 不同淹没对象设计洪水标准

淹没对象	设计洪水标准	
	频率(%)	重现期/年
耕地、园林、牧区牧草地	20~50	5~2

（续）

淹没对象	设计洪水标准	
	频率(%)	重现期/年
林地、草地	正常蓄水位	—
农村居民点、一般城镇、一般工矿	5~10	20~10
中等城市、中等工矿区	2~5	50~20
重要城市、重要工矿区	1~2	100~50

注：牧区牧地是指牧区、农牧区以畜牧业为主的草地。

2）水库设计洪水回水临时淹没范围的确定，应以坝址以上天然洪水水面线与建库后设计采用的同一频率汛期和非汛期沿程回水位组成的上包线之间的包络范围为依据。当汛期降低水库水位运行，且坝前段回水位低于正常蓄水位时，淹没范围应采用正常蓄水位高程。水库回水末端的设计终点位置，可取库尾回水曲线不高于同频率天然洪水水面线0.3m的范围内，按水平延伸至与天然水面线相交处。

3）水库沿程设计洪水回水位的确定应考虑泥沙淤积的影响。

4）风浪、船行波、冰塞壅水等临时淹没范围和因水库蓄水引起的浸没、坍岸、滑坡、库水倒灌、滞洪内涝的影响范围，可参照国家现行行业标准有关规定确定。

4.枢纽工程设计水位

1）渠化枢纽正常蓄水位和消落水位的确定应考虑下列因素，并经多方案技术经济比选确定。

① 满足航道等级相应通航标准的要求和设计船舶、船队安全航行的需要。
② 与上游已建或拟建枢纽的通航水位衔接。
③ 水资源利用程度和动能经济指标。
④ 回水淹没损失及影响。
⑤ 河床形态改变引起的水位变化。

2）渠化枢纽上、下游通航水位的确定见第3章。

3）渠化枢纽下游设计最低通航水位的确定，应计入下游有影响范围内河床下切、泥沙冲淤、非恒定流、航道整治与疏浚、人类活动和电站日调节等因素引起的水位变化的影响。

4）枢纽的上、下游设计洪水位和校核洪水位，应根据表5-7、表5-8规定的洪水重现期标准结合枢纽的布置经计算确定。

5）枢纽下游最低水位应根据枢纽运行中可能出现的极端情况分析确定。

6）枢纽施工期的设计洪水位，应根据施工导流方案分析确定。

7）挡水、泄水、通航建筑物和水电站等的检修水位，应根据水文条件、枢纽运行条件和检修工作所需周期等综合分析确定。

5.水库特征水位

渠化枢纽建成后，会在上游形成水库区，水库是调节河川径流的主要工程措施，表征水库的主要特征是水库的面积和容积。在一般情况下，水库的面积和容积越大，其径流调节能力越强，通航保证率越高，综合利用的经济效益也越大。

按某种频率和重现期表示的洪水为洪水标准，洪水标准分为设计洪水位和校核洪水位。水库遇到大坝的设计洪水时，在坝前达到的最高水位，称为设计洪水位。它是水库正常运用情况下允许达到的最高水位，也是挡水建筑物稳定计算的主要依据。校核洪水位为水库遇到大坝的校核洪水位时,在坝前达到的最高水位,称为校核洪水位。它是水库在非常运用情况下,允许临时达到的最高洪水位,是确定大坝坝顶高程即进行大坝安全校核的主要依据。水库水位在任何情况下均不允许超过此值,否则将增大库区的临时淹没损失,甚至引起水工建筑物超载而失事。死水位又称为设计低水位,为在水库正常运用情况下,允许水库消落的最低水位,它是上游通航的最低限度。

正常蓄水位（Normal Pool Level）为正常运用情况下,为满足兴利要求,水库应蓄到的水位,正常蓄水位至死水位之间的深度,称为消落深度。正常蓄水位至死水位之间的库容称为兴利库容（或称调节库容）。防洪高水位是遇到下游防护对象的设计标准洪水时,水库按下游安全泄量放水,坝前达到的最高水位。防洪限制水位是水库在汛期允许兴利蓄水的上限水位,也是水库在汛期防洪运用时的调节水位。防洪限制水位可根据水库的洪水特征和防洪要求,在汛期不同时段分期拟定。只有水库承担下游防洪任务时,才需确定这一水位,防洪高水位与防洪限制水位间的库容称为防洪库容。当防洪限制水位低于正常蓄水位时,防洪库容与兴利库容的部分库容是重叠的,可减小专用防洪库容,重叠部分称共用库容或重叠库容。汛期是防洪库容的一部分,而在汛后则为兴利库容的一部分,如图5-3所示。

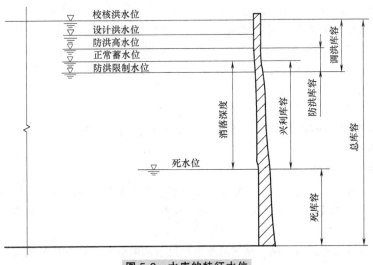

图 5-3　水库的特征水位

渠化枢纽航道的通航水位主要是指设计最高通航水位和设计最低通航水位。通航水位的变幅在设计最高通航水位和设计最低通航水位之间,高于设计最高通航水位或低于设计最低通航水位时,一般都不允许船舶航行,必要时可减载或减速航行。

5.6　渠化工程规划

渠化工程规划的基本任务就是确定梯级的数目、枢纽的位置以及壅水的高度等,也就是要拟定河流的渠化梯级开发方案。

5.6.1　渠化工程规划的程序和原则

渠化工程规划原则上按照预可行性研究、工程可行性研究、初步设计的程序进行。渠化工程规划主要应遵循以下原则:

1) 综合利用水利资源。河流渠化的主要目的,是改善和提高河流的航行条件。从全流域进行多目标的开发，做到一水多用，以最小的投资，获得最大的综合效益。

2）统一航道标准，即根据航道等级对航道、通航建筑物的基本尺度及跨河建筑物的通航净空，采用规定的统一标准，以利于全国水运干线与地方航道、水系与水系及干流与支流的沟通，逐步形成具有统一标准、四通八达的内河航道网。

3）遵循经济规律，减小因工程建设带来的副作用。渠化枢纽之间的间距应大体相等，以免造成船舶拥挤现象，降低营运效率。同时，应慎重考虑因上游水位抬高所造成的农田、城镇和工矿企业的淹没损失和附近地区排水不畅而可能引起的农田沼泽化和盐碱化。特别是中、小河流的渠化，多以服务于地方性经济要求为主，更要注意农业的经济损失。

4）贯彻近期与远期结合的原则，既要考虑远期发展，也要结合近期的需要，提出切实可行的方案。忽视远期的发展，会给将来内河航道的建设造成困难。但如果不从近期实际情况出发，不考虑目前的运量、资金、材料、劳动力与技术条件，同样也会影响甚至延缓渠化工程的建设和航运事业的发展。

5）渠化工程规划不仅要考虑和平时期民用客货运输的需要，还要考虑战争时期军用船舶和军用物资运输的需要。在考虑梯级与枢纽的布置，通航建筑物形式与尺寸时，应照顾到国防建设与战争的特殊要求，做到平战结合。

6）渠化工程规划应尽量采用先进的技术和科学的管理方法，使内河航运的运输能力、质量、效率及成本各个方面逐步实现现代化。在进行规划时，应进行深入细致的调查研究。根据工程的自然条件，进行反复的分析比较，制定一个技术先进、投资和营运费最省的规划方案。

5.6.2 渠化工程规划资料

渠化工程的规划，应按照预可行性研究、工程可行性研究、初步设计不同阶段的要求进行设计资料的收集。

1. 预可行性研究阶段

1）渠化河段的经济营运资料。历年上、下水客、货运量及客货运输发展规划；现有各类营运船舶、船队尺度、数量及技术状况，以及规划船舶、船队尺度；营运成本和技术经济指标等有关资料。

2）渠化河段的航道资料。洪、枯水期航道尺度、滩险分布、碍航情况及渠化河段河床演变特征；跨河管、线、桥梁和临河水工建筑物数量、分布、尺度及其运用情况；航道规划和梯级开发资料。

3）渠化河段的地质情况。区域地貌特点，地层、岩性分布，主要地质构造特征，不良地质现象，水文地质情况和地震等；区域河段内地质概况，可能引起渗漏的岩溶分布、古河道、贯穿性大断裂带分布，可能浸没、坍岸地区概况，堤岸渗漏，堤基稳定情况等；坝址区地貌、地层岩性及其分布，地质构造特征和水文地质一般概况；对各类天然建筑材料情况进行普查。

4）地形资料。主要有渠化河流地形图、渠化河段河道地形图、坝址地形图、河道纵断面图。地形图比例尺的大小应视河流大小及工程需要而定。

5）水文、泥沙、气象资料。渠化河段水文资料，包括水位、流量等原始观测资料及整编资料，其水位、流量资料系列不少于连续30年，并且有沿程特征水位资料；气象资料包括风、降水、雾、气温、湿度及冰况等资料；泥沙资料，包括含沙量、输沙量、粒径、级配等。

6）其他资料。渠化河段沿岸城镇、工农业生产和对外交通现状及发展规划等资料。

2. 工程可行性研究阶段

工程可行性研究阶段，除了项目建议书、规划和预可行性研究成果及其审批意见等文件外，还应包括渠化河段的经济营运资料、地形地质资料、水文气象资料等。

1) 渠化河段的经济营运资料。经过核实和论证的过坝客、货运量，包括干线长途及区间运量、上、下水运量以及规划运量；经过核实和论证的船型、船队尺度；船舶、船队过闸必需的上、下锚泊地资料。

2) 地质资料。除预可行性研究阶段的内容外，还应包括以下内容：对渠化河段，应对河岸为山地或丘陵地区、河岸为堤岸的平原地区、有岩溶的河段、地震烈度等于或大于7度的河段收集地质资料；对坝址，应查明岩基、软基等地质情况；对天然建筑材料，应按初查要求对其分布、储量、质量、性质及开采、运输条件等进行调查和评估。

3) 地形资料。主要有渠化河段河道地形图，渠化河段河道纵断面图，坝址地形图；图形的比例尺比预可行性阶段大，具体比例大小应视河流大小及工程需要而定；坝址区河势及河床历年演变资料。

4) 水文、泥沙、气象资料。水文资料有：坝址流量和水位频率曲线；坝址水位历时曲线；坝址典型年流量和水位过程线；坝址水位-流量关系曲线。泥沙资料有：坝址年含沙量、输沙量及其年际、年内变化；泥沙粒径、来源及冲淤变化分析。气象资料有：坝区16方位风玫瑰图，每年大于、等于6级风的天数及持续时间；每年不同能见度雾情、持续时间统计；气温、降水特征值资料；冰情资料；湿度资料。

5) 不同总体布置方案的通航建筑物、引航道回淤及其口门区通航水流条件，枢纽下游河床冲淤变化情况的模型试验资料。

6) 渠化河段内与淹没计算有关的不同频率洪水痕迹调查资料。

7) 不同坝址、挡水位、总体布置方案的淹没补偿资料。

8) 地区交通和堤防等资料，渠化河段环保现状及评价资料。

9) 与施工方案、施工组织有关的资料，工程单价和定额等资料。

3. 初步设计阶段

本阶段，除批准的设计计划任务书、工程可行性研究报告以及批准的环境影响评价报告外，还应该有以下一些基本资料：

1) 地质资料。地质资料应按设计需要进一步补充下列内容：坝闸轴线，围堰或深挖方、高填方地质横剖面图，其中挡水、泄水建筑物、通航建筑物及厂房还需要顺河方向的剖面图；地基各层岩土物理力学指标；地下水动态观测资料；土工试验、水文地质试验等资料；边坡稳定性资料；坝址区及渠化河段不良工程地质条件评价报告；对天然建筑材料各料场储量、质量、性质、开采运输条件等提出评价报告。

2) 地形资料。地形资料应补充以下内容：坝址各主要建筑物区地形图，其比例尺大小应能满足结构设计、工程量计算的精度要求；渠化河段地形图。

3) 复核、补充拟建坝址处的水位、流量、含沙量、输沙量、水面纵比降及河床糙率。

4) 核实淹没补偿等资料。

5) 核实渠化河段两岸的道路交通、供水及供电等资料。

6) 编制工程概算有关定额、地方材料及设备价格等资料。

5.6.3 渠化工程规划的内容和方法

1. 渠化工程规划的内容

渠化工程规划是在流域经济规划和营运规划的基础上进行。它的任务是根据上述规划提出的近期和远期的客、货运量，船型，运输组织方式以及河流的自然条件，结合国民经济各有关部门，灌溉、防洪、发电、供水、渔业和木材运输方式等对开发和利用水资源的要求，拟定河流的渠化梯级开发方案和开发程序，确定航道尺度和通航建筑物的规模。渠化工程规划一般包括以下内容：

1) 渠化河流航道等级的拟定。
2) 渠化枢纽坝址的选择及梯级布置方案的拟定。
3) 枢纽的平面布置及其主要技术经济指标的计算。
4) 进行梯级布置方案的比较及开发程序的确定。

2. 渠化工程规划的方法

渠化工程规划的步骤：根据河流自然条件及航运要求拟定航道等级；根据河流的水文、地形、地质等自然条件，通过踏勘选择渠化枢纽的坝址，进行梯级布置；对各个梯级布置方案中的渠化枢纽进行总体布置，初步计算各枢纽的主要技术经济指标；根据各个梯级布置方案的技术经济指标，进行梯级组合的方案比选，选出最优方案，并确定梯级开发的程序。

（1）渠化河流航道等级的拟定　拟定渠化河流的航道等级，是渠化工程规划中的一项重要工作。它不仅确定了渠化河流的远期发展及其在内河航道网中的地位和作用，而且确定了渠化枢纽中水工建筑物的设计标准。同时也为其他建设部门在渠化河流上设计和建造相应建筑物时，提供了必须满足航运要求的统一标准。

渠化河流的航道等级拟定是根据经济规划中提出的河流远期货运量和货物运行密度，通过技术经济比较，定出远期船型（载重量、主要尺度、功率、航速等）和运输组织方式，然后根据货运量、船型、船队尺度并结合河流的自然条件以及航道可能改善的程度，确定渠化河流的航道等级。

渠化河流航道等级影响因素复杂，在规划设计过程中，应对船舶和航道投资、营运费用及其他条件进行全面的综合比较，并考虑国防要求，合理地拟定航道等级。航道等级确定后，根据统一的通航标准确定航道尺度及通航建筑物的规模。

（2）渠化梯级布置　在渠化工程规划中，渠化河流航道等级确定后，即可进行枢纽坝址选择与梯级布置。根据河流的自然条件及国民经济各部门对河流开发和利用的要求，先选出可能组成梯级方案的若干个坝址，在初步选定的坝址基础上，进行渠化梯级布置。

1) 坝址选择。坝址选择是渠化工程规划中一项极其重要的工作，它直接影响工程量和投资的大小，施工的难易以及运用、管理和维修等，也是决定工程成败的重要因素之一。

坝址选择应考虑下列条件和要求：
① 渠化河段水文、泥沙、地形和地貌等特性。
② 建坝的工程地质条件和接岸条件。
③ 上、下渠化梯级间的通航水位衔接条件。
④ 近期和远期通航建筑物、挡水和泄水建筑物、水电站等主要建筑物布置的要求。
⑤ 有利于库区的航道整治和淹没航道原有主要滩险。
⑥ 减少淹没、浸没，征地和拆迁。
⑦ 施工导流和分期施工的条件，施工期通航条件。
⑧ 砂、石等地方建筑材料的供应条件。
⑨ 施工场地、弃渣和对外交通运输要求。
⑩ 枢纽的运行、维护和管理要求，工程造价经济合理等。

有条件时，坝址可选择在分汊河段。干、支流相交河段，坝址宜选择在支流河口下游的干流上。当支流河口低洼地淹没损失过大时，坝址也可选择在支流河口上游干流河段上。支流的最下一级枢纽坝址，宜选择在与干流枢纽在最低通航水位时能衔接处。在城镇、大片农田、工矿企业和主要交通设施处建设渠化枢纽时，坝址宜选择在其上游。

中、小型渠化工程在选择坝址时，应注意以下问题：

① 枢纽坝址不宜选在河床地形过于狭窄的河段上，以便于枢纽中各种水工建筑物和施工场地的布置；并应使拦河坝有足够的溢流宽度，以利宣泄洪水，减少坝上游的淹没损失。

② 枢纽坝址应选在河底高程较高，水深较浅的河段上以减少水工建筑物与围堰的高度，从而减少工程量。

③ 枢纽坝址应避开河湾，选在比较顺直的河段上，以免布置于凸岸的建筑物遭淤积，布置于凹岸的建筑物受冲刷。

④ 枢纽坝址应选在地质条件良好的河段，以简化基础处理。减小基础工程量，降低枢纽的工程的造价。

⑤ 与拦河坝坝肩相接的河流两岸，应具有良好的地质条件，以保证坝岸接头安全可靠。

2）渠化梯级水位衔接。渠化梯级布置应使渠化河段间通航水位彼此衔接。渠化梯级间水位应优先采用设计最低通航水位衔接的方式，必要时应留有一定的备淤深度；在特殊情况下需采用通过流量调节和航道整治等工程措施满足设计最低通航水位下通航水深的要求时，应进行技术经济论证。

水电站参与系统日调节或调峰时，应对航道的通航条件、船舶航行及停泊安全进行专门论证。当渠化梯级下游设计最低通航水位未与下游梯级的上游设计最低通航水位衔接或下游规划未布置有梯级时，电站瞬时下泄最小流量不应小于渠化梯级下游航道通过疏浚和整治等工程措施满足设计最低通航水位下通航水深时的最小流量；水电站日调节或调峰时产生的上下游水位、流速和流态的变化不得影响船舶航行和停泊安全，必要时应通过模型试验验证。

3）泥沙分析。多泥沙河流上的渠化枢纽，应对其回水变动区、库区、坝区和下游航道冲淤变化对通航的影响进行研究，并提出解决措施。渠化枢纽工程应考虑梯级之间拦沙、排沙对上、下游航道的影响，必要时应进行物理模型或数学模型研究，对上、下游河床的演变趋势进行验证。

4）渠化梯级布置。渠化河流的梯级布置，是在初步选出一系列坝址的基础上，根据河流的地形、地质、水文等自然条件，结合河流的货运特点、综合利用的要求以及施工条件及施工技术水平，最后选定组成渠化方案的枢纽坝址及各个梯级的水位高度，确定各个梯级的坝顶高程及其上、下游最高及最低通航水位。

进行梯级布置时，应注意以下基本要求：

① 梯级方案必须满足航运要求，即最大可能地改善河流的航行条件，提高航道的运输能力，缩短船舶的航行时间。因此，渠化河段之间应彼此衔接，下一级枢纽的回水最好能达到上一级枢纽的坝下，使各级坝下的航道具有足够的通航水深。两梯级间河段的长度不宜过小，应使船舶在这一渠段的航行时间大于船舶通过通航建筑物所需要的时间，以免因为间距过小，引起过闸船舶聚集在通航建筑物前面，造成拥挤现象。梯级上、下游应有足够长度的顺直河段及水域面积，以保证船舶能安全、方便地通过建筑物，及便于布置前港与靠船码头，易于解决施工期的临时通航。一般情况下，宜将枢纽布置在支流河口的下游，以抬高支流的水位，改善支流的航行条件，同时，还可利用支流的流量发电、灌溉。梯级位置应尽可能选在主要滩险的下游，以便利用枢纽的壅水淹没滩险，以减少滩险的碍航程度。

② 梯级方案应尽量减少淹没损失。在确定梯级的壅水高度时，淹没损失的大小是考虑的重要因素之一，特别是对于以航运为主的中小河流的渠化工程更应慎重考虑。梯级位置最好布置

在城镇、大片农田、工矿企业及主要交通设施的上游。此外，梯级应布置在河床开阔处，以便泄洪通畅。并使各种水工建筑物能布置在河床内，少占两岸耕地。

③ 梯级方案应密切结合流域内已建的和规划的水利工程，考虑相邻干、支流的航运和水利的开发，以充分发挥梯级综合效益，统筹兼顾，实现水利资源的综合利用。梯级位置应尽可能靠近城镇，便于桥坝合一，改善陆上交通条件，并对城镇供电、供水以及枢纽管理均有利。在淹没损失许可及满足航行要求的前提下，梯级水头可适当提高，以便更多地满足流域内所需的电力，并改善水电站的技术经济指标。此外，梯级位置应接近排灌中心，以便提供排灌所需的电力。

④ 梯级位置应具有良好的地形、地质条件，力求避免复杂的技术问题，使工程简易、减少投资。

⑤ 梯级方案必须适应当地的施工技术条件与建筑材料的供应情况以利于缩短工期和降低工程造价。

（3）渠化梯级组合方案的比较　渠化梯级布置组合方案比较，是对已拟定的梯级布置方案的各项技术经济指标进行反复的论证比较，选出最优组合方案作为规划推荐方案。在进行梯级布置组合方案比较时，可从下述几方面进行：

1）在综合利用水资源方面，对航运、发电、灌溉、工业及民用供水、渔业等国民经济各部门的要求所满足的程度。

2）与流域内其他综合利用的水利工程规划建设的相互结合程度。

3）经济效益（包括航运、发电、灌溉、供水及渔业等）及其对发展国民经济的影响。

4）方案的总投资、年运转费用及主要工程材料的需要量等。

5）淹没损失及其对沿岸的农业、工矿企业及其他设施的影响程度。

6）方案的施工技术要求、施工条件及施工期限。

7）对地方经济的发展、文化、国防等方面要求的满足程度。

通过综合比较，选择结构安全可靠、施工简易、运用方便、投资较省、淹没较少、综合经济效益较大的方案作为最后选定的渠化梯级方案。

（4）渠化梯级的开发程序　河流渠化工程由一系列梯级枢纽组成，工程的全部效益须待全部梯级建成后才能充分体现出来。一般情况下，一条河流的全部梯级枢纽不会同时兴建，而是根据工程的轻重缓急与难易程度分期分批建成。为了缩短工程施工期限，争取早日建成，早日发挥效益，避免投资、材料等过度集中使用，应安排好梯级开发程序及第一期工程项目。

在考虑梯级开发程序及第一期工程项目时，应注意下述原则：

1）先期工程应具有显著的综合效益，能得到国民经济各有关部门和当地经济部门、当地群众的积极支持，有可能被批准纳入建设计划。

2）第一期工程应选择航道滩险多而集中、整治困难、碍航严重，对航道通过能力起控制作用的河段，或者选择运输要求迫切和运输强度较大的河段。

3）先建梯级对下一期相邻梯级的施工，无不利的影响或影响不大。

4）梯级建成的先后顺序，应对上、下游航道尺度的逐步提高，航线的逐步延伸及货运量的逐步增加有利。

5）先期工程应选择工程技术不复杂，施工条件好的枢纽。

6）梯级开发的先后顺序，应保证梯级有足够的勘测、设计与施工的准备时间，以利于确保工程的质量。

5.6.4　环境影响评价

环境影响是指人类活动导致的环境变化以及由此引起的对人类社会的效应。

环境评价是按照一定的评价标准和方法,评估环境质量的优劣,预测环境质量的发展趋势和评价人类活动的环境影响。根据评价的时间属性,环境评价可以分为回顾评价、现状评价和影响评价三种类型。

环境影响评价是指对规划和建设项目实施后可能造成的环境影响进行分析、预测和评估,提出预防或者减轻不良环境影响的对策和措施,进行跟踪监测的方法与制度。

1. 环境影响评价程序

环境影响评价程序是指按照一定的顺序或步骤指导完成环境影响评价工作的过程。

环境影响评价大体分为三个阶段。第一阶段,主要为研究有关文件,进行初步的工程分析和环境现状调查,筛选重点评价项目,确定各单项环境影响评价的工作等级,编制评价大纲。第二阶段为正式工作阶段,主要工作为详细的工程分析和环境现状调查,进行环境影响预测和环境影响评价。第三阶段为报告书编制阶段,主要工作为汇总、分析第二阶段工作所得到的各种资料、数据,给出结论,完成环境影响报告书的编制。

建设项目的环境影响,按照项目实施过程的不同阶段,可以划分为建设阶段、生产运营阶段和服务期满后的环境影响三种。所有建设项目均应预测生产运行阶段正常排放和不正常排放两种情况的环境影响。在进行环境影响预测时,应考虑环境对影响的衰减能力。

2. 环境影响评价的技术方法

工程建设项目对环境因子的影响程度,可用等级划分来反映。

(1) 环境影响识别的基本内容 环境影响因子是指工程影响地区的自然环境和社会环境状况。渠化工程对自然环境的影响主要体现在局部气候、水文、泥沙情势、水质、环境地质、土壤、陆生生物、水生生物的影响。对社会环境的影响主要有对人群健康、景观和文物古迹、工程移民搬迁对环境的影响。同时工程施工对周围自然环境和社会环境都要产生一定的影响。这些影响因子构成有结构、分层次的因子空间。

(2) 环境影响预测方法 环境因子在人类活动开展以后,究竟受到多大影响,需要进行环境影响预测。常用的预测方法如下:

1) 数学模式方法。对于某些变化机制未完全了解的事物的预测,常用半经验、半理论的灰箱模式。根据系统变量之间的物理、化学、生物学过程,建立起变化关系,不清楚的方面设法参数化,即用黑箱处理方法,根据输入、输出数据的统计关系确定参数数值。

2) 物理模拟预测方法。应用物理、化学、生物等方法直接模拟环境影响问题的方法统称物理模拟方法。其特点是采用实物模型进行预测,这种方法关键在于原型与模型的相似。

3) 对比法与类比法。对比法是最简单的主观预测方法。通过对工程兴建前后,对某些环境因子影响机制及变化过程进行对比分析,研究其变化可能性及趋势,并确定变化程度。

类比法即拟建工程对环境的影响,可以通过一个已知的相似工程兴建前后对环境的影响对比得到。此法特别适用于相似工程的分析,应用十分广泛。

4) 专业判断法。在进行环境影响预测时,常常有如下问题:缺乏足够的数据和资料,无法进行客观的分析;某些环境因子难以用数学模型定量化;某些因果关系太复杂无法找到适当的预测模型以及一些无法应用客观的预测方法的情况。

最简单的咨询法就是召开专家会议,组织专家讨论,通过专家综合运用专业理论知识和实践经验,在专业领域内做出预测,对一些疑难问题进行咨询。

随着环境科学理论研究和实践的不断深入以及相关学科的发展,地理信息系统(GIS)技术的出现和逐步完善为环境影响评价迈向信息化、现代化提供了更广泛的技术支持。

3. 环境监测与环境保护

（1）环境监测　环境监测是根据工程项目的实际情况，确定监测因子、监测时间、频率和方法。环境监测可分为两类，一是污染源监测，即对污染物排放情况进行监测，一般是在污染物排放出口，定期、定点采集样品，分析、测定不同形态有害物质的浓度、排放量以及时空分布规律。二是环境监测，是对环境中的污染物质及其变化规律、环境影响进行分析、监视，明确其数值、范围、污染程度，通过综合分析描述环境质量状况和发展趋势。

（2）环境保护　国家制定的环境保护规划必须纳入国民经济和社会发展计划，国家采取有利于环境保护的经济、技术政策和措施，使环境保护工作同经济建设和社会发展相协调。

减缓环境影响的措施包括污染消减措施和环境管理措施两部分。采取降低减缓环境影响措施应遵循下列原则：严格遵照国家产业政策；推行清洁生产、实施可持续发展；采取科学、合理地污染防治措施。环境管理措施，一般应当包括环境监测、水土保持等措施的建议、环境管理机构设置的建议等。

5.7　三峡水利枢纽工程概况

三峡水利枢纽工程位于长江干流三峡河段，河段全长约200km，上起四川奉节白帝城，下迄湖北宜昌南津关，由瞿塘峡、巫峡、西陵峡组成。坝址位于西陵峡中的三斗坪镇，河谷开阔，基岩为坚硬完整的花岗岩，具有修建混凝土高坝的优越地形、地质和施工条件。

三峡工程是当今世界上最大的水利枢纽工程，具有防洪、发电和航运综合经济效益。三峡工程建筑由大坝、水电站厂房和通航建筑物三大部分组成。在防洪方面，枢纽地理位置优越，可有效地控制长江上游洪水，对中下游平原区，特别是对荆江地区的防洪起着决定性的不可代替的作用。提高长江中下游防洪调度的机动性和可靠性，减轻中下游洪水淹没损失和对武汉市的洪水威胁，并可为洞庭湖区的根本治理创造条件。枢纽主要建筑物设计洪水标准为千年一遇，校核洪水标准为万年一遇。相应设计水位和校核水位分别为175m及180.4m。大坝为混凝土重力坝，大坝坝顶总长3035m，坝高185m，设计正常蓄水水位枯水期为175m，总库容393亿m^3，其中防洪库容221.5亿m^3，如图5-4所示。

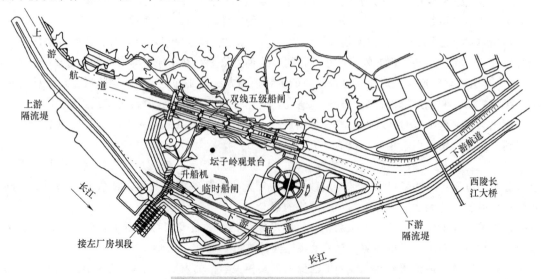

图5-4　三峡水利枢纽工程平面布置图

三峡水电站是世界最大的水电站，总装机容量 1820 万 kW。采用坝后式厂房，设有左、右岸两组厂房，共安装 26 台水轮发电机组。左岸厂房全长 643.7m，安装 14 台水轮发电机组；右岸厂房全长 584.2m，安装 12 台水轮发电机组。三峡水电站向华东、华中、华南送电。

三峡工程通航建筑物包括永久船闸和升船机，均位于左岸的山体中。永久船闸为双线五级连续梯级船闸，单级闸室有效尺寸长 280m、宽 34m，坎上最小水深 5m，可通过万吨级船队。升船机为单线一级垂直提升，承船厢有效尺寸长 120m、宽 18m，水深 3.5m，一次可通过一艘 3000t 级的客货轮，航道单向年通过能力可由 1000 万 t 提高到 5000 万 t。

三峡工程是在天然河流上建拦河闸坝和船闸（或升船机），壅高上游河段水位，增加通航水深，以改善航行条件的航道治理工程措施。除前述减免洪水灾害，改善航运条件之外，可促进水库渔业、旅游业的发展，改善中下游枯水季水质，并有利于南水北调。

习 题

5-1 名词解释：渠化枢纽，集中布置和分散布置，水库设计洪水位、校核洪水位、正常蓄水位。

5-2 渠化枢纽由哪几部分组成？各部分的作用是什么？

5-3 渠化枢纽总体布置应考虑哪些因素？

5-4 集中布置适应什么情况？采用集中布置时应符合哪些规定？

5-5 分散布置适应什么情况？分散布置方式有哪几种？采用分散布置时应符合哪些规定？

5-6 枢纽水工建筑物的选型与布置应满足哪些要求？

5-7 如何划分渠化枢纽工程等别？

5-8 如何划分永久性、临时性水工建筑物级别？

5-9 水库特征水位有哪些？

5-10 简述渠化工程规划的程序和原则。

5-11 简述三峡水利枢纽工程概况。

第 6 章

通航建筑物

学习重点

船闸的类型,船闸工程组成及功能,船闸闸室的有效尺度,引航道的平面布置及引航道尺度,船闸通过能力和耗水量计算,船闸输水系统类型和适用范围,船闸荷载类型及计算,闸室结构设计及计算。

学习目标

了解升船机的类型及其组成;熟悉船闸工程的组成、总体布置;掌握通航建筑物的概念、类型和特点,船闸闸室的有效尺度及引航道尺度的确定方法,船闸通过能力和耗水量计算,输水系统类型和适用范围,闸室结构类型,闸室设计计算。

通航建筑物(Navigation Structures)是指为使船舶通过航道上有集中水位差的区段而设置的水工建筑物,又称过船建筑物。常见的通航建筑物有船闸和升船机。船闸(Navigation Lock)是由上下闸首、闸门和闸室组成的用水力的方法直接提升船舶过坝的一种通航建筑物。升船机(Ship Lift)类似人类的电梯,是利用机械设备升降承船厢(Ship Carrying Chamber)的通航建筑物。通航建筑物示意如图 6-1 所示。

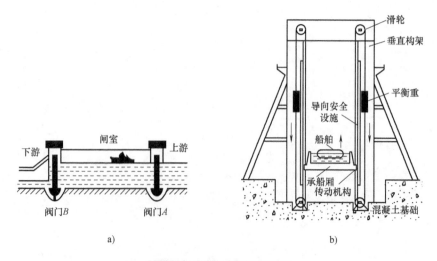

图 6-1 通航建筑物示意图
a) 船闸 b) 垂直升船机

6.1 概述

中国是最早利用船闸改善水运条件的国家。秦始皇三十三年所兴建的灵渠上陡门，是世界上最早的船闸。进入20世纪，在美国、德国、前苏联和中国等国家都建有大量高水头，大型化和现代化船闸。目前世界上最大的内河船闸长360m，宽34.5m，槛上水深5m，可通过2万t级的顶推船队。最大的海船闸长500m，宽65.4m，槛上水深超过15m，可通30万t级的船舶。

升船机的建造已经有200多年的历史，由于整个工业水平的限制，18世纪末和19世纪初建造的升船机，无论提升高度或通过船舶的吨级均较小，一般在100t以下，提升高度大多在15m以下。20世纪30年代德国尼德芬诺垂直升船机建造以来，升船机发展到一个新阶段，提升高度和船舶的吨位显著增大，类型也不断增多。60年代以来，随着整个工业水平的提高，德国、比利时、法国均相继建造了一些大型的现代化的升船机，通过船舶吨位可达1350~2000t，提升高度到百米以上。世界最大的垂直升船机位于比利时中央运河的斯特勒比—布拉克里，可升降2500t级驳船，提升高度73.15m。最大斜面的升船机位于俄罗斯叶尼塞河克拉斯诺亚尔斯克，可升降1500t级船舶，提升高度为101m。1949年以来，我国因地制宜建造了60余座升船机，其中绝大多数升船机通过船舶的吨位在50t以下。50年代以来开始进行现代化大型升船机的研究和设计工作。

船闸是应用最广的一种通航建筑物，多建筑在河流和运河上。为克服较大的潮差，也建筑在入海的河口和海港港池口门处。船闸有容纳船队的较大闸室，在中低水头下有较大的通过能力，可适应各种尺度的船队过闸，应用广泛；船闸技术成熟，运行稳定可靠，设计、施工经验相对较多，营运成本低，但船舶过闸需耗水，设计水头（上下游水位差）高时，水力学问题比较复杂，工程造价和投资较高。

升船机一般在高水头情况下采用，在提升船舶、船队的过程中不耗水，提升速度较船闸速度快，但机电设备量大，制造与安装精度要求较高，适应枢纽上下游水位变幅能力较差。

经验表明，当水头在70m以上时，宜建造升船机；水头为40~70m时，应进行升船机与船闸的比选；当在40m以下时，采用船闸通常比升船机优越。

6.2 船闸工程组成和类型

6.2.1 船闸分级

船闸按设计最大船舶吨级分为7级，其分级指标与航道分级指标相同，见表6-1。

表6-1 船闸分级指标

船闸级别	Ⅰ	Ⅱ	Ⅲ	Ⅳ	Ⅴ	Ⅵ	Ⅶ
设计最大船舶吨级/t	3000	2000	1000	500	300	100	50

注：设计最大船舶吨级是指通过船闸的最大船舶载重吨（DWT）；当为船队通过时，指组成船队的最大驳船载重吨（DWT）。

6.2.2 船闸工程组成及功能

船闸是为船舶通过航道上集中水位差而设置的一种水工建筑物。主要由闸首、闸室、输水系统、引航道、口门区、连接段、锚泊地、导航建筑物、靠船建筑物、闸门、阀门、启闭机械、电器控制设备和通信、助导航、运行管理等附属设施及生产、生活辅助建筑物等组成。有的船闸还应包括锚地、前港和远方调度站等。

1. 闸首

闸首（Lock Head）是位于闸室两端的挡水建筑物，如图6-2所示，主要分为上闸首、中间闸首和下闸首。闸首上设有检修闸门、工作闸门、输水系统、闸门和阀门的启闭设备等。检修闸门是船闸检修时使用的临时性挡水结构物。工作闸门是设在闸首的活动挡水闸门，以便形成闸室的空间水体。输水系统包括输水廊道和输水阀门，供闸室灌、泄水。启闭设备用来启闭工作闸门和输水阀门。闸首通常采用整体式钢筋混凝土结构，边墩和底板刚性连接在一起。

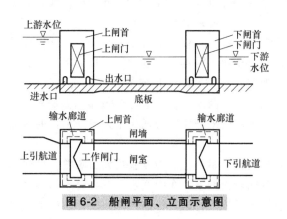

图6-2 船闸平面、立面示意图

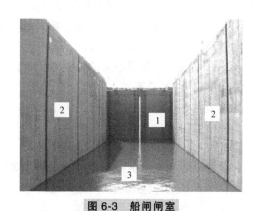

图6-3 船闸闸室

1—人字闸门 2—闸墙 3—闸底

2. 闸室

闸室（Lock Chamber）为船闸上、下闸首和两侧闸室墙及闸底围绕而形成的供过闸船舶停泊使用的空间，如图6-3所示，包括有效和无效两部分。闸墙是闸室两侧起挡土、挡水和靠船作用的结构。

船闸闸室的底部结构是闸底（Chamber Floor）。当船闸灌、泄水时，停泊在闸室中的船舶随闸室水面的升降而升降。由于灌泄水时闸室水面升降较快，为保证过闸船舶的平稳停泊与安全升降，沿闸室墙设有系船柱、系船环等系船设备。闸室一般采用钢筋混凝土结构。闸墙和闸室底板有刚性连接在一起的整体式结构和不连接在一起的分离式结构两种。

3. 输水系统

输水系统（Filling And Emptying System）是闸室灌水和泄水的全部设施。输水系统的基本形式有两种，集中输水系统（Concentrated Filling And Emptying System）和分散输水系统（Dispersed Filling And Emptying System）。集中输水系统是将输水系统集中布置在闸首范围内的船闸灌泄水系统。分散输水系统是输水系统布置在闸首及闸室的底板和闸墙内的船闸灌泄水系统。输水廊道上设有输水阀门。船闸上下游的最大水位落差在15m以内的船闸，一般采用集中输水系统；水头较大时多采用分散输水系统。

4. 闸门和阀门

船闸闸门（Lock Gate）是安装在船闸闸首口门，供船闸正常运转以及检修、事故应急之用的闸门。

主要包括工作闸门（Working Gate）、检修闸门（Repair Gate）和事故闸门（Emergency

Gate)。工作闸门是设在上、下闸首上的活动挡水结构。事故闸门是船闸发生事故时可在动水条件关闭断流的应急闸门。常用的闸门形式有人字闸门、平板升降闸门、横拉闸门、扇形闸门等,以人字闸门应用最广。闸门要求操作灵活,启闭迅速。阀门主要指输水阀门,输水阀门安装在输水廊道上、工作闸门上或输水孔口上,以控制船闸闸室或贮水池灌、泄水的工作阀门。常用的阀门有平板提升阀门、蝴蝶阀门和反向弧形阀门,阀门要求结构简单,启闭力小,操纵方便。

5. 引航道

引航道(Approach Channel)是连接船闸闸首与口门区的一段过渡性静水航道,能满足过闸船舶安全进出和候闸要求的限制性航道,主要分为上游引航道与下游引航道,如图 6-4 所示。在引航道内设有导航建筑物与靠船建筑物。导航建筑物的作用是引导船舶顺利地进出闸室,多为不透水的导航墙,一般均与闸首相连。靠船建筑物是供等待过闸的船舶停靠使用。

6. 口门区和连接段

口门区(Entrance Area)和连接段(Transitional Reach Outside Entrance)是引航道与河流、水库、湖泊中的主航道相连接的一段过渡区域,是引航道静水与河流动水交界的水域。当口门区不能与主航道直接平顺衔接时,应设置连接段。连接段航道是指船闸上、下游引航道口门区末端与河道主航道之间的衔接,其目的是确保船舶、船队安全地从河流主航道驶入引航道或从引航道驶入河流主航道。

隔流堤(Dividing Dike)是将泄水闸、电站、溢流坝的水流通道与引航道分隔开的构筑物。引航道外的口门区是指引航道隔流堤头部以外一定范围内的水域,如图 6-4 所示。口门区存在较大的流速梯度,同时存在斜向水流,有时还会出现泡漩等恶劣流态。当船舶航行经过该水域时,就会受到斜流、回流等的影响。为保证船舶安全进出引航道,需要限定口门区的纵、横向流速标准和流态的范围。《船闸总体设计规范》(JTJ 305)对口门区宽度和长度都有明确的规定。连接段的宽度和水深应与口门区相同,连接段的长度视条件而定。

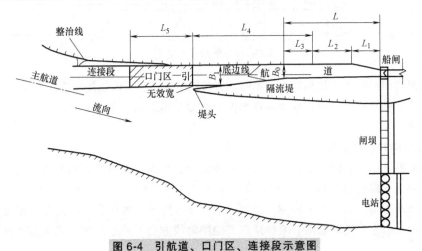

图 6-4 引航道、口门区、连接段示意图

L—直线段 L_1—导航段 L_2—调顺段 L_3—停泊段 L_4—制动段
L_5—口门区 B_0—引航道宽度 B_1—口门宽度

7. 锚地和前港(Outer Berthing Area)

由于我国目前内河上航行的船舶大小不一、性能各异,故对船舶进行编队,可以统一船舶进出闸速度、节省过闸时间,增加一次过闸船舶的载重量,提高船闸的通过能力。船舶的编队工作通常在船闸的上下游的适当位置设置锚地或前港进行。

8. 电器控制设备

船闸一般由设在闸首边墩上的中心控制室集中管理。通过电气闭塞装置远距离操纵闸门和阀门启闭。在有的船闸上，还将指挥船舶航行的信号装置同闸门、阀门的操纵设备联系在一起，以实现过闸程序的自动化。

6.2.3 船闸的类型

根据船闸所处的地理位置、闸室平面布置、闸室数目、结构特点、输水形式、闸室平面形状等，可以将船闸分为多种类型。

1. 内河船闸、海船闸和运河船闸

按照船闸所处的地理位置，可分为内河船闸、海船闸和运河船闸。内河船闸是指位于天然河流、水库、湖泊，供内河船舶、船队航行的船闸。海船闸是指建于封闭式海港港池口门及入海河口，供海船航行的船闸。运河船闸是指建于内陆运河、海运河，供内河船舶和海船行驶的船闸。一般来说，内河船闸的平面尺寸及门槛水深比海船闸小，应用范围更广。

2. 单线船闸与多线船闸

根据船闸闸室平面布置按并列排列的船闸轴线数可分为单线船闸和多线船闸。单线船闸（Single Wire Lock）是指沿横向并列排列只有一条船闸轴线数的船闸，多线船闸（Multiple Locks）是指沿横向有两条或两条以上船闸轴线数的船闸，如图6-5所示。

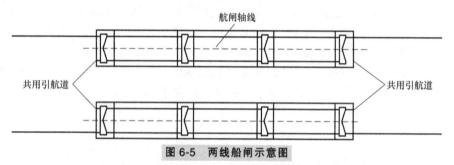

图6-5 两线船闸示意图

单线船闸在遇到船闸检修和发生故障时，有可能造成水利枢纽航运中断。对于水运要求高、货运量较大的水利枢纽，一般都采用多线船闸。线数最多的船闸是莱茵河上荷兰境内的福耳克腊克四线船闸。

3. 单级船闸和多级船闸

按目前世界上已建船闸的资料，船闸闸室平面布置按纵向轴线排列闸室数目可分为单级船闸和多级船闸。多级船闸（Lock Flight）又分为连续多级船闸和闸梯。单级船闸（Single Lock）是指沿纵向轴线方向上只有一个闸室的船闸，如图6-6所示。连续多级船闸是指沿船闸轴线方向有两个及两个以上闸室的船闸。闸梯是指沿船闸轴线方向上两个闸室之间或多个闸室之间设

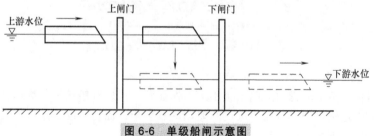

图6-6 单级船闸示意图

有中间渠道的船闸，中间渠道具有一定宽度和长度，并满足一定水深，可供船舶、船队交错避让的限制性航道。

(1) 单级船闸

1) 单级普通型船闸。单级普通型船闸的使用最为广泛，主要由上下闸首、闸室和上下引航道及相应的设备组成。常规的单级船闸，船舶过闸时间较短，通过能力相对较大；闸、阀门及启闭机械少，可靠性高；单级船闸占地少，便于布置；建筑物及设备集中，运行管理方便。我国西江航运干线桂平船闸为目前世界最大单级船闸，船闸有效尺度为280m×34m×5.6m，设计代表船型为3000t级货船、2×2000t级顶推船队等。哈萨克斯坦额尔齐斯河上的石山咀船闸，单级提升高度达42m，是目前世界上单级水头最高的船闸。

2) 单级井式船闸（Shaft Lock）。当单级船闸水头较高，地基条件较好，上下游的地质高程相差较大，为了充分利用地形优势，并减小下游闸门高度，可将上闸门建在帷墙上，在下闸门上部建有胸墙与闸门共同挡水的船闸，过闸船舶从胸墙下面进出闸室，这种船闸称为单级井式船闸，如图6-7所示。

图6-7 单级井式船闸示意图

3) 单级省水船闸（Storage Thrift Lock）。除普通船闸外，还有一种省水船闸。省水船闸是在天然河流水流流量不足情况下选择的一种经济、节水的通航建筑物形式，如图6-8所示。船闸属耗水工程，在河流枯季水量不足情况下，发电与航运以及农业灌溉等方面矛盾突出。由此，在船闸设计中，如能在解决过船问题的同时兼顾节约用水，由此将产生巨大的经济和社会效益。

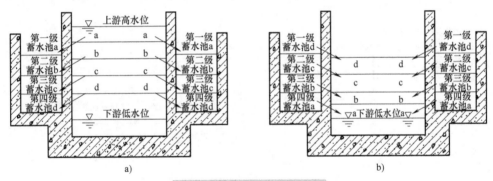

图6-8 省水船闸闸室断面图
a) 泄水过程 b) 灌水过程

省水船闸除具有单级普通型船闸相同的基本组成外，还在船闸闸室的一侧或两侧建有蓄水池，暂时储存闸室泄水时泄出的部分水量，待闸室灌水时，再将储存的水灌入闸室以节省过闸用水量。单级省水型船闸的船舶过闸程序大部分与普通船闸相同，其灌水和泄水过程，通过省水蓄水池逐层进行，闸室的灌泄水时间增加很多。省水船闸一般建造在水源不足的地区，德国是研究和实践省水船闸最多的国家。

4) 单级等宽式船闸和广室式船闸（Wide Chamber Lock）。按照船闸闸室平面形状可分为等宽式船闸和广室式船闸。一般船闸闸室的平面形状为长方形，闸首口门的宽度与闸室宽度相等，称为等宽式船闸。闸室宽度大于闸首口门的船闸，称为广室式船闸，如图6-9所示。在有的船闸上，闸室的宽度甚至等于两倍或两倍以上的闸首口门的宽度。这样可以使闸门及相应的启闭机械简单，但由于船舶在广室船闸的闸室需要较大的横向移动，使过闸船舶的运行复杂化，延长过闸时间。因此广室式船闸应用并不广泛，仅用于小型河流中，以通过小型船舶为主。在 20 世纪 90 年代以前，我国的广室式船闸在渠化工程中占主导地位，广室式船闸的口门宽一般根据技术和经济条件考虑确定，且大都是通航不大的船型船舶、船队，因此规范未作明确规定。

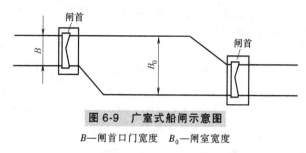

图 6-9　广室式船闸示意图

B—闸首口门宽度　B_0—闸室宽度

（2）多级船闸　随着工程技术水平的提高，单级船闸的水头也在不断提高。但按现有的技术水平，单级船闸的适应水头不能过大，水头仍是影响船闸级数的因素，某些情况仍需考虑多级船闸方案，如受技术条件、地形地质条件限制而为减少工程量、减少耗水量等。多级船闸的级数取决于船闸的总水头，与每级可能的水头、地形和地质条件、经济和技术状况以及施工条件等因素有关。因此，船闸的级数选择是一个较复杂的问题。

1）连续多级船闸。连续多级船闸，如图 6-10 所示。通常是为了解决水利枢纽较大的水头差所带来的经济和技术困难所采用的工程措施之一，虽然增加了船舶过闸时间和过闸用水量，但是它是解决高水头、地质复杂等带来难题的有效措施。

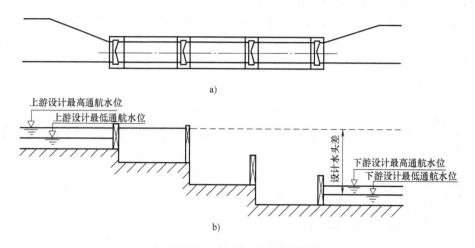

图 6-10　连续多级船闸示意图

a）平面图　b）纵断面图

世界上级数最多的船闸是俄罗斯的卡马船闸，共 6 级，水头仅有 22m。在多线船闸中，如果每一线船闸由多级船闸组成，称为多线多级船闸。三峡永久船闸的每一线船闸均由五级连续船闸组成，故称作双线连续五级船闸。三峡双线连续五级船闸，设计水头达 113m，为世界之最。

2）闸梯。闸梯是船闸的主体部分，由多个分开布置的单级船闸构成，这种船闸与连续布置的多级船闸的主要不同之处是在上下两级船闸之间设置了中间渠道，中间渠道是限制性航道。这种布置形式的船闸过闸程序与通过普通单级船闸程序原理相同。

单级船闸间通过中间渠道进行连接，船舶通过的整个线路较长，工程量和造价一般较大，在船闸灌、泄水时，中间渠道内的水流条件问题和泥沙淤积问题较为复杂，需专门进行技术研究论证。

6.2.4 单级船闸的工作原理

假定船舶从下游驶向上游（上行），上闸门及上游输水阀门关闭，下游输水阀门打开，由输水系统从闸室向下游泄水，闸室内水位和下游水位齐平。打开下闸门，船舶由下游引航道驶入闸室，随即关闭下闸门和下输水阀门，如图 6-11 所示。打开上游输水阀门，由输水系统从上游向闸室灌水，待闸室中的水面上升到与上游水位齐平时，开启上闸门，船舶即由闸室驶出，进入上游引航道。船舶下行时的过闸程序则相反。

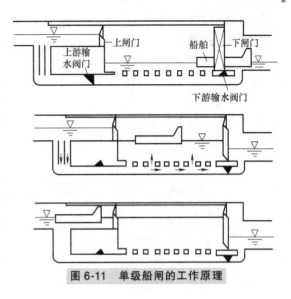

图 6-11 单级船闸的工作原理

6.3 船闸规模

新建、扩建和改建的船闸级别与建设规模，应依据船闸所在航道的定级或规划等级，近期与远期客货运输量、船型、船队的情况，地形、地质、水文以及施工条件，近期、远期和设计水平年内各个不同时期的运输要求等，通过经济技术比较，综合分析确定。

科学合理地确定船闸工程建设规模，对水运资源的充分开发利用，适应航运的近期、远期发展的需要，扩大干流、支流直达范围，促进船型、船队的标准系列化与现代化，降低运输成本，发展内河水运、节省工程费用等具有重要意义。因此，新建、扩建和改建的船闸工程，对船闸建设的规模必须进行认真研究。

船闸的设计水平年应根据船闸的不同条件采用船闸建成后的 20~30 年。对新增建复线、多线和扩建、改建困难的船闸，应根据远期运输要求，采用更长的船闸设计水平年。船闸建设规模采用的设计水平年主要考虑以下因素：

1) 船闸使用年限的永久性，需要考虑合理的相应期限。
2) 国民经济发展已走上持续、健康、稳步、快速的轨道，对水运的发展和水运工程建设，有条件预测和展望较长的时期。
3) 对受地形、地质及施工条件等限制，难以扩建、改建的船闸工程，为充分利用水运资源，给远期的水运发展留有余地，宜采用更长的年限。

6.3.1 船闸闸室的有效尺度

船闸闸室有效尺度（Effective Dimensions of Lock）是指船闸闸室有效长度（Effective Length of Lock）、闸首口门和闸室有效宽度（Effective Width of Lock）和门槛最小水深（Water Depth Above Sill）的总称。船闸有效尺度必须满足船舶安全进出船闸和停泊的条件，并应满足：

1) 船闸设计水平年内各阶段的通过能力应满足过闸船舶总吨位数量和客货运量的要求。
2) 满足设计船队，能一次过闸。
3) 满足现有运输船舶和其他船舶过闸的要求。

1. 船闸闸室有效长度

船闸闸室有效长度,如图 6-12 所示,是指船舶过闸时,闸室内可供船舶安全停泊的长度。船闸闸室有效长度起止边界是上游边界和下游边界之间的最小有效距离。上游边界应取下列最下游面:帷墙的下游面;上闸首门龛下游边缘;采用头部输水时镇静段的末端;其他伸向下游构件占用闸室长度的下游边缘。

下游边界应取下列最上游界面:下闸首门龛的上游边缘;双向水头采用头部输水时镇静段长的一端;防撞装置的上游面;其他伸向上游构件占用闸室长度的上游边缘。

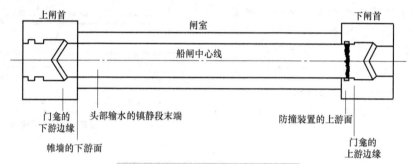

图 6-12 船闸闸室有效长度示意图

船闸闸室有效长度不应小于按式(6-1)计算的长度,并取整数。

$$L_x = L_c + L_f \tag{6-1}$$

式中 L_x——闸室有效长度(m);
L_c——设计船队、船舶计算长度(m),当一闸次只有一个船队或一艘船舶单列过闸时,为设计最大船队、船舶的长度;当一闸次有两个或多个船队船舶纵向排列过闸时,则为各设计最大船队、船舶长度之和加上各船队、船舶间的停泊间隔长度;
L_f——富余长度(m),顶推船队:$L_f \geq 2+0.06L_c$;拖带船队:$L_f \geq 2+0.03L_c$;机动驳或其他船舶:$L_f \geq 4+0.05L_c$。

2. 船闸闸首口门和闸室有效宽度

船闸闸首口门和闸室有效宽度应分别为闸首两边墩内侧墙面和闸室两侧闸墙面间的最小净宽度。当闸室墙底设置护角时,护角在闸室有效宽度内的高度,不得影响船舶、船队的安全,在设计最低通航水位时,必须满足船舶、船队过闸与停泊对水深的要求。

船闸闸首口门和闸室有效宽度不应小于按式(6-2)和式(6-3)计算的宽度,并宜采用现行国家标准《内河通航标准》(GB 50139)中规定的 8m、12m、16m、23m、34m 宽度。

$$B_x = \sum b_c + b_f \tag{6-2}$$

$$b_f = \Delta b + 0.025(n-1)b_c \tag{6-3}$$

式中 B_x——船闸闸首口门和闸室有效宽度(m);
$\sum b_c$——同一闸次过闸船舶并列停泊于闸室的最大总宽度(m),当只有一个船队或一艘船舶单列过闸时,则为设计最大船队或船舶的宽度 b_c;
b_f——富余宽度(m);
Δb——富余宽度附加值(m);当 $b_c \leq 7m$ 时,$\Delta b \geq 1m$;当 $b_c > 7m$ 时,$\Delta b \geq 1.2m$。
n——过闸停泊在闸室的船舶列数。

3. 船闸门槛最小水深

船闸门槛是指沿闸首口门全宽、高出闸首底板、阻挡闸门向下游逾越的构筑物。船闸门槛最小水深是指在设计最低通航水位至门槛顶部的最小深度，并应满足设计船舶、船队满载时的最大吃水深度加富余深度的要求，可按式（6-4）计算，闸室最小水深应为设计最低通航水位至闸室底板顶部的最小水深，其值应不小于门槛最小水深。设计采用的门槛最小水深和闸室最小水深，在满足计算最小水深值的基础上，应充分考虑船舶、船队采用变吃水多载时吃水增大以及相邻互通航道上较大吃水船舶、船队需通过船闸的因素，综合分析确定。

$$\frac{H}{T} \geqslant 1.6 \tag{6-4}$$

式中　H——船闸门槛最小水深（m）；

　　　T——设计船舶、船队满载时的最大吃水（m）。

在确定船闸门槛水深时，为提高船舶或船队进闸速度，减小船队或船舶进闸所受的阻力，适应变吃水船舶满载通过要求，应采用较大的门槛水深。

为了适应航运事业的发展，构成四通八达的统一标准的航道网，各国均对天然渠化河流及人工运河划分了等级，制定了统一的通航建筑物标准。《内河通航标准》（GB 50139）中，船闸闸室有效尺度可按表6-2选取，且不得小于表中数值。

船闸有效宽度系列为34m、23m、18m或16m、12m、8m。经论证需要加宽的船闸，其尺度应符合宽度系列分档的规定。船闸有效长度应根据设计船舶、船队或其他船舶、船队合理组合的长度并考虑富余长度确定。经论证需要加大长度的，可在表6-2规定的长度的基础上增加。

表6-2　船闸有效尺度　　　　　　　　　　　　　　　　　（单位：m）

船闸级别	天然和渠化河流				限制性航道			
	代表船舶、船队	长	宽	门槛水深	代表船队	长	宽	门槛水深
Ⅰ	(3) 2排2列	280	34	5.5	—	—	—	—
Ⅱ	(2) 2排2列	200	34	4.5	—	—	—	—
	(3) 2排1列	200	23	4.5	(1) 2排1列	230 200	23 18或16	5.0 4.5
Ⅲ	(2) 2排2列	180	23	3.5				
	(3) 2排1列	180	18或16 12	3.5	(1) 2排1列	180	18或16 12	3.5
Ⅳ	(1) 3排2列	180	23	3.0				
	(2) 2排2列	120	23	3.0				
	(3) 2排1列	120	18或16 12	3.0	(1) 2排1列	120	18或16 12	3.0
Ⅴ	(1) 2排2列	120	23	2.5	(1) 1拖6	120 210	18或16 12	3.0
	(2) 2排1列	120	18或16 12	2.5	(2) 2排1列	120	18或16 12	3.0
Ⅵ	(1) 1拖5	100	18或16	1.6	(1) 1拖11	160	12	2.5
	(2) 货船	100	12	1.6	—	—	—	—
Ⅶ	(1) 1拖5	80	12	1.3	(1) 1拖11	120	12	2.0
	(2) 货船	80	8	1.3	—	—	—	—

6.3.2 船闸线数

船闸的线数应全面研究单线船闸对设计水平年内运输要求的适应性，凡属下列情况之一者，应设置双线或多线船闸：

1）采用单线船闸不能满足设计水平年内过闸船舶数量、总吨位数、客货运输量过闸的通过能力要求。

2）客货运量大，船舶过闸繁忙的连续多级船闸，由于单线船闸迎向运转要等待和延长过闸时间、降低通过能力和船舶运输效率而不经济。

3）运输繁忙和重要航道在年通航期内，不允许由于船闸检修、疏浚、冲沙和事故等原因造成断航。

4）客运、旅游等船舶多，过闸频繁，需解决快速过闸。

5）区间小船、渔船和农副业船舶数量多，过闸频繁影响通过能力。

三峡水利枢纽双线五级船闸是世界上规模最大、技术最为复杂、施工建设难度最大的船闸。除了满足设计水平年内过闸货运量外，还考虑了船闸检修以保证长江航运不断的需要，故此渠化枢纽采用二线五级通航的模式，其中既有供船舶、船队通航的两线船闸，同时又有使船舶快速过坝的通道——垂直全平衡升船机。

6.3.3 船闸级数

船闸级数应根据水头、地形、地质、水源、水力学等自然和技术条件进行技术经济分析比较确定。

船闸级数的选择，应优先采用单级船闸。当受自然和技术条件限制，属下列情况之一者，应采用两级或多级船闸。

1）船闸水头较大，采用单级船闸水力学等条件不能满足要求。

2）受船闸地址地形、地质条件的限制，经不同级数方案比选，技术经济合理。

3）水源困难，受供水限制，必须节省船闸耗水量。

船闸级数，可按下列情况确定：

1）水头<30m，采用单级船闸。

2）水头为30～40m，采用单级或两级船闸。

3）水头>40m，采用两级或多级船闸。

多级船闸的级数划分，应综合分析上、下游水位变幅和地形、地质条件研究确定，并宜使各级船闸的结构尺度、灌泄水时间一致，减少补、溢水量。

设中间渠道船闸，中间渠道尺度应满足船舶、船队的通航、会让、通航水流、水力学条件的要求。

6.3.4 船闸设计水位

船闸上下游设计最高通航水位、设计最低通航水位、校核高水位、校核低水位、检修水位和施工水位，应根据水文特征、航运要求、船闸级别、有关水利枢纽和航运渠化梯级运用调度情况，考虑航道冲淤变化影响、两岸自然条件和综合利用要求等因素，综合研究确定。

1. 船闸上游设计通航水位

确定船闸上游设计通航水位，应考虑下列因素：

1）满足航运的需要和船舶安全畅通的要求。

2) 改善上游航道滩险的需要。
3) 综合利用水资源对上游水位的要求。
4) 回水淹没的损失，以及对重要城镇、铁路、公路、厂矿、农业基地、文物古迹、环境保护等的影响。
5) 工农业生产和城镇生活用水对上游来水的影响。
6) 水电站运行、船闸灌水和风浪等引起的水位变化。
7) 船闸或船闸所在枢纽的特殊运行的水位情况。
8) 由于河床淤高引起的水位变化。

(1) 船闸上游设计最高通航水位　应按表6-3规定的设计洪水频率，并考虑上述因素，分析计算确定，对水利水电枢纽不得低于正常蓄水位，对航运枢纽不得低于正常挡水位和设计挡水位。

表 6-3　船闸设计最高通航水位设计洪水频率

船闸级别	Ⅰ、Ⅱ	Ⅲ、Ⅳ	Ⅴ～Ⅶ
洪水重现期/年	100～20	20～10	10～5
频率(%)	1～5	5～10	10～20

注：1. 对出现高于设计最高通航水位历时很短的山区性河流，Ⅲ级船闸的洪水重现期可采用10年；Ⅳ、Ⅴ级船闸可采用5～3年，Ⅵ、Ⅶ级船闸可采用3～2年执行。
　　2. 在平原地区运输繁忙的Ⅴ～Ⅶ级船闸设计最高通航水位，通过论证洪水重现期可采用20～10年。
　　3. 山区中小型船闸经论证允许溢洪的，其上游设计最高通航水位，可根据具体情况通过论证后确定，但不应低于船闸建设前航道通航标准。

(2) 船闸上游设计最低通航水位　船闸上游设计最低通航水位，应按表6-4规定的保证率，并考虑上述因素分析计算，并应与枢纽的死水位和最低运行水位相比较取低值。

表 6-4　船闸设计最低通航水位保证率

船闸级别	Ⅰ、Ⅱ	Ⅲ、Ⅳ	Ⅴ～Ⅶ
保证率(%)	99～98	98～95	95～90

2. 船闸下游设计通航水位

确定船闸下游设计通航水位，应考虑下列因素：
1) 满足航运的需要和船舶安全畅通的要求。
2) 枢纽建成后对下游河床下切或下游河床冲淤变化引起的同级流量相应的水位降低或升高。
3) 引排水引起的水位变化和有关方面对水位的特殊要求。
4) 下游航道整治、疏浚引起的水位变化。
5) 重要建筑物或河道条件对水位的限制和影响。
6) 枢纽运行调节、船闸泄水及风浪波动引起的水位变化。
7) 位于潮汐河段的船闸、建闸后引起的潮位变化。
8) 交汇河口高水位或洪水顶托的影响。

船闸下游设计最高通航水位，应采用表6-3规定的设计洪水频率相应的最大下泄流量所对应的下游最高水位，并应考虑上述因素分析确定。在下游有梯级衔接时，尚应考虑受下一梯级回水的影响。

船闸下游设计最低通航水位，在下游为天然河道时，应采用表6-4规定的保证率，并考虑上述因素分析确定。在下游有衔接梯级时，应采用下一梯级上游设计最低通航水位回水到船闸的相应水位。

3. 船闸上、下游校核高水位

渠化枢纽除通航任务外，有些船闸在水利枢纽中还与闸、坝一起构成挡水线，最前缘闸首工作闸门应满足枢纽挡水的要求，其闸门门顶高程由上游校核高水位确定。

船闸上游校核高水位可采用枢纽的校核洪水水位或非常运用水位。船闸下游校核高水位可采用枢纽的校核洪水水位或非常运用时最大下泄流量相应的下游最高水位。不受枢纽影响的船闸，可按船闸级别，参照有枢纽的同级别情况，研究分析校核洪水位或非常运用时的水位，确定上、下游校核高水位。

船闸下游校核低水位可采用枢纽最小瞬时下泄流量相应的下游最低水位。枢纽下泄的最小瞬时流量必须满足下游河段设计最低通航水位相应流量。

4. 船闸上、下游检修水位

船闸检修水位是船闸检修期间的最高水位，也是船闸建筑物设计水位之一。当水位超过检修水位时，船闸不能抽干水位进行检修。船闸上、下游检修水位，应根据船闸的规模、重要性、航运要求、水文情况、枢纽运行条件与检修情况、检修能力和检修延续时间等，综合分析确定。水位定低了，无法满足检修需要，水位定高了，影响船闸正常运转，增加工程造价。

5. 施工水位

船闸施工水位应根据施工能力与强度、施工进度安排、河道洪、中、枯水期的水文情况、地形条件、施工导流与施工围堰设施等情况，以保证安全施工和满足施工需要为原则，对不同的施工期限和工程部位，经论证比较后，综合分析确定。施工围堰的洪水设计标准可参照水利、水电有关现行标准确定。

通航建筑物各种水位的确定，一方面直接关系到工程的运行和检修条件及通过能力；另一方面关系到工程的投资。如何做到科学、合理和简明地确定各种水位与之相应的流量频率，还有待于进一步进行研究和论证。

6.3.5 船闸工程各部位高程

船闸工程各部位高程，主要根据各部位结构所处的位置和功能确定，包括船闸闸首墙顶部高程，闸室墙顶部高程，闸门门顶高程，导航和靠船建筑物顶部高程及引航道堤顶高程，闸首门槛高程、闸室底板和引航道底高程、多级闸室设计高程等。

1. 闸首墙顶部高程

闸首墙顶部高程应根据闸门顶部高程和结构布置等要求确定，并不得低于闸门和闸室墙顶部高程。位于枢纽工程中的船闸，其挡水前缘的闸首顶部高程应不低于与相互连接的枢纽工程建筑物挡水前缘的顶部高程。

2. 闸室墙顶部高程

船闸灌泄水时，闸室内的水面随灌泄水过程升降很快，停泊在闸室内的船舶也随水位升降而升降，为避免船舶干舷挂在闸室墙顶而造成事故，船闸闸室墙顶部高程应为各级船闸闸室设计最高通航水位加超高值，超高值不应小于设计过闸船舶、船队空载时的最大干舷高度。表6-5是长江分节驳船空载干舷高度，可作为确定闸室墙顶部高程时参考。

表6-5 长江分节驳船空载干舷高度

驳船吨级/t	100	300	500	1000	3000
空载干舷高度/m	1.0	1.4	1.6~1.7	1.6~1.7	3.0~3.3

3. 闸门门顶高程

1）船闸闸门位于水利枢纽前缘，闸门应满足整个水利枢纽挡水要求，其闸门顶部高程应为上游校核高水位加安全超高确定。对溢洪船闸的闸门顶部高程应为上游设计最高通航水位加安全超高。

2）船闸非挡水前缘闸首的闸门顶部高程应为上游设计最高通航水位加安全超高。多级船闸第二道闸首以下各级闸首闸门门顶高程应采用各级闸室的设计最高通航水位加安全超高。

3）事故闸门是船闸发生事故时可在动水条件下关闭断流的应急闸门，其闸门门顶高程为上游校核高水位加安全超高。

4）检修闸门是船闸检修时临时性挡水闸门，其门顶高程，采用检修水位加安全超高。

船闸闸门顶部最小的安全超高值，Ⅰ~Ⅳ级船闸不应小于0.5m，Ⅴ~Ⅶ级船闸不应小于0.3m，对于有波浪或水面涌高情况的闸首门顶高程应另加波高或涌高影响值。波浪高度参照有关规范计算或采用试验资料，水面涌高参照试验资料或类似工程的实例资料。

4. 导航和靠船建筑物顶部高程及引航道堤顶高程

船闸上、下游导航和靠船建筑物的顶部高程应为上、下游设计最高通航水位加超高值，超高值不宜小于设计过闸船舶、船队空载时的最大干舷高度。

船闸与相邻建筑物或堤岸的连接建筑物属前缘挡水的建筑物，其顶部高程应与其他前缘挡水建筑物的顶部高程的标准一致。涉及两侧堤岸工程的，堤岸顶部高程应根据船闸工程的安全需要和防洪要求研究分析确定。

多级船闸采用闸墙侧向溢流堰作为溢水设施时，其下游闸首阀门井顶部高程应考虑阀门前廊道水流动能恢复所导致的门井水位升高的影响。

设计跨越船闸的桥梁、管道等建筑物，其通航净空与航运条件等的要求，应符合《内河通航标准》（GB 50139）的规定。

布置在枢纽挡水线以上的船闸，闸首和闸室的顶部高程，应不低于枢纽的坝顶高程。

5. 闸首门槛、闸室底板和引航道底高程

船闸上、下闸首门槛的高度应有利于船闸运用和检修，顶部高程应为上、下游设计最低通航水位值减去门槛最小水深值。

船闸闸室底板顶部高程不应高于上、下闸首门槛顶部高程。

船闸上、下游引航道和口门区及连接段的底部高程应为上、下游设计最低通航水位减去引航道设计最小水深值。

6. 多级闸室设计高程

除与上、下游相接的上、下闸首和闸室高程根据上述方法确定外，其他多级闸室各部分高程由各级闸室设计水位确定。各级闸室设计水位的确定，应根据多级船闸的级数划分，综合分析上、下游水位变幅和地形、地质条件研究确定，并宜使各级船闸的结构尺度、灌泄水时间一致，减少补、溢水量。

1）以上、下游设计最高通航水位的连线加超高，定出各级船闸的顶部高程，以上、下游设计最低通航水位的连线减去最小槛上水深后，确定各级船闸的底部高程。这种划分充分考虑了船闸在上下游各种水位情况下，既不需要补水，也不需要溢水。这种方法确定的船闸闸室高程，船闸易于运行管理，但船闸的工程量最大，比较适用于水位变幅不大的情况。

2）当船闸结构上游部分的地形较低，上游通航水位变幅较小且高于上游设计最低通航水位概率不大时，以上游设计最低通航水位分别与下游设计最高、最低通航水位的连线，通过加超高和减最小通航水深后定出各级船闸的顶、底高程。这种方法确定的船闸闸室高程由于降低了

部分闸室的顶部高程，可节省船闸的工程量。设计时应注意当船闸上游的通航水位高于设计最低通航水位时，船闸需溢水，不需要补水。

3）当船闸主体结构下游部分的地形较低、上游通航水位变幅较小且低于设计最高通航水位概率不大时，以上游最高通航水位分别与下游最高和最低通航水位连线后，加超高和减最小槛上水深后，确定船闸的顶、底高程。这种方法确定的船闸闸室高程由于抬高了部分闸室的底部高程，可节省船闸的工程量。设计时应注意船闸在上游通航水位低于上游最高通航水位时，需进行补水，但在任何下游通航水位情况下船闸不需要溢水。

闸室各部位高程的确定以上游设计最高通航水位与下游设计最低通航水位间的连线，向上加超高、向下减最小通航水深后，定出各级船闸的顶、底高程。这种方法基本不考虑上下游通航水位的变化，既需要补水，也需要溢水。通过降低除第一级以外各级船闸的顶部高程，抬高了除末级以外各级船闸的底部高程，这种方法所设计的船闸工程量最省。

6.4 船闸总体布置

6.4.1 船闸地址选择原则

船闸地址应根据船闸级别、枢纽规模和自然条件等，进行全面分析综合考虑选定。选择地址时，必须贯彻综合利用水资源的原则，妥善解决船闸在枢纽布置中的问题。地址宜选在地形、地质条件较好，且顺直、稳定、开阔的河段。有船闸的水利枢纽选择坝址时，应使船闸具有良好的通航条件，满足船闸的通航要求。选择船闸地址应考虑下列因素：

1）船闸与已建和拟建的永久水工建筑物、跨河建筑物、铁路、公路、码头等的相互影响。
2）枢纽下泄水流对船闸通航条件的影响。
3）泥沙淤积对船闸通航条件的影响。

选择船闸地址应与临近的城市、工业布局相协调，保护文物古迹、名胜游览地和生态资源。新建第二线或第三线船闸时，其船闸中心线与已有船闸中心线应有足够距离，保证引航道口门区与主航道平顺连接，新建船闸的施工不应影响已有船闸建筑物安全和运行。船闸地址距交叉河流口或支流口应有足够的距离，并应充分研究交叉河流的水文等条件及其对航行影响。在有支流汇入的河段选择地址时，尚应考虑支流开发、淹没损失、水文特征等因素。地址应选择在场地开阔、交通方便、便于取材和有利施工的河段。

6.4.2 船闸总体布置原则

船闸在水利枢纽中布置时应遵循下列原则：

1）船闸的总体布置，必须保证船舶、船队在通航期内安全通畅过闸，并有利于运行管理和检修。
2）船闸上、下游引航道口门区宜位于深泓线一侧，并能与主航道平顺连接。
3）当船闸布置在弯曲河段或河道外的引渠内时，其引航道口门及口门区均应处在河床稳定部位，并能与原主航道平顺连接。
4）船闸宜临岸布置，与溢流坝、泄水闸、电站等建筑物之间，必须有足够长度隔流堤或隔流墙。枢纽泄水时，应满足船闸引航道口门区和连接段的通航水流条件。船闸不应布置在紧邻的溢流坝、泄水闸、电站等过水建筑物之间。
5）船闸闸室宜布置在挡水建筑物下游。双向水头的船闸闸室，可布置在设计水头较大的低水位一侧，如图 6-13 所示。

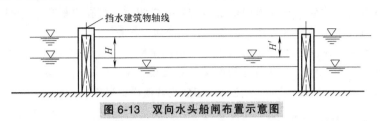

图 6-13 双向水头船闸布置示意图

6) 建双线船闸的水利枢纽，在地形地质、河道条件允许时，宜采用两线分开布置，使冲沙闸冲沙、挖泥及船闸检修时互不干扰。

7) 船闸上不宜采用活动桥。桥梁不宜从引航道、口门区、连接段跨过，当不可避免时，应采用一跨跨过，其高度除满足净空外，尚应不影响船舶、船队航行视野。架空电力线路不应在闸首、闸室和引航道跨越，当确有困难必须跨越时，应按现行国家标准《内河通航标准》（GB 50139）和现行行业标准《船闸电气设计规范》（JTJ 310）的有关规定执行。

8) 在裁弯取直引水式枢纽中，船闸布置应满足通航条件要求。

9) 船闸严禁用作泄洪。

6.4.3 通航水流条件和泥沙防治

船闸引航道、口门区与连接段如图 6-4 所示，其流速、流态应满足船舶、船队安全停泊、进出闸与正常航行的要求。口门区的宽度应与引航道口门有效宽度相同，其长度应按设计最大船舶、船队确定，顶推船队采用 2.0~2.5 倍船队长，拖带船队采用 1.0~1.5 倍船队长，两种船队并有时，取大值。

在通航期内，口门区的水面最大流速，应符合表 6-6 的规定。特殊情况下，局部最大流速略有超出表 6-6 的规定值时，必须经过充分论证确定，确保船舶航行安全。引航道、口门区宜避免出现如泡漩、乱流等不良流态，当条件限制而不能避免时，应采取措施，达到无害程度。

表 6-6 口门区水面最大流速限值

船闸级别	平行航线的纵向流速/(m/s)	垂直航线的横向流速/(m/s)	回流流速/(m/s)
Ⅰ~Ⅳ	≤2.0	≤0.30	≤0.40
Ⅴ~Ⅶ	≤1.5	≤0.25	

引航道内不应布置其他取水、排水设施，当难以避免时，其设施不得占用引航道尺度，引航道导航和调顺段内宜为静水区，制动段和停泊段的水面最大流速纵向不应大于 0.5m/s，横向不应大于 0.15m/s，静水区与动水区之间的流态，可有过渡。

引航道和口门区航行条件及泊稳条件应考虑风浪的影响，并应采取措施，满足船舶、船队安全停泊和航行的要求。

枢纽泄水在引航道和口门区产生的非恒定往复流的波动应不影响过闸船舶、船队安全航行和停泊，不影响闸门运用，不满足要求时，应采取工程措施。

单线或双线船闸自引航道取水或向引航道泄水时，引航道内和口门区非恒定流水面波动、比降等应满足过闸船舶、船队安全停泊和航行要求。共用引航道的双线船闸，一线船闸灌、泄水，不应影响另一线船闸正常运用。当不能满足上述要求时，应采取旁侧灌水和旁侧泄水或其他措施等。

当上、下游引航道及口门区有较严重淤积时，隔流堤的布置宜避免形成引航道内的回流边界条件，减少冲沙时的次生淤积。当引航道内、外有淤积时，可在引航道内船闸旁设置冲沙闸或冲沙洞，其布置应消减冲沙水流在上、下闸首外的回流淤积。

船闸设计应减少船闸灌泄水造成引航道和闸室的淤积。来沙量较大的河流上，有船闸的枢纽，应设排沙和防淤等设施减少口门区和连接段的淤积。Ⅰ~Ⅳ级船闸和水流泥沙条件复杂的Ⅴ~Ⅶ级船闸的布置，宜通过泥沙、水流物理模型或数值模拟研究确定。

6.4.4 引航道的平面布置

引航道是连接闸首并设有导航建筑物和隔流构筑物使与主航道隔开，能满足过闸船舶安全进出和候闸要求的限制性航道。

为引导船舶从水域宽度较大、水域平稳的引航道安全顺畅地进入闸室，船闸应在导航段内布置主导航建筑物和辅导航建筑物。位于进闸航线一侧供引导船舶进闸的称为主导航建筑物；位于主导航建筑物对面，用以引导受侧向风、水流等影响而偏离航线船舶的建筑物为辅导航建筑物。为供进闸船舶在进闸前停泊系靠，在引航道停泊段内应建造靠船建筑物。

引航道由导航段、调顺段、停泊段和制动段等组成，其平面布置应保证通航期内过闸船舶、船队畅通无阻，安全行驶。平面布置应根据船闸的级别、线数、设计船型船队、通过能力等，结合地形、地质、水流、泥沙及上、下游航道等条件研究确定。

1) 引航道的平面布置可采用三种形式，反对称型，如图 6-14a 所示，即直线进闸，曲线出闸布置；对称型，如图 6-14b 所示，即曲线进闸，直线出闸布置；不对称型，如图 6-14c 所示。反对称型引航道是上、下游引航道在不同的岸侧拓宽。对称型引航道的轴线与船闸轴线重合。不对称型引航道上、下游引航道向同一岸侧拓宽。

我国 90% 以上的大、中型船闸都采用直线进闸，曲线出闸布置，美国，前苏联均采用此方式。德国、荷兰等国家的船闸多采用曲线进闸，直线出闸布置。近年来我国的一些船闸设计也采用此方式。

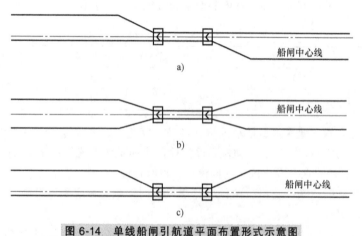

图 6-14 单线船闸引航道平面布置形式示意图
a) 反对称型　b) 对称型　c) 不对称型

2) 引航道和导航、靠船建筑物的平面布置可采用图 6-15 所示的形式。

3) 船闸应在导航段内布置主导航建筑物和辅导航建筑物。主导航建筑物可兼作反对称型、不对称型引航道单向过闸的靠船建筑物。主导航建筑物长度应与导航段长度相同，辅导航建筑物的长度，根据具体情况确定。

4) 引航道停泊段内，应布置船舶、船队双向过闸用的靠船建筑物，如图 6-15 所示。

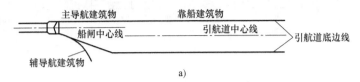

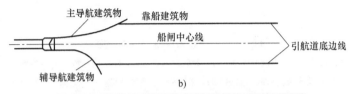

图 6-15　单线船闸导航和靠船建筑物布置示意图
a) 直线形导航建筑物　b) 曲线形导航建筑物

5) 靠船建筑物的长度应采用一个设计最大船舶、船队长度。通过论证，顶推船队可采用 2/3 设计船队最大长度。当过闸船舶、船队密度较大时，需要增加的长度，可通过论证确定。

6) 双线船闸共用引航道时，Ⅰ~Ⅳ级船闸，均应按双向过闸布置导航和靠船建筑物，如图 6-16 所示；Ⅴ~Ⅶ级船闸至少应有一线船闸按双向过闸布置导航和靠船建筑物。

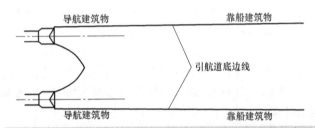

图 6-16　双线船闸共用引航道导航和靠船建筑物布置示意图

7) 有危险品船舶、船队过闸的船闸，应在停泊段外另设危险品船舶、船队停泊区，其布置应符合国家有关规定。

8) 引航道内不宜有小河、溪沟等汇入，当难以避免时，应采取工程措施，满足航行要求。

9) 引航道、口门区和连接段内严禁装卸货物或布设客、货运码头及其他有碍船舶、船队航行和停泊安全的建筑物。

6.4.5　引航道尺度

1. 引航道长度

引航道的长度主要取决于设计船舶、船队及船舶、船队的操纵性能。引航道直线段的轴线应平行于船闸轴线，直线段由导航段、调顺段和停泊段组成，如图 6-17 所示。制动段可根据地形灵活布置。

(1) 直线进闸、曲线出闸　当采用直线进闸、曲线出闸布置时，引航道的各段长度，应符合下列规定：

1) 导航段长度 l_1。导航段紧靠闸首，船舶出闸时，在船尾尚未驶出闸首前必须沿船闸轴线直线行驶，不能转向。只有当船尾通过闸首边界后，船首才能离开船闸轴线转向，由于在此段建有主导航建筑物和辅导航建筑物引导船舶进出闸，故称为导航段。这一段的航道宽度为适应

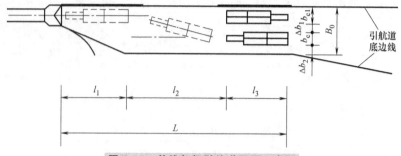

图 6-17 单线船闸引航道平面示意图

L—直线段总长度　l_1—导航段长度　l_2—调顺段长度　l_3—停泊段长段　B_0—船闸引航道宽度
b_c—设计最大船队、船舶宽度　b_{c1}—测等候过闸船舶、船队的总宽度
Δb_1—船队、船舶之间的富余宽度　Δb_2—船队、船舶与岸之间的富余宽度

船舶的转向,应从闸首边界开始逐渐拓宽。导航段长度 l_1 应满足式 (6-5)。

$$l_1 \geq L_c \tag{6-5}$$

式中　l_1——导航段长度 (m);
　　　L_c——顶推船队为设计最大船队长,拖带船队或单船为其中的最大船长 (m)。

2) 调顺段长度 l_2。调顺段即双向过闸时出闸或进闸船队调顺船位的过渡段。在该段,曲线出闸船舶、船队由船闸轴线位置转到航行中心线,其长度与船舶、船队横向距离有关。根据实船实验及船闸运行经验,调顺段长度 l_2 可按式 (6-6) 确定。

$$l_2 \geq (1.5 \sim 2.0) L_c \tag{6-6}$$

当各种设计船队的推轮均具有良好的操纵性能时,调顺段通过论证可适当缩短。

3) 停泊段长段 l_3。供等待过闸的船舶、船队停靠并与出闸船舶、船队交错避让的一段航道。停泊段长度 l_3 应满足式 (6-7)。

$$l_3 \geq L_c \tag{6-7}$$

当引航道内停泊的船舶、船队数不止 1 个时,l_3 应按实际需要加长。为便于待过闸的船舶、船队停靠,在 l_3 段布置有靠船建筑物。

4) 引航道直线段总长度 L。

$$L = l_1 + l_2 + l_3 \tag{6-8}$$

通航多种船队的船闸,引航道直线段的总长度 L 应分别计算,并取其大值。对山区Ⅲ~Ⅶ级和平原Ⅳ~Ⅶ级的船闸,当受地形等条件限制,不能满足直线段长度要求时,可在满足安全进、出闸和通过能力要求的条件下,通过技术经济论证进行布置。

(2) 曲线进闸、直线出闸　当曲线导航墙具备导航与调顺功能时,可采用曲线进闸、直线出闸方式过闸,其引航道直线段长度应大于等于导航段长度与停泊段长度之和。根据国外经验,引航道直线段长度约为 2.1~2.2 倍最大设计船舶、船队的长度。

(3) 制动段的长度　船舶以一定速度通过口门区进入引航道,停车后会在惯性作用下滑行一段距离,这段从引航道口门到停泊段前沿的长度称为制动段。制动段的长度,应满足船舶、船队制动的需要,并根据口门区流速大小、设计最大船舶、船队的长度和性能确定。制动段宜在引航道直线段的延伸线上,当曲线布置时,其弯曲半径和弯道加宽值应符合加宽规定。

2. 引航道宽度

(1) 单线船闸引航道宽度　单线船闸引航道宽度应按船舶、船队双向过闸确定,对于反对称型和不对称型引航道宽度,考虑停泊段一侧停船情况。对于对称型引航道宽度,考虑停泊段两侧停船情况。

1）反对称型和不对称型引航道宽度按式（6-9）确定

$$B_0 \geq b_c + b_{c1} + \Delta b_1 + \Delta b_2 \tag{6-9}$$

式中　B_0——设计最低通航水位时，设计最大船舶、船队满载吃水船底处的引航道宽度（m）；

b_c——设计最大船舶、船队的宽度（m）；

b_{c1}——一侧等候过闸船舶、船队的总宽度（m）；

Δb_1——船舶、船队之间的富余宽度（m），取 $\Delta b_1 = b_c$；

Δb_2——船舶、船队与岸之间的富余宽度（m），取 $\Delta b_2 = 0.5 b_c$。

2）对称型引航道宽度按式（6-10）确定

$$B_0 \geq b_c + b_{c1} + 2\Delta b_1 + b_{c2} \tag{6-10}$$

式中　b_{c2}——另一侧等候过闸船舶、船队的总宽度（m）。

（2）双线船闸共用引航道宽度

1）双线双向过闸时的引航道宽度，如图 6-18 所示，应按式（6-11）确定

$$B_0 \geq b_c + b_{c1} + b'_c + b_{c2} + 3\Delta b \tag{6-11}$$

式中　B_0——双向船闸引航道宽度（m）；

b_c、b'_c——两座船闸的设计最大船舶、船队的宽度（m）；

b_{c1}、b_{c2}——两侧等候过闸船舶、船队的总宽度（m）；

Δb——船舶、船队之间的富余宽度（m），可相应采用 b_c 或 b'_c。

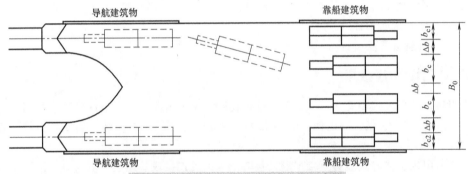

图 6-18　双线船闸共用引航道平面示意图

2）在任何情况下，引航道直线段的宽度不应小于相邻两线船闸的外闸墙内缘之间的距离。

3. 引航道最小水深

引航道是限制性航道，其水深应大于天然航道最小水深。

引航道水深是设计最低通航水位时引航道底宽的最小水深，等于设计船舶、船队满载吃水加富余水深。富余水深主要包括：航行船队、船舶保持良好操纵性所需的最小富余深度；船舶、船队航行下沉深度；船闸灌泄水、电站运用和风浪产生的水面波动的降低值；淤积富余深度等。

（1）Ⅰ~Ⅳ级船闸　引航道最小水深应按式（6-12）计算

$$\frac{H_0}{T} \geq 1.50 \tag{6-12}$$

式中　H_0——在设计最低通航水位时，引航道底宽的最小水深（m）；

T——设计最大船舶、船队满载吃水（m）。

（2）Ⅴ~Ⅶ级船闸　引航道最小水深应按式（6-13）计算

$$\frac{H_0}{T} \geq 1.40 \qquad (6\text{-}13)$$

(3) 淤积较多或底质为岩基 在确定引航道最小水深时，$\frac{H_0}{T}$ 可适当加大。

4. 引航道弯曲半径和弯道加宽

(1) 最小弯曲半径 R　最小弯曲半径 R 应根据下列情况确定。

1) 顶推船队和机动驳：

Ⅰ~Ⅲ级船闸 　　　　　　　$R \geq 4L_c$ 　　　　　　　　　　(6-14)

Ⅳ~Ⅶ级船闸 　　　　　　　$R \geq 3L_c$ 　　　　　　　　　　(6-15)

2) 拖带船队

$$R \geq 5L_c \qquad (6\text{-}16)$$

式中　L_c——设计最大船队长或最大船长（m）。

在引航道口门区和连接段考虑到水流、风浪等的影响，其最小弯曲半径值尚应加大一个 L_c 的长度。

(2) 弯道加宽值 ΔB　引航道的弯道加宽值 ΔB，应按式（6-17）计算，当弯道中心角大于 35°时，ΔB 应适当加大。

$$\Delta B = \frac{L_c^2}{2R + B_0} \qquad (6\text{-}17)$$

式中　L_c——设计最大船队长或最大船长（m）；

　　　R——最小弯曲半径（m）；

　　　B_0——引航道宽度（m）。

6.4.6　口门区和连接段

1) 引航道口门宽度不宜小于 1.5 倍引航道宽度，当受水流、风、浪的影响较小时，可适当减小。口门宽度应向引航道内延伸 $(0.5\sim1.0)L_c$ 的长度，如图 6-4 所示，渐变至引航道直线段末端过渡。

2) 当口门区不能与主航道直接平顺衔接时，应设置连接段。连接段应与口门区及主航道平顺衔接，确保船舶、船队安全通畅行驶。连接段的宽度和水深应与口门区相同，连接段的长度视条件而定。

连接段航道宜为直线，两端宜采用弧线衔接。当上游引航道或下游引航道位于非主航道一侧时，连接段航道宜布置于河道稳定、冲淤变化不大和通航水流条件较好的河段。连接段航道与坝线间应有保证设计船舶、船队航行的安全距离。

连接段航道内通航水流条件应满足最大表面纵向流速满足设计船舶船队自航通过的要求；横向流速不影响设计船舶、船队安全操纵。

当连接段航道水流条件、航道尺度受冲淤变化影响达不到要求时，应采取工程措施，满足通航要求。

3) 引航道口门与主航道之间应有足够距离的视野，使航行船舶、船队能看清其他船舶、船队的动态和引航道口门，并能进行有效的控制。

4) 引航道、口门区和连接段的中心线与河流或引河的主流流向之间的夹角宜缩小。在没有足够资料的情况下，此夹角不宜大于 25°。

5) 引航道口门至主航道严禁采用反曲线连接。

6.4.7 锚地和前港布置

锚地是满足船闸在最繁忙时、有过闸船舶等候过闸停泊和重新编、解队作业需要，在船闸上、下游引航道外，水流比较平缓的河湾处设置的水域。锚地应选择在风浪小、水流缓、无泡漩的水域，锚地水深不应小于引航道内最小水深。锚地应根据船舶、船队安全停泊和运行需要，分别设置靠船码头、趸船、锚泊船、系船柱、系船浮筒及港作拖轮等。锚地宜选在河床底质为黏性土的水域，不宜设在淤沙严重的水域。锚地的水域面积，应满足船闸最繁忙时过闸船舶、船队停泊和作业的需要。运输繁忙的船闸，有排筏通过时，宜另设排筏锚地。有装载危险品船舶、船队通过的船闸，应另设危险品船舶、船队锚地。

引航道与水库或湖泊直接相连的船闸，当风浪影响引航道船舶、船队的航行或停泊安全时，应设置有掩护的前港。前港的岸线及其水域应根据需要和自然条件综合考虑，合理布置。前港防浪建筑物布置必须确保船舶、船队安全便利地进、出前港及引航道，并使港内泊稳条件满足停泊、作业的需要。必要时应进行模拟试验研究。

6.4.8 船闸附属设施及其布置

1. 系船设备

在闸室、引航道、锚地和前港的靠船建筑物靠船一侧，应设置系船设备，并不得突出墙面。

闸室墙、引航道等靠船建筑物的顶部宜设置固定系船柱。其在闸室内的布置，首尾系船柱距闸室的有效长度两端的距离宜为7.5~10m，系船柱的间距应与设计单船长相适应。设计水头大于5m的船闸，在闸室墙面上宜采用浮式系船柱；设计水头小于5m的船闸，可采用浮式或龛式系船柱。系船柱位置宜在建筑分段中线墙面上。浮筒井在墙内的高程布置应从闸室底开始至闸室墙顶或挡浪板顶为止。井顶应设活动盖板，以便吊出维修和更换。对Ⅰ~Ⅲ级船闸宜采用双层浮式系船柱，其系缆点应分别高出水面1.2~2.5m。

在引航道、锚地和前港的靠船建筑物和导航墙靠船的墙面上，宜按建筑分段中线，从设计最低通航水位时的设计最大船队满载干舷高度处开始，至墙顶以下1~1.5m处的范围内，按1.5~2.5m等距分层设置龛式系船柱。Ⅵ、Ⅶ级船闸，设计水头小于5m的，除在建筑分段中线分层设龛式系船柱外，还应在其前后各5~7.5m处分层设助航设施。

2. 安全防护和检修设施

当船闸闸门发生事故可能造成严重后果时，应在上闸首设置事故闸门，并能在全水头情况下迅速关闭。

Ⅰ~Ⅲ级船闸宜在下闸门的上游边墩上设防撞设施。

船闸各部顶面临水侧或高于地面2.5m的通道一侧，应设置高度不小于1.2m刚性安全护栏或挡浪板。对于设护栏的闸室墙前沿还应设置护轮坎。船闸应设置爬梯，按其布置位置不同，可分别采用嵌入式或凸出式，但不得影响闸首、闸室通航净宽，其布置数量及高程，应符合下列规定：

1）闸首两侧边墩宜在其前沿各设一道嵌入式爬梯；闸室两侧视船闸长度宜再设2~3道嵌入式爬梯，其第一道中线距上、下闸首边缘的距离为12~18m；主、辅导航墙按布置形式宜设嵌入式爬梯各1~2道。

2）引航道每一个靠船墩应设在朝闸首一侧，距前沿0.7~1m处设凸出式爬梯一道。闸首、闸室、导航墙等其他部位，如空箱、门库、阀门井等内部应设凸出式爬梯，空箱爬梯在出地面或顶面应设活动盖板。

3) 嵌入式爬梯凹槽平面尺寸，正面式可采用 0.3m×0.7m 或侧面式 0.7m×0.7m。

4) 闸首、闸室、导航墙爬梯高程布置，应自闸底板至闸墙顶或挡浪板顶；靠船墩应自引航道底至墩顶；空箱、门库、阀门井等视需要布置。每一梯级间距最大不得超过 0.3m。

船闸设计时应考虑闸首、闸室等主要部位在设计检修水位的情况下能把水抽干进行检修和设备更换，并应满足：

① 在上闸首的上游面和下闸首的下游面应设置检修门槽、检修门。同一河流检修门形式、门槽规格尺寸等宜做到标准化、系列化、通用化。

② Ⅰ~Ⅲ级船闸宜配备专用阀门检修门、抽水设备、维修车间。同一流域的各梯级船闸宜统一设维修厂。

3. 信号和标志

船闸应按昼夜通航要求设置信号和标志，并应符合国家现行标准有关信号和标志的规定。信号和标志的电气布设和要求，应按《船闸电气设计规范》（JTJ 266）的有关规定执行。每道工作闸门上、下游均应设置水尺。

6.5 船闸通过能力和耗水量计算

由于过闸船舶包括货船、客船、工作船、服务船以及其他类型的船舶，在货船中又有满载船、非满载船和空船的区别，因此过船能力相同的船闸，通过货物的数量并不完全相同。船闸通过能力是指在设计水平年内各期的过闸船舶总载重吨位、过闸货运量两项指标，并应以年单向通过能力表示。船闸通过能力应根据一次过闸平均吨位、一次过闸时间、日工作小时、日过闸次数、年通航天数、运量不均衡系数等因素确定。

6.5.1 单级船闸年通过能力计算

1. 单向年过闸船舶总载重吨位

$$P_1 = \frac{n}{2}NG \tag{6-18}$$

式中　P_1——单向年过闸船舶总载重吨位（t）；

　　　n——日平均过闸次数；

　　　N——年通航天数（d）；

　　　G——一次过闸平均吨位（t）。

2. 单向年过闸客货运量

$$P_2 = \frac{1}{2}(n-n_0)\frac{NG\alpha}{\beta} \tag{6-19}$$

式中　P_2——单向年过闸客、货运量（t）；

　　　n_0——日非运客、货船过闸次数；

　　　α——船舶装载系数；

　　　β——运量不均衡系数。

对受潮汐影响的船闸及承受双向水头的船闸，当具备开通闸条件时，可设开通闸，开通闸的运行时间可根据实际情况确定，开通闸通过能力的计算应考虑开通闸运行通过能力的提高。单线连续多级船闸或双线连续多级船闸应按其运行方式计算通过能力。设中间渠道的多级船闸的通过能力可按单级船闸计算。

6.5.2 影响船闸年通过能力的因素

1. 船舶、船队一次过闸时间 T

船舶、船队一次过闸时间,应根据船舶、船队进出闸时间,闸门启闭时间,灌泄水时间,船舶、船队进出闸间隔时间等因素确定。对不同的过闸方式应分别计算。

单级船闸的过闸方式有单向过闸与双向过闸两种。如果船舶、船队仅向一个方向(从上游向下游或从下游向上游)连续地通过船闸,称为单向过闸。如果船舶、船队由两个方向轮流交替过闸,称为双向过闸。例如,一个船舶、船队从上游驶向下游,出闸后下游船舶、船队随即接着驶向上游,接着船舶、船队又从上游继续驶向下游,如此循环往复。过闸方式不同,船舶过闸所需的时间也不相同。

闸门启闭时间应根据闸门启闭机设计确定。

船闸灌泄水时间,可参照现行行业标准《船闸输水系统设计规范》(JTJ 262) 计算确定。

船舶、船队进出闸间隔时间,是指同一闸次第一个船舶、船队与最后一个船舶、船队启动的间隔时间。当无实测资料时可采用 3~10min。

船舶、船队进出闸时间,可根据其运行距离和进出闸速度确定。

船舶、船队进出闸运行距离可按下列情况分别确定:

1) 单向过闸,进闸为船舶、船队的船首自引航道停靠位置至闸室内停泊位置之间的距离;出闸为船舶、船队的船尾自闸室内停泊位置至闸门外侧边缘的距离。

2) 双向过闸,进闸为船舶、船队自引航道停靠位置至闸室内停泊位置之间的距离;出闸为船舶、船队自闸室内停泊位置至靠船建筑物之间的距离。

3) 连续多级船闸,为船舶、船队自一闸室进入另一闸室的运行距离,为闸室加中间闸首的长度。

进出闸的平均速度宜根据同类船闸实测资料确定,当无资料时,可按表 6-7 采用。

表 6-7 进出闸平均速度

过闸方式	进闸平均速度/(m/s)		出闸平均速度/(m/s)		由一闸室到另一闸室平均速度/(m/s)
	单向	双向	单向	双向	
船队	0.5	0.7	0.7	1.0	0.4
拖轮牵引的排筏	0.3	0.5	0.5	0.6	0.2
机动单船	0.8	1.0	1.0	1.4	0.7
非机动船	0.4	0.5	0.4	0.5	0.3

(1) 单级船闸 对单级船闸,一次过闸时间应符合下列规定:

1) 单向过闸时间按式(6-20)确定

$$T_1 = 4t_1 + t_2 + 2t_3 + t_4 + 2t_5 \tag{6-20}$$

式中 T_1——单向一次过闸时间(min);

t_1——开门或关门的时间(min);

t_2——单向第一个船队进闸时间(min);

t_3——闸室灌水或泄水时间(min);

t_4——单向第一个船队出闸时间(min);

t_5——船舶、船队进闸或出闸间隔时间(min)。

2）双向过闸时间按式（6-21）确定

$$T_2 = 4t_1 + 2t'_2 + 2t_3 + 2t'_4 + 4t_5 \tag{6-21}$$

式中　T_2——上、下行各一次的双向过闸时间（min）；
　　　t'_2——双向第一个船队进闸时间（min）；
　　　t'_4——双向第一个船队出闸时间（min）。

3）一次过闸时间应根据单向过闸和双向过闸的闸次比率确定。当单向过闸和双向过闸次数相等时，可按式（6-22）确定

$$T = \frac{1}{2}\left(T_1 + \frac{T_2}{2}\right) \tag{6-22}$$

式中　T——一次过闸时间。

（2）连续多级船闸　对连续多级船闸，根据下列不同的过闸方式分别计算一次过闸时间，并应符合下列规定。

1）单向过闸时间按式（6-23）、式（6-24）确定

$$T_3 = 4t_1 + t_2 + 2t_3 + (m+1)t_5 + t_6 \tag{6-23}$$

$$T_4 = 2mt_1 + t_2 + mt_3 + t_4 + (m+1)t_5 + (m-1)t_6 \tag{6-24}$$

式中　T_3——连续多级船闸船舶通过一个闸室所耗时间（min）；
　　　T_4——船舶单向通过连续多级船闸的总时间（min）；
　　　m——连续多级船闸级数；
　　　t_6——船舶、船队由一个闸室进入相邻闸室所需时间（min）。

2）双向过闸按式（6-25）确定

$$T_5 = 4mt_1 + 2t'_2 + 2mt_3 + 2t'_4 + 2(m+1)t_5 + 2(m-1)t_6 \tag{6-25}$$

式中　T_5——上、下行各一次的双向通过连续多级船闸总时间（min）。

3）成批过闸按式（6-26）确定

$$T_6 = T_3 + \frac{T_5 - 2T_3}{n_H + n_B} \tag{6-26}$$

式中　T_6——每一船队成批通过连续多级船闸的平均时间（min）；
　　　n_H——每批下行过闸的船舶、船队数；
　　　n_B——每批上行过闸的船舶、船队数。

4）一次过闸时间应根据单向过闸、双向过闸和成批过闸三种过闸方式所占的闸次比率及过闸方式转换所需的换向时间等因素确定。

在连续多级船闸三种过闸方式的 T_3、T_4、T_5、T_6 计算中，应考虑船舶过闸时间受各级中最慢一个船队过闸时间控制的影响。

设中间渠道的多级船闸的一次过闸时间可按单级船闸计算。

2. 船闸日平均过闸次数 n

船舶、船队一次过闸的时间为 T，船闸日平均过闸次数按式（6-27）计算

$$n = \frac{\tau \times 60}{T} \tag{6-27}$$

式中　n——日平均过闸次数；
　　　τ——日工作时间（h），船闸的日工作小时可采用 20~22h，对未实现夜航等情况的船闸，可根据具体情况确定。

3. 船舶装载系数 α

除大宗散货外，船舶、船队每一航次货物是各式各样的。一般情况下，主观愿望要尽力实现满舱率，但是营运船舶载重利用率实际是亏载，平均实载率不到 60%。实载率用船舶装载系数表达。船舶装载系数与货物种类、流向和批量有关，可根据各河流统计或规划资料选用。在没有资料的情况下，可采用 0.5~0.8。

4. 运量不均衡系数 β

运量不均衡系数应根据统计资料按式（6-28）计算。当无资料时，可取 1.3~1.5。

$$\beta = \frac{年最大月货运量}{年平均月货运量} \tag{6-28}$$

5. 船闸年通航天数 N

船闸年通航天数，应考虑检修、事故、清淤、洪枯水及气象等停航因素的影响，从全年日历天数中扣除停航天数。

6. 一次过闸平均载重吨位 G

以设计船型船队和其他各类船型船队，根据运量、货种、船队中船型组合的比重，并结合船闸有效尺度进行组合，计算各种不同组合的一次过闸载重吨位，再求出其平均值，即为一次过闸平均吨位。

船闸通过能力应根据一次过闸平均吨位、一次过闸时间、日工作小时、日过闸次数、年通航天数、运量不均衡系数等因素确定，这些因素要通过经济技术论证，才能确定船闸的规模。

6.5.3 船闸耗水量

船闸耗水包括船舶、船队过闸用水和闸、阀门漏水两部分。船舶、船队过闸用水是船舶使用水力提升过闸时，每次均需要一定量的水从上游排放到下游。过闸用水主要与船闸水头、闸室有效和无效部分、过闸船舶大小、船舶过闸方式等因素有关。闸、阀门漏水是指由于闸、阀门止水不密封，从上游到下游所流失的水量。闸、阀门漏水量与船闸的水头、止水构造及其安装质量、维护保养情况等因素有关。

1. 单级船闸过闸用水量

对于单级船闸，船舶单向过闸用水量大约为

$$V = (1.15 \sim 1.2) L_x B_x H_x \tag{6-29}$$

式中　L_x——船闸闸室的有效长度（m）；
　　　B_x——船闸闸室的有效宽度（m）；
　　　H_x——船闸的计算水头（m）。

当船舶、船队从下游向上游行驶时，如图 6-19 所示，船舶、船队进入闸室后，闸室向下游排出与船舶排水量 V_1 相同的水体。故船舶单向上行过闸时，每次过闸所需的实际用水量为

$$V' = V + V_1 \tag{6-30a}$$

式中　V'——船舶、船队上行时船闸实际耗水量（m³）；
　　　V_1——船舶、船队上行时的船舶排水量（m³）。

当船舶、船队从上游向下游行驶时，船舶、船队进入闸室后，闸室向上游排出与船舶排水量 V_2 相同的水体，如图 6-20 所示。故船舶下行过闸时，每次过闸所需的实际用水量为

$$V'' = V - V_2 \tag{6-30b}$$

式中　V''——船舶、船队下行时船闸实际耗水量（m³）；
　　　V_2——船舶、船队下行时的船舶排水量（m³）。

对于单级船闸，船舶双向过闸时，一个船舶、船队完成一次循环时，船闸只向下游泄放一个水体，故每一船舶、船队的平均过闸用水量为

$$\overline{V} = \frac{1}{2}[V+(V_2-V_1)] \tag{6-31}$$

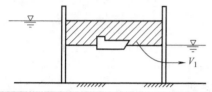

图 6-19　船舶、船队上行时的排水量示意图

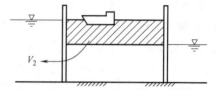

图 6-20　船舶、船队下行时的量排水示意图

2. 多级船闸耗水量

对多级船闸，船舶过闸用水量也随过闸方式不同而异。船舶单向过闸，多级船闸的过闸用水量为

$$V = \frac{(1.15 \sim 1.20)L_x B_x H_x}{m} \tag{6-32}$$

式中　H_x——船闸的全部水头（m）；

　　　m——多级船闸的级数。

3. 单级船闸的日平均耗水量

直立式闸室墙的单级船闸，如果已知船舶单向过闸用水量 V 和日过闸次数，船闸一天内平均耗水量可按式（6-33）、式（6-34）计算

$$\overline{Q} = \frac{nV}{86400} + q \tag{6-33}$$

$$q = eu \tag{6-34}$$

式中　$\overline{Q}$——一天内平均耗水量（m³/s）；

　　　V——一次过闸用水量（m³），必要时应考虑上、下行船舶、船队排水量差额；

　　　q——闸门、阀门的漏水损失（m³/s）；

　　　e——止水线每米上的渗漏损失（m³/s·m），当水头小于 10m 时，取 0.0015~0.0020m³/s·m，当水头大于 10m 时，取 0.002~0.003m³/s·m；

　　　u——闸门、阀门止水线总长度（m）。

6.6　船闸输水系统

在船闸建筑物上为闸室灌水和泄水而设置的包括进水口、阀门段、输水廊道、出水口、消能工和镇静段等的全部设施称为船闸输水系统。船闸输水系统经历了几百年的发展，各种输水系统的形式得到了进一步完善。近几年，随着船闸技术的发展，高水头船闸已成为现实，但是发展高水头船闸输水系统还存在一系列问题。主要有：

1）输水阀门开启过程中，阀门附近易发生空化，产生空蚀破坏。

2）为满足输水系统工作条件，延长船闸输水时间，降低船闸通过能力。

3）闸室出流段采用复杂消能工，增加设计和施工难度，工程投资增加。

因此，对于高水头及超高水头船闸，主要解决的问题是输水阀门的工作条件和闸室内消能，要妥善解决上述技术难题，又不导致工程措施复杂，就需要采用新的设计理念和方法。

6.6.1 输水系统的设计要求和分类

1. 输水系统的设计要求

输水系统的设计，应满足下列基本要求：

1) 灌水和泄水时间。
2) 船舶、船队在闸室内的停泊条件和引航道内的停泊和航行条件。
3) 船闸各部位在输水过程中不会由于水流冲刷、空蚀、振动等造成破坏。

对有双向水头、多线船闸或船闸与升船机共用引航道、多级船闸补溢水、设置中间渠道、省水、防咸等要求的船闸，除满足基本要求外，尚应满足各自特殊的要求。

2. 输水系统的分类

船闸输水系统分为集中输水系统和分散输水系统两大类。输水系统的类型可根据判别系数 m 按式（6-35）初步选定。当 $m>3.5$ 时，采用集中输水系统；当 $m<2.5$，采用分散输水系统；当 m 为 2.5~3.5 时，应进行技术经济论证或参照类似工程选定。

$$m = \frac{T}{\sqrt{H}} \tag{6-35}$$

$$T = K_p \sqrt[3]{HB_x L_x} \tag{6-36}$$

式中 m——判别系数；

   H——设计水头（m）；

   T——闸室灌水时间（min）；

   K_p——系数，对于集中输水系统，采用 0.27；对于分放输水系统，为 0.19；

   B_x——闸室有效宽度（m）；

   L_x——闸室有效长度（m）。

输水系统两大类的选择，是根据对我国已建成或做过实验的 60 余座集中输水系统的船闸和国内外 60 余座分散输水系统船闸分析资料而得，目前对输水系统的设计还不够完善。

船闸输水系统的设计，应将水力计算分析和进行水工模型试验相结合。多级船闸的上、下游水位变幅较大且不同步时，应考虑闸室输水过程的补水和溢水措施。

6.6.2 船舶停泊标准与输水系统运转安全技术指标和要求

1. 船舶停泊标准

船舶停泊条件就是船闸在输水过程中，由系船缆绳承受的拉力来反映闸室或引航道内停靠船舶的泊稳条件。在船闸灌泄水过程中，水流对停泊在闸室内和靠泊在引航道内船舶的作用力不能忽略。船舶是靠船上缆绳系泊在系船设备上，水流对船舶的作用力将通过系船缆绳、系船柱等设备所承受，系缆绳是其中最薄弱的部分，最容易破坏。过闸船舶的停泊平稳情况，通常以闸室灌泄水过程中水流对过闸船舶的作用力，即过闸船舶的系船缆绳所受拉力的大小作为衡量指标。因此，过闸船舶系船缆绳所受的拉力，即作用在过闸船舶上的水流作用力不应超过系船缆绳最大拉力的允许值。作用在过闸船舶上的水流作用力通过经验公式估算，也可查相关规范。

系船缆绳允许拉力值可由缆绳破坏强度和安全系数确定，用缆绳的破坏荷载除以安全系数即为系船缆绳允许受力值。对排水量为 500t 及以上船舶的安全系数取 4；对 500t 以下船舶，考虑到系船缆绳与船闸交角变化较大等因素影响，将船舶缆绳安全系数适当提高，对50t及以下船舶允许系缆力的安全系数取8，500t到50t的安全系数在4~8之间线性变化。

闸室与引航道内停泊船舶的允许系缆力，可按表6-8采用。

表6-8 船舶允许系缆力

船舶吨位/t	3000	2000	1000	500	300	100	50
纵向水平分力/kN	46	40	32	25	18	8	5
横向水平分力/kN	23	20	16	13	9	4	3

船舶或顶推船队所受的作用力均应按一根系船缆绳承担考虑。顶推船队的允许系缆力，应按顶推船队中系缆的最小单船吨位计算。在使用固定系船设备的情况下，计算的允许系缆力，应乘以$\cos\beta$，β为系船缆绳与水平面的最大夹角。

2. 输水系统运转安全技术指标和要求

1）对只设有固定系船设备的船闸，闸室灌泄水时的最大水面升降速度应不大于$5\sim6cm/s$，设有浮式系船柱时，可不受此限制。

2）船闸灌泄水时，引航道内非恒定流的水面波动、比降及流速等水力特性，除应满足引航道内船舶、船队停泊条件标准外，尚应满足船舶、船队在引航道内的航行条件和停靠码头的操作要求。引航道内水面的降低应保证航行船舶的富余水深。上游引航道中最大纵向流速应不大于$0.5\sim0.8m/s$，下游引航道中应不大于$0.8\sim1.0m/s$。但在上游引航道码头处应不大于$0.5m/s$。

3）船闸正常运转时，输水系统各部位不宜出现负压，在特殊情况下，其局部压力不宜产生超过$3mH_2O$的负压。

4）输水廊道中的流速不宜大于$15m/s$。当流速超过$15m/s$，或含沙量较大的水流，应采取防护措施。

5）当船闸闸室灌泄水时，闸室水面的最大惯性超高、超降值，在采取提前关闭输水阀门及水面齐平时开启闸门等措施后，不宜大于$0.25m$。

6）输水系统进水口水面不应产生有危害性的串状吸气漩涡。

7）多级船闸采用输水阀门兼作补水阀门时，应核算补水操作时阀门的工作条件以及闸室输水时间。采用闸室侧溢流堰作为溢水措施时，溢流孔口顶高程应低于船舶底部高程。同时在确定闸室下闸首阀门井顶部高程时，应考虑阀门前廊道水流动能恢复所导致的阀门井水位增高。

6.6.3 集中输水系统

集中输水系统是将输水系统集中布置在闸首范围内的船闸灌泄水系统。灌水时，水流由布置在上闸首的设备控制，水直接从上闸首由闸室的上游集中流入闸室；泄水时，水流由布置在下闸首的设备控制，水从闸室的下游端经下闸首泄入引航道，因而也称为头部输水系统。

1. 集中输水系统的水力特性

当船闸通过集中输水系统向闸室内灌水或泄水时，水流从靠近闸首一端流入或流出闸室，由于水流的纵向流动对停泊于闸室中的船舶产生的水流作用力，称为水流力或流速力。通过船闸集中输水系统向闸室灌水或闸室泄水时，流入或流出闸室的水流流量会随时间而变化，水流由闸室一端向另一端推进，闸室水面倾斜，随后在闸室内形成长波，这种波动对停泊于闸室中的船舶产生的作用力称为波浪力。另外，由于水流集中地进入闸室，水流剩余能量都集中地靠近闸首一端的闸室段内，流速分布不均匀，因而造成水流的翻滚旋转且有局部水面下降的现象，使船舶受到冲击和吸力,对船舶产生的作用力称为局部力。闸室灌水时船舶的波浪力可由计算求得,但局部力的计算方法目前尚不成熟,主要依据模型试验确定。很多情况下船舶的波浪力不是控制闸室内船舶的停泊条件,而是局部力往往起控制作用。

为了减少或避免局部水流对船舶的危害,通常在水流出口设置消能工,使水流经消能后在一段距离内得到扩散。使水流得到扩散的范围称为镇静段,在镇静段内不能停泊船舶。

集中输水系统在水力特性上的弱点在于:

1) 灌水初期较强的非恒定波浪运动导致对船舶产生较大的波浪作用力。
2) 灌水中期较大的水流能量集中进入闸室,导致较强烈的局部作用力。为了满足船舶停泊条件要求,必须采取适当的措施改变这种状态,以满足船闸设计要求。

2. 集中输水系统的形式和适用范围

(1) 按消能工形式分类　集中输水系统按有无消能工以及消能工的复杂程度分为无消能工、简单消能工和复杂消能工。

1) 消能工形式和作用。设置消能措施的目的是使船闸灌泄水时的剩余能量尽可能在进入船舶停泊处以前被消耗,使闸室水流平静,流速分布均匀。

集中输水系统的消能工应根据具体条件选用,其形式主要有消能室、消力齿、消力槛、消力梁、消力格栅、垂直挡板、水平遮板、消力池和消力墩等。

① 消能室。消能室是利用闸首帷墙的高度或将闸底部分挖深而成的一个顶上封闭或开放的消能空间,消能室以及出口可设其他消能构件。

② 消力齿、消力槛。消力槛的作用主要是将底部较大的流速向上挑起,起撞击消能扩散及转变水流方向的作用。消力齿是一个锯齿形的消力槛。消力齿或消力槛一般用在底流速较大的消能室出口、短廊道出口及消力池内。

③ 消力梁、消力格栅。消力梁的作用主要是调整竖向流速分布,可由单根或多根组成,其间距应根据水流情况及下游水位布置,底流速大时应下密上疏。消力格栅由一排立柱所组成,主要作用是调整横向流速分布,稳定闸室水面,消力梁及消力格栅多用在有帷墙的上闸首消能室出口。

④ 垂直挡板和水平遮板。垂直挡板主要用来阻挡水流的冲击并迫使水流转变方向。水平遮板用来促使水流漩滚消能并防止水面翻滚以稳定闸室水面。挡板及遮板多用在水流直接冲入闸室的大门门下输水或槛下输水。

⑤ 消力池。消力池是用以增大消能的水深,增强消力齿(槛)及消力墩的消能作用。

⑥ 消力墩。消力墩是一个较短的立柱,常采用多排交错排列,它一方面有挑流作用;另一方面也起立柱式消能工调整横向流速分布的作用,常与消力池配合使用。

2) 无消能工。无消能工是指利用水流本身对冲、扩散或水垫进行消能。

3) 简单消能工。简单消能工是指上闸首采用消力齿或消力槛、消力墩、消力池、水平格栅或遮板、消力梁或消能室等进行消能。在下闸首采用单道或多道消力池或消力槛进行消能。简单消能工如图 6-21 ~ 图 6-27 所示。

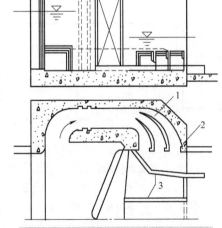

图 6-21　短廊道输水设消力槛示意图

1—隔墩　2—竖向槛　3—消力槛

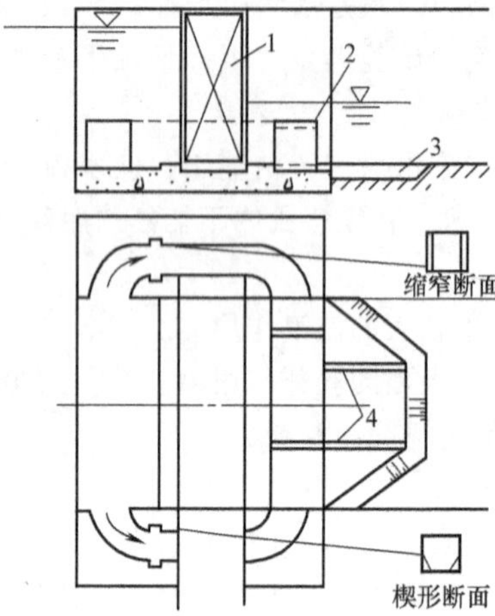

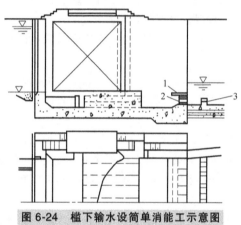

图 6-22　短廊道输水设消力槛及消力池示意图

1—横拉门　2—顶横梁　3—消力池　4—消力槛

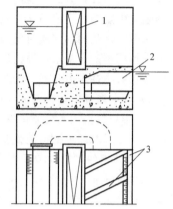

图 6-23　短廊道输水设简单消能室示意图

1—横拉门　2—消能室　3—消力槛

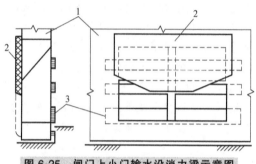

图 6-24　槛下输水设简单消能工示意图

1—平面遮板　2—消力梁　3—消力齿

图 6-25　闸门上小门输水设消力梁示意图

1—闸门　2—平面阀门　3—消力梁

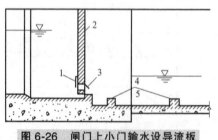

图 6-26　闸门上小门输水设导流板
及消力槛和消力池示意图

1—平面阀门　2—闸门　3—导流板
4—消力槛　5—消力池

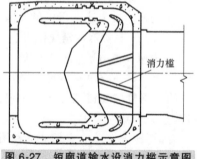

图 6-27　短廊道输水设消力槛示意图

4）复杂消能工。复杂消能工是指在上闸首利用帷墙或开挖闸底构成消能室，并需采用消力齿或消力槛、复杂的消力梁、垂直格栅、挡板等进行消能。在下闸首可采用消力齿、消力槛、水平格栅、水平遮板、简单的消力梁并结合消力池进行消能。如图6-28~图6-33所示。

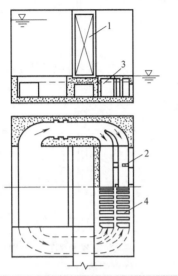

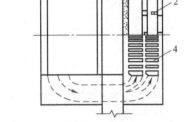

图6-28 短廊道输水格栅式帷墙消能室示意图

1—横拉门 2—挡水板 3—消能室 4—格栅

图6-29 短廊道输水封闭式帷墙消能室示意图

1—消能室 2—隔墙 3—导流墙 4—消力梁

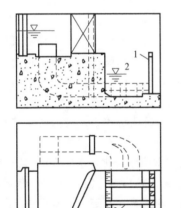

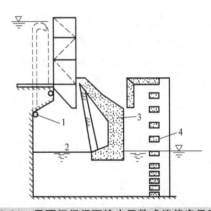

图6-30 短廊道输水开敞式帷墙消能室示意图

1—消力栅 2—消能室 3—消力槛

图6-31 平面闸门门下输水开敞式消能室示意图

1—通气孔 2—消能室 3—挡板 4—消力梁

（2）按输水方式分类 集中输水系统按输水方式可分为短廊道输水、直接利用闸门输水、组合式输水和新型倒口消能输水。

1）短廊道输水。短廊道输水包括：无消能室，如图6-21、图6-22和图6-27所示；有消能室，如图6-23、图6-28~图6-30所示；槛下输水，如图6-24所示。

2）直接利用闸门输水。根据闸门形式和输水方式又可分为三角闸门门缝输水；平面闸门门下输水，如图6-31所示；闸门上开小门输水，如图6-25和图6-26所示。

3）组合式输水。组合式输水是指由上述某两种输水形式组合而成。

4）倒口消能输水。由于其出口水流向下，经水垫及底板撞击消能，消能效果较好，可不设置镇静段，以缩短闸室长度，节省工程投资，但由于该形式运行经验较少，故其布置应通过试验确定，如图6-32所示。

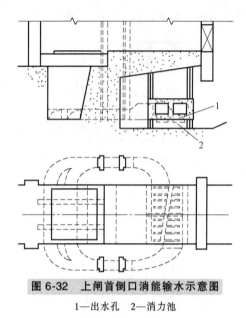

图 6-32 上闸首倒口消能输水示意图
1—出水孔　2—消力池

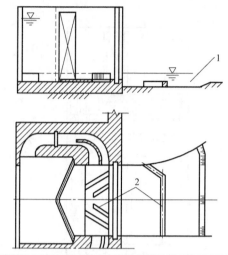

图 6-33 短廊道输水设消力池和消力槛示意图
1—消力池　2—消力槛

（3）按消能室的形式分类　对于有帷墙的闸首，可利用帷墙的空间构成消能室。消能室可分为格栅式消能室，如图 6-28 所示；封闭式帷墙消能室，如图 6-29 所示；开敞式帷墙消能室，如图 6-30 和图 6-31 所示；帷墙倒口式消能室，如图 6-32 所示。

1）格栅式消能室。其特点是利用消能室内的消力楔、立柱及正面和顶面格栅的缝隙大小调整水流。这种布置在江苏苏北大运河的船闸上采用较多，三峡工程的临时船闸、福建高砂船闸和广东梅江丹竹船闸也都采用此种形式。

2）封闭式帷墙消能室。其特点是消能室的体积不随闸室水位而变化，消能室的顶部不出水，水流全部由消能室正面进入闸室。因此，输水时闸室水面波动较小，进入闸室的水流比较均匀。

3）开敞式帷墙消能室。其特点是消能室的体积随闸室水位而变化，水流全部由消能室正面进入闸室，并利用合适的消能工进行消能，进入闸室的水流比较均匀，但消能效率较低。

4）帷墙倒口消能室。在两侧短廊道出口，连接一根架空的横向廊道，出水孔位于横向廊道底部，利用出水孔孔口的大小调整横向流量分配，水流自出水口向下射入消力池，消能后再进入闸室。此种布置消能效果较好，已在多座船闸上采用。

3. 集中输水系统的布置

（1）集中输水系统消能工的确定方法　集中输水系统上、下闸首断面最大平均流速可分别按下列近似公式计算：

上闸首

$$\overline{V}_{\max} = 2L_c H \frac{1}{T\left(S_c + \dfrac{H}{2}\right)} \tag{6-37}$$

下闸首

$$\overline{V}_{\max} = 1.8 L_c H \frac{1}{T S_c} \tag{6-38}$$

式中 $\bar{V}_{max}$——对上闸首为灌水时闸室最大的断面平均流速,对下闸首为泄水时下闸首门后段最大的断面平均水流(m/s);

L_c——闸室水域长度(m);

H——设计水头(m);

T——闸室灌泄水时间(s);

S_c——槛上最小水深(m)。

集中输水系统消能工的类型可根据上下闸首处断面最大平均流速和水头按表6-9选用。

表6-9 各类消能工的水力指标

部位	无消能工		简单消能工		复杂消能工	
	$\bar{V}_{max}$/(m/s)	H/m	$\bar{V}_{max}$/(m/s)	H/m	$\bar{V}_{max}$/(m/s)	H/m
上闸首闸室	0.25~0.45	≤4	0.45~0.65	4~7	0.65~0.90	7~11
下闸首门后	≤0.8	≤4	0.8~1.9	4~8	1.9~2.3	8~11

从表6-9可以看出,各种类型消能工的水力指标有一定的取值范围,要确定一种消能工形式所能达到的水力指标,主要取决于消能工对水流消能的效果,包括对称性、均匀性、紊动性和掺气性等。一般先参考已有工程的经验,并根据需要进行水力学试验验证。

(2) 布置原则 集中输水系统及消能设施的布置应按以下原则:

1) 集中输水系统及其消能工应布置在闸首及靠近闸首的闸室范围内,消能段后宜设镇静段,镇静段的长度可按式(6-39)计算。倒口消能室短廊道输水不设镇静段时,其布置应通过水工模型试验确定。

$$L = BE_p \quad (6-39)$$

式中 L——镇静段长度(m);

B——经验系数,与船闸输水消能形式有关,对无消能工取0.7~1.3;对简单消能工取0.3~0.7;对复杂消能工取0.1~0.3。在各类内消能效果好的取小值,B值是根据国内部分船闸镇静段长度的统计资料而得;

E_p——理论最大比能(kW/m²),可通过水力特性曲线计算求得。

2) 集中输水系统及消能工的布置应使水流能充分消能和均匀扩散,并不应妨碍输水系统的泄流能力,在平面上应和闸室或下游引航道的布置相适应,在立面上应按闸室或下游引航道最大断面平均流速出现时段的上、下游水位条件进行设计。

(3) 短廊道输水系统的布置 短廊道输水系统有环绕短廊道输水及槛下输水等多种形式,下面主要介绍环绕短廊道输水的廊道及消能的布置。

1) 廊道进、出口设计要求。

① 廊道进口的最小淹没水深应按式(6-40)确定,计算时应考虑灌水廊道进口前水面的降低。

$$h = 1.2 \times \frac{v_m^2}{2g} \quad (6-40)$$

式中 h——最小淹没水深(m);

v_m——最大流量时廊道进口断面的平均流速(m/s);

g——重力加速度(m/s²)。

廊道进口布置在水面以下一定深度，是为了保证廊道进口顶部不产生负压，并可避免吸入空气和其他漂浮物体，也可增大输水效率。在确定淹没水深时，还需要考虑水流在引航道内行进至闸首处的水面降落。

② 廊道进口断面最大平均流速不宜大于 4.0m/s。规定廊道进口流速是为了避免产生较大的漩涡和减少进口损失。根据国内一些船闸的统计，在一般的边界条件下，进口流速在 5m/s 以上，产生强大漩涡的可能性较大，而小于 4m/s 时，不会产生漩涡。为了减少进口损失，廊道进口应修圆，修圆半径可取 0.10~0.15 倍廊道进口宽度。

③ 廊道进口转弯段中心线的平均曲率半径不小于 0.9~1.0 倍廊道转弯段的平均宽度。廊道内侧的曲率半径可取为 0.15 倍的设计水头。廊道出口转弯段平均曲率半径不小于 1.0~1.4 倍廊道转弯段的平均宽度。廊道内侧的曲率半径可取 0.2~0.25 倍设计水头。廊道其他部位转弯段中心线的平均曲率半径不小于廊道转弯段的平均宽度。对转弯半径的要求基本上是参考已建船闸的情况提出，确定廊道转弯主要考虑以下三个因素：转弯损失小；转弯内侧曲面的压力是否过低而发生空蚀；经济合理，不增加闸首尺寸。

④ 廊道出口的最小淹没水深，按表 6-10 确定。当不满足要求时，廊道出口宜压扁放宽。廊道出口断面宜扩大为廊道阀门处断面的 1.2~1.6 倍，自转弯段的起点至出口，应设置中间导墙。

表 6-10　廊道出口最小淹没水深

船闸级别		Ⅰ、Ⅱ	Ⅲ、Ⅳ	Ⅴ~Ⅶ
最小淹没水深/m	上闸首	2.0	1.5	1.0
	下闸首	1.5	1.0	0.5

对廊道出口的淹没水深，从消能的角度来看原则上是越大越好，已建输水条件较好的无消能室的上闸首环绕短廊道淹没水深一般为 1.5~2.0m，有的达到 2.6m。考虑到不同航道等级的船闸起始水深不同，闸室起始水深大则淹没水深可大一些。另外，对于下闸首，由于其消能要求比上闸首低，淹没水深可以小些。若淹没水深不能满足要求，除了将廊道出口断面压扁放宽，也可将出口置于低于闸底的消力池内，或在廊道出口顶部加一水平横梁，当横梁用在下闸首时，两侧廊道也可采用不同高度，以适应下游引航道的不对称布置。

廊道出口从减小出口流速、扩大对冲面积增加消能效果，减少出口损失来说，应该扩大。但是，由于廊道出口一般紧接在弯段之后，水流转弯时受离心力作用而偏向外侧，因此，规定在出口弯段设导墙，导墙起点应位于弯段起点、廊道正中而略偏向外侧，在出口宽度较大时，有时可设置二道或三道导墙。

⑤ 对垂直转弯的短廊道应将阀门置于高程最低的廊道直线段上，对 Ⅴ~Ⅶ 级船闸，经过论证，阀门可设在廊道进口段。

2) 无消能室的短廊道输水适用于没有帷墙或帷墙高度较小的上、下闸首。它的消能措施可采用无消能工的水流对冲消能，也可采用简单消能工的消力齿或消力池消能。

这种输水形式的水流对冲于闸首轴线，其水流在横向、竖向的分布都不均匀。它的消能措施可以由水流对冲消能，也可再设消能工消能。由于通航水深的限制，这种形式只能采用高度较低的消力槛、开挖消力池等消能措施。

下闸首的闸底一般和下游引航道齐平，其输水廊道与消能工的布置原则与上闸首相同，还必须和引航道的布置形状相适应。

3) 有消能室的短廊道输水适用于有帷墙的上闸首，可分为格栅式、封闭式、开敞式、和倒口式等四种，其消能室布置符合4)~6)的规定，不符合时采用简单消能工。

4) 格栅式消能室适用于帷墙高度不大的情况，其出水总面积应大于廊道出口总面积的2倍，消能室顶部出水面积与正面出水面积的比值，宜近似于闸室出现最大断面平均流速时消能室顶板以上与顶板以下水深的比值，顶面格栅应中间密两侧疏，正面出水可由立柱或用挡板调整流量分布，如图6-28所示。

格栅式消能室的体积可按式（6-41）~式（6-43）计算

$$V = A_0 E_{max} \tag{6-41}$$

$k_v \leq 0.25$ 时
$$E_{max} = \frac{313.9 CH^2 (1-k_v)^3}{T(2-k_v)^4} \tag{6-42}$$

当 $k_v > 0.25$ 时
$$E_{max} = \frac{9.3 CH^2}{T\sqrt{k_v(2-k_v)}} \tag{6-43}$$

式中　V——消能室体积（m^3）；

　　　A_0——系数，取0.09~0.13；

　　　E_{max}——灌水时水流的最大能量（kW）；

　　　k_v——输水阀门开启时间与闸室灌水时间的比值；

　　　C——闸室水域面积（m^2）；

　　　H——设计水头（m）；

　　　T——闸室灌泄水时间（s）。

5) 封闭式消能室的顶板应设通气孔，在闸室出现最大断面平均流速时消能室应全部淹没。消能室的进口应尽量置于闸首前端。消能室内应设导墙及隔墙以引导水流使其在平面上扩散，并应设消力梁及消力齿或消力槛以调整竖向流速分布，如图6-29所示。封闭式消能室的出口面积应大于2倍廊道出口断面积。消能室的体积可按式（6-41）计算，其中A_0可取0.18~0.24。封闭式帷墙消能室比较合适的帷墙高度为近于闸室起始水深的情况。

6) 开敞式消能室的消能工高度，应大于闸室最大断面平均流速出现时段的闸室水深，如图6-30所示。开敞式消能室的体积可按式（6-41）计算，其中A_0可取0.25~0.4。开敞式消能室较适应闸室水位的变化，它一般利用水流对冲及消能工消能。缺点是闸室水面波动较大，消能效率较低。

7) 槛下输水的消能措施可采用消力池、消力梁、消力齿或消力槛、消力墩和水平遮板、格栅等消能工，不应采用没有消能工的槛下输水。槛下输水的水流从槛下直接进入闸室，没有经过对冲和撞击消能的水流流速很高。水流集中底部，会产生较大的横轴表面漩滚和局部水面下降。不采用任何消能措施的槛下输水是不合适的。槛下输水的消能布置主要采用上疏下密的消力梁栅及消力齿槛消能，并在梁栅顶部设置水平遮板或格栅。槛下输水的消能布置视消能工高度及完善程度的不同而分别属于简单或复杂消能工。

8) 倒口式消能室的布置应符合下列规定：

① 连接左右两侧廊道出口的两条横向廊道应互相隔开，中间隔墙可开一定面积孔口使其相通。

② 横向廊道顶位于下游最低通航水位以下，廊道顶部应设通气孔。廊道底部设出水口，其布置应满足闸室横向水流均匀的要求。

③ 倒口廊道外壁与帷墙壁保持一定距离。

④ 廊道底部出口下部，应设消力池，消力池底距出水口的高度应满足水流消能及泄流的要求。消力池出口与闸室底可用斜坡相接。

9）三角闸门门缝输水适用于闸室最大的断面平均流速小于 0.25m/s 和设计水头小于 4m 的条件。水头在 1.4m 以下可直接用三角闸门门缝输水，水头在 1.4~4m，必须严格控制三角门的开启方式，采用分段间歇开启，当高于上述水力指标时，应采用组合式输水。

10）平面闸门门下输水适用于有帷墙的上闸首，当水位差大于 10m 时不宜采用，5m 以上应慎重考虑水流掺气的影响。平面闸门门下输水的消能工，可采用由帷墙、垂直挡板、消力梁和消力齿或消力槛所组成的开敞式消能室，如图 6-31 所示。平面闸门门下输水的消能室体积可按式（6-41）计算，其中 A_0 可取 $0.16 \sim 0.4$。

平面闸门门下输水，适用于有帷墙的上闸首。为了能把平面闸门降入帷墙下，要求帷墙高度比较大。

闸门门下输水在水流跌落时掺气严重。强烈掺气的水流不但破坏了波浪力的特性，而且改变了断面流速分布，增大了进入闸室的水流能量，以致增加船舶的系缆拉力。

11）闸门上开小门输水的孔口数不宜小于 4 个，其布置应有利于水流的扩散，小门输水孔口的淹没水深不应小于 1m。闸门上小门输水的消能工，可采用设在闸门上的消力梁、板或门上导流板结合门后消力槛和消力池。闸门上小门输水应考虑水流对闸门的冲击及门型对水流偏斜的影响，并采取相应的措施。

由于小门输水的水流直冲入闸室会产生严重的横轴漩滚与立轴漩涡，消能条件不好，故这种输水形式的各类消能工的水力指标都只能取各类中的下限。

12）组合式输水适用于一种输水形式不能满足消能或输水时间要求的情况，但应考虑组合后的相互影响。

4. 短廊道输水系统的水力计算

短廊道输水系统的水力计算，参考水力学教材。

6.6.4 分散输水系统

船闸分散输水系统是在闸首及闸室的底板和闸墙内布置输水系统。灌、泄水时，水流通过闸室底部或闸墙内的纵向、横向分支廊道及多个出水孔，分散水流、均匀地进入或流出闸室的灌、泄水系统，又称长廊道输水系统。分散输水系统与集中输水系统相比，更有利于消耗能量和改善过闸船舶的停泊条件，使船闸向中、高水头，缩短闸室输水时间、增加通过能力的方向发展。

随着科研、设计、施工和运转使用方面的进展，分散输水系统的布置更趋完善，形式多样化。在国外应用很普遍，不仅用于中、高水头的船闸，而且不少低水头船闸也采用分散输水系统。近年来，我国采用了适应高水头大型船闸的等惯性输水系统，解决输水阀门空化问题的措施。等惯性输水系统是指水流由主、支廊道和设在闸室底部几个区段内的出水口进出，达到全闸室内动力近似平衡的一种分散输水系统。

1. 分散输水系统的水力特性

分散输水系统使水流分散进入或流出闸室的灌、泄水系统。闸室内停泊的船舶同样受到与集中输水系统相同的三种水流作用力。由于分散输水系统的水流是从较大范围内进入闸室，与集中输水系统相比，作用在闸室船舶上的水流力、波浪力、局部力都相对较小。

2. 分散输水系统的形式和适用范围

分散输水系统可根据输水水力特点和布置形式分为三大类。根据式（6-35）计算的判别系

数 m 值，当 $m>2.4$ 时，可采用第一类分散输水系统；当 $m=1.8\sim2.4$ 时，可采用第二类分散输水系统；当 $m<1.8$ 时，可采用第三类分散输水系统。

(1) 第一类分散输水系统

1) 闸墙长廊道侧支孔出水，如图 6-34 所示。闸墙长廊道侧支孔输水，是一种布置简单、造价低，运用较多的一种输水系统。这种输水系统布置在闸室的中部，出水支孔横断面面积较大，在出水支孔出水部位宜设置消力槛等消能工。由于闸室内的纵向会形成水面坡降，故船舶、船队受到较大的波浪力；同时，出水支孔集中布置在闸室的中部，水流较为集中，不均匀，船舶会受到较大的水流局部力作用。

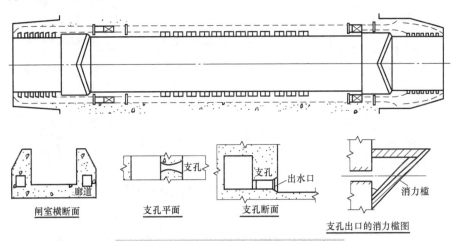

图 6-34 闸墙长廊道侧支孔输水系统示意图

2) 闸墙长廊道多支孔出水，如图 6-35 所示。这种输水系统采用数目较多而断面积较小的出水支管作为出水口，单明沟消能。目前国内外已建船闸均采用单明沟消能，设计时对单明沟宽度有一定要求，过宽过窄都不利于水流的扩散，因此单明沟消能的范围受到限制。

第一类分散输水系统的缺点很明显，当两侧阀门开启不同步或一侧阀门出现故障时，闸室内将产生较大的横向水面坡降，导致船舶受到较大的横向力作用。

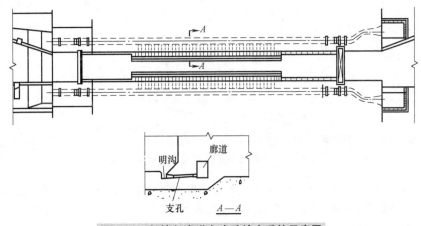

图 6-35 闸墙长廊道多支孔输水系统示意图

(2) 第二类分散输水系统 第二类分散输水系统为平面等惯性输水系统，其出水口水流条件较第一类分散输水系统好，满足停泊在闸室中船舶的泊稳条件。但是这些多区段输水，廊道水流对各区段的惯性影响不相同，水流分配不够均匀稳定，对船舶停泊条件有一定影响。

1）闸底长廊道顶、侧支孔出水，如图6-36、图6-37所示。这种输水形式在闸室输水时，水流是由布置在闸室底部长廊道上的支孔、支管流入或流出闸室。优点是输水效率高，输水时水流由底部进入闸室，水流消能条件较好，对两侧阀门开启不同步或一侧阀门出现故障的情况适应性较强。当出水支孔、支管设在廊道的顶部，采用盖板消能，如图6-36所示；设在侧面的出水孔采用明沟消能，如图6-37所示。

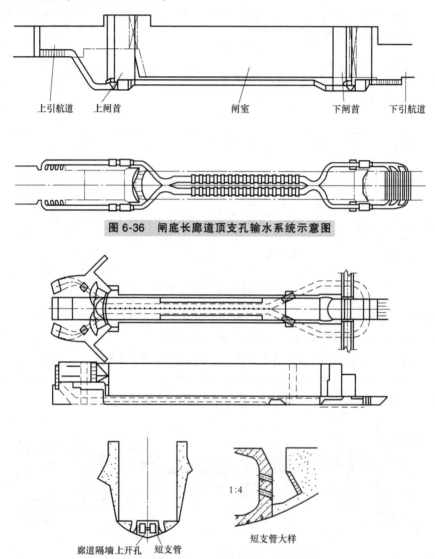

图 6-36　闸底长廊道顶支孔输水系统示意图

图 6-37　闸底长廊道侧支孔输水系统示意图

2）槛下长廊道与闸底长廊道分区段出水，如图6-38、图6-39所示。这种输水系统在闸底设有多根纵向长廊道，长廊道沿着闸室方向多区段出水。当出水支孔、支管设在廊道的顶部，采用盖板消能，图6-38所示输水系统进水口布置在船闸门槛下。

3）闸墙长廊道经闸室中部横支廊道支孔出水，如图6-40所示。其输水方式是在闸室两侧闸墙的中间设计横支廊道，横支廊道交错布置，横支廊道上设有出水口，出水口一般采用顶支孔或采用侧支孔出流，水流比较均匀，闸室的泊稳条件也较好。

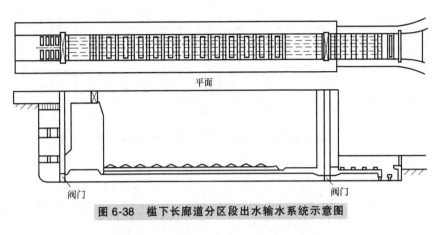

图 6-38　槛下长廊道分区段出水输水系统示意图

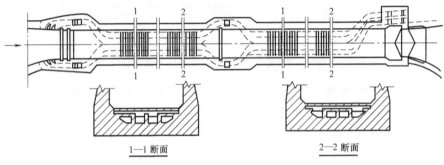

图 6-39　闸底长廊道分区段出水输水系统示意图

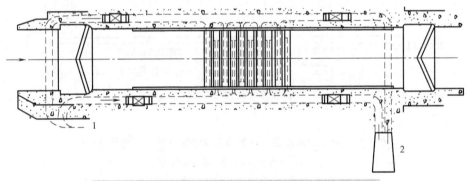

图 6-40　闸墙长廊道闸室中部横支廊道输水系统示意图
1—旁侧进水口　2—旁侧泄水口

4）闸墙长廊道经闸室中段进口纵、横支廊道支孔出水，如图 6-41 所示。这种输水系统为三区段等惯性输水系统，纵支廊道、横支廊道进口集中在闸室中部，前后支廊道水流惯性大致相等，出水孔分布范围广，出流均匀，水流条件良好，是一种较好的分散输水系统形式。

5）闸墙长廊道经闸室中心进口水平分流闸底纵支廊道二区段出水，如图 6-42 所示。这种输水系统的输水方式是在闸室的闸墙设置输水廊道，在输水廊道中间用垂直隔墩设置分流口，从分流口出来的水流经过纵支分廊道进入闸室的前后半个闸室，分支廊道上顶孔出水，采用盖板消能，这种水平分流形式稍不稳定，属于二区段等惯性输水。

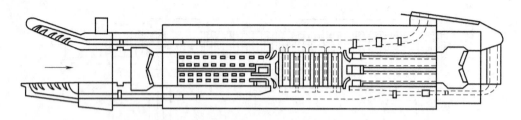

图 6-41 闸墙长廊道闸室中段进口纵、横支廊道输水系统示意图

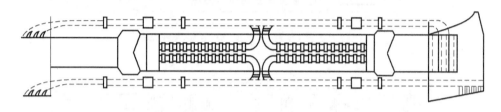

图 6-42 水平分流闸底纵支廊道二区段出水输水系统示意图

(3) 第三类分散输水系统 第三类分散输水系统为立体交叉空间形态的等惯性输水系统，其特点是供水区段数较多，廊道水流惯性对各供水区段的影响基本相同，保证了水流的出流均匀和稳定。因此，它比第二类分散输水系统对停泊在闸室内的船舶的泊稳有较大改善，但是设计复杂、造价更高。

1) 闸墙长廊道经闸室中心进口垂直分流闸底纵支廊道二区段出水，如图 6-43 所示。

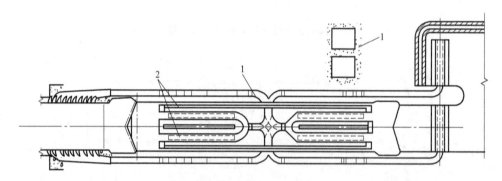

图 6-43 垂直分流闸底纵支廊道二区段出水输水系统示意图
1—垂直分流口　2—纵支廊道

2) 闸墙长廊道经闸室中心进口垂直分流闸底纵支廊道四区段出水，如图 6-44 所示。

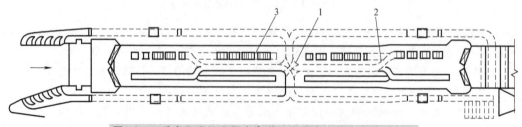

图 6-44 垂直分流闸底纵支廊道四区段出水输水系统示意图
1—第一垂直分流口　2—第二分流口　3—纵支廊道

3. 分散输水系统的布置

各类分散输水系统在布置应遵循以下原则：

1) 各类分散输水系统的闸室出水段中心宜与闸室面积的中心相重合。这样布置闸室内流态趋于对称，减少闸室内的纵向水面坡降及纵向水流，有利于船舶的安全停泊。

2) 当闸首帷墙顶高于闸室起始水位时，可将闸门后的帷墙做成斜面，并缩短平台的纵向长度，以避免在闸室水位变化时闸室水域面积发生突变，如图 6-45 所示。

图 6-45 闸首帷墙图

船闸上闸首或中闸首帷墙如果高于闸室起始水位，当闸室灌水水面上升到帷墙平台时，将造成闸室水面坡降突变或水面波动，对顶推船队会产生很大的作用力。

3) 分散输水系统的阀门段，必须布置在下游最低通航水位以下，并有一定的淹没水深，阀门段的高程应满足阀门工作条件的要求。这样可避免大量的空气进入闸室、严重恶化闸室内船舶的安全停泊。

4) 阀门后廊道形式应根据阀门工作条件选择，有不扩大、逐渐向上扩大及突然扩大等三种形式，其布置应通过模型试验确定。

5) 阀门后廊道压力较低或出现负压时，上、中闸首的下游侧检修阀门与工作阀门的距离，宜大于廊道高度的 3 倍。必要时需在检修阀门井内作防止掺气的封闭措施。

6) 闸室中心的分流口可分为垂直隔墙水平分流和水平隔墙垂直分流两种布置形式。

水平分流口由于垂直隔墙端点的位置对分流过于敏感，很难保证非恒定水流分流的均匀与稳定，且隔墙端点也容易产生空化；垂直分流的水平隔墙，不影响水流的流态，保证分流的均匀与稳定，不易产生空化。但垂直分流结构复杂，造价较高，仅用于高水头船闸。

垂直分流口水平隔墙的布置比较容易，只要放在分流口高度的 1/2 处即可，而水平分流口的布置则必须通过模型试验确定。

7) 分散输水系统进、出口应布置为流线型。进口顶的淹没水深宜大于 0.4 倍的设计水头，并应考虑进口处水面的局部降落。出口顶的淹没水深宜大于 1.5m。进口的最大断面平均流速不宜大于 2.5m/s。

8) 分散输水系统宜采用导墙上垂直多支孔进、出口布置，如图 6-46 和图 6-47 所示；横支廊道进、出口布置，如图 6-48 和图 6-49 所示。导墙上垂直多支孔进口喉部面积应顺水流方向逐渐缩小。当条件限制时，可在第一类分散输水系统中采用槛上多支孔进、出口布置，如图 6-50 和图 6-51 所示，但应满足安全要求。

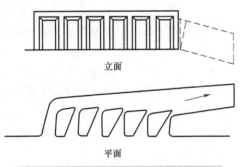

图 6-46 导墙上垂直多支孔进口示意图

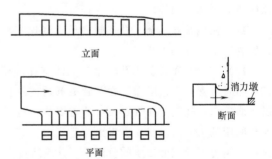

图 6-47 导墙上垂直多支孔进口示意图

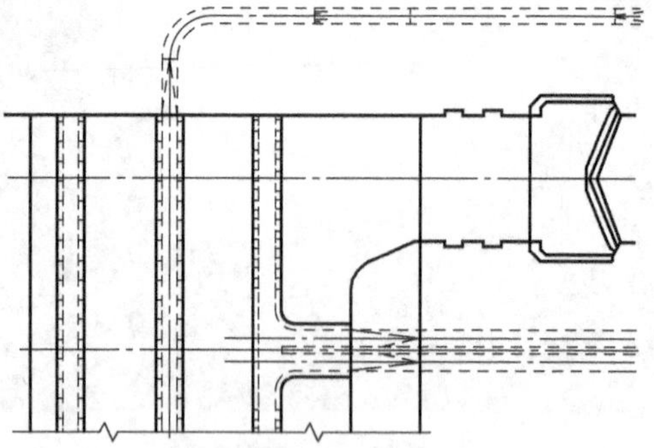

图 6-48 横支廊道进口（双线船闸）示意图

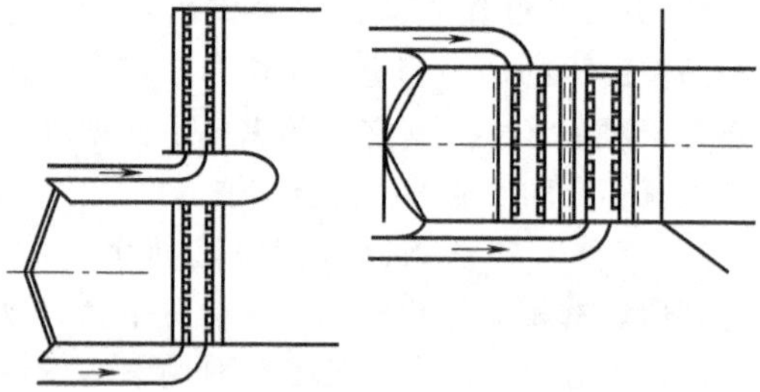

图 6-49 横支廊道出口示意图

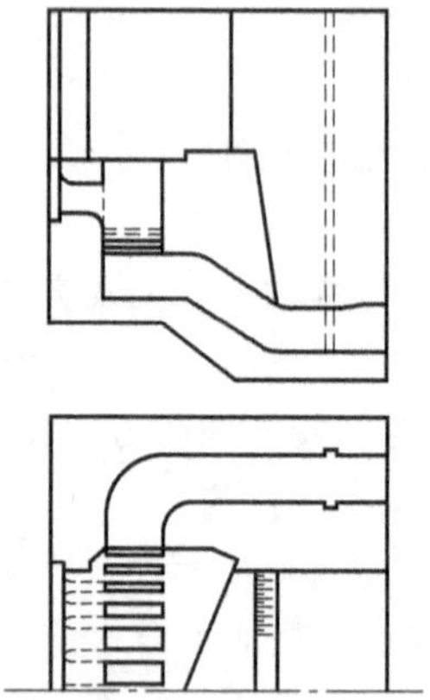

图 6-50 槛上多支孔进口示意图

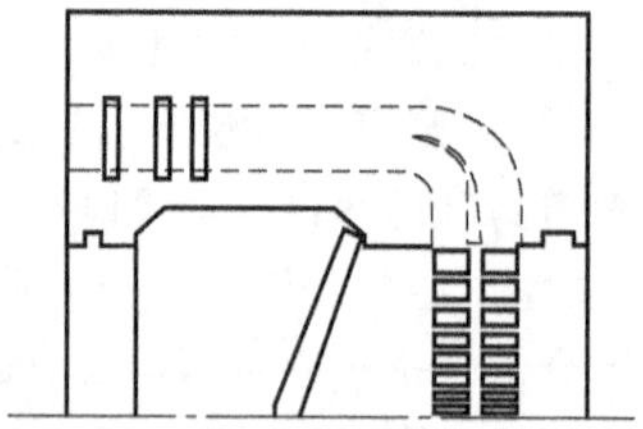

图 6-51 槛上多支孔出口示意图

9) 当闸室全部通过引航道内灌泄水，且船舶在引航道内的停泊或航行条件不满足时，应采用部分旁侧灌泄水的设施。当必须采用全部旁侧灌泄水布置时，则应注意引航道水面与闸室水面的高差，若高差较大时，应采取辅助输水系统，保证输水完毕时，闸室与引航道水面齐平。当多线船闸或船闸与升船机共用引航道时，应考虑船闸灌泄水时相互间的影响。

10) 输水系统的布置应考虑泥沙淤积的影响，闸室出水孔宜采用顶部出水，其布置应利于减少闸室的死水区。

11) 分散输水系统支孔沿水流方向的长度不宜小于其断面的宽度或直径的 2~4 倍，支孔的进、出口宜修圆扩大，支孔喉部后的出口扩大角宜小于 3°，出水段廊道支孔断面的总面积宜与该廊道断面面积相等。

12) 闸墙长廊道侧支孔和闸底长廊道顶支孔输水系统的出水孔段，宜设置在闸室中部，其长度为闸室长度的 1/2~2/3。

13) 闸墙长廊道侧支孔输水系统的支孔间距宜为闸室宽度的 1/4，两侧廊道的支孔应相互交错布置。支孔出口应布置在下游最低通航水位时设计船舶吃水深度以下，以保证支孔出流不射船底。出水孔段前 1/3 的支孔宜在其出口处设三角形消力槛或消力塘。当船闸富余水深小于支孔间距的 1/2 倍，支孔出流影响船底时，应在全部出水孔出口外设置消力槛，当水头较高时应设置消力塘或四面出水的分流罩，并应通过模型试验验证。

14) 当闸墙和闸底长廊道侧向多支孔数量较多时，可增加排数。支孔应对称布置在闸底长廊道两侧，并采用明沟消能，如图6-35和图6-37所示。

15）闸底长廊道顶支孔输水系统的长廊道断面宜采用宽浅型，顶支孔上必须设消能盖板，使出水孔水流经盖板消能后在闸室宽度方向分布均匀。

16）闸底长廊道分区段出水输水系统的长廊道数，应等于2倍的出水区段数，每根长廊道只允许一个出水区段。与闸室中心线对称布置的顶支孔上，应设横贯闸室的横支廊道，横支廊道上的出水支孔应设在侧面，如图6-39所示。槛下长廊道输水宜优先采用闸底廊道分区段出水布置。

17）当支廊道采用侧向出水支孔布置时，宜用明沟消能。明沟的宽度宜为支孔宽度的5倍，相邻两支廊道共用一个明沟时，出水支孔应交错布置。当明沟宽度较大时，应在明沟中设T字形挡槛，其高度可按式（6-44）计算

$$h \geq d_0 + 0.24y \tag{6-44}$$

式中　h——挡槛高度（m）；

　　　d_0——侧面出水支孔的高度（m）；

　　　y——出水支孔至挡槛的距离（m）。

注意：设挡槛后出水支孔可不交错布置。

18）等高度变宽度阶梯式变断面的支廊道，其出水支孔总面积宜取支廊道进口断面面积的1.2倍，支廊道末段的断面面积宜取进口断面面积的40%。

19）闸墙长廊道闸室中部横支廊道输水系统，其横支廊道的布置范围宜为闸室长度的1/3~1/2，两侧横支廊道应交错布置。

20）闸墙长廊道闸室中部进口的纵、横廊道输水系统，其纵、横支廊道的进口应设在闸室中部1/3段内，横支廊道区段应设在闸室中部1/5段内，纵支廊道布置在闸室前、后两区段；横支廊道的进口总面积宜为纵、横支廊道进口总面积的30%，前、后纵支廊道进口面积宜分别为35%；前、后纵支廊道的出水孔段宜分别为闸室长度的25%。

21）闸墙长廊道经闸室中心进口两区段出水输水系统，其两个出水区段的中心应分别布置在闸室长度的前、后四分点上。出水区段的长度宜为闸室长度的25%~35%。

22）闸墙长廊道经闸室中心进口八支廊道四区段出水输水系统，第一分流口应设在闸室长度中心部位的两侧闸墙长廊道上，第二分流口应设在闸室长度前、后四分点部位的前、后纵向分支廊道间。

4. 分散输水系统的水力计算

分散输水系统的水力计算，见水力学教材。

6.7　船闸的闸门、阀门

闸门和阀门是封闭闸首通航孔口和输水廊道的挡水设施。

6.7.1　闸、阀门的组成

闸、阀门一般由活动的门叶（扇）结构、埋固构件和启闭机械三部分组成。

1. 门叶（扇）结构

门叶（扇）结构是用来封闭和开启闸首通航孔口或输水廊道的活动挡水结构。由梁格及面板等构成的承重结构体系、行走支承、止水部分和吊点（或油缸座）等组成。

2. 埋固构件

闸、阀门的埋固构件一般包括行走支承的轨道、侧轮和反轮的轨道、止水埋件、门槽的护角、护面和底槛、人字门或三角门顶、底枢座和枕垫座等的支承埋件等。

3. 启闭机械

常用的闸、阀门启闭机有液压式、卷扬式和螺杆式三种。

6.7.2 闸、阀门的类型

闸、阀门的类型较多，按其工作性质、门扇启闭方式、门扇结构形式和构造特征等加以分类。

1. 按工作性质分类

船闸闸门分为工作闸门、事故闸门和检修闸门；阀门分为工作阀门和检修阀门。

2. 按门叶（扇）启闭方式分类

闸、阀门可分为直线移动式和绕轴转动式。

3. 按门叶（扇）结构形式和构造特征分类

（1）平面钢闸门　平面钢闸门是指挡水面板形状为平面的闸门，根据门叶结构的运移方式又可分为：直升（降）式平面闸门；横拉式平面闸门；升卧式平面闸门；绕竖轴转动的平面闸门，如人字门和一字门等。

（2）弧形钢闸门　弧形钢闸门是指挡水面板形状为弧形的钢闸门，可分为绕水平轴转动的弧形闸门，如正向弧形闸门、反向弧形闸门及下沉式弧形闸门；绕竖轴转动的立轴式弧形闸门，如船闸三角门，其面板分为弧形和平面形两种等。

6.7.3 闸、阀门的布置及选型

1. 闸、阀门的布置

船闸在闸首设有工作闸门，在输水廊道设有工作阀门。闸、阀门布置时，应充分注意附近的水流条件。输水廊道的阀门，不应设在廊道的弯段上。阀门距转弯点距离的确定，应保证阀门门前水流平顺，避免使阀门超载、振动、气蚀等问题发生。

在船闸及其设备检修时，为了检修期临时挡水，必须设置检修闸门和检修阀门。检修闸门的门槽设在上闸首闸门的上游、下闸首闸门的下游。检修阀门的门槽一般设在每一工作阀门的上、下游。对于重要水利枢纽上的船闸，当工作闸门失事时，造成航运中断、水库失调或对建筑物及下游可能造成严重经济损失，经过充分论证，可考虑设置能在动水中切断水流的事故闸门。例如，在葛洲坝和三峡工程的船闸中，设置了事故闸门。

闸门布置不能影响船闸有效通航尺寸。在闸、阀门的设计中应该包括与其正常工作所必需的附属设备，如工作桥、爬梯、通道、护舷、缓冲设备、限位装置和阀门的平压设备等。对于长廊道输水系统的船闸，应在廊道进口处设置拦污栅，防止污物进入输水系统，堵塞廊道。船闸应设置存放或维修检修闸、阀门及其他设备的固定场所。

2. 闸、阀门门型选择

船闸的工作闸门，在船闸正常运用情况下用来封闭通航孔口，调整水位落差，保证船舶安全进出闸室。除兼作输水用的闸门外，一般都是在无压的静水中启闭。在通航期大部分时间中，闸门是在不间断地运转着，每天开关几十次。工作闸门操作的简便与启闭的迅速将直接影响船闸的通过能力。闸门的许多重要部件均位于水下，一旦发生故障，常需将闸室或闸首中水抽干修理，从而造成断航，因此应特别注意其运转的可靠性。在工作闸门设计时，应满足其在使用、结构和经济上的要求。

在使用上,应满足启闭迅速、止水可靠、检修方便、闸门开启后具有足够的通航净空和水下航道尺寸等要求。

闸门门叶结构应具有足够的强度和刚度,在静水压力、动水压力、自重、气温变化、闸门启闭的曳引力、船舶及漂浮物的撞击力、门顶上的活荷载、闸首底板和支座沉陷等作用下,闸门能够保持正常工作状态,不致发生不容许的变形。为了保证闸门工作的可靠性,必要时应增设保安装置等辅助设备。

在经济方面,应将闸门、闸首和输水系统三者综合考虑。在满足使用要求的前提下,总的工程量小,构造简单,应尽量减轻门重和埋设铸件的重量,以节省材料,减小启闭力,从而降低启闭机械的造价。闸门还应便于制造、安装和检修。

目前,国内大、中型船闸中常用的闸门有人字闸门、横拉闸门、三角闸门和升降式平板闸门等。常用的阀门主要有平面阀门和反向弧形阀门等。

(1) 人字闸门 如图 6-52 所示,人字闸门由两扇绕垂直轴转动的门叶组成。关门时,两扇门叶互相支承在彼此的斜接柱上,构成三铰拱以封闭通航孔口。开启后,两扇门叶分别隐藏在闸首边墩的门龛内。人字闸门能封闭高而宽的孔口,由于是以三铰拱的作用来承受水压力,因而可以减小闸门的厚度,降低造价和减轻闸门自重。在高水头、大跨度的船闸中,上述优点尤其显著。启闭时,两扇门叶分别绕垂直轴旋转,启闭迅速,启闭力较小,操作简便。

人字闸门一般不能承受反向水压力,即使很小的水头,也会使闸门骤然打开而发生事故,因而需要设保安装置。人字闸门也不能在有水压情况下启闭。闸门水下支承部分易于损坏,检修困难。闸门的制造安装精度要求较高。止水线长,门底止水又是折线,止水效能差,易漏水。

人字闸门在船闸中得到最广泛的应用,在静水条件下启闭的工作闸门,美国约有 90% 以上的船闸工作闸门采用了人字闸门,俄罗斯的船闸规范认为口门宽度在 30m 以内,采用人字闸门是经济可靠的。在我国船闸设计中人字闸门也是最普遍采用的工作闸门门型之一,承受单向水头在静水条件下启闭的工作闸门,特别是中、高水头下工作闸门宜选用人字闸门。

(2) 横拉闸门 如图 6-53 所示。横拉闸门是沿水平方向移动的闸门,在开门时,闸门横向移入闸首一侧的门库中。主要优点是能承受双向水头,启门力较小。缺点是闸门的水下滚轮工作不可靠,常易发生故障,检修不便。必须设置门库,门库约占整个闸首工程量的 1/3,使闸首工程量增大。同时由于设置门库,闸首平面布置因而不对称,使闸首结构以及底板受力情况复杂化。闸门门叶的厚度通常不是由经济梁高决定,而是由横向倾覆稳定决定,致使闸门厚度较大。横拉闸门适用于门宽较大的船闸。

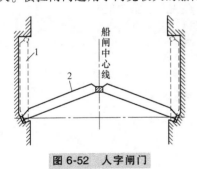

图 6-52 人字闸门

1—开门位置 2—关门位置

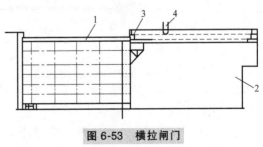

图 6-53 横拉闸门

1—闸门 2—门库 3—顶轮小车 4—变向滑轮

承受双向水头在静水条件下启闭的闸门宜选用横拉闸门。

（3）三角闸门　如图 6-54 所示，三角闸门是由两扇绕垂直轴转动的竖向弧形门扇组成，向下俯视犹如扇面，故称为扇形闸门。在有的船闸上，为了加工制造方便，将挡水面板做成平面，又称三角闸门。

三角闸门所受的水压力的合力，原则上通过旋转轴中心，因而启门力较小，可以在有水压的情况下启闭，能够承受双向水头，

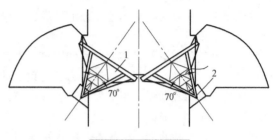

图 6-54　三角闸门
1—闸门　2—支铰

还可以利用闸门本身进行输水。所以常用在感潮河段的船闸上，利用平潮开通闸来提高船闸的通过能力。长江下游地区的江苏长江沿岸附近的船闸经常用到三角闸门。三角闸门可以在动水中启闭，可以兼做事故闸门。

三角闸门的主要缺点是闸门所占的空间比较大，闸首结构庞大，布置复杂。闸门门扇结构及支承部件的材料用量较多，工程造价较高。闸门的止水不易严密，容易漏水，有时因门底漏水而引起闸门振动。闸门的安装也较困难。

承受双向水头在动水条件下启闭或在局部开启条件下输水的工作闸门宜选用三角闸门。

（4）升降式平板闸门　升降式平板闸门的结构和启闭方式简单、安全、可靠，能承受双向水头。在水压力作用下，能将闸门逐渐缓慢提升进行门下输水，从而可省去其他的输水设备。门槽长度较小，闸首长度可缩至很短，减少了闸首的工程量，如图 6-55 所示。闸门安装方便。可提出于水面以上，便于检修。此外，闸首的沉陷和变形对其影响较小。

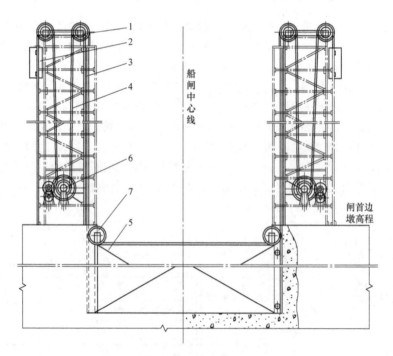

图 6-55　升降式平板闸门
1—滑轮　2—平衡重　3—钢架　4—钢丝绳　5—闸门的门扇　6—起闭机械　7—闸门上的滑轮

平板闸门开启后限制了通航净空。同时，为了开启闸门，需要建筑高大的起重门架，因而增加了闸门的支承导向装置的工程量。为了避免闸门发生突然下降，引起闸门冲击水流或碰撞经过门下的过闸船舶，必须设置锁定装置。为了避免船舶通过门下时，门上水流下落，闸门上需设置排水装置，这样就使闸门增添了复杂的辅助装置。此外，由于启闭力较大，启闭机械也较笨重。如果设置平衡重，可减少启闭力，但却需增加装置。

上升式平板闸门适用于水头很大的下闸首，特别适用于井式船闸和升船机中。因为在这些场合下，易于满足通航净空的要求。如果门高及要求的通航净空不大时，在一般船闸的闸首上也可采用上升式平板闸门。

（5）平面阀门（垂直提升阀门） 在国内已建船闸中，廊道输水系统的灌、泄水，一般采用平面阀门，如图6-56所示。它具有结构简单、门体刚度大、制造、安装和检修方便等优点。平面阀门的结构设计与升降式平板闸门相同。

平面阀门需经常在动水条件下进行启闭，在设计上与升降式闸门又有差别，主要表现在底缘形状和止水线的位置、门槽尺寸确定、门井布置和如何设法避免廊道顶出现负压等问题。上述问题需要通过水力计算和模型试验研究才能得到合理的解决。

在我国，平面阀门的设计和使用，已有多年实践经验，且应用较为广泛，一般适宜用于10m以下的低水头的船闸。如对门槽产生的气蚀能采取有效措施，也能用于10~20m中水头船闸。

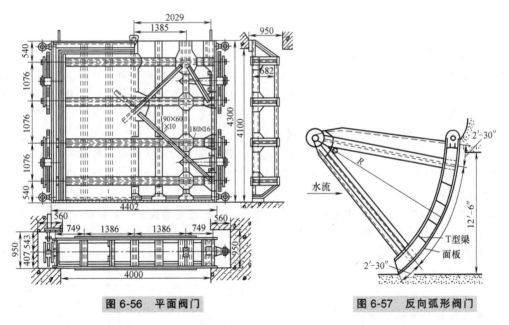

图6-56 平面阀门　　　　图6-57 反向弧形阀门

（6）反向弧形阀门 反向弧形阀门，如图6-57所示，是将枢轴布置在阀门面板的上游，阀门面板的凸面面向下游，止水线布置在阀门井的下游出口，使门井处于上游水位，可阻止灌水时空气由门井进入廊道。与平面阀门相比，反向弧形阀门需要的启闭力较小，由于门井处于上游水位，有利于防止水流掺气，阀门不需要设置门槽，可避免平面阀门因设置门槽而引起的门槽气蚀问题，多用于10~20m的中、高水头船闸。该类阀门在美国的船闸中应用十分普遍。

6.8 船闸荷载

研究船闸水工建筑物的强度和稳定性时，必须了解作用在船闸结构上荷载的作用位置、方向和大小。

6.8.1 荷载类型

作用于船闸水工建筑物上的荷载应包括下列内容：
1) 建筑物自重力及水重力。
2) 建筑物内部或上部填料重力。
3) 闸门、阀门、启闭机械及其他设备重力。
4) 土压力。
5) 静水压力。
6) 扬压力，包括浮托力和渗透压力。
7) 船舶荷载，包括船舶撞击力和船舶系缆力。
8) 活荷载。
9) 波浪力。
10) 水流力。
11) 地震力。
12) 其他。

6.8.2 荷载计算

1. 建筑物自重力及建筑物内部或上部填料的重力

建筑物自重力及建筑物内部或上部填料的重力，可按其尺寸和材料重度计算。当无实测资料时，材料重度可按《船闸水工建筑物设计规范》（JTJ 307）选取，对于重要工程，材料重度应通过试验确定。

2. 闸门、阀门、启闭机械及其他设备重力

闸门、阀门、启闭机械及其他设备重力应通过计算确定，初步估算时，可按现行行业标准《船闸闸阀门设计规范》（JTJ 308）和《船闸启闭机设计规范》（JTJ 309）的有关规定执行。

3. 土压力

土压力的计算状态应根据地基性质、结构类型和回填土性质等因素按下列情况判别。
1) 土基上的重力式、扶壁式和悬臂式等结构，墙后填土应按主动土压力计算。
2) 土基上设斜桩和带横撑的直桩基础上或岩基上的重力式、扶壁式、悬臂式和混合式等结构，以及整体式结构，墙后填土应按静止土压力计算。
3) 墙高大于 15m 的整体式和悬臂式钢筋混凝土结构，应对附加土压力的影响进行分析研究。

（1）库伦理论 主动土压力的计算，如图 6-58 所示，对无黏性多层土或折线墙背与垂直线夹角大于等于 15°的仰角，且小于第二破裂面与垂直线的夹角时，第 n 层土的土压力合力可按式（6-45）计算，其土压力合力的水平分力和土压力合力的垂直分力可分别按式（6-46）和式（6-47）计算。第二破裂面与

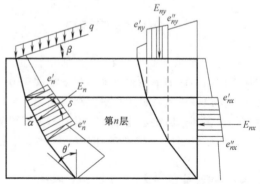

图 6-58 主动土压力计算示意图

δ—回填土与墙背间的摩擦角　q—地面均布荷载

垂直线的夹角可按式（6-48）计算。

$$E_n = \frac{1}{2}(e'_n + e''_n)\frac{h_n}{\cos\alpha} \tag{6-45}$$

$$E_{nx} = \frac{1}{2}(e'_{nx} + e''_{nx})h_n \tag{6-46}$$

$$E_{ny} = \frac{1}{2}(e'_{ny} + e''_{ny})h_n\tan\alpha \tag{6-47}$$

$$\theta' = \frac{1}{2}(90°-\varphi) - \frac{1}{2}(\varepsilon-\beta) \tag{6-48}$$

$$\varepsilon = \sin^{-1}\frac{\sin\beta}{\sin\varphi} \tag{6-49}$$

式中　E_n——第 n 层土的土压力合力（kN）；
　　e'_n、e''_n——第 n 层土上、下端处单位面积土压力强度（kPa）；
　　e'_{nx}、e''_{nx}——第 n 层土上、下端处单位面积土压力的水平分力强度（kPa）；
　　e'_{ny}、e''_{ny}——第 n 层土上、下端处单位面积土压力的垂直分力强度（kPa）；
　　h_n——第 n 层土的厚度（m）；
　　α——折线墙背与垂线的夹角（°），仰角为正值，俯角为负值，如图 6-58 所示；
　　E_{nx}、E_{ny}——第 n 层土土压力合力的水平分力和垂直分力（kN）；
　　θ'——第二破裂面与垂直线的夹角（°）；
　　φ——第 n 层土的摩擦角（°）；
　　ε——参数（°）；
　　β——地面与水平面的夹角（°），在水平面以上为正，在水平面以下为负，且 $|\beta|$ 应小于等于 φ。

作用在墙背上，第 n 层土上、下端处单位面积土压力强度，第 n 层土上、下端处的单位面积土压力的水平分力强度，第 n 层土上、下端处的单位面积土压力的垂直分力强度，可分别按式（6-50）~式（6-57）计算。

$$K_a = \frac{\cos^2(\varphi_i - \alpha)}{\cos^2\alpha\cos(\alpha+\delta)\left[1 + \sqrt{\frac{\sin(\varphi_i+\delta)\sin(\varphi_i-\beta)}{\cos(\alpha+\delta)\cos(\alpha-\beta)}}\right]^2} \tag{6-50}$$

$$K_q = \frac{\cos\alpha}{\cos(\alpha-\beta)} \tag{6-51}$$

$$e'_n = \left(K_q q + \sum_{i=1}^{n-1}\gamma_i h_i\right)K_a\cos\alpha \tag{6-52}$$

$$e''_n = \left(K_q q + \sum_{i=1}^{n}\gamma_i h_i\right)K_a\cos\alpha \tag{6-53}$$

$$e'_{nx} = \left(K_q q + \sum_{i=1}^{n-1}\gamma_i h_i\right)K_a\cos(\alpha+\delta) \tag{6-54}$$

$$e''_{nx} = \left(K_q q + \sum_{i=1}^{n}\gamma_i h_i\right)K_a\cos(\alpha+\delta) \tag{6-55}$$

$$e'_{ny} = \left(K_q q + \sum_{i=1}^{n-1}\gamma_i h_i\right)K_a\sin(\alpha+\delta)/\tan\alpha \tag{6-56}$$

$$e''_{ny} = \left(K_q q + \sum_{i=1}^{n}\gamma_i h_i\right)K_a\sin(\alpha+\delta)/\tan\alpha \tag{6-57}$$

式中 K_q——地面荷载力系数；

q——地面均布荷载（kPa）；

K_a——第 n 层土主动土压力系数；

α——折线墙背与垂线夹角（°），仰角为正，俯角为负；

h_i——第 i 层土的厚度（m）；

γ_i——第 i 层土的重度（kN/m³），水下取浮重度；

φ_i——第 i 层土的内摩擦角（°）；

δ——土与墙背间的摩擦角（°）。

其他符号意义同前。

对无黏性土，当地面为水平面，墙背与垂直线夹角大于等于 $45°$ 减 $\varphi/2$，或墙身为 L 型结构时，计算主动土压力应计入墙背与垂直面间的土体重量。墙背水平向主动土压力系数可按式（6-58）近似计算。

$$K_{ax} = \tan^2\left(45° - \frac{\varphi}{2}\right) \tag{6-58}$$

式中 K_{ax}——墙背水平向主动土压力系数；

φ——土的内摩擦角（°）。

不同的墙背形式、回填土和荷载等情况下的主动土压力可按《船闸水工建筑物设计规范》（JTJ 307）近似计算。

回填土与墙背间的摩擦角 δ 应根据回填土性质、墙背形式和粗糙程度等按下列规定采用。

1) 仰斜的混凝土或砌体墙背采用 $(1/2 \sim 2/3)\varphi$，阶梯形墙背采用 $(2/3 \sim 1)\varphi$。

2) 垂直的混凝土或砌体墙背采用 $(1/3 \sim 1/2)\varphi$。

3) 俯斜的混凝土或砌体墙背采用 $(0 \sim 1/3)\varphi$。

φ 为回填土的内摩擦角（°）。

（2）朗肯理论　黏性土主动土压力计算根据经验可选用下列计算方法。

1) 当地面为水平时，在垂直墙背或计算垂面上可按式（6-59）~式（6-60）计算。

$$e_{aH} = \left(q + \sum_{i=1}^{n} \gamma_i h_i\right) K_a - 2c\sqrt{K_a} \tag{6-59}$$

$$K_a = \tan^2\left(45° - \frac{\varphi}{2}\right) \tag{6-60}$$

式中 e_{aH}——主动土压力强度（kPa），当 $e_{aH} \leq 0$ 时，取 $e_{aH} = 0$；

q——地面均布荷载（kPa）；

γ_i——第 i 层土的重度（kN/m³），水下取浮重度；

h_i——第 i 层土的厚度（m）；

K_a——第 n 层土主动土压力系数；

c——第 n 层土的黏聚力（kN/m²）；

φ——第 n 层土的内摩擦角（°）。

2) 黏性土的主动土压力，可按其楔体极限平衡图解法确定；当有经验时，也可采用等代内摩擦角，按无黏性土计算，土质较差或回填不密实的黏性土，可不计黏聚力。

（3）静止土压力计算　库仑理论和朗肯理论只适用于主动土压力计算。静止土压力强度可按式（6-61）计算

$$e_0 = \left(q + \sum \gamma h\right) K_0 \tag{6-61}$$

式中　K_0——静止土压力系数，宜按主动土压力系数的 1.25~1.5 倍采用。

当墙后填土遇到坚硬陡坡时，应以陡坡面为滑楔破裂面，由力系平衡计算土压力。

土的重度、内摩擦角和黏聚力应根据工程地质钻探土样试验资料确定。土的重度无实测资料时，可参照规范采用。

4. 静水压力

作用于建筑物表面的静水压力，应根据不同的水位组合情况进行计算。水的重度取 $10kN/m^3$，高含沙量河流应根据实际情况确定。闸墙背后填土时，作用于墙背的水压力可按静水压力计算。作用于衬砌式闸墙背后的水压力可按静水压力乘以渗透压力折减系数计算。

5. 扬压力

船闸结构在下游水深作用下产生浮托力，在上、下游水位差作用下，产生渗透水压力，渗透水压力及浮托力之和称为扬压力。闸墙水平计算截面的扬压力，当计算面位于低水位以下时，单位长度上的浮托力和渗透压力按下列方法计算。

（1）作用于结构基础底面的浮托力　作用于结构基础底面的浮托力应按低水位与建筑物基底的高程差乘以水的重度计算。

$$V_F = \gamma h B \tag{6-62}$$

式中　V_F——单位长度上的浮托力（kN/m）；
　　　γ——水的重度（kN/m^3）；
　　　h——计算墙截面底面到水面的深度（m）；
　　　B——墙截面宽度（m）。

（2）结构基础底面的渗透压力

1）土基上的渗透压力计算，基础底面高水一侧取全水头 H，低水一侧取零，其间可根据渗透轮廓按直线或折线相连。

2）岩基上的渗透压力计算，可参照现行行业标准《混凝土重力坝设计规范》（SDJ 21）的有关规定计算。对未设帷幕和排水的船闸，单位长度上的总渗透压力可按式（6-63）计算

$$V_s = \frac{1}{2}\alpha\gamma HB \tag{6-63}$$

式中　V_s——单位长度上的总渗透压力（kN/m）；
　　　α——渗透压力折减系数；
　　　γ——水的重度（kN/m^3）；
　　　H——计算面到水面的深度（m）；
　　　B——墙截面宽度（m）。

3）在确定渗透压力折减系数 α 时，应根据下述各因素综合考虑确定：

① 基岩节理裂隙不发育，地质条件良好时，取较小值。
② 闸墙承受的水头较高时，取较大值。
③ 建筑物级别较高时，取较大值。
④ 建筑物材料为混凝土时，取较小值；浆砌块石取较大值。
⑤ 施工质量及地基处理良好时，取较小值。

建筑物基础面上扬压力分布图形如图 6-59 所示。当有防渗排水孔时，图中矩形部分是由下游水深 H_2 产生的浮托力，在水平坝基上任一点的压强为 γH_2；折线部分是由上、下游水位差 H 产生的渗透压力，排水孔帷幕处为 $\alpha\gamma H$，α 为渗透压力折减系数，在水工结构物中，河床坝段采用 $\alpha = 0.2 \sim 0.3$，岸坡坝段采用 $\alpha = 0.3 \sim 0.4$。当船闸建筑物基面无防渗帷幕和排水孔时，扬压

力水头为直线分布。

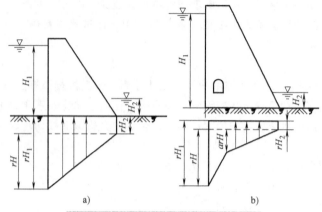

图 6-59 建筑物基础面上扬压力分布
a) 无防渗帷幕和排水孔 b) 有防渗帷幕和排水孔

6. 船舶荷载

船舶荷载包括船舶撞击力和船舶系缆力。船舶过闸时停靠在闸室和引航道的靠船建筑物上时，其对建筑物产生撞击力；由于水流作用由系船设备传到建筑物上的系缆力。

(1) 船舶撞击力　船舶撞击力可按式（6-64）计算

$$F_e = 0.9KW^{\frac{2}{3}} \tag{6-64}$$

式中　F_e——船舶撞击力 (kN)；

K——系数，闸室取 1.0；引航道中导航建筑物的直线段取 1.67，曲线段取 2.0；

W——船队排水量 (t)。

船舶撞击力的作用方向可按垂直于建筑物表面考虑。连续闸墙及导航墙顶端最不利撞击情况，其分布长度可按式（6-65）~式（6-66）计算

$$L_y = \frac{2}{3}y \tag{6-65}$$

$$2b < L_y < L_d \tag{6-66}$$

式中　L_y——沿墙长方向的分布长度 (m)；

y——撞击点至计算截面的高度 (m)；

b——计算截面处墙的厚度 (m)；

L_d——墙的分块长度 (m)。

(2) 船舶系缆力　除风和水流系缆力有较完善的计算方法外，其他因素产生的系缆力还无法准确计算。当船舶停泊在闸室内和引航道时，计算船舶系缆力考虑的因素不同于码头上船舶所考虑风和水流的共同作用，根据我国的工程实践经验，推荐船闸系缆力按式（6-67）~式（6-68）计算。

500t 级以上　　　$P_B = 12W^{0.33}$ (6-67)

500t 级以下　　　$P_B = 6W^{0.43}$ (6-68)

式中　P_B——船舶系缆力 (kN)；

W——单船排水量 (t)。

作用于系船柱上的计算系缆力标准值不应低于表 6-11 取值。船舶系缆力在建筑物长度方向

上的分布与船舶撞击力相同。

表 6-11　内河货船和驳船系缆力

船舶载重吨位 DWT/t	系缆力值/kN	船舶载重吨位 DWT/t	系缆力值/kN
DWT≤100	30	1000<DWT≤2000	150
100<DWT≤500	50	2000<DWT≤3000	200
500<DWT≤1000	100	3000<DWT≤5000	250

7. 活荷载

船闸表面活荷载可取 2~5kPa，当船闸上面有汽车、牵引车通行或堆放材料时，应根据具体情况确定。

8. 波浪力

天然河流、水库水面在风的作用下产生波浪，波浪对建筑物垂直面的冲击力称为波浪压力。承受风浪作用的建筑物在计算波浪压力时，波浪要素可根据建筑物所在位置的吹程、风速和地形等条件估算。

$$\overline{H} = 0.13\tanh\left[0.7\left(\frac{gh}{v_0^2}\right)^{0.7}\right]\tanh\left\{\frac{0.0018\left(\frac{gD}{v_0^2}\right)^{0.45}}{0.13\tanh\left[0.7\left(\frac{gh}{v_0^2}\right)^{0.7}\right]}\right\}\frac{v_0^2}{g} \quad (6\text{-}69)$$

$$\overline{T} = 13.9\left(\frac{g\overline{H}}{v_0^2}\right)^{0.5}\frac{v_0}{g} \quad (6\text{-}70)$$

$$\overline{L} = \frac{g\overline{T}^2}{2\pi}\tanh\frac{2\pi h}{\overline{L}} \quad (6\text{-}71)$$

式中　$\overline{H}$——风浪平均波高 (m)；

v_0——计算水域设计水位以上 10m 高度处 10min 的风速平均值 (m/s)；

h——计算水域平均水深 (m)；

D——风区长度 (m)；

g——重力加速度 (m/s^2)；

$\overline{T}$——平均波周期 (s)；

$\overline{L}$——平均波长 (m)。

天然河流、水库水面在风的作用下产生波浪的波浪形态可分为：当坝前水深大于半波长且大于临界水深 H_{cr} 时，波浪运动不受库底的约束，这样条件的波浪为深水波；水深小于半波长且大于临界水深 H_{cr} 时，波浪运动受到库底的影响，称为浅水波。

(1) 深水波　波浪压力分布如图 6-60 所示，深水波波压力计算公式如下

$$P_{wк} = \frac{1}{4}\gamma_w\overline{L}(h_{1\%} + h_z) \quad (6\text{-}72)$$

$$h_z = \frac{\pi h_{1\%}^2}{\overline{L}}\coth\frac{2\pi d}{\overline{L}} \quad (6\text{-}73)$$

$$H_{cr} = \frac{\overline{L}}{4\pi}\ln\frac{\overline{L}+2\pi h_{1\%}}{\overline{L}-2\pi h_{1\%}} \quad (6\text{-}74)$$

式中 P_{wk}——单位长度迎水面上的波压力（kN/m）；
 γ_w——水的重度（kN/m³）；
 $h_{1\%}$——累积频率为1%的波高（m）；
 d——挡水建筑物迎水面前的水深（m）；
 h_z——波浪中心线至计算水位的高度（m）；
 H_{cr}——使波浪破碎的临界水深（m）。

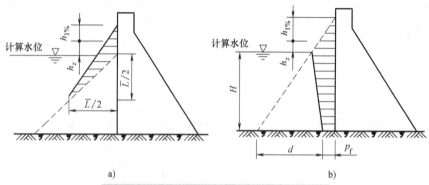

图6-60 直立式挡水建筑物波浪压力分布图

（2）浅水波 浅水波波压力计算公式如下

$$P_{wk} = \frac{1}{2}[(h_{1\%}+h_z)(\gamma_w d + p_f) + d p_f] \tag{6-75}$$

$$p_f = \gamma_w h_{1\%} \operatorname{sech} \frac{2\pi d}{L} \tag{6-76}$$

式中 p_f——建筑物底面处的剩余波压力强度（kN/m²）。
其他符号意义同前。

对计算风速 v_0、风区长度 D、风浪不同的累积频率波高可参考规范。同时，因波压力远小于静水压力，而且波长和波高是按经验公式计算，故一般按深水波计算波压力。

9. 水流力

作用于建筑物各部件上的水流力按式（6-77）计算

$$F = C_w \frac{\gamma_w v^2}{2g} A \tag{6-77}$$

式中 F——水流力（kN）；
 C_w——水流阻力系数，与设计构件的断面形状等因素有关，可参照《港口工程荷载规范》（JTJ 215）的有关规定选用；
 γ_w——水的重度（kN/m³）；
 v——计算流速（m/s），可采用建筑物使用期间，在其所处范围内可能出现的最大平均流速；
 g——重力加速度，取9.81m/s²；
 A——计算构件与流向垂直平面上的投影面积（m²）。

10. 地震力

地震时，地面上原来静止的建筑物及其周围土体、水体随着发生强迫振动。在振动过程中，建筑物产生振动惯性力，主要包括地震惯性力、地震动水压力和地震动土压力。地震惯性力为地震时由地震加速度和建筑物质量引起的惯性力。地震动水压力是建筑物与周围的水体相互作用而产生的作用力。地震动土压力是墙后土体的振动而产生的动土压力。

（1）水平向地震惯性力　船闸建筑由于结构刚度大、自振周期短、阻尼大。因此，计算地震惯性力时，可以忽略自身振动的影响。船闸在振动时，上部的振动加速度比下部大，不同结构沿墙高的加速度分布不同。因此，根据建筑物结构具体情况，计算时将建筑物沿墙高分为若干部分，每一部分为一质点，此部分的重心即此质点所在位置，分别计算各质点的地震惯性力。

1）船闸闸首边墩沿高度作用于质点 i 的水平向地震惯性力标准值可按式（6-78）计算

$$P_{Hi} = CK_H a_i W_i \quad (6-78)$$

式中　P_{Hi}——沿建筑物高度作用于质点 i 的水平向地震惯性力标准值（kN）；

　　　C——综合影响系数，取 $C=0.25$；

　　　a_i——加速度分布系数，按图 6-61 选用；

　　　W_i——集中在质点 i 或第 i 分段的重力标准值（kN），$W_i = m_i g$，m_i 是质点 i 的质量，g 为重力加速度；

　　　K_H——水平地震系数按表 6-12 选。

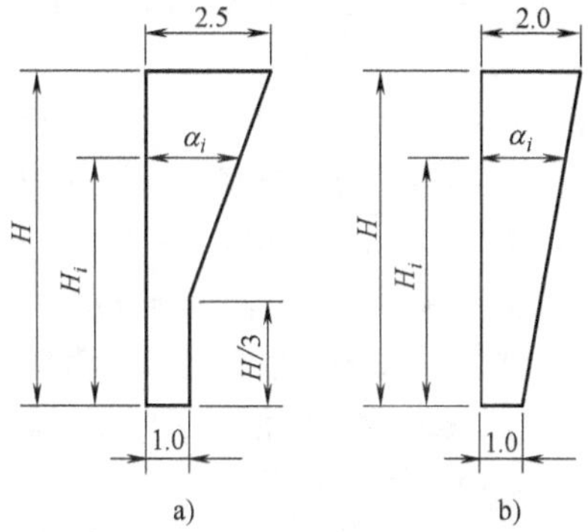

图 6-61　闸首边墩加速度分布系数

a）垂直船闸轴线方向　b）顺船闸轴线方向

H—质点系的总计算高度　H_i—质点 i 的计算高度

表 6-12　水平地震系数 K_H

抗震设防烈度	7	8	9
K_H	0.10(0.15)	0.20(0.30)	0.40

注：括号内数值用于设计基本地震加速度为 $0.15g$ 和 $0.30g$ 的地区。

2）土基上船闸的重力式、坞式、悬臂式闸室墙，沿高度作用于质点 i 的水平向地震惯性力标准值可按式（6-78）计算，式中 a_i 可按图 6-62 采用。

3）船闸闸顶机架桥沿高度作用于质点 i 的水平向地震惯性力标准值可按式（6-78）计算，式中 a_i 可按图 6-63 采用。

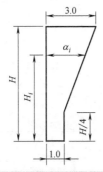

图 6-62　土基上船闸闸室墙加速度分布系数图

H—质点系的总计算高度

H_i—质点 i 的计算高度

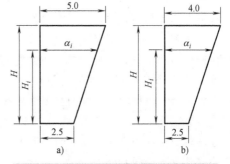

图 6-63　闸顶机架桥加速度分布系数图

a）垂直船闸轴线方向　b）顺船闸轴线方向

H—质点系的总计算高度　H_i—质点 i 的计算高度

计算质点重力 W_i 时，水上部分和水下部分均按空气中重度计算；如果水下部分按浮重度计算，则公式中的 K_H 应改用 K'_H，其值为

$$K'_H = \frac{\gamma}{\gamma - \gamma_w} K_H \qquad (6\text{-}79)$$

式中 γ——材料在空气中的重度（kN/m³）；

γ_w——水的重度（kN/m³）。

4) 岩基上船闸闸室墙水平向地震惯性力标准值应按下列方法确定：

① 水平向总地震惯性力标准值按式（6-80）计算

$$P_H = CK_H FW \qquad (6\text{-}80)$$

式中 P_H——水平向总地震惯性力标准值（kN）；

C——综合影响系数，取 0.25；

K_H——水平地震系数按表 6-12 选用；

F——总地震惯性力系数，取 1.1；

W——船闸闸室墙的总重力标准值（kN）。

② 沿建筑物高度作用于质点 i 的水平向地震惯性力标准值可按式（6-81）计算

$$P_i = \frac{W_i D_i}{\sum_{i=1}^{n} W_i D_i} P_H \qquad (6\text{-}81)$$

式中 P_i——作用于质点 i 的水平向地震惯性力标准值（kN）；

W_i——集中在质点 i 或第 i 分段的重力标准值（kN）；

D_i——地震惯性力分布系数，按图 6-64 确定。

P_H——水平向总地震惯性力标准值（kN）；

n——建筑物计算质点总数。

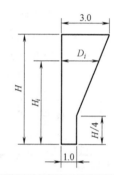

图 6-64　岩基上船闸闸室墙地震惯性力分布系数图

H—质点系的总计算高度

H_i—质点 i 的计算高度

（2）竖向地震惯性力　沿建筑物高度作用于质点 i 的竖向地震惯性力标准值 P_{Vi} 按式（6-82）计算

$$P_{Vi} = CK_V a_i W_i \qquad (6\text{-}82)$$

式中 K_V——竖向地震系数，可取 $K_V = \frac{2}{3} K_H$；

其他符号意义同前。

对重力式建筑物，当设计烈度为 8 度和 9 度时，需同时计入水平向和竖向的地震惯性力。

（3）地震动土压力计算　地震时，挡土墙后土体因振动而产生的动土压力，是一个复杂的问题。目前常用的计算土压力方法，认为墙后有滑动土楔体，视为刚体，重力为 W。根据库伦公式的极限平衡概念，计算地震动土压力。

地震时作用在挡土建筑物上的主动土压力标准值按下列公式计算，如图 6-65 所示。

1) 非黏性土主动土压力计算。

① 作用在挡土墙背上第 n 层土顶面处的单位面积上的主动土压力标准值 e_{an1}

$$e_{an1} = \left[\frac{\cos\alpha}{\cos(\alpha - \beta)} q + \sum_{i=0}^{n-1} \gamma_i h_i \right] K_{an} \cos\alpha \qquad (6\text{-}83a)$$

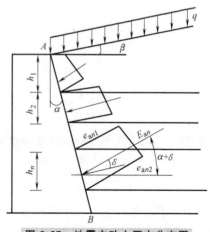

图 6-65　地震主动土压力分布图

② 作用在墙背上第 n 层土底面处的单位面积上的主动土压力标准值 e_{an2}

$$e_{an2} = \left[\frac{\cos\alpha}{\cos(\alpha-\beta)}q + \sum_{i=0}^{n}\gamma_i h_i\right]K_{an}\cos\alpha \tag{6-83b}$$

③ 作用在墙后背上第 n 层的总主动土压力标准值 E_{an}（kN/m）

$$E_{an} = \frac{1}{2}(e_{an1}+e_{an2})\frac{h_n}{\cos\alpha} \tag{6-84}$$

④ 系数

$$K_{an} = \frac{\cos^2(\varphi_n-\alpha-\theta)}{\cos\theta\cos^2\alpha\cos(\delta_n+\theta+\alpha)\left[1+\sqrt{\frac{\sin(\varphi_n+\delta_n)\sin(\varphi_n-\beta-\theta)}{\cos(\delta_n+\theta+\alpha)\cos(\alpha-\beta)}}\right]^2} \tag{6-85}$$

式中　α——墙背与铅垂线的夹角（°），仰斜为正，俯斜为负；

　　　β——地面与水平面的夹角（°），在水平面以上为正，水平面以下为负，且 $|\beta|<\varphi$；

　　　q——地面上的均布荷载标准值，地面倾斜时为单位斜面积上的重力标准值（kPa）；

　　　γ_i——第 i 层土的重度（kN/m³），水下采用浮重度；

　　　h_i——第 i 层土的厚度（m）；

　　　h_n——第 n 层土的厚度（m）；

　　　K_{an}——第 n 层土的主动土压力系数；

　　　φ_n——地震时第 n 层土内摩擦角（°），通常可取与无地震时相同，但对饱和松砂和对震动敏感的土，宜做专门试验来确定；

　　　δ_n——第 n 层土与墙背间的摩擦角（°），宜取 $\delta_n=0$ 或 $\delta_n=\frac{\varphi}{2}\leqslant 15°$；

　　　θ——地震角（°），可按表 6-13 选用。

表 6-13　地震角 θ

抗震设防烈度		7 度		8 度		9 度
地震加速度		0.10g	0.15g	0.20g	0.30g	0.40g
地震角 θ/(°)	水上	1.5	2.3	3.0	4.5	6.0
	水下	3.0	4.5	6.0	9.0	12.0

注：g 为重力加速度。

2）黏性土主动土压力计算。

① 作用在墙背上第 n 层土顶面处的单位面积上的主动土压力标准值 e_{an1}

$$e_{an1} = \left[\frac{\cos\alpha}{\cos(\alpha-\beta)}q + \sum_{i=0}^{n-1}\gamma_i h_i\right]K_{an}\cos\alpha - 2c_n K_{acn}\cos\alpha \tag{6-86a}$$

② 作用在墙背上第 n 层土底面处的单位面积上的主动土压力标准值 e_{an2}

$$e_{an2} = \left[\frac{\cos\alpha}{\cos(\alpha-\beta)}q + \sum_{i=0}^{n}\gamma_i h_i\right]K_{an}\cos\alpha - 2c_n K_{acn}\cos\alpha \tag{6-86b}$$

③ 作用在墙背上第 n 层土的总主动土压力标准值

$$E_{an} = \frac{1}{2}(e_{an1}+e_{an2})\frac{h_n}{\cos\alpha} \tag{6-87}$$

④ 系数

$$K_{an} = \frac{\cos^2(\varphi_n - \alpha - \theta)}{\cos\theta\cos^2\alpha\cos(\delta_n + \theta + \alpha)\left[1 + \sqrt{\frac{\sin(\varphi_n + \delta_n)\sin(\varphi_n - \beta - \theta)}{\cos(\delta_n + \theta + \alpha)\cos(\alpha - \beta)}}\right]^2} \quad (6\text{-}88)$$

$$K_{acn} = \frac{\cos(\alpha - \beta)\cos\varphi_n}{\cos\theta\cos\alpha\left[1 + \sin(\varphi_n + \delta_n - \beta + \alpha)\right]} \quad (6\text{-}89)$$

⑤ 地震主动破裂面与水平面的夹角

$$\cot(\xi_a - \beta) = -\tan(\varphi_n + \delta_n - \beta + \alpha) + \frac{1}{\cos(\varphi_n + \delta_n - \beta + \alpha)} \cdot \sqrt{\frac{\cos(\delta_n + \theta + \alpha)\sin(\varphi_n + \delta_n) + 2\eta_n\cos\varphi_n\cos\alpha\cos\theta}{\cos(\alpha + \beta)\sin(\varphi_n - \beta - \theta) + 2\eta_n\cos\varphi_n\cos\alpha\cos\beta}}$$
$$(6\text{-}90)$$

$$\eta_n = \frac{c_n}{K_q + \sum_{i=1}^{n}\gamma_i h_i} \quad (6\text{-}91)$$

式中　E_{an}——作用在墙背上第 n 层土的总主动土压力标准值（kN/m）；

e_{an1}——作用在墙背上第 n 层土顶面处的单位面积上的主动土压力标准值（kPa）；

e_{an2}——作用在墙背上第 n 层土底面处的单位面积上的主动土压力标准值（kPa）；

h_n——第 n 层土的厚度（m）；

α——墙背与铅垂线的夹角（°），仰斜为正，俯斜为负；

K_q——系数；

q——地面上的均布荷载标准值，地面倾斜时为单位斜面积上的重力标准值（kPa）；

γ_i——第 i 层土的重度（kN/m³），水下采用浮重度；

h_i——第 i 层土的厚度（m）；

K_{an}——第 n 层土的主动土压力系数；

c_n——地震时第 n 层黏性土的黏聚力标准值（kPa），通常可取与平时相同，而对振动敏感的黏性土宜做专门试验研究；

K_{acn}——地震主动土压力作用在第 n 层土时的系数；

β——地面与水平面的夹角（°），在水平面以上为正，在水平面以下为负，且 $|\beta| < \varphi$；

φ_n——地震时第 n 层土内摩擦角（°），通常可取与无地震时相同，但对饱和松砂宜做专门试验研究；

θ——地震角（°），可按表 6-13 选用；

δ_n——第 n 层土与墙背间的摩擦角（°），式（6-88）、式（6-89）中，宜取 $\delta_n = 0$ 或 $\delta_n = \frac{\varphi_n}{2} \leq 15°$，式（6-90）中的 δ_n 取绝对值；

ξ_a——地震时主动破裂面与水平面的夹角（°），按《水运工程抗震设计规范》（JTS 146）确定；

η_n——系数。

3) 黏性土地震主动土压力的负值计算深度可按式（6-92）~式（6-93）计算，如图 6-66 所示。

$$h_0 = \frac{c}{\gamma}\varepsilon_h \quad (6\text{-}92)$$

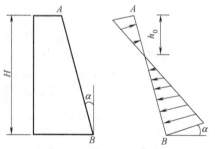

图 6-66　黏性土地震主动土压力的负值计算深度

$$\varepsilon_h = \frac{2\cos\theta\cos\alpha\cos\varphi[1-\sin(\varphi+\delta+\alpha-\beta)]}{[\cos(\alpha-\beta)-\sin(\varphi+\delta)][\cos(\delta+\theta+\alpha)-\sin(\varphi-\theta-\beta)]} \quad (6\text{-}93)$$

式中 h_0——黏性土地震主动土压力的负值计算深度 (m)；

c——黏聚力 (kPa)，h_0 深度范围内的黏性土可不计；

γ——土的重度 (kN/m³)，水下采用浮重度；

ε_h——地震时黏性土负值计算深度系数；

φ——地震时土内摩擦角 (°)，通常可取与无地震时相同，但对饱和松砂宜做专门试验研究；

α——墙背与铅垂线的夹角 (°)，仰斜为正，俯斜为负；

θ——地震角 (°)，可按表 6-13 选用；

δ——土与墙背间的摩擦角 (°)。

4) 黏性土被动土压力计算。地震时作用在挡土建筑物上的被动土压力标准值按式 (6-94)~式 (6-99) 计算，如图 6-67 所示。

① 作用在墙背上第 n 层土顶面处的单位面积上的被动土压力标准值 e_{pn1}

$$e_{pn1} = \left[\frac{\cos\alpha}{\cos(\alpha-\beta)}q + \sum_{i=0}^{n-1}\gamma_i h_i\right]K_{pn}\cos\alpha + 2c_n K_{pcn}\cos\alpha$$
(6-94a)

② 作用在墙背上第 n 层土底面处的单位面积上的被动土压力标准值 e_{pn2}

$$e_{pn2} = \left[\frac{\cos\alpha}{\cos(\alpha-\beta)}q + \sum_{i=0}^{n}\gamma_i h_i\right]K_{pn}\cos\alpha + 2c_n K_{pcn}\cos\alpha$$
(6-94b)

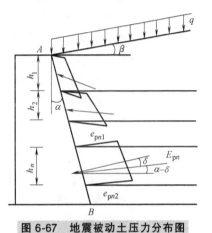

图 6-67 地震被动土压力分布图

③ 作用在墙背上第 n 层土的总被动土压力标准值

$$E_{pn} = \frac{1}{2}(e_{pn1}+e_{pn2})\frac{h_n}{\cos\alpha} \quad (6\text{-}95)$$

④ 系数

$$K_{pn} = \frac{\cos^2(\varphi_n+\alpha-\theta)}{\cos\theta\cos^2\alpha\cos(\delta_n+\theta-\alpha)\left[1-\sqrt{\frac{\sin(\varphi_n+\delta_n)\sin(\varphi_n+\beta-\theta)}{\cos(\delta_n+\theta-\alpha)\cos(\alpha-\beta)}}\right]^2} \quad (6\text{-}96)$$

$$K_{pcn} = \frac{\cos(\alpha-\beta)\cos\varphi_n}{\cos\theta\cos\alpha[1-\sin(\varphi_n+\delta_n+\beta-\alpha)]} \quad (6\text{-}97)$$

⑤ 地震被动破裂面与水平面的夹角

$$\cot(\xi_p-\beta) = \tan(\varphi_n+\delta_n+\beta+\alpha) + \frac{1}{\cos(\varphi_n+\delta_n+\beta-\alpha)} \cdot$$

$$\sqrt{\frac{\cos(\delta_n+\theta-\alpha)\sin(\varphi_n+\delta_n)+2\eta_n\cos\varphi_n\cos\alpha\cos\theta}{\cos(\alpha+\beta)\sin(\varphi_n+\beta-\theta)+2\eta_n\cos\varphi_n\cos\alpha\cos\beta}} \quad (6\text{-}98)$$

$$\eta_n = \frac{c_n}{K_q + \sum_{i=1}^{n}\gamma_i h_i} \quad (6\text{-}99)$$

式中 E_{pn}——作用在墙背上第 n 层土的总被动土压力标准值（kN/m）;
e_{pn1}——作用在墙背上第 n 层土顶面处的单位面积上的被动土压力标准值（kPa）;
e_{pn2}——作用在墙背上第 n 层土底面处的单位面积上的被动土压力标准值（kPa）;
h_n——第 n 层土的厚度（m）;
α——墙背与铅垂线的夹角（°），仰斜为正，俯斜为负;
K_q——系数;
q——地面上的均布荷载标准值，地面倾斜时为单位斜面积上的重力标准值（kPa）;
γ_i——第 i 层土的重度（kN/m³），水下采用浮重度;
h_i——第 i 层土的厚度（m）;
K_{pn}——第 n 层土的被动土压力系数;
c_n——地震时第 n 层黏性土的黏聚力标准值（kPa），通常可取与平时相同，而对振动敏感的黏性土宜作专门试验研究;
K_{pcn}——地震被动土压力作用在第 n 层土时的系数;
β——地面与水平面的夹角（°），在水平面以上为正，在水平面以下为负，且 $|\beta|<\varphi$;
φ_n——地震时第 n 层土内摩擦角（°），通常可取与无地震时相同，但对饱和松砂宜做专门试验研究;
θ——地震角（°），可按表 6-13 选用;
δ_n——第 n 层土与墙背间的摩擦角（°），式（6-96）和式（6-97）中，宜取 $\delta_n=\dfrac{\varphi_n}{2}\leq 15°$，式（6-98）中的 δ_n 取绝对值;
ξ_p——地震时被动破裂面与水平面的夹角（°），按《水运工程抗震设计规范》（JTS 146）确定;
η_n——系数。

（4）地震动水压力计算 地震时建筑物与其周围水体的相互作用，产生地震动水压力，即指静水压力以外的附加水压力。

1）作用在直墙式建筑物上的地震动水压力强度标准值 p_z 可按式（6-100）计算。

$$p_z=\frac{7}{8}\eta CK_H\gamma_w d^{\frac{1}{2}}z^{\frac{1}{2}} \tag{6-100}$$

式中 p_z——水面以下 z 深度处的地震动水压力强度标准值（kPa）;
C——综合影响系数，取 0.25;
K_H——水平地震系数，按表 6-12 选用;
γ_w——水的重度（kN/m³）;
z——计算点距水面的距离（m）;
d——墙前水深（m）;
η——折减系数，由于式（6-100）是对半无限大水体求解的结果，它与刚性建筑物在有限水域中的振动相比有差别，故予以折减，折减值按表 6-14 选用。

表 6-14 折减系数

b/d	0.2	0.4	0.6	0.8	1.0	1.2	1.4	1.6	1.8	2.0	2.5	≥3.0
η	0.16	0.30	0.47	0.56	0.66	0.74	0.80	0.85	0.89	0.92	0.96	1.00

注：b 为水面宽度（m）。

2) 作用在直墙式建筑物上的地震总动水压力标准值 P_z，按式（6-101）计算。

$$P_z = \frac{7}{12}\eta CK_H \gamma_w d^{\frac{1}{2}} z^{\frac{3}{2}} \qquad (6-101)$$

式中　P_z——作用在直墙式建筑物上 z 深度范围内的地震总动水压力标准值（kN/m）。

其他物理量意义同上。

3) 作用在直墙上深度 z 范围内，地震动水压力标准值对 z 水深底点的总倾覆力矩 M_z，可按式（6-102）计算

$$M_z = \frac{7}{30}\eta CK_H \gamma_w d^{\frac{1}{2}} z^{\frac{5}{2}} \qquad (6-102)$$

式中　M_z——作用在直墙式建筑物上 z 深度范围内的地震动水压力标准值对水深底点的总倾覆力矩（kN·m/m）。

其他物理量意义同上。

6.8.3　计算情况及荷载组合

1. 计算情况

作用在船闸结构上的荷载，可能以不同组合方式出现。在设计计算时，不可能也不必要对所有的组合方式都进行计算，一般都选取起控制作用的组合方式进行计算。

起控制作用的组合方式，就是在建造、使用、检修等各个时期，影响结构与地基强度和稳定性，作用在船闸结构上的外荷载所可能出现的最不利组合。出现这种荷载组合的工作情况通常称为计算情况。

船闸结构的计算情况，主要有运用、检修、完建、施工和特殊工况等，可根据工程的具体情况分析选取。

（1）运用情况　在船闸运转过程中，闸室内的水面可能与上游水位或下游水位齐平，若为多级船闸时，则为闸室的高水位或低水位。在设计时，应研究以下几种可能发生的最不利水位组合。

① 闸室内为上游最高通航水位，墙后地下水取可能出现的最低地下水位或墙后排水管水位。此时，除水压力，土压力及自重等荷载外，还应考虑船舶撞击力的作用。这种计算情况的特点是指向回填土方向的水平力最大。

② 闸室内为下游最低通航水位，墙后取可能出现的最高地下水位或墙后排水管水位。此时，除水压力，土压力及自重等荷载外，还应考虑系缆力及闸面活荷载的作用。这种计算情况的特点是指向闸室方向的水平力较大。

③ 当船闸与其他水工建筑物并列布置时，相邻建筑物进行检修的不利水位。

④ 可能出现的最大水位差的其他不利组合。

（2）检修情况　船闸检修时，可能的最不利水位组合是：将闸室内的水完全抽干，墙后地下水处于检修期可能出现的最高水位，并有闸面活荷载的作用。这种计算情况的特点是指向闸室方向的水平力较大，对于透水闸底的闸室，其渗透压力较大。

（3）完建情况　闸室全部建成尚未放水的情况。此时闸墙已浇筑到顶，墙后填土已达到设计标高，并有闸面活荷载，地下水位尚未抬升，取与底板底面齐平。这种计算情况的特点是作用在地基上的垂直荷载较大。

（4）施工情况　在施工期，闸室结构的受力状况与施工程序和方法有密切关系。根据船闸修筑和填土处于不利情况确定。

① 对于混凝土闸室结构，由于采用滑升模板和机械化浇筑系统，混凝土浇筑生产率很高，可能出现闸墙的混凝土已浇筑到顶，墙后填土尚未填到设计标高，地下水也在闸墙底面以下，这时对整体式闸室底板的工作条件可能最为不利。

② 对于施工期间临时分缝的整体式闸室底板，还必须计算临时缝浇筑前、浇筑后的两种情况。

（5）特殊工况　特殊工况应考虑校核洪水、排水管堵塞和止水破坏情况。对处于地震区的船闸，应进行地震情况的计算。

溢洪船闸除应考虑以上计算情况外，尚应根据可能发生的最不利水位组合，进行溢洪情况的计算。

闸首结构除闸室结构的计算中所列的几种计算情况外，通常还应考虑闸首本身的检修情况，这是由于闸首上的闸门、阀门等设备经常淹没在水中，需要检修的机会较多，有时还应考虑闸首与其他结构间的止水设备破坏的情况，例如下闸首与闸室间的止水破坏，在下闸首边墩的上游端面上作用有较大的水压力，这种情况对下闸首的稳定非常不利。对闸首施工时期的计算情况，也应对不同施工程序的工作情况进行核算。

2. 荷载组合

设计船闸时，应根据建筑物的工作条件及各种荷载同时作用的实际可能性来确定最不利的荷载组合，选用相应的安全系数。

荷载组合可分为基本组合和特殊组合。基本组合是指经常作用的或在建筑物某一出现概率较大的工作情况下的作用荷载的组合。特殊组合是指建筑物偶然发生的或出现概率较少的工作情况下的作用荷载的组合。

在设计时，通常根据闸室、闸首各种计算情况的荷载性质，以运用情况作为基本组合①；检修情况、完建情况及施工情况作为基本组合②，其安全系数比基本组合①可适当降低。特殊组合可分为两种情况：特殊组合①为相应于校核洪水、排水管堵塞或止水破坏情况的荷载；特殊组合②为相应于运用期和检修期地震情况的荷载。溢洪情况的荷载列入基本组合①。荷载组合情况见表6-15。

表6-15　荷载组合

荷载组合	计算情况		自重	设备重	土压力	水压力	扬压力	船舶荷载	水流力	波浪力	活荷载	地震力
基本组合	运用情况		√	√	√	√	√	√	√	√	√	—
	检修情况		√	√	√	√	√	—	—	—	√	—
	施工情况		√	—	—	—	—	—	—	—	√	—
	完建情况		√	√	√	—	—	—	—	—	√	—
特殊组合	校核洪水		√	√	√	√	√	√	—	—	√	—
	排水堵塞、止水局部破坏		√	√	√	√	√	√	—	—	√	—
	地震情况	运用情况+地震	√	√	√	√	√	√	—	—	√	√
		检修情况+地震	√	√	√	√	√	—	—	—	√	√

6.9　船闸水工建筑物设计

船闸水工建筑物包括闸室、闸首、导航和靠船、护坡和护底建筑物等。

6.9.1 闸室结构设计

闸室结构形式应根据地基条件、水头大小、输水系统形式、材料来源和施工条件等因素，通过经济比较确定。

闸室结构可分为分离式结构和整体式结构，如图 6-68 和图 6-69 所示。闸室应采用直立式墙面。

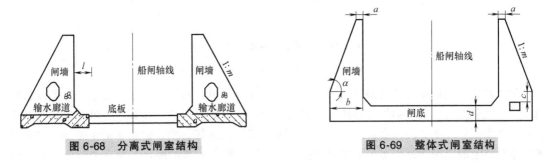

图 6-68　分离式闸室结构　　　　　　　图 6-69　整体式闸室结构

土基上分离式闸室结构的闸墙，可分为重力式、衡重式、悬臂式、扶壁式、板桩和地下连续墙等形式，如图 6-70 所示。闸室宜采用带有横撑的透水闸底，当地基为粉砂、细砂等对渗透和变形比较敏感的土质时，可采用不透水的双铰式底板。闸室墙实际上就是挡土墙，各种类型的挡土墙形式，特别是码头岸壁采用的形式，都可以作闸室墙。闸室墙可以是整体的混凝土结构、带有扶壁或深入土体的钢筋混凝土悬臂或是使用各种锚固构件的轻型结构。悬臂式结构较少，但在土质较差，闸室宽度窄、水头较大的船闸上有一定适用性。当施工场地限制时，可采用板桩、地下连续墙等形式。

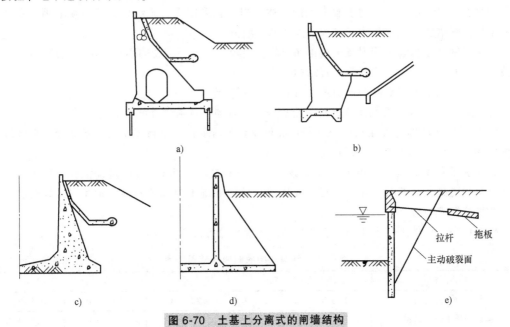

图 6-70　土基上分离式的闸墙结构

a) 重力式　b) 衡重式　c) 悬臂式　d) 扶壁式　e) 板桩

岩基上分离式闸室结构的闸墙，可分为重力式、衬砌式和混合式，如图 6-71 所示。当岩基坚硬、完整，闸底不设输水廊道时，可不设底板，并应直接由岩石开挖形成闸墙面；当岩基不耐冲刷或闸底需设输水廊道时，应设置底板，底板宜采用双铰式。

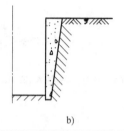
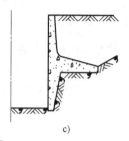

图 6-71 岩基上分离式的闸墙结构
a) 重力式 b) 衬砌式 c) 混合式

闸墙和底板的断面尺寸应满足结构稳定、强度和有关设施布置的要求。当地基、荷载和断面尺寸变化不大时,闸室结构可选择有代表性的断面按平面问题进行计算。系船设备和爬梯等辅助设备均应置于壁龛内,壁龛边角应做成圆弧形或采用钢板镶护。运输繁忙的船闸,在最低通航水位以上的闸墙宜采用钢护木或耐磨损材料护面。闸墙底部前趾可设有利于结构受力的斜托,但不得妨碍船舶在最低通航水位时的运行。溢洪船闸墙后填土表面应设置防渗盖面。

1. 分离式闸室结构设计

(1) 闸墙结构设计

1) 重力式闸墙结构设计。重力式闸墙构成闸室的直立墙面,挡住墙后的回填土,承受施加在墙身上的各种外来荷载,并将这些力传递到地基中。闸墙中可以布置输水廊道,固定缓冲和系船设备,避免受船只的撞击,同时闸室水位升降时,保持船舶稳定性。

重力式闸墙的工作特点是依靠自重力和其上回填土的重力来维持闸墙的稳定,一般适用于较好的地基。对于淤泥、其他承载力差的土质,则不宜采用重力式结构,若必须采用,则应对地基采取工程措施,改善受力状态和增强地基承载力。

重力式闸墙结构宜采用混凝土或钢筋混凝土结构。对水头不高的小型船闸,当地盛产石料,且技术可靠时,经论证可采用浆砌石结构。

重力式闸墙采用梯形断面或衡重式断面时,应符合:

a. 混凝土和浆砌块石闸墙背坡可采用折线形,浆砌条石闸墙背坡可采用阶梯形。

b. 衡重式闸墙墙背宜在 0.4~0.5 倍墙高处设置卸荷平台,平台以上为梯形断面,平台以下设坡度为 1:0.2~1:0.25 的反坡。

c. 浆砌石闸墙顶宽不宜小于 0.6m,顶部应设置高度不小于 0.3m 的现浇混凝土压顶。当闸身基础采用混凝土底板时,应在墙身与底板结合部的混凝土内预埋石榫。砌体应砌筑密实,墙面和背坡应严密勾缝。

根据国内已建的土基上船闸的统计,结构轮廓尺寸可参考表 6-16。

表 6-16 分离式闸墙断面尺寸参考表 (单位:m)

结构形式	a	b	c	l	m
混凝土重力式结构	2.0~3.0	$(0.5~0.8)H$	$(0.75~1.0)e$	1.0~5.0	0.5~0.7
钢筋混凝土轻型结构	1.0~1.5	$(0.7~1.3)H$		1.0~5.0	0.22~0.28
混凝土衬砌式结构		1.5~2.0			0.05~0.5
钢筋混凝土衬砌式结构		1.0~1.5			

注:1. 混合式结构尺寸参照重力式和衬砌式。
2. H 为闸墙高度,e 为输水廊道宽度。
3. 墙底坎入基岩深度 $d_0 \geq 0.4$m。

建在土基上的重力式闸墙应进行地基承载力、整体稳定性、截面强度、土基渗透稳定性等验算和土基沉降计算。建在岩基上的重力式闸墙可不必进行渗透稳定性和地基沉降计算。下面重点介绍采用材料力学方法分析重力式闸墙截面强度。

一般情况，重力式混凝土闸墙的最大、最小正应力和主应力都出现在背水面和临水边界面上。

① 边界面上的竖向正应力计算。假定闸墙水平截面上的竖向正应力呈直线分布，按偏心受压公式计算临水面和背水面竖向应力。

$$\sigma_{yu} = \frac{\sum G}{B} + \frac{6\sum M}{B^2} \tag{6-103}$$

$$\sigma_{yd} = \frac{\sum G}{B} - \frac{6\sum M}{B^2} \tag{6-104}$$

式中 $\sum G$——作用在闸墙计算截面以上的全部荷载的垂直分力的总和（kN）；

$\sum M$——作用在闸墙计算截面以上的全部荷载对截面形心轴的力矩总和（kN·m）；

B——计算截面的宽度（m）。

② 边界上剪应力计算。求出背水面边界点上的竖向正应力 σ_{yd} 后，根据力平衡条件，计算边界点上的其他应力分量和主应力。如图 6-72 所示，从闸墙墙背上取三角形微分体，其上作用力有土压力强度 e_n，水压力强度 p_w，正应力 σ_{xd}、σ_{yd}，剪应力 τ_d。根据该三角形微分体力的平衡，可以求得墙背的剪应力 τ_d。

$$\tau_d = [\sigma_{yd} - (e_n + p_w)]\tan\alpha \tag{6-105}$$

同理，可得闸墙临水面的剪应力 τ_u。

$$\tau_u = (p_w - \sigma_{yu})\tan\beta \tag{6-106}$$

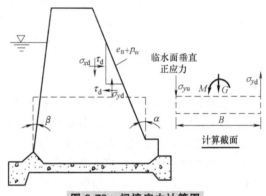

图 6-72 闸墙应力计算图

③ 水平正应力计算 求得剪应力 τ_d 和 τ_u 后，再分别由背水面和临水面的力平衡条件解出水平正应力 σ_{xd} 和 σ_{xu}。

$$\sigma_{xd} = (e_n + p_w) + [\sigma_{yd} - (e_n + p_w)]\tan^2\alpha \tag{6-107}$$

$$\sigma_{xu} = p_w - (p_w - \sigma_{yu})\tan^2\beta \tag{6-108}$$

④ 主应力计算。求出背水面与临水面上的应力分量后，可计算主应力。由于沿闸墙表面没有剪应力，因此它们就是主应力面。和闸墙表面相垂直的面上也没有剪应力，因此也是主应力面。根据力平衡条件可得闸墙临水面的主应力为

$$\sigma_{1u} = (1 + \tan^2\beta)\sigma_{yu} - p_w\tan^2\beta \tag{6-109}$$

$$\sigma_{2u} = p_w \tag{6-110}$$

闸墙背水面的主应力为

$$\sigma_{1d} = (1 + \tan^2\alpha)\sigma_{yd} - (p_w + e_n)\tan^2\alpha \tag{6-111}$$

$$\sigma_{2d} = p_w + e_n \tag{6-112}$$

按同样方法，可求得计算截面上任一点的应力。混凝土重力式闸墙不同截面的最大主压应

力均不应超过混凝土的允许压力值；在施工期或检修期，岩基上分离式船闸背水面可出现不大于 0.1MPa 的拉应力。砌石结构不宜出现拉应力。大型船闸的混凝土结构挡水前沿不应出现拉应力，背水面可出现不大于 0.05MPa 的拉应力。

2）扶壁式闸墙结构设计。扶壁式闸墙结构应由立板、肋板和底板组成。底板可分为趾板和内底板两部分，不宜设置尾板。由于闸室墙直接建筑于土基上，地基的承载能力很小，与港口扶壁式码头建筑在抛石基床上不同，因此不宜设置尾板，如图 6-73 所示。

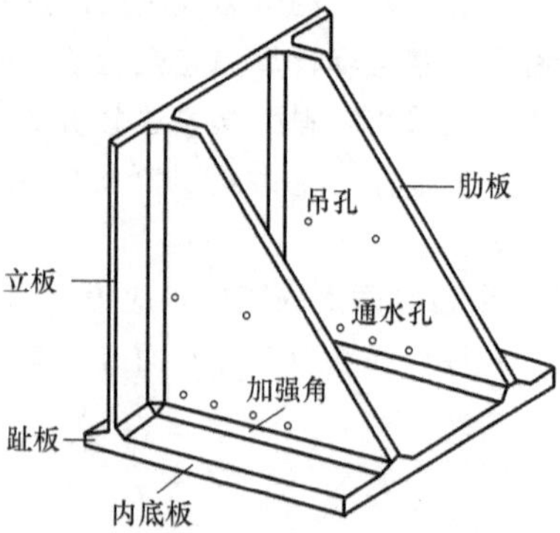

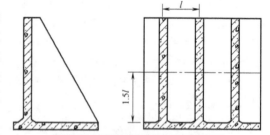

图 6-73 扶壁式闸墙结构示意图

① 细部构造设计。肋板的数量和间距应通过技术经济比较确定，立板两端部宜采用悬臂结构。扶壁式结构各构件尺寸应由计算确定，并应符合：

a. 扶壁立板厚度应根据扶壁高度和混凝土施工工艺确定，预制扶壁立板厚度不应小于 0.3m，悬臂端厚度应满足布置止水的构造要求。

b. 扶壁肋板厚度不应小于 0.3m，顶宽不宜小于 0.8m，底宽应与底板宽相同。

c. 趾板前端厚度不应小于 0.25m，内底板厚度不应小于 0.3m。

d. 立板、肋板和底板等连接部位应设置加强斜托。

当扶壁结构顶部设有胸墙时，立板和肋板竖向钢筋应伸入胸墙。

扶壁式结构应进行整体稳定、地基承载力、渗透稳定性、截面强度和限裂验算及地基沉降计算。

② 扶壁式构件设计。扶壁式构件应按下列规定计算：

a. 趾板按固定在立板上的悬臂板计算，作用在其上的荷载有趾板自重、扬压力和地基反力。

b. 肋板按固定在底板上的悬臂板计算。

c. 多肋扶壁的立板和内底板在距底板交线 1.5 倍肋板间距区段内，按三边固定一边简支的双向板计算，在 1.5 倍肋板间距区段外按连续板计算，取 1m 高度为计算单元。立板所受的荷载有回填土土压力、墙前和墙后静水压力，如图 6-74 所示。

d. 肋板与立板、肋板与底板的连接按轴心受拉构件计算，肋板与底板之间的水平拉力和垂直拉力分别由肋板内水平分布钢筋和伸入到立板和底板的垂直分布钢筋承担。

图 6-74 扶壁式闸墙结构计算图

3）衬砌式闸墙结构设计。岩基上除重力式闸墙结构外，还有衬砌式和混合式结构。重力式结构与土基上重力式结构基本相同。当岩基坚硬、完整，闸底不设输水廊道时，可不设底板，并应直接由岩石开挖形成闸墙面。

当岩面高于闸墙设计顶高程时，可采用重力式或薄壁式衬砌闸墙，并应符合下列规定：

① 当岩石质地松软或裂隙发育时，宜采用重力式衬砌闸墙，其材料宜采用混凝土，小型船闸也可采用浆砌石。

② 当基岩坚硬、完整时，可采用钢拉锚钢筋混凝土薄壁式衬砌闸墙。

衬砌闸墙后应设置排水设施，排水设施宜采用竖向、横向和纵向相互联通的排水系统。混凝土重力式衬砌墙宜采用倒梯形断面，如图 6-75 所示，其底宽不应小于 0.4m，后坡坡度可取

1∶0.1~1∶0.4，墙底嵌入闸底深度不应小于 0.5m；浆砌条石重力式衬砌墙墙背宜采用阶梯形，如图 6-76 所示，其底宽不应小于 0.8m，台阶高度宜为 2.0m，台阶宽度不应小于 0.4m，墙底嵌入岩基深度不应小于 0.5m。对大型衬砌墙，应经专门论证确定墙底埋设深度。

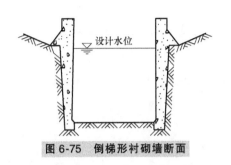

图 6-75　倒梯形衬砌墙断面

图 6-76　阶梯形衬砌墙断面

重力式衬砌闸墙应进行整体稳定和截面强度验算。强度验算采用材料力学方法。

拉锚薄壁衬砌墙的断面厚度不应小于 0.4m。锚筋应按下列原则布置：

a. 锚筋可按衬砌墙高度等距离平行布置。

b. 锚筋宜水平布置。

c. 锚筋锚固深度应按计算确定，锚孔直径不应小于锚筋直径的 3 倍。重要工程应根据锚筋拉拔试验确定。

拉锚薄壁式衬砌闸墙应进行截面强度验算和锚筋计算。拉锚薄壁式衬砌闸墙可按支承在锚筋上的无梁楼盖或弹性支承上的多跨连续梁验算强度。

锚筋设计应按下列规定进行计算：

a. 锚筋断面面积可按式（6-113）计算

$$F_a = \frac{Z_i}{[\sigma]} \tag{6-113}$$

式中　F_a——锚筋断面面积（mm^2）；

　　　Z_i——第 i 根锚筋所受的拉力（N）；

　　　$[\sigma]$——锚筋允许拉应力（MPa）。

b. 锚筋长度可按式（6-114）计算

$$L_a = \frac{mZ_i}{\pi d_a R_a} \tag{6-114}$$

式中　L_a——锚筋长度（mm）；

　　　m——安全系数，取 2.0；

　　　Z_i——第 i 根锚筋所受的拉力（N）；

　　　d_a——锚筋直径（mm）；

　　　R_a——锚筋与砂浆的极限黏结力（MPa），应根据试验确定，当无试验资料时，可取 0.6~0.8MPa。

c. 锚孔深度可按式（6-115）计算，采用的锚孔深度应大于锚筋长度。

$$L_c = \frac{mZ_i}{\pi d_c R_c} \tag{6-115}$$

式中　L_c——锚孔深度（mm）；

　　　m——安全系数，取 2.0；

Z_i——第 i 根锚筋所受的拉力（N）；

d_c——锚孔直径（mm）；

R_c——水泥砂浆与岩石间的极限黏结力（MPa），应根据试验确定，当无试验资料时，可取 0.2~0.4MPa。

4）混合式闸墙结构设计。当岩面处于墙高的中部时，闸墙可采用上部为重力式下部为衬砌式的混合式结构，如图 6-77 所示。

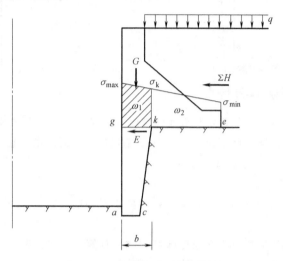

图 6-77　混合式闸墙结构示意图

G—作用于衬砌墙顶面的垂直力（kN）　σ_{max}—重力墙基底面最大应力（kPa）　σ_{min}—重力墙基底面最小应力（kPa）　σ_k—重力墙基底面 k 点处的应力（kPa）　b—衬砌墙顶宽（m）　E—上部重力墙作用于衬砌墙上的水平力（kN）　ω_1—作用于衬砌墙顶面正应力图形面积（m²）　ω_2—作用于基岩面正应力图形面积（m²）　ΣH—作用于重力墙的水平力总和（kN）

混合式闸墙应保证上部重力墙和下部衬砌墙与岩基牢固连接。混合式闸墙应验算整体稳定性，并假设上部重力墙与下部衬砌墙为独立结构，分别进行稳定性、强度和地基承载力验算。

上部重力墙作用在下部衬砌墙上的垂直力可按式（6-116）计算，结构计算示意图如图 6-77 所示。

$$G=\frac{(\sigma_{max}+\sigma_k)b}{2} \tag{6-116}$$

式中　G——作用于衬砌墙顶面的垂直力（kN）；

σ_{max}——重力墙基底面最大应力（kPa）；

σ_k——重力墙基底面 k 点处的应力（kPa）；

b——衬砌墙顶宽（m）。

当基岩较坚硬时，上部重力墙作用于衬砌墙上的水平力，如图 6-77 所示，可按式（6-117）计算

$$E=\frac{\omega_1}{\omega_1+\omega_2}\sum H \tag{6-117}$$

式中　E——上部重力墙作用于衬砌墙上的水平力（kN）；

ω_1——作用于衬砌墙顶面正应力图形面积（m²）；

ω_2——作用于基岩面正应力图形面积（m^2）；

$\sum H$——作用于重力墙的水平力总和（kN）。

大型船闸的混合式结构宜采用有限元法和模型试验进行分析计算。

5）板桩和地下连续墙结构设计。板桩和地下连续墙结构设计应满足闸墙附属设施布置的要求，墙身应具有足够的刚度，产生的挠曲变形和闸墙变位不应影响闸室有效宽度。

在设计最低通航水位以下 0.5m 至墙顶范围内，地下连续墙的闸墙面应设现浇钢筋混凝土衬砌，并应与墙体整体连接。

板桩接缝处，应在墙后设置可靠的防渗设施，保证墙后土体的渗透稳定。板桩和地下连续墙入土深度应满足整体稳定和地基渗透稳定的要求。

墙身受力应计入闸底横撑和边纵梁的作用，可按竖向弹性地基梁进行内力计算。

锚碇结构形式可采用锚碇墙、锚碇板、锚碇叉桩、锚碇板桩或锚碇桩，对抗剪强度较好的土层，也可采用土层锚杆，土层锚杆可参照有关规定进行设计。

6）悬臂式闸墙结构设计。当地基承载力较低，闸墙高度和闸室宽度之比较大，且两侧荷载对称时，可采用悬臂式结构，如图 6-78 所示。

闸墙与底板的断面尺寸应满足强度和构造要求。闸墙顶部宽度宜取 0.4~0.6m，中缝处的底板厚度应满足止水布置的构造要求，不宜小于 0.6m。

悬臂式结构应进行稳定性、地基承载力、截面强度和限裂验算及地基沉降计算。地基反力可按偏心受压公式计算，不应出现拉应力。

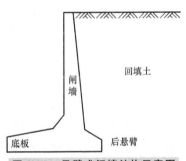

图 6-78 悬臂式闸墙结构示意图

悬臂式结构的闸墙可按悬臂梁或偏心受压构件进行计算。底板和后悬臂可按嵌固于闸墙上的悬臂梁进行计算。当闸室宽度和闸墙高度较大时，闸室底板应按两个相邻的弹性地基梁计算，必要时应按有限元法等进行计算分析。

底板截面强度的计算，应计入底板与地基之间的摩擦力和作用在底板中缝处的水平力，其摩擦力和水平力可分别按式（6-118）~式（6-119）计算，摩擦力的分布与地基反力成正比，水平力的作用点宜取底板中心线以上 1/4 板厚处。

$$E_f = f \sum V \tag{6-118}$$

$$E_p = \sum H - f \sum V \tag{6-119}$$

式中 E_f——底板与地基之间的摩擦力（kN）；

f——底板与地基间的摩擦系数；

$\sum V$——作用在整个闸室底板上的垂直力总和（kN）；

E_p——作用在底板中缝处的水平力（kN）；

$\sum H$——作用在闸墙上的水平力总和（kN）。

（2）底板结构设计 船闸底板分为透水和不透水两种。

1）船闸底板细部构造设计。透水底板下部应设反滤层，当顶层采用浆砌石或混凝土结构时，闸底板顶层应设排水孔，排水孔间距可取 2~3m，孔内应采用碎石填充。

透水底板应布置纵横格梁，每个梁格控制的平面尺度不宜大于 $30m^2$，纵横格梁断面尺寸不宜小于 0.4m×0.4m。当利用格梁起横撑作用时，格梁宜采用钢筋混凝土结构。格梁设计应考虑边墩不均匀沉降的影响，按偏心受压构件计算。

双铰底板铰的位置可按闸底板最大正、负弯矩相近的原则确定。中间底板宽度可取闸室宽度的 3/5～4/5，厚度可取宽度的 1/12～1/8，沿宽度方向可采用变厚度。双铰底板铰的形式可采用搭接式或斜接式，如图 6-79 所示。接缝缝宽可取 20～30mm，并应设置止水。

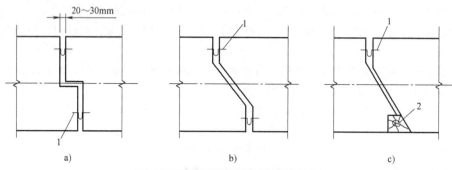

图 6-79　双铰底板铰的形式示意图

a）搭接式　b）斜接式　c）斜接式

1—止水　2—垫木

2）双铰底板地基反力和内力的计算。底板地基反力和内力可按弹性地基梁计算。当底板柔度指数大于 1 时，双铰底板地基反力和内力宜按带双铰的弹性地基梁计算。当底板柔度指数不大于 1 时，双铰底板的地基反力可近似按折线分布，如图 6-80 所示，并应按下列规定计算。

① 当两边对称荷载作用时，地基反力应按式（6-120）～式（6-121）计算

$$\sigma_1 = \frac{\sum V - qL - \dfrac{b\sigma_2}{2}}{L} \quad (6\text{-}120)$$

$$\sigma_2 = \frac{6\left(\dfrac{2L\sum M}{b^2} - \sum V\right)}{4a+b} \quad (6\text{-}121)$$

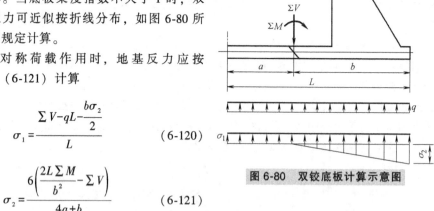

图 6-80　双铰底板计算示意图

式中　σ_1——闸墙前趾地基反力（kN/m²）；

$\sum V$——作用于闸墙段上的垂直力总和（kN）；

q——作用于底板上的均布荷载，向上为正，分布长度为 2L（kN/m²）；

L——闸墙底宽度与中底板半宽之和（m）；

b——闸墙底宽度（m）；

σ_2——闸墙后趾与前趾的地基反力之差（kN/m²）；

$\sum M$——作用于闸墙段上所有荷载对铰点的力矩总和（kN·m），顺时针为正；

a——中底板半宽（m）。

② 当两边不对称荷载作用时，按静力平衡法求地基反力值。求得地基反力后，即可确定底板的内力。双铰底板铰接处的承压面应进行局部强度验算。

作用在双铰底板上水平力的作用点位置应考虑墙后边载和负摩擦力等因素影响，可取底板中心线以下 1/6~1/4 板厚处。水平力应按式（6-122）计算

$$E = \sum H - f(\sum V - P) \qquad (6-122)$$

式中　E——水平力（kN）；

　　$\sum H$——作用在闸墙上的水平荷载总和（kN）；

　　f——闸墙与地基的摩擦系数；

　　$\sum V$——作用在闸墙上的垂直荷载总和（kN）；

　　P——铰传递的剪力（kN），向上为正。

3）船闸底板抗浮稳定性验算。船闸底板应进行抗浮稳定性验算。当自重不能满足抗浮稳定性时，根据具体条件可采用设锚筋将底板锚固在地基上、底板两端支承在闸墙上或底板下设纵横向排水系统等方法，通过经济技术比较确定。

4）有廊道的底板计算。有廊道的底板可按弹性地基上的框架或按均布地基反力的框架进行计算。在验算结构强度时，应考虑动水荷载，当缺少水力实测资料时，总水压力可取静水压力的 1.3~1.5 倍。

2. 整体式闸室结构设计

水头较大、闸墙较高、地基条件较差或地震烈度较高的情况可采用整体式结构。

（1）构造设计　整体结构的闸墙和底板的断面尺寸应根据强度和构造要求确定。闸墙顶宽可取 0.4~0.6m。墙后填土高度应考虑对闸室结构的影响，当墙后填土不到顶时，闸墙顶宽根据需要可适当加宽。闸墙底宽与底板厚度可取 0.16~0.25 倍的墙高。整体式闸室断面尺寸可参考表 6-17。

表 6-17　整体式闸室断面尺寸参考表　　　　　　　　　（单位：m）

形式	a	b	c	d	α
坞式	1.0~1.5	(0.16~0.35)h	(0.75~1.0)e	$\geq (1/8~1/10)B_k$	30°~45°

注：B_k 为闸室有效宽度；h 为闸墙在地板以上的高度；e 为输水廊道宽度。

（2）结构计算　整体式闸室结构应进行抗浮稳定性、截面强度和限裂验算。当闸墙两侧填土高度相差较大时，尚应进行抗滑稳定性验算。

闸墙应根据受力情况按悬臂梁或偏心受压构件验算截面强度。

闸室底板结构验算，当地基可压缩层较厚时，可按半无限大弹性体或有限弹性压缩层假定进行计算；当可压缩层厚度小于 0.25 倍闸底板半宽时；可按基床系数假定进行计算。岩基上的底板可按半无限大弹性地基假定进行计算。当考虑基岩对现浇混凝土底板的约束影响，可采用设双向连杆的连杆法或有限元法计算。

地基按弹性体假定计算底板内力时，应考虑边荷载的影响。边荷载分布值应根据回填土形状确定，其分布长度可取 1~1.5 倍闸底板半宽。由边载产生的弯矩，当使底板弯矩增加时，砂性地基可取 50%~100%，黏性地基可取 70%~100%；当使底板弯矩减少时，砂性地基可取 30%~50%，黏性地基可取 20%~30%。

当验算底板截面强度时，墙后土压力可根据最不利组合情况采用两个极限值，上限为静止土压力，下限为主动土压力。

整体式大型船闸，施工期可在底板上设临时施工宽缝，并在宽缝底部设临时止水，待闸墙沉降基本稳定后，再进行封缝形成整体。在底板内力分析计算中，可考虑闸墙和回填土自重力

对地基的预压效果。

地基基床系数法是基于温克尔假定，假定地基单位面积上所受的压力 p 与地基沉降 η 成正比，即 $p=k\eta$，其中 k 为基床系数。假设忽略了地基的整体性与连续性。实际上地基沉降不仅发生在基础结构底部有压力作用处，也发生在压力作用以外的地方。所以，基床系数没有反映地基固有的性质，只是一个经验系数。虽然这个假定有一定的缺陷，但是它考虑到基础梁与地基的相对刚度的影响。基床系数法的具体计算方法已制成表格，可供计算时直接查用。通常可压缩层厚度小于 0.25 倍闸底板半宽时，可按基床系数假定进行计算，计算的结果与实际结果接近。

半无限弹性体假定方法，主要采用葛氏法、双向连杆法和有限元法计算。连杆法和葛氏法都是以地基为理想的弹性体，在具体计算过程中，各自又作了不同的简化，因此，两者的计算结果并不相同。葛氏法用于等截面梁的计算；连杆法用于变截面、变刚度及地基的不同特性梁的计算。葛氏法已有现成的表格可以查用，得到了广泛的应用。

6.9.2 闸首结构设计

闸首结构设计应符合下列规定：

1) 闸首结构的轮廓尺寸应根据输水系统形式，闸门、阀门和启闭机械布置及地基条件等要求确定。

2) 闸首结构宜采用整体式，经论证也可采用分离式。

3) 闸首纵向长度可分为门前段、门库段和闸门支持墙段三部分。门前段长度应根据检修闸门尺度、门槽构造及检修要求确定；门库段长度应根据闸门的形式和尺度确定；闸门支持墙段长度应根据廊道布置、结构稳定和强度验算确定。

4) 闸首边墩厚度应根据门库深度、廊道宽度、弯曲半径和阀门井尺度等因素确定。有廊道的边墩厚度可取 2~3 倍廊道宽度。边墩顶部宽度应根据启闭机械及机房、交通通道和其他设备的布置、管理和维修所需的场地等因素确定。边墩顶部可根据布置要求加宽。

5) 当闸首设置帷墙时，可利用帷墙内空间布置消能室，其设计应符合船闸输水系统设计要求。

6) 当分离式闸首的纵向长度较长时，可在门库段内增设横向永久缝。闸首纵向分段长度可取 15~20m。

7) 输水廊道壁可根据廊道内流速、泥沙情况和运用条件等因素，采取适当的抗冲耐磨措施。

1. 整体式闸首设计

整体式闸首应进行整体抗滑、抗倾、抗浮、渗流稳定性和地基承载力验算及结构强度和限裂等计算。

1) 闸首沿地基面的整体抗滑稳定性应按式 (6-123)~式 (6-124) 验算

$$K_c = \frac{f(\sum V - U) + E_t + E_p}{(H_1 - H_2) + (E_1 - E_2)} \tag{6-123}$$

$$E_t = 2K_t E \tan\delta \tag{6-124}$$

式中　K_c——抗滑稳定安全系数，按表 6-18 采用；

　　　f——闸首沿地基面的摩擦系数；

　　　$\sum V$——作用于闸首的垂直力总和 (kN)；

U——作用于闸首底板扬压力（kN）；

E_t——边墩背面与回填土间的摩擦力（kN），在黏性填土段可不计；

E_p——作用于闸首下游端面埋深部分的抗力（kN），土基和埋置不深的岩基可不计；

H_1、H_2——作用于闸首上、下游端面的水压力（kN）；

E_1、E_2——作用于闸首上、下游端面的静止土压力（kN）；

K_t——摩擦力折减系数，上、中闸首可取 0.6，下闸首可取 0.4；

δ——回填土与边墩背面间的摩擦角（°），取 $\dfrac{\varphi}{2}$，φ 为土的内摩擦角（°）。

表 6-18　抗滑稳定安全系数 K_c

水工建筑物级别			1		2、3		4、5	
地基			岩基	土基	岩基	土基	岩基	土基
荷载组合	基本组合	①	≥1.1	≥1.4	≥1.05	≥1.3	≥1.05	≥1.2
		②	≥1.05	≥1.3	≥1.0	≥1.2	≥1.0	≥1.1
	特殊组合	①	≥1.05	≥1.3	≥1.0	≥1.2	≥1.0	≥1.1
		②	≥1.0	≥1.2	≥1.0	≥1.1	≥1.0	≥1.05

2) 人字闸门闸首边墩可采用分段计算法。假定支持墙段与边墩其他部分设缝分开，独立承受全部闸门推力，可按双向弯曲公式计算。边墩的门库段及门前段的强度，可按平面问题计算。当人字闸门支持墙能独立满足水平抗滑稳定要求时，在支持墙与门库段内可按构造要求配置带形钢筋，否则应配置受力带形钢筋，其所承受的力可按式（6-125）计算。

$$E_g = E_m + E_s + \alpha E_f - \frac{f \sum V}{K_c} \qquad (6\text{-}125)$$

式中　E_g——带形钢筋所承受的力（kN）；

E_m——闸门推力纵向分力（kN）；

E_s——作用于支持墙门库的纵向水压力（kN）；

α——系数，取 0.5；

E_f——缝面上的纵向水压力（kN）；

f——支持墙与底板之间的摩擦系数，取 0.7~0.75；

$\sum V$——作用于支持墙计算面上的垂直力总和（kN）；

K_c——支持墙抗滑稳定安全系数，取 1.4~1.5。

3) 平面闸门和横拉门的闸首边墩，可根据边墩形式、受力特点和刚度变化等因素分段计算。支持墙的稳定性和强度验算也可采用分段计算法验算。大型船闸的边墩强度宜采用整体法计算，并配合模型试验进行分析研究。

边墩中的廊道结构应按下列条件选择计算方法：

① 当廊道壁厚不大于 2.5 倍廊道孔洞化引直径时，按杆件系统计算。

② 大于 2.5 倍时，按弹性力学方法计算。

4) 整体式闸首底板计算，应考虑闸首结构及荷载的空间性，其简化计算可沿底板纵向划分几个特征段，计入不平衡剪力，以横向为主，按平面问题计算特征段的内力，再进行整体化调整。整体式闸首底板特征段，可根据荷载、刚度和跨度等因素划分为门前、门库和支持墙三段，如图 6-81 所示。

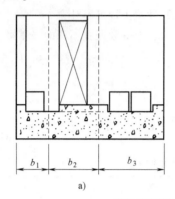
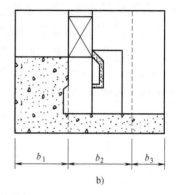

图 6-81 闸首底板特征段划分示意图
a) 人字闸门　b) 平面闸门
b_1—门前段　b_2—门库段　b_3—支持墙段

作用于闸首底板各特征段上的荷载可按该段上的实际荷载计算，但必须计入各特征段的不平衡剪力，其剪力可按式（6-126）计算。

$$Q_i = R_i - V_i \tag{6-126}$$

式中　Q_i——各特征段的不平衡剪力（kN）；
　　　R_i——闸首按直线反力法计算所得的作用于该特征段上的地基反力（kN）；
　　　V_i——该特征段上的垂直力总和（kN）。

各特征段边墩截面上的不平衡剪力可按式（6-127）计算，如图 6-82 所示；底板上的不平衡剪力可按式（6-128）计算。对人字闸门闸首边墩和底板可分别按相应特征段的总不平衡剪力的 85% 和 15% 取值。

$$Q_t = \frac{Q_i}{J_y}\left[H(S_y)_{abcd} - \frac{1}{2}(J_y)_{abef}\right] \tag{6-127}$$

$$Q_H = Q_i - 2Q_t \tag{6-128}$$

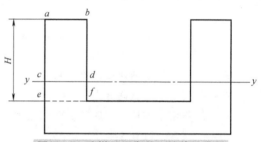

图 6-82 边墩不平衡剪力计算示意图

式中　Q_t——相应特征段上边墩截面上的不平衡剪力（kN）；
　　　Q_i——各特征段的不平衡剪力（kN）；
　　　J_y——边墩和底板截面对 y 轴的惯性矩（m⁴）；
　　　H——边墩高度（m）；
　　　$(S_y)_{abcd}$——abcd 截面对 y 轴的静矩（m³）；
　　　$(J_y)_{abef}$——abef 截面对 y 轴的惯性矩（m⁴）；
　　　Q_H——底板上的不平衡剪力（kN）。

各特征段底板内力的计算方法，应按上节的有关规定执行。各特征段底板的计算内力，应根据底板的结构特征按下列情况进行调整：

① 纵向断面变化不大的闸首底板，各特征段调整后的计算弯矩和计算剪力可按式（6-129）~式（6-130）计算

$$M_{ip} = \frac{M_i + M_c}{2} \tag{6-129}$$

$$Q_{ip} = \frac{Q_i + Q_c}{2} \tag{6-130}$$

式中 M_{ip}——各特征段调整后的计算弯矩（kN·m）；

M_i——各特征段单位条宽的弯矩值（kN·m）；

M_c——闸首底板单位条宽的弯矩加权平均值（kN·m）；

Q_{ip}——各特征段调整后的计算剪力（kN）；

Q_i——各特征段单位条宽的剪力值（kN）；

Q_c——闸首底板单位条宽的剪力加权平均值（kN）。

② 纵向断面变化较大或有帷墙的闸首底板，各特征段的内力可按刚度条件调整。

5）大型船闸整体式闸首底板强度，可对闸门前后的侧向水压力和闸门推力等荷载先行分配，经计算求得各特征段内力后，不再进行调整。

6）重要工程的闸首结构应采用有限元法计算，并配合模型试验分析研究。

2. 分离式闸首设计

分离式闸首边墩计算可采用分段计算法，由支持墙承受全部闸门推力。边墩计算按上述规定，并应补充验算沿基面的抗滑稳定性及横向抗倾稳定性。分离式闸首底板计算按前述。土基上的分离式闸首，应进行沉降计算和边墩倾斜验算。

6.9.3 导航和靠船建筑物及护坡和护底设计

1. 导航和靠船建筑物及护坡和护底设计规定

1）导航和靠船建筑物及护坡和护底结构形式应根据地质条件、水流条件、水位变幅、船行波、船闸规模、材料来源、施工条件和使用要求等因素确定。选择结构形式时，应考虑技术经济条件，力求结构简单、耐久性好，并便于施工。

2）导航和靠船结构的尺度应由稳定性和强度验算确定，并应满足系船靠船、交通、照明和信号装置等布置的要求。

3）固定式导航和靠船结构可根据使用要求按下列情况采用：

① 导航和靠船建筑物有隔流要求时，可采用岸壁式结构。

② 导航和靠船建筑物无隔流要求时，导航建筑物也可采用墩板式结构，靠船建筑物可采用独立墩式结构。

4）当水深或水位变幅较大时，可采用浮式导航和靠船结构。

5）导航和靠船结构前沿应采用直立式墙面，底部加强角不应妨碍船舶航行。

2. 导航和靠船建筑物设计

固定式导航和靠船建筑物结构设计按前述规定。独立墩式靠船结构应等间距布置，中心距宜取15～25m，并应设置系船设备、爬梯、交通桥和照明等设施。当靠船墩采用混凝土或浆砌石结构时，其靠船面水位变动区宜设置钢护面或钢护角。当导航和靠船建筑物采用浮式结构时，可采用数个趸船柔性连接组成。

3. 护坡和护底设计

引航道范围内的岸坡应设置护坡，闸首附近的引航道底应设置护底。护坡结构的护面可采用浆砌石、干砌石、混凝土板或模袋混凝土等形式。护坡结构的护面厚度应通过计算确定，其最小厚度应符合浆砌石、干砌石不宜小于300mm；混凝土板不宜小于80mm；模袋混凝土不宜小于 150mm。

护坡结构的反滤层可采用分层反滤层、混合反滤层或土工织物反滤层，并应满足下列要求：

1）分层反滤层可由碎石层和"瓜米石"层、粗砂层或砾砂层组成，每层厚度不宜小于 150mm；混合反滤层可采用级配较好的天然石料、石渣或砂卵石等，其厚度不宜小于 400mm。水下反滤层厚度宜适当加大。

2）土工织物反滤层材料宜选用无纺土工织物和有机土工织物，不得采用编织土工织物，其技术性能应符合要求。

护坡坡度应根据土质、水文、护坡结构形式和施工条件等通过整体稳定性验算确定。当岸坡较高时，可设置肩台，其宽度可取 1.0~1.5m。护坡和护底结构宜设加强格埂，其间距可取 10~15m，格埂强度应适当提高。当采用浆砌石和混凝土板护坡时，应设置排水孔，其纵、横向间距可取 2~5m，孔径可取 50~100mm。

溢洪船闸下游引航道的护坡和护底应采用浆砌石或混凝土板。

6.10 船闸结构计算

为保证船闸的正常工作，在设计船闸结构时应进行下列验算和计算：

1）结构整体抗滑、抗倾和抗浮稳定性验算。
2）地基承载力验算和地基沉降计算。
3）渗透稳定性验算。
4）结构各部位强度计算和限裂验算。
5）边坡整体稳定性验算。
6）其他验算和计算。该项是指根据具体情况有必要进行的验算和计算，如必要的挠度计算、大体积混凝土施工期的温度应力验算和板桩墙顶的变位计算等。

6.10.1 抗滑稳定性验算

船闸的滑动是船闸结构常见的破坏形式之一，常用的分析方法为刚体极限平衡法。刚体极限平衡法是将滑裂体看成刚体，不考虑滑裂体本身和滑裂体之间变形的影响，也不考虑滑裂面上所承受的各种分力对滑裂面形心的力矩。通常将船闸与岩基、土基的胶结面或坝基内容易滑动的软弱层等作为危险的滑裂面进行验算。

1. 岩基船闸抗滑稳定验算

岩基船闸抗滑稳定应进行抗剪强度或抗剪断强度验算，并应符合下列规定：

1）采用抗剪强度验算时，抗滑稳定安全系数应按式（6-131）计算

$$K_c = \frac{f \sum V}{\sum H} \tag{6-131}$$

式中 K_c——抗剪计算的抗滑稳定安全系数，应符合表 6-18 的规定；

f——结构与地基接触面的抗剪摩擦系数，见表 6-19；

$\sum V$——作用于结构上全部荷载对滑动面法向投影的总和（kN）；

$\sum H$——作用于结构上全部荷载对滑动面切向投影的总和（kN）。

式（6-131）为抗剪强度公式，是将坝体和岩基看成接触面，不是胶结面。实际上岩基表面非光滑，是非常粗糙，混凝土与岩基面一般胶结较好，只有剪断这些起伏不平的岩石和混凝土，

大坝才可能滑动。为了较真实反映抗滑稳定安全系数，不仅考虑摩擦力，还应考虑胶结面上的凝聚力，采用抗剪断强度的计算公式。

表 6-19　摩擦系数和黏聚力

岩土名称		摩擦系数 f	抗剪断摩擦系数 f'	抗剪断黏聚力 c'/MPa
软土		0.20~0.25	—	—
一般黏性土		0.25~0.35	—	—
老黏土		0.35~0.45	—	—
粉质黏土		0.25~0.40	—	—
砂质粉土、粉砂		0.35~0.40	—	—
细砂		0.40~0.45	—	—
中、粗砂		0.45~0.50	—	—
砾、卵石		0.50~0.55	—	—
碎石土		0.40~0.50	—	—
软质岩石		0.40~0.60	—	—
表面粗糙的硬质岩石		0.60~0.70	—	—
硬质岩石	坚硬岩石	—	1.50~1.30	1.50~1.30
	次硬岩石	—	1.30~1.10	1.30~1.10
软质岩石	次软岩石	—	1.10~0.90	1.10~0.70
	软岩石	—	0.90~0.70	0.70~0.30
	极软岩石	—	0.70~0.40	0.30~0.05

2) 采用抗剪断强度验算时，抗滑稳定安全系数应按式（6-132）计算

$$K'_c = \frac{f' \sum V + c'A}{\sum H} \quad (6\text{-}132)$$

式中　K'_c——抗剪断计算的抗滑稳定安全系数，应符合表 6-20 的规定；

　　　f'——结构与地基接触面的抗剪断摩擦系数，见表 6-19；

　　　$\sum V$——作用于结构上全部荷载对滑动面法向投影的总和（kN）；

　　　c'——结构与地基接触面的抗剪断黏聚力（kPa），应按有关规定执行，无实测资料时，可参考表 6-19 选用；

　　　A——结构与地基的接触面积（m²）；

　　　$\sum H$——作用于结构上全部荷载对滑动面切向投影的总和（kN）。

表 6-20　抗滑稳定安全系数 K'_c

荷载组合		安全系数	荷载组合		安全系数
基本组合	①	≥3.0	特殊组合	①	≥2.5
	②	≥2.5		②	≥2.3

2. 土基船闸结构抗滑稳定性验算

土基船闸结构抗滑稳定安全系数应按式（6-133）或式（6-134）计算。黏性土地基上的船

闸,沿结构基底面的抗滑稳定安全系数宜按式(6-134)计算。

$$K_c = \frac{f\sum V}{\sum H} \quad (6-133)$$

$$K_c = \frac{\tan\varphi_0 \sum V + c_0 A}{\sum H} \quad (6-134)$$

式中　K_c——土基抗滑稳定安全系数,应符合表6-18的规定;
　　　f——抗滑摩擦系数,见表6-19;
　　　$\sum V$——作用于结构上全部荷载对滑动面法向投影的总和(kN);
　　　$\sum H$——作用于结构上全部荷载对滑动面切向投影的总和(kN);
　　　φ_0——结构与土基之间的内摩擦角(°),见表6-21;
　　　c_0——结构与土基之间的黏聚力(kPa),见表6-21;
　　　A——结构与地基的接触面积(m²)。

表6-21　土基的 φ_0、c_0 值

土质地基类别	$\varphi_0(°)$	c_0/kPa
黏性土	0.90φ	$(0.20\sim0.30)c$
砂性土	$(0.85\sim0.90)\varphi$	0

注:1. 表中 φ 为室内黏性土饱和固结快剪或砂性土饱和快剪试验测得的内摩擦角(°);c 为室内饱和固结快剪试验测得的黏聚力(kPa)。
　　2. 特别重要的大型船闸,采用的 φ_0 值和 c_0 值尚应经现场地基对混凝土板的抗滑强度试验论证。

结构基底面与土基之间的内摩擦角 φ_0 值及黏聚力 c_0 值,可按表6-21的规定采用。按表6-21的规定采用的 φ_0 值和 c_0 值时,应按式(6-135)折算结构基底面与土基之间的综合摩系数,当黏性土地基折算的综合摩擦系数大于0.45或砂性土地基折算的综合摩擦系数大于0.50时,采用的 φ_0 值和 c_0 值应进行论证。

$$f_0 = \frac{\tan\varphi_0 \sum V + c_0 A}{\sum V} \quad (6-135)$$

式中　f_0——结构基底面与土基之间的综合摩擦系数;
　　　φ_0——结构与土基之间的内摩擦角(°);
　　　$\sum V$——作用于结构上全部荷载对滑动面法向投影的总和(kN);
　　　c_0——结构与土基之间的黏聚力(kPa);
　　　A——结构与地基的接触面积(m²)。

采用钢筋混凝土横撑或底板的分离式闸墙抗滑稳定,可计入横撑或底板的部分作用,在闸墙和横撑或底板的共同作用下,其安全系数应满足表6-18的要求。

3. 船闸基面以下有软弱夹层或缓倾角结构层面的抗滑稳定性验算

在水荷载作用下,船闸结构有可能连同部分地基沿软弱结构面或不利的缓倾角结构面滑动,应验算闸墙带动部分地基或沿倾斜基面的抗滑稳定性,其抗滑稳定安全系数 K_c 应按式(6-136)计算。

$$K_c = \frac{f(\sum V + \sum H\tan\alpha)}{\sum H - \sum V\tan\alpha} \quad (6-136)$$

式中 K_c——结构物沿软弱夹层或缓倾斜基面的抗滑稳定安全系数;
f——软弱夹层或倾角结构面的摩擦系数;
$\sum V$——作用于滑动面以上的垂直力总和,含软弱夹层以上土层或岩层重力(kN);
$\sum H$——作用于滑动面以上的水平力总和(kN);
α——滑动面与水平面的夹角(°),有利于稳定的倾角为正,反之为负。

4. 墙基嵌入基岩抗滑稳定验算

当墙基嵌入基岩较深,基岩完整或对基岩进行固结灌浆处理,并对墙基与基岩间进行接缝灌浆处理,进行抗滑稳定验算时,可计入基岩的抗力。

6.10.2 抗倾稳定性验算

船闸结构的抗倾稳定安全系数应按式(6-137)计算

$$K_0 = \frac{M_R}{M_0} \quad (6\text{-}137)$$

式中 K_0——抗倾稳定安全系数,应符合表 6-22 的规定;
M_R——对计算截面前趾的稳定力矩之和(kN·m),其中包括浮托力产生的力矩;
M_0——对计算截面前趾的倾覆力矩之和(kN·m),其中包括渗透压力产生的力矩。

表 6-22 抗倾稳定安全系数 K_0

水工建筑物级别		1	2、3	4、5
基本组合	①	≥1.6	≥1.5	≥1.4
	②	≥1.5	≥1.4	≥1.3
特殊组合	①	≥1.5	≥1.4	≥1.3
	②	≥1.4	≥1.3	≥1.2

6.10.3 抗浮稳定性验算

船闸结构的抗浮稳定安全系数应按式(6-138)计算

$$K_f = \frac{V}{U} \quad (6\text{-}138)$$

式中 K_f——抗浮稳定安全系数,见表 6-23;
V——向下的垂直力总和(kN);
U——扬压力总和(kN)。

表 6-23 抗浮稳定安全系数 K_f

水工建筑物级别	安全系数
1、2	≥1.1
3、4、5	≥1.05

6.10.4 船闸结构的应力分析

船闸理论计算应力分析方法主要有材料力学法和有限单元法。材料力学法是应用最广、最简便,也是船闸设计规范中规定采用的计算方法。

混凝土或砌石结构的船闸,宜采用材料力学方法验算应力。当闸墙较高或地质条件较复杂时，除应采用材料力学方法计算外，并应同时进行模型试验或采用有限元法进行计算分析。

船闸结构应力分析目的就是为了满足船闸结构在运用、检修、完建、施工等情况的强度要求。船闸的应力状态与多因素有关，如船闸建筑物的结构尺寸、荷载，地基特性，温度变化等。

6.10.5 渗流计算

船闸建成后，由于上、下游存在水位差，在船闸的地基和两侧的回填土中产生渗透水流，船闸的渗流具有空间性，特别是当闸室为透水闸底时，其闸首渗流空间性更为复杂。渗流对建筑物影响表现为减轻建筑物的有效重力，降低建筑物渗流稳定性；引起地基的渗透变形，严重的渗透变形使地基破坏；损失水量。一般船闸设计将空间渗流问题简化为平面问题计算，主要计算闸底下的渗透稳定。此时，渗流满足拉普拉斯方程

$$\frac{\partial^2 h}{\partial x^2}+\frac{\partial^2 h}{\partial y^2}=0 \tag{6-139}$$

式中 h——渗透水流在某点的计算水头。

对于简单的边界条件，可按流体力学方法求解。实际工程中，由于边界条件复杂，求解困难，故实际工程中常采用一些近似方法，主要有渗径系数法、阻力系数法、空间渗流计算法、三维电模拟试验法。

对小型工程渗径系数法是确定土基渗流稳定一种简便实用的计算方法。当水头较高或重要的船闸，宜同时采用改进的阻力系数法、空间渗流计算方法和三维电模拟试验法等进行分析研究。

1. 渗径系数法

为减少渗流的不利影响，通常船闸闸首、闸室底板设置防渗设备——铺盖、板桩和齿墙，在渗流溢出处设置反滤层等，如图6-83所示。

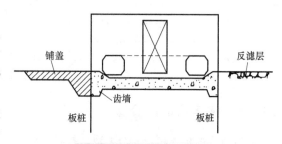

图6-83 防渗设备示意图

对于地基土而言，不透水的铺盖、板桩和齿墙、底板与地基的接触线，称为建筑物的地下轮廓线，也是船闸结构的第一根渗流流线，其长度为船闸的地下轮廓线的化引总长度。

渗径系数法是将船闸下的地下防渗轮廓线，化引为水平的计算轮廓线，即将板桩、齿墙等垂直的地下轮廓线按比例化引为水平长度而展开，然后绘制渗透压力图形，从而可以求出各相应段的渗透压力值，并进行地基的渗透稳定计算的一种简化方法。

渗径系数法假定渗流沿地基的地下轮廓线的坡降相等，即水头损失按直线变化，建筑物基底下的渗透压力与渗流的渗径长度成直线比例，即任意点的渗透压力为

$$p_x=\gamma \frac{H}{L}x \tag{6-140}$$

式中 p_x——建筑物基底渗透压力（kPa）；

H——计算水头（m）；

L——地下轮廓线的化引总长度（m）；

x——任意点距渗流溢出处的渗径长度（m）。

$$L \geqslant cH \tag{6-141}$$

$$L = \sum L_h + m \sum L_v \tag{6-142}$$

式中 c——渗径系数;
  L_h——地下轮廓线水平段长度(m);
  L_v——地下轮廓线垂直段长度(m);
  m——垂直段换算为水平段长度的换算系数;对多板桩,取 2.0;对齿墙和单板桩,取 1.5;对墙身垂直段,取小于等于 1.0。

在出口处设有反滤层时,其渗径系数可按表 6-24 采用。

表 6-24 渗径系数

土种类	渗径系数	土种类	渗径系数
粉砂	9~13	粉质黏土和粉质砂土	5~6
细砂	7~9	黏土	3~4
中砂和粗砂	6~7		

铺盖设在紧靠船闸上游河底上,主要作用是延长渗径长度以降低渗透压力和渗透坡降,有时起防冲、闸首抗滑作用。铺盖有柔性和刚性两种,柔性主要用黏土铺筑。刚性采用钢筋混凝土结构。布置在上游的板桩,主要是延长渗径长度,减小作用在建筑物基底的渗透压力,布置在下游的板桩,主要是减小渗流溢出处的渗流坡降,防止地基土的渗流变形。齿墙主要作用是延长渗径长度和增加建筑物的抗滑稳定性。反滤层作用是防止渗流出口处土体的渗透变形或流失,引起破坏,增加地基的抗渗稳定性。反滤层设计,基本要求是不允许地基土流失或穿入反滤层造成堵塞,从而影响反滤层的透水性和土料的稳定性。

为保证闸基的渗流稳定性,渗径系数法的地下轮廓线的化引总长度不小于渗径系数与上下游水头差的乘积。

2. 阻力系数法

阻力系数法的基本原理是以流体力学为基础,对于建筑物地基内的整个渗流区沿渗流流程划分成几个典型的渗流区段,各区段渗流水头损失与其阻力系数成正比,将各个区段联系起来就可以得到整个地基的渗流解答。

船闸闸首和闸室的地基沿渗流流程可分为 Ⅵ~Ⅶ 段,如图 6-84 所示。通过板桩角点和尖点的等水头线可将地基分为进出口段、内部垂直段和水平段三种基本形式,如图 6-85 所示。

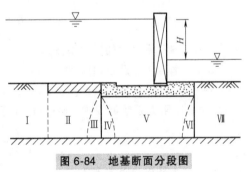

图 6-84 地基断面分段图
H—上下游水位差

(1) 地基的有效深度 T_e 计算 当地基实有深度不大于按下列公式求得的有效深度时,可按实有地基深度取用。当实有深度大于计算的有效深度时,可取有效深度计算。地基的有效深度 T_e 可按式(6-143)、式(6-144)计算。

当 $\dfrac{L_0}{S_0} \geq 5$ 时 $\qquad T_e = 0.5 L_0 \tag{6-143}$

当 $\dfrac{L_0}{S_0} < 5$ 时 $\qquad T_e = \dfrac{5 L_0}{1.6 \dfrac{L_0}{S_0} + 2} \tag{6-144}$

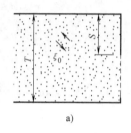 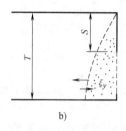 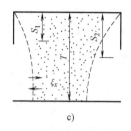

图 6-85 基本分段形式图

a) 进出口段　b) 内部垂直段　c) 水平段

T—地基计算深度　S—垂直防渗设施的深度　S_1、S_2—计算段两端垂直防渗设施的深度
ξ_0—进出口段的阻力系数　ξ_y—内部垂直段的阻力系数　ξ_x—水平段的阻力系数

式中　T_e——地基有效深度 (m), 应由地下轮廓线的最高点向下起算；

　　　L_0——地下轮廓的水平投影长度 (m)；

　　　S_0——地下轮廓的垂直投影长度 (m)。

(2) 各分段阻力系数计算

1) 进出口段阻力系数可按式 (6-145) 计算

$$\xi_0 = 1.5\left(\frac{S}{T}\right)^{\frac{3}{2}} + 0.441 \tag{6-145}$$

式中　ξ_0——进出口段的阻力系数；

　　　S——垂直防渗设施的深度 (m)；

　　　T——地基计算深度 (m)。

2) 内部垂直段阻力系数可按式 (6-146) 计算

$$\xi_y = 1.466 \lg\left[\cot\frac{\pi}{4}\left(1 - \frac{S}{T}\right)\right] \tag{6-146}$$

式中　ξ_y——内部垂直段的阻力系数；

　　　S——垂直防渗设施的深度 (m)；

　　　T——地基计算深度 (m)。

3) 水平段阻力系数可按式 (6-147) 计算

$$\xi_x = \frac{L}{T} - 0.7\left(\frac{S_1}{T} + \frac{S_2}{T}\right) \tag{6-147}$$

式中　ξ_x——水平段的阻力系数；

　　　L——计算段水平投影长度 (m)；

　　　T——地基计算深度 (m)；

　　　S_1、S_2——计算段两端垂直防渗设施的深度 (m)。

当地基不透水层埋藏较深时, 使用上述公式将产生较大的误差, 故实际透水深度很大时取地基的有效深度计算。

(3) 渗透流量计算　计算渗透流量时, 地基的渗透化引流量$\frac{q}{K}$可按式 (6-148) 计算。

$$\frac{q}{K} = \frac{1}{\sum \xi_i} H \tag{6-148}$$

式中 $\dfrac{q}{K}$——地基的渗透化引流量（m³/s）；

q——渗透流量；

K——地基土的渗透系数；

$\sum \xi_i$——各段阻力系数之和；

H——渗透水头（m）。

（4）渗透压力计算　计算各段水头损失并确定渗透压力图形时，地基内各段水头损失可按式（6-149）计算，以直线连接各分段计算点的水头值，得出渗透压力图形。

$$h_i = \xi_i \dfrac{H}{\sum\limits_{i=1}^{n} \xi_i} \qquad (6\text{-}149)$$

式中 h_i——各分段水头损失值（m）；

ξ_i——各分段的阻力系数；

H——渗透水头（m）；

n——总分段数。

（5）渗透压力的修正

1）当进出口段板桩较短时，应对以上所确定的进出口处水头损失及渗透压力图形进行修正，如图6-86所示，并应符合下列规定。

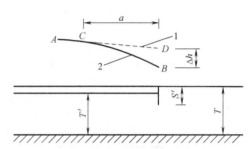

图6-86　进出口水力坡线局部修正示意图

1—原水力坡降线　2—修正后的水力坡降线

a—水力坡降呈陡变形式的长度

Δh—修改后的水头损失减少值

① 进出口的实际水头损失可按式（6-150）和式（6-151）修正。

$$h'_0 = \beta h_0 \qquad (6\text{-}150)$$

$$\beta = 1.21 - \dfrac{1}{\left[12\left(\dfrac{T'}{T}\right)^2 + 2\right]\left(\dfrac{S'}{T} + 0.059\right)} \qquad (6\text{-}151)$$

式中 h'_0——修正后的进出口处水头损失（m）；

β——阻力修正系数；

h_0——未经修正的进出口处水头损失（m）；

T——进出口段地基深度（m），取大值一侧；

T'——进出口段另一端的地基深度（m）；

S'——底板埋深与板桩入土深度之和（m）。

② 当$\beta \geq 1.0$时，可不进行修正。

③ 当$\beta < 1.0$时，可按式（6-151）进行修正。进出口处水头损失的减少值可按式（6-152）计算

$$\Delta h = (1-\beta) h_0 \qquad (6\text{-}152)$$

式中 Δh——修改后的水头损失减少值（m）；

β——阻力修正系数；

h_0——未经修正的进出口处水头损失（m）。

④ 进出口附近水力坡降呈陡变形式的长度，如图6-86所示，可近似按式（6-153）计算

$$a = \dfrac{\Delta h}{q/K} T \qquad (6\text{-}153)$$

式中 a——水力坡降呈陡变形式的长度（m）；

Δh——修改后的水头损失减少值（m）；

q——渗透流量（m³/s）；

K——地基土的渗透系数；

T——进出口段地基深度（m），取大值一侧。

⑤ 修正后的水力坡线可从直线水力坡线的 D 点向上游截取 a 得 C 点，并连接 ACB 得出。

2）进出口段齿墙不规则部位，应对与进出口板桩相邻水平段 l 的水头损失及渗透压力图形进行修正，如图 6-87 所示，修正计算应满足下列要求。

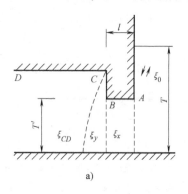 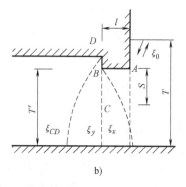

a)　　　　　　　　　　　　b)

图 6-87　具有短齿墙的进出口段示意图

a）凸型进出口　b）Γ型进出口

l—齿墙宽度　T—进出口段地基深度，取大值一侧　T'—进出口段另一端的地基深度

S—出口段的垂直长度　ξ_{CD}，ξ_y，ξ_x—各段的阻力系数

① 当 $\Delta h \le h_x$ 时，水平段水头损失修正值可按式（6-154）计算

$$h'_x = h_x + \Delta h \tag{6-154}$$

式中 h'_x——修正后的水平段的水头损失值（m）；

h_x——水平段的水头损失值（m）；

Δh——修正后的水头损失减少值（m）。

② 当 $h_x < \Delta h \le h_x + h_y$ 时，可按式（6-155）~式（6-156）修正

$$h'_x = 2h_x \tag{6-155}$$

$$h'_y = h_y + \Delta h - h_x \tag{6-156}$$

式中 h'_x——修正后的水平段的水头损失值（m）；

h_x——水平段的水头损失值（m）；

h'_y——修正后的内部垂直段水头损失值（m）；

h_y——内部垂直段的水头损失值（m）；

Δh——修正后的水头损失减少值（m）。

③ 当 $h_x + h_y < \Delta h$ 时，可按式（6-157）~式（6-159）修正

$$h'_x = 2h_x \tag{6-157}$$

$$h'_y = 2h_y \tag{6-158}$$

$$h'_{CD} = h_{CD} + \Delta h - (h_x + h_y) \tag{6-159}$$

式中 h'_x——修正后的水平段的水头损失值（m）；

h_x——水平段的水头损失值（m）；

h'_y——修正后的内部垂直段水头损失值（m）；
h_y——内部垂直段的水头损失值（m）；
h'_{CD}——修正后的 CD 段水头损失值（m）；
h_{CD}——CD 段的水头损失值（m）；
Δh——修正后的水头损失减少值（m）。

④ 可根据各计算点修正后的水头值，连线得出渗透压力图形。

（6）渗流坡降计算 出口段渗流的平均坡降可按式（6-160）计算，并应小于在渗透水流作用下，按地基土平衡条件所求得的出口段允许渗透坡降，其值见表 6-25。

$$J_f = \frac{h_f}{S} \tag{6-160}$$

式中 J_f——出口段渗流的平均坡降（m）；
h_f——出口段的水头损失（m）；
S——出口段的垂直长度（m）。

表 6-25 水平段和出口段允许渗透坡降

土类别	允许渗透坡降值	
	水平段	出口段
粉砂	0.05~0.07	0.25~0.30
细砂	0.07~0.10	0.30~0.35
中砂	0.10~0.13	0.35~0.40
粗砂	0.13~0.17	0.40~0.45
中砾、细砾	0.17~0.22	0.45~0.50
粗砾加卵石	0.22~0.28	0.50~0.55
粉质砂土	0.15~0.25	0.40~0.50
粉质黏土	0.25~0.35	0.50~0.60
软土	0.30~0.40	0.60~0.70
老黏性土	0.40~0.50	0.70~0.80

注：1. 当渗流出口处设反滤层时，表列数值可加大 30%。
2. 表中列出的数值是防止出现流土破坏地基土的允许渗透坡降值。
3. 建筑物级别较高时应取小值。

（7）核算地基土整体渗流稳定性 核算地基土整体渗流稳定性时，在渗透水流作用下地基土的平均渗透坡降可按式（6-161）计算。地基土的平均渗透坡降应小于水平段允许渗透坡降，其值可按表 6-25 取用。

$$J = \frac{H}{\sum \xi_i T} \tag{6-161}$$

式中 J——平均渗透坡降；
H——渗透水头（m）；
ξ_i——各分段的阻力系数；
T——进出口段地基深度（m），取大值一侧。

为保证闸基的渗流稳定性，防止流土破坏，出口段和土的整体渗流稳定性，渗透坡降应小于相应的允许坡降值。

6.10.6 地基计算

地基设计应根据工程地质条件、建筑物结构形式、材料和施工条件等因素进行。地基设计应包括地基承载力、稳定性和沉降的计算。当天然地基不能满足要求时，应进行地基处理。

1. 建筑物基底应力

作用在地基上的基础底边边缘处的最大和最小压应力，按偏心受压公式计算。

$$\sigma_{\max\atop\min} = \frac{G}{b}\left(1 \pm \frac{6e}{b}\right) \quad (6\text{-}162)$$

式中 G——作用在闸墙上外荷载的合力的垂直分力（kN）；
b——基础宽度（m）；
e——合力的偏心距（m）。

土基上的闸首结构，为防止闸墙产生过大的不均匀沉降，应控制地基应力的不均匀性，其最大应力与最小应力之比，砂性土地基不应大于5，黏性土地基不应大于3。

土基上的分离式闸墙结构，地基不得出现拉应力。当地基不均匀沉降量较大时应适当控制地基最大应力与最小应力的比值。

岩基上分离式船闸结构地基反力的最小应力应大于零。

2. 地基承载力

验算地基承载力应考虑作用于基础底面上的合力偏心距、倾斜率和基础形状等因素。当作用于基础底面的合力为偏心时，应根据偏心距将基础底面积或宽度换算为中心受荷的有效面积或有效宽度。

当受力层由多层土组成，各土层的抗剪强度指标相差不大时，其抗剪强度指标和土的重度，可按土层厚度加权平均后再计算地基承载力。当受力土层抗剪强度指标相差较大时，确定成层土地基承载力应进行专门研究。地基承载力的安全系数应满足式（6-163）要求

$$K \geqslant \frac{F_k}{V_d} \quad (6\text{-}163)$$

式中 K——地基承载力的安全系数，应取2.0～3.0；1级建筑物取3.0；2～5级建筑物，以黏性土为主的地基取高值，以砂性土为主的地基取低值；
F_k——地基极限承载力的竖向分力（kN）；
V_d——作用于墙底面或基础底面上的竖向合力（kN）。

3. 地基整体稳定性和沉降量

（1）地基整体稳定性验算　欠压密、正常压密和压密比小于4的黏性土，土坡和条形基础的地基稳定验算，可按平面问题采用圆弧滑动面计算；当有软弱夹层或倾斜岩面等情况时，尚应采用非圆弧滑动面计算。当土坡和地基土体中有渗流时，应考虑渗流对稳定的影响。计算的土坡和地基稳定安全系数不得小于表6-26中规定的数值。

表6-26　抗滑稳定安全系数

抗剪强度指标	安全系数 K	抗剪强度指标	安全系数 K
固结快剪	1.1～1.3	十字板剪	1.1～1.3
有效剪	1.3～1.5	快剪	1.0～1.2

注：1. 建筑物等级高的取高值，建筑物等级低的取低值。
　　2. 荷载为基本组合取高值，荷载为特殊组合取低值。
　　3. 施工期的稳定安全系数宜取低值，打桩前岸坡的稳定安全系数宜取高值。

(2) 地基沉降计算　地基最终沉降量可按式（6-164）计算

$$S_\infty = m_S \sum \frac{e_{1i}-e_{2i}}{1+e_{1i}} h_i \tag{6-164}$$

式中　S_∞——地基土最终沉降量（m）；

　　　m_S——经验修正系数，按地区经验选用；

　　　e_{1i}，e_{2i}——第 i 层土受平均自重压力（σ_{ci}）和平均最终压力（$\sigma_{ci}+\sigma_{zi}$）压缩稳定时的孔隙比，σ_{ci} 为第 i 层顶面与底面的地基自重压力平均值（kPa），σ_{zi} 为第 i 层顶面与底面的地基垂直附加应力平均值（kPa）；

　　　h_i——第 i 层土的厚度（m）。

建筑物地基为岩石、碎石土、密实砂土和第四纪晚更新世及其以前形成的黏性土，可不进行沉降计算。

地基允许最大沉降量和沉降差，应以保证建筑物安全和正常使用为原则，其值可根据工程具体情况研究确定。

建筑物的沉降主要是地基土层压缩造成的。均匀沉降不致造成建筑物的破坏，但沉降过大将影响建筑物的使用。均匀沉降可采取工程措施，如人工加固地基；采用轻型结构，减小地基应力；设计时预留沉降量等。

4．地基处理

（1）地基处理设计应具备工程地质和水文地质资料　软基处理应具有土层的分布、厚度、层面状态、有机质含量、主要物理力学指标及地下水埋深、补给关系、水化学成分和渗透系数等资料。岩基处理应具有基岩形态、埋深、节理裂隙和断层发育情况、岩石的抗压强度及岩溶溶洞和地下暗河沟通情况等资料。

（2）地基处理应满足的要求

1) 建筑物对地基承载力和整体稳定的要求。

2) 建筑物对沉降和不均匀沉降的要求。

3) 渗透稳定的要求。

4) 在建筑物和地下水长期作用下，不发生地基强度降低，影响正常使用的要求。

（3）地基处理方法　土基应根据土层分布、土质和使用要求，选用垫层、桩基、排水预压加固、粉煤灰碎石桩、水泥搅拌桩、压力灌浆、高压喷射注浆、振冲和强夯等处理方法。地基处理后，其强度增长应通过试验并结合经验确定。

岩石地基应根据岩石不同地质问题，采用下列不同方法进行处理：

1) 断层破碎带，可根据断层破碎带的规模大小、发育程度，采用开挖清除、压力灌浆和填塞混凝土等方法处理。

2) 节理裂隙发育的岩基宜采用固结灌浆方法处理。

3) 岩基内分布有软弱夹层或泥化夹层时，应根据其性质、埋深及对建筑物的影响程度分别进行处理。当埋深较浅时应予全部清除；当埋深较深、具有支撑作用时可部分保留或全部保留，但应采取防止强度降低的工程措施。

4) 风化岩可根据风化程度、分布和埋深等条件进行处理。对全风化和强风化岩宜全部开挖清除。弱风化和微风化岩可根据建筑物的重要性和对地基的要求进行处理。

5) 岩溶发育区的地基可根据岩溶发育程度、埋深、连通情况和水文地质条件等分别采用压力灌浆、填塞和开挖清除等方法处理。

6.11 升船机

升船机和船闸一样,都是用来克服航道上的集中落差,以便船舶顺利通过的通航建筑物。升船机和船闸的区别是船闸是靠闸室的水面升降,使停泊在闸室内的船舶完成垂直运动;升船机则是用机械的方法,升降装载船舶的承船厢,以克服集中落差。因此,两者在结构及设备方面均不同,主要表现在建筑物结构上。船闸结构是固定的闸室,升船机是由运动部分和固定部分(承船厢的支承导向结构)组成,如图6-88所示。

为了实现承船厢的升降,保证运行的安全,升船机的设备有驱动承船厢升降的驱动装置,在事故状态下,阻止承船厢运动并支承船厢的事故装置,减少驱动功率的平衡装置,实现承船厢与闸首衔接的拉紧、密封、充、泄水等设备,保证承船厢在运行过程中平稳的支承导向设备等。此外,还设有相应的输、配电及控制系统等电气设备。

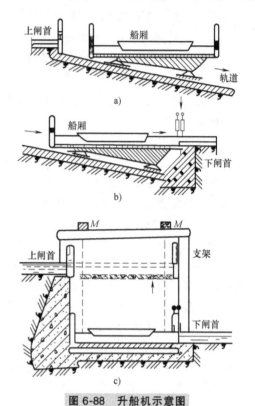

图6-88 升船机示意图

6.11.1 升船机的特点及类型

1. 升船机的特点

升船机的闸首和船闸的闸首一样,是将其与上下游航道隔开的挡水建筑物,衔接承船厢与航道,保证船舶在两者之间安全可靠地进出。不同的是升船机闸首没有复杂的输水系统,闸首工作条件只受上游或下游水位的影响。升船机的引航道和前港,与船闸基本相同。与船闸相比,升船机有以下特点:

1) 运转时基本上不耗水,在水量不充沛的河流和运河上,建造升船机较为有利。
2) 升船机的升降速度比船闸闸室灌泄水速度快,船舶通过升船机所需的时间比船舶通过船闸的时间短。
3) 在高水头的通航建筑物中升船机的造价一般较小。
4) 机电设备是保证升船机安全运行的一个重要部分,升船机的建造与安装要求较高。

2. 升船机的类型

(1) 根据承船厢载运船舶的方式 升船机可分为干运和湿运两种类型。

干运(Lifting Without Water)是指船舶置于无水的承船设备上过坝的运输方式;湿运(Lifting With Water)是指船舶置于有水的承船设备上过坝的运输方式。干运升船机因不需要浮载水,升船机运动部分总重减小,可以减少升船机的驱动装置的驱动功率,并使升船机闸首、支承导向结构及其相应的设备简化,但对船体结构不利,一般只用于船舶吨位不大的情况,多为小型斜面升船机。湿运升船机运动部分的总重量较大,但不论每次通过船舶吨位大小如何,承船厢加船体的总重量不变,便于采用平衡设备,减少驱动功率,同时在运转过程中,船舶浮载在水上，船体的受力状态没有变化。因此，现代建造的通过数百吨以上船舶的升船机均为湿运。

（2）根据装载船舶的承船厢运行方向　升船机可分为垂直升船机和斜面升船机。垂直升船机（Vertical Ship Lift）就是装载船舶的承船厢可垂直升降的升船机。斜面式升船机（Ship Incline）就是装载船舶的承船厢沿斜坡轨道移动的升船机。斜面升船机的承船厢沿斜坡道做升降运动，其支承导向结构为倾斜的轨道，如图6-88a、b所示。垂直升船机的承船厢，沿垂直方向升降，其支承导向结构是直立的支架，如图6-88c所示。

斜面升船机和垂直升船机相比，结构、施工较简单，承船厢是在地面上行驶，事故装置比较简单，对地基的要求较低，抗震能力较好，但其适应水位变化的能力较低，在提升高度大的情况下，线路长，通过能力受到限制，变速行驶影响船舶在承船厢内停泊的平稳。垂直升船机需要建造高大的支架，或开挖很深的竖井，还需建筑高大闸首，其技术问题较复杂，能适应上、下游水位的变化，通过能力较大。

升船机的选型，与地形、地质、水文条件、枢纽总体布置、航道的客货运量、船舶吨位以及机电、建筑结构的工艺水平等有关，需经技术经济比较分析决定。

6.11.2　斜面升船机

1. 斜面升船机的形式

斜面升船机一般由载运承船厢的承船车，供承船车行驶而铺设的斜坡道，驱动承船车的驱动机构，电气控制系统以及闸首等构成。斜面升船机载运船舶的承船车沿斜坡轨道做升降运动。

（1）按上、下游是否均设置斜坡道　斜面升船机可分为一面坡斜面升船机和两面坡斜面升船机。

一面坡斜面升船机是指在挡水闸坝的下游设置斜坡道的升船机，如图6-89所示。

图6-89　一面坡斜面升船机

一面坡斜面升船机一般用上、下闸首将承船车、斜坡道等主体结构与上、下游航道隔开，承船车沿斜坡道上下行驶。也有只在上游端设置闸首，而在下游端不设闸首，承船车沿斜坡道直接驶入下游航道，至承船厢内水面与航道水面齐平时，开启承船厢的厢头门，船舶驶进（出）承船厢。

两面坡斜面升船机是在挡水闸坝上、下游均建斜坡道的升船机，承船车均直接下水。承船车由上（下）游航道进入上（下）游斜坡道，沿斜坡道驶向坝顶并进入转盘，借助转盘旋转将承船车转向，使其沿下（上）游斜坡道下驶，直接驶入下（上）游航的水中。转盘的作用是承船车过坝时能使载运的船舶保持水平，调换上、下游不同的斜坡道。上下游斜坡道可布置在同一条直线上，也可以相互间有一个角度。

（2）根据升降船舶的方向　斜面升船机可分为纵向斜面升船机与横向斜面升船机。

纵向斜面升船机在升降过程中，船体纵轴线与斜坡道的方向一致。横向斜面升船机在升降过程中船体纵轴线则与斜坡道方向垂直。纵向斜面升船机的斜坡道宽度可比横向斜面升船机窄，导引比较简单，适于建造在地形较平坦的地区，其坡度一般在1∶10~1∶25之间。横向斜面升船机的斜坡道长度比纵向斜面升船机短，但斜坡道宽度及轨道数均比纵向大。在工程实际中，一般多采用纵向斜面升船机。

斜面升船机的驱动方式有自行式和钢绳卷扬曳引两种。前者是将驱动动力装置设在承船车上，后者是在坡顶设置卷扬机用钢绳曳引承船车升降。为减少驱动功率，有的升船机还设置沿斜坡道升降的平衡重来均衡承船车的运动重量，此时驱动机构只需克服运动系统的阻力。

目前，世界上最大的纵向斜面升船机为苏联1967建成的克拉斯诺亚尔斯克升船机，如图6-90所示，克服水位差101m，最大升程115m，该升船机为两面坡斜面，上、下游斜坡道坡度均为1：10，上游坡道长度为306m，下游为1196m。上、下游斜坡道交会处设有直径105m、坡度为1：10的转盘。根据地形条件，两斜面坡道布置在夹角140°的折线上。承船厢尺寸为90m×18m×2.5m，可通过1500t船舶，当承船厢中水深3.3m时，可供2000t船舶通过，承船厢加水重为6700t。

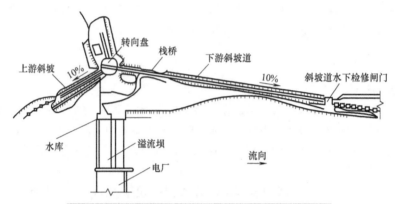

图6-90 克拉斯诺亚尔斯克纵向斜面升船机布置图

由于上下游水位变幅分别为13m和6.3m，因而采用能直接下水的承船车。承船车利用齿轮沿齿轨滚动的方式运行，4排齿轨固定在斜坡道上的钢筋混凝土轨道梁上，相应地在承船车上设置了4排156个齿轮，由18部高压油泵和156部75kW的电动机驱动，在电动机的转动轴上设有制动器，以便事故时制动固定承船车。斜坡轨道的轨道梁上设有滑线，作为供给自行式承船车电源用，当承船车下滑时，可以反馈部分电能。承船车起动与停止阶段的加速度为0.008m/s²，上行速度为1.0m/s，下行速度为1.38m/s。船舶通过升船机的时间是98min。

目前世界上最大的横向斜面升船机为1967年建成的法国阿尔兹维累升船机，如图6-91所示。该升船机为一面斜坡式，上、下闸首之间斜坡道的长度为108.45m，坡度为41%，克服水头差44.55m。承船厢的有效尺寸为长40.4m，宽5.22m，水深2.52～3.2m，船厢加水总重约900t，船厢自重240t，可承运350吨级船舶。船厢有主承台车8组，共有32个车轮在2条双轨斜坡轨道上运行，轨距为25.72m。平衡重在承船厢下面运行，平衡重车有2个，每个约重440t，其支承机构与船厢相同，其轨距为10.40m。船厢与平衡重由24根直径28mm的钢丝绳相连，钢丝绳的一端通过液压平衡系统与船厢相连，另一端绕过卷扬机构的摩擦卷筒后与平衡重车相连。卷扬机构为两台双摩擦卷筒，直径3.3m，由两台直流电动机（100HP）驱动。承船厢运行速度0.6m/s，加速度为0.02m/s²，往返一次历时40min。传动机构高速轴上设有电磁闸瓦制动器，卷筒上装有重锤式空气制动器为安全制动器。

1973年法国在加龙支运河的蒙特西地区建造的世界上第一座水坡升船机，没有承船厢，利用一块宽 6m、高 4.35m 的活动挡板，推动一段长 125m，高 3.75m 的三角形水体，沿着坡度为 3°的矩形钢筋混凝土水槽向上、下游运行，推动楔形水体上升或下降，从而使浮在楔形水体上的船舶做升降运动，克服水头为 13.3m。能通航 38.5m×5.5m×5.5m 的 350t 船舶。活动挡板由设在矩形槽两侧的柴油—电力机车驱动。两台机车同步运转。坡长 443m，全程约需 6min。活动挡板两侧和底部设有止水设备，以防止与矩形槽之间的间隙漏水。图 6-92 所示为水坡式升船机的运行原理图。水坡式升船机不需要承船厢，建造费用较省，在运行过程中水面波动较小，运行速度快，但运转费较高，适宜建在水位变幅小，过坝船型以自航驳船为主的航道上。我国根据水坡升船机的原理，于 20 世纪 70 年代后期先后在安徽的龙湾、江苏的沭阳建造了水坡升船机。

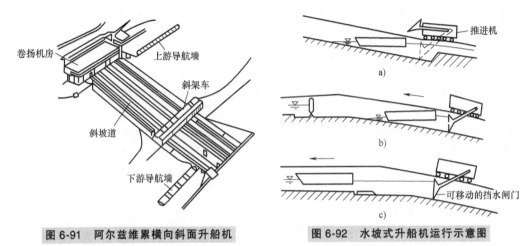

图 6-91　阿尔兹维累横向斜面升船机　　图 6-92　水坡式升船机运行示意图

2. 斜面升船机的基本尺度

斜面升船机的基本尺度主要是指斜面坡度、承船厢尺寸、闸首尺寸等。

(1) 斜面坡度　斜面坡度直接影响着工程造价、营运费用及运转条件。在选择时应考虑下列因素：

1) 承船厢的驱动方式。当为自行方式时，采用较缓的坡度，一般为 1∶10~1∶20。当采用齿轨爬升时可用较陡的坡度；当依靠行轮与轨道之间摩擦力运行时，应取较缓的坡度。当采用钢绳曳引时，坡度可以较陡，一般为 1∶5~1∶10，其最小坡度要保证靠重力的分力能使承船厢自动下滑。

2) 纵向斜面升船机和横向斜面升船机采用的坡度不同。横向斜面升船机的坡度，一般在 1∶2~1∶8 的范围以内，其坡度的大小应根据斜坡的稳定来决定。

3) 升船机载运船舶的大小，一般通过船舶吨位较大时，采用的坡度较缓，通过船舶吨位较小时，采用的坡度可以较陡。

4) 应考虑地形条件，避免过大的挖方与填方。在一定条件下，若选用的坡度较陡，虽可减少开挖土方的数量，缩短坡道长度从而减少轨道部分的投资，但将使承船厢及闸首结构的工程量加大，增大驱动功率，从而增加运转费用。反之，采用的坡度较缓，可减少运转费用，降低承船厢及闸首结构的投资，但增加轨道部分的工程量。

合理的坡度，只有在考虑到上述有关因素，对土建投资和运转费用进行综合比较后，才能确定。

(2) 承船厢的结构　斜面升船机承船厢的构造方式，根据运船方式和承船厢与斜架车的关系而定。

斜面升船机的承船厢一般是连续的刚性结构，支承行走设备采用轮系系统。这种支承行走机构构造简单，常用4台平衡小车的轮系系统。当承船厢尺寸较大时，可采用等距多支点的平衡小车。但由于铺轨不平整、轮系制造和安装的误差、轮轴机构的弹性变形和轨道基础的不均匀沉陷等，可能导致轮压不定，引起承船厢结构内力变化、运行阻力不均以及运行过程中产生振动等问题。在设计大型斜面升船机时，为使支承行走机构能适应轨道的不平整等情况，并能在运行中将承船厢的荷载和横向摆动力均匀传到每台小车和行轮上，在工程实践中曾提出把承船厢在纵向分段，每段支承在4点上，各段刚性的厢体结构与支承行走机构间设置缓冲设备，以调整作用在支承行走机构上的荷载。但该方案段与段之间的连接较复杂，湿运时容易漏水。因此目前的承船厢一般还是采用连续刚性结构，而通过设置轮压平衡系统，用以保证各支点荷载及每一个支点内各轮轮压相等。

（3）承船厢尺寸　承船厢尺寸包括有效尺寸和外轮廓尺寸。湿运时承船厢的有效尺寸，是指充水空间的有效长度、有效宽度和有效水深等，它们决定于设计船型的尺寸、船舶进出厢的方式和速度以及经济要求等。承船厢的外轮廓尺寸，在满足所要求的有效尺寸的前提下，根据承船厢的构造、使用要求、强度和刚度条件等参考相关资料决定。

（4）闸首尺寸　上下闸首尺度、闸首与承船厢衔接处的尺度，以及承船厢下水时坡度末端的高程等，在已知承船厢尺寸后，可根据闸首布置及构造要求及修造船滑道等确定。

6.11.3　垂直升船机

1. 垂直升船机的类型

垂直升船机承船厢沿垂直方向升降要克服重力做功。当采用湿运方式时，承船厢的运动重力（包括厢体自重和厢内水重力）很大，驱动功率也大。因此，垂直升船机多采用平衡承船厢运动重力的平衡装置。不同平衡系统构成了不同形式的垂直升船机。根据平衡方式，主要可分为均衡重式垂直升船机、浮筒式垂直升船机以及利用水压平衡承船厢运动重力的水压式垂直升船机。

（1）均衡重式垂直升船机　如图6-93a所示，均衡重式垂直升船机是垂直升船机中最早的一种形式。它采用与承船厢运动重力相等的平衡重作为承船厢的平衡系统。驱动机构仅需克服整个系统的运动阻力，使承船厢垂直升降。平衡重力与承船厢之间多以绕过绳轮的钢缆连接。

（2）浮筒式垂直升船机　如图6-93b所示，浮筒式垂直升船机是利用淹没在浮筒井中浮筒的浮力平衡承船厢等运动部分（包括承船厢、浮筒及支撑等）的重力。承船厢通过支撑与浮筒连接成整体，在驱动机构驱动下，做升降运动，驱动机构仅需克服整个系统的运动阻力。

（3）水压式垂直升降机　如图6-93c所示，水压式垂直升降机是利用作用在活塞上的水压力平衡

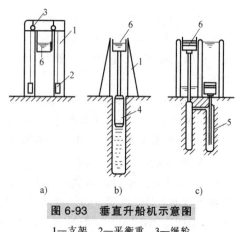

图6-93　垂直升船机示意图
1—支架　2—平衡重　3—绳轮
4—浮筒　5—活塞　6—承船厢

升船机运动部分的重力。为避免设置专门产生水压力的设备，通常是建双线，两线活塞缸用连接管连通传递水压。在驱动机构的驱动下，一线承船厢上升，另一线承船厢下降。

2. 垂直升船机组成

垂直升船机主要由上下闸首、承船厢室及承重塔柱组成。

(1) 升船机的闸首 升船机的闸首是将升船机的承船厢、支承导向结构等与上、下游航道隔开的挡水建筑物。根据运转要求，闸首上设有闸门、闸首的输水系统、承船厢的充泄水设备、承船厢室的排水系统、闸首与承船厢的连接设备、交通和管理房屋等。

升船机闸首一般设置工作闸门与检修闸门。上闸首的检修闸门通常兼作事故闸门，工作闸门一般与承船厢直接衔接。下闸首检修门设在工作门的下游侧，供工作门检修时使用，当发生洪水时检修门还可阻挡下游洪水，使其不淹没承船厢室。

闸首上的工作闸门分为单一的整体式闸门和由过船小门与挡水门组合的组合门两类。工作闸门门型选择与上、下游河段的水文条件，闸首与承船厢的连接方式有关。当上、下游水位变幅较小时，多用单一的整体式闸门。当上、下游水位变幅较大时，多采用由过船小门与挡水门组合的组合门，在工作门下部增设叠梁门调整工作门的高度，以适应变化后的上游水位。

根据承船厢与闸首的相互关系，组合门有两种体系。当承船厢伸进闸首时，工作闸门采用过船小门和挡水门构成的组合门，如图6-94a所示。当承船厢不伸进闸首时，工作闸门采用过船小门、挡水门和渡槽构成的组合门如图6-94b所示。

挡水闸门看作是一活动闸首，主要起挡水作用。当为前一种形式时，在挡水门上部设有由过船小门控制启闭的通航孔口。过船小门是工作闸门中经常运转部分，挡水门仅在水位变化超过过船小门所能适应的幅度时才调整升降，以保证通航孔口有足够的通航水深。当为后一种形式时，过船小门与渡槽组成过船部分，此时通航孔口设在渡槽上。渡槽可看成是一段特殊形状的挡水门，跨在挡水门上，其迎水面与挡水门具有同一止水轮廓，位于同一平面，其背水面伸至闸首端，以便与承船厢衔接，过船小门即设在这一端。

过船小门通常采用提升式平面闸门或卧倒闸门。过船小门的高度除满足通航水深的要求外，应

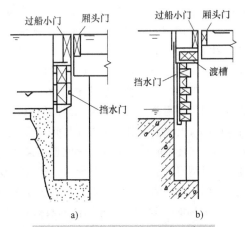

图 6-94 闸首工作闸门布置示意图

有一定的调节富余高度，一般根据上、下游水位情况和运转要求确定，通常约为1.5m。

承船厢伸进闸首的连接方式，可以简化工作闸门的构造，节省渡槽结构，但增加工作门的跨度，对平衡重沿承船厢长度均匀布置的均衡重式垂直升船机，可能影响承船厢正常运转时的受力条件。因此，承船厢是否伸进闸首，工作闸门采用形式，应根据升船机的形式与支架的布置，上、下游的水位情况以及过船小门的形式等条件确定。

组合式工作闸门，通常是在无压下启闭，并采用机械止水，以减少启闭力和保证止水密封。当需要调整升降时，先关闭工作闸门前的辅助闸门，泄空工作闸门前的水体，松开工作闸门的止水，使闸门处于无压情况，然后开始调整升降。待调整完毕，重新将止水压紧在闸门上，进行充水，开启辅助闸门，升船机又重新开始运转。因此，当工作闸门为组合门时，闸首上的检修闸门可以兼作辅助闸门。

闸首的输水系统用来充、泄工作闸门与检修闸门之间的水体，以便进行工作闸门的检修和在无压情况下启闭工作闸门，一般采用自流的输水管道。

为了保证承船厢正常运转，便于向承船厢补水，在上闸首上设有泵站和充水管道。承船厢

室的排水系统包括水泵站、管道及明渠等。

闸门与承船厢的连接设备是指承船厢的拉紧装置、充泄水装置、密封装置等，它们是否设置在闸首上以及如何设置均根据设备的形式及其与闸首的关系确定。

上闸首与引航道之间的连接方式主要决定于地质条件。由于升船机克服的水位差通常很大，因此上闸首顶至升船机室底面的高度也很大。在软土地基上，一般用渡槽结构把闸首与引航道连接起来；在岩基上，可建衬砌墙，闸首就建在衬砌墙上，与衬砌墙连成一体，也可采用渡槽来连接。

当升船机位于水利枢纽时，若升船机轴线经过大坝，且坝底高程与升船机室底的高程基本一致，可采用上闸首与坝结合的方式，两者共同组成挡水线，将设置上闸首的坝段下游面做成垂直面，以实现与承船厢衔接。若坝底高程与升船机室底高程相差较大，可用渡槽衔接。

（2）承船厢室　承船厢室是由上、下闸首（包括工作门）和两侧承重塔柱围成的空间，升船机运行时，承船厢便在承船厢室内作垂直升降运动。承船厢是升船机的重要组成部分，是升船机的容船设施。它由主纵梁、主横梁、小纵梁及 U 形面板焊成，为一凹槽形薄壁钢结构体。承船厢两端各设一扇卧倒门（或弧形门），卧倒门底部与承船厢凹槽底部铰接，卧倒门两侧设有液压启闭装置，承担卧倒门的开启和关闭操作。两端卧倒门关闭时，承船厢便成为四周封闭的水容器。与上、下游对接时，上游侧或下游侧卧倒门开启，船舶便可驶出承船厢。为保证承船厢与上、下游闸首对接时接触紧密不漏水，须在承船厢两端布置对接密封装置，该装置呈 U 形将卧倒门围在其中。它由 U 形密封框、导向轮、伸缩式 U 形橡胶止水密封圈、液压油缸、液压装置等组成。承船厢与上、下游闸首对接时，压力油充入对接侧密封装置的液压油缸，推出 U 形密封框，使伸缩式 U 形橡胶止水密封圈与上或下游闸首工作门接触顶紧，沿卧倒门外围封闭了承船厢与上或下游闸首工作门端面之间的间隙。然后充水装置向被围困的间隙充水，当间隙里的水位与承船厢及上或下游航道水位齐平时，便可开启承船厢对接侧卧倒门和上或下游闸首工作门上的卧倒门，实现承船厢与上或下游航道的连通，船舶便可出入承船厢。退出对接时，先关闭承船厢对接侧卧倒门及上或下闸首卧倒门，然后排掉被 U 形密封围住的承船厢对接侧卧倒门与上或下闸首工作门上的卧倒门之间的水，在液压装置的作用下，U 形密封框缩回，升船机方可升降。

承船厢的有效尺寸，即厢体的有效长度、有效宽度和有效水深决定于设计船型的尺寸，船舶进出承船厢的方式和速度等。为了减小升船机运动重量，船队一般都重新编解队。在确定设计船型后，承船厢的有效长度根据船长和安全制动所需的距离而定，有效宽度和有效水深，等于船舶宽度和船舶吃水分别加上一定的富余量。

承船厢的总体布置，应考虑支承和平衡设备、驱动及事故装置、纵横向导向设备、承船厢与闸首衔接的拉紧、密封等连接设备的布置要求。根据上述设备是否布置在承船厢上，承船厢的总体布置分为 3 类。

1）驱动及事故装置、承船厢与闸首的连接设备等，均不设在承船厢上。承船厢的构造最简单。

2）上述各种类型的设备均设在承船厢上，承船厢的构造比较复杂。

3）介于上述两类之间，部分设备设在闸首，另一部分设备设在承船厢上。其密封、充水和泄水设备设在闸首上，拉紧装置设在支承排架上，而在承船厢上设有驱动及事故装置。

（3）承重塔柱　承重塔柱是升船机的承重设施，升船机的机房、提升设备、承船厢、平衡重等重量均由其承担。它对称布置在上、下闸首中轴线的两侧，是连接上、下闸首的水工建筑物。塔柱顶部设机房，机房底板将两侧塔柱顶部连成一体，机房内安装升船机的提升设备，平衡设备以及供升船机设备检修用的起重设备等。

承重塔柱底部为嵌于基岩的实体混凝土，中部为钢筋混凝土整体浇筑的空腹柱体，升船机的平衡重悬吊在塔柱的空腹中。

习　题

6-1　名词解释：通航建筑物，船闸，升船机，单线船闸与多线船闸，单级船闸和多级船闸，闸室有效长度、有效宽度、门槛最小水深，船闸通过能力，船闸输水系统。

6-2　船闸工程由哪几部分组成？各部分的功能是什么？

6-3　如何确定船闸闸室的有效尺度？

6-4　什么情况下应设置双线或多线船闸？

6-5　什么情况下应采用两级或多级船闸？

6-6　如何确定船闸设计水位？

6-7　如何确定船闸工程各部位高程？

6-8　船闸总体布置原则有哪些？

6-9　引航道平面布置有哪几种形式，各有什么特点？

6-10　如何确定引航道尺度？

6-11　影响船闸年通过能力的因素有哪些？

6-12　船闸耗水量包括哪几部分？

6-13　船闸输水系统设计应满足哪些基本要求？

6-14　简述集中输水系统的形式和适用范围。

6-15　简述分散输水系统的形式和适用范围。

6-16　作用于船闸上的荷载有哪些？

6-17　如何计算作用于船闸上的船舶荷载？

6-18　闸室结构形式有哪些？各有什么特点？

6-19　重力式闸墙结构设计计算内容有哪些？

6-20　扶壁式闸墙结构设计计算内容有哪些？

6-21　船闸结构设计应进行哪些验算和计算？

6-22　斜面升船机的形式有哪些？各有什么特点？

6-23　垂直升船机由哪几部分组成？各部分的作用是什么？

6-24　垂直升船机的类型有哪些？各有什么特点？

6-25　已知某航道的设计船型有三种，分别为 500t 级、300t 级和 100t 级。航道上的船闸设计为单船过闸。航道的年通航天数为 300 天，船闸的日工作时数为 12 小时，船舶一次过闸的时间为 36 分钟，每日非货船通过次数为 7 次，船舶装载系数为 0.7，运量不均衡系数为 1.3，试计算船闸单向通过能力。

6-26　某Ⅲ级单级船闸，设计代表船队尺度为（长×宽×设计吃水）160m×10.8m×2.0m，闸室有效尺度长 180m，宽 18m，门槛水深 3.5m，船闸计算水头 10m。试确定：

（1）船队处于设计载重量状态时，单向过闸，上行船队和下行船队每次过闸所需的实际用水量。

（2）船队处于设计载重量状态时，双向过闸，每一船队平均过闸用水量。

6-27　某Ⅱ级航道设计代表船队尺度为（长×宽×设计吃水）270.0m×48.6m×2.6m，航道上设计单线船闸，双向过闸，引航道采用反对称型布置。试确定：

（1）引航道直线段总长度。

（2）引航道宽度。

第 7 章

运 河 工 程

学习重点

运河的分类和作用,运河上的通航建筑物。

学习目标

了解运河的选线及设计;掌握运河的分类和作用;熟悉运河上的通航建筑物。

运河是指为发展水运线路,在陆地上开挖形成的人工航道,是用来沟通不同水系的河流、湖泊和海洋,克服地理上的障碍,缩短运输距离,连接重要城镇和工矿企业,与天然河流共同构成航道网,以调节资源、交流货物,促进政治、经济和文化事业的发展。

7.1 概述

运河建设具有悠久的历史。早在公元前,古埃及法老塞劳斯内特三世时期就开凿了沟通红海—地中海的古苏伊士运河。公元前 221 年秦始皇时代,中国也开凿了沟通湘江和桂江的灵渠。闻名于世的京杭运河始凿于公元前 486 年,于元世祖 29 年即公元 1292 年全线通航。世界各国大规模兴建运河是在 19 世纪,到 20 世纪各国运河均已发挥较大的作用。在美国的内河航道中,有不少是人工运河,在其北部五大湖之间及密西西比、哈德逊河与五大湖之间均建有人工运河相通。在苏联,人工运河将莫斯科河、伏尔加河、顿河、里海、黑海、亚速海、白海、波罗的海等连接起来,组成了苏联欧洲部分的统一航道网。在西欧各国的内河航道中,人工运河占相当大的比重。例如,法国的运河里程数占内河航道的 23%,德国占 24%。德国境内天然河流多是从南到北,多年来他们开挖了中德运河等,使河流沟通,形成了统一的航道网。在莱茵—美因—多瑙河之间的运河建成后,将使西欧 13 个国家的河流连接成网。

我国水资源丰富,不仅有漫长的海岸线,而且又是一个河流和湖泊众多的国家,由于天然水系中主要河流大多从西到东,很少是南北贯通的,而许多重要物资如煤炭、粮食和木材等都需要南北调运。因此,沟通各水系,开凿人工运河对调节资源具有重要的意义。尤其是开挖贯通南北的水运干线,构成纵横交错、四通八达的航道网,对我国现代化建设将发挥巨大的作用。

1. 运河在航道建设中的地位

运河在航道建设中的地位主要体现在以下两个方面:

1) 运河能沟通河流、湖泊和海洋,以满足航运发展的需要。

2) 运河还可以满足灌溉、防洪、排涝、发电和城镇供水等国民经济部门的需要。例如,京杭运河在扩建后,既沟通了河流,缩短了航程,降低了货物的运输费用,同时又结合灌溉、防洪、排涝、城镇供水等方面的需要，综合利用水资源，使国民经济其他部门也受益。

2. 运河的分类和作用

为通航目的而开挖的运河，按其所处的地理位置及航行船舶的不同，可分为海运河和内河运河。位于近海陆地上，沟通海洋和海洋或连通港口，在其中主要行驶海船的运河，称为海运河，如苏伊士运河、巴拿马运河和美国大西洋的沿岸运河。位于内陆地区，供内河船舶航行的运河，称为内陆运河，如我国的京杭运河和苏联的莫斯科运河等。

按工程布置分为开敞运河和设闸运河。跨越分水岭的设闸运河，又称为越岭运河。

运河开挖的主要目的和作用如下：

1）沟通互不相通的河流，使航道连接成网。例如，德国的莱茵—美因—多瑙运河，苏联的伏尔加—顿运河，我国的京杭运河。

2）沟通海、洋之间的地峡、避免迂回运输。例如，埃及的苏伊士运河，巴拿马的巴拿马运河，德国的基尔运河。

3）沟通通航河流或海洋与城市、工矿企业，解决直达运输，减少货物的中途倒载和转运。例如，我国的青山运河，德国的莱茵—赫尔内运河。

4）改善天然河流的航行条件，如绕避水流湍急的滩险，风浪较大的湖泊和弯曲迂回的河湾等航行障碍。例如，德国的易北侧运河，法国的伊尔萨斯运河。我国京杭运河的苏北河段考虑到内河船舶不适于在风浪较大的湖泊中航行，也为了使运河水位不受湖水的影响，不直接通过邵伯湖而人工开挖了一段运河。

5）综合利用水资源以满足国民经济各部门的需要。例如，苏联的伏尔加—顿运河解决航运、灌溉、水产等，莫斯科运河解决航运、城镇供水等，我国的京杭运河解决航运、灌溉、城镇供水等。

6）用于军事目的，如美国大西洋的沿岸运河在战时沿海被封锁时可利用来取代沿海运输。

一条运河往往是兼有上述几方面的作用。例如，京杭运河主要是沟通海河、黄河、淮河、长江和钱塘江等河流，起连接作用，但有些河段却是为绕避航行障碍而开辟，另一些河段又起分支支线的作用。

7.2 运河的选线及设计

1. 选线基本原则

运河的选线是指在地形平面图上选定运河轴线位置，是根据区域航道规划，按照货流的数量和流向确定运河的走向。合理选定运河线路，直接关系到运河工程的投资及其航运和综合利用的效益，必须在技术经济论证的可行性研究后进行。

在运河选线时应按以下原则进行：

1）考虑航运要求，起始路程短，运输费用低，尽可能使运河靠近或通过城市及工矿区等重要的货流据点，并结合农业发展，最大限度地满足国民经济各部门沿河建厂的需要，以充分发挥其航运效益。

2）运河选线应贯彻综合利用水资源的原则，最大限度地满足国民经济各个部门的需要，充分发挥运河的综合效益。

3）运河选线应适应远景发展的需要。运河必须适应工业的远景发展，适应远景货运流量和流向。选线时，应使运河及通航建筑物有扩建的余地。

4）运河线路应符合全国航道网的规划布局，使局部和整体要求相结合。

5）运河线路应当是在符合工程技术规范和标准的前提下,力求工程技术简单,施工方便,运转和维修费用省。

2. 选线技术要求

在不同的具体条件下,要满足上述各项要求,有时可能会出现矛盾,通常需要拟定若干个可能的方案进行技术经济比较,从中选定一条最经济合理的线路。

为满足上述要求,在选择运河线路时,应考虑下列技术要求:

1）线路要尽可能顺直,要尽量减少弯道,使运河总长度最短,又便于船舶航行。

2）线路避免跨越高山,避免与天然河流、沟渠、铁路和公路交叉,以减少通航建筑物及其他交叉建筑物的数量,提高运河的运输能力。

3）线路应选在水文地质条件较好的地段通过,运河岸坡稳定,注意避开矿区。

4）线路应选择在地形适当的地段通过,通常使运河通过挖方地段,使运河水面低于地面,减少运河河堤溃决的危险及对两岸地下水的影响,应力求避免高填方河段。

5）线路应选择在水量充沛的地区通过,特别是运河通过越岭段时,尽量临近水源,充分利用当地径流,保证运河的自流供水,尽量避免采用机械供水的措施。

6）应尽可能利用现有的江、河、湖泊作为运河的一部分,以减少开挖土方量,节省工程投资。

7）运河的轴线方向尽量避免和强风向一致,降低风浪,便于船舶航行。

3. 运河纵断面设计

运河的轴线位置确定后,即可进行运河纵断面设计。运河的纵断面设计和运河的定线相互影响,相互制约,必须在设计过程中反复比较和修改。

运河的纵断面设计,就是确定运河河底的纵坡降。运河河底纵坡降的大小应保证能通过最大的输水流量,同时还应使运河中的最大流速不超过船舶航行的允许流速和不冲流速。从航运要求,最大允许流速与船舶的操纵性能有关,一般情况,运河的纵向流速不应大于 1.0m/s,横向流速不大于 $0.25 \sim 0.5\text{m/s}$。改善船舶操纵性能,纵向流速可允许提高到 1.5m/s 以上。

运河底纵坡降根据已选定运河线路的总长 L 和运河两端衔接水道的水位差 ΔH,得运河河底的最小纵坡降 $i = \Delta H/K$。

根据已选定的运河横断面轮廓尺寸,用谢才公式计算相应纵坡降的平均流 $v = C\sqrt{Ri}$。

为了减小运河的纵坡降可采取的措施,一是加长运河线路的长度;二是在运河适当的位置设闸。采用哪一种方式主要决定于水流、比降和断面尺寸等因素,应通过技术经济比较确定。

采用不设闸的开敞运河方式,不需建造船闸等水工建筑物,船舶可以自由无阻碍航行,运河的运输能力不受船闸通过能力的限制。但运河水面将随其两端所衔接的河流等水位的升降而变化,易于引起岸坡的坍塌。此外,土方开挖量较大。

采取设闸方式,如图 7-1 所示。运河形成若干渠化河段,流速较小,水位稳定,通航水深得到保证。但需建造船闸等通航建筑物,影响运河的通过能力。一般情况下,运河中尽量避免设闸。但受某些具体条件的限制,如运河两端衔接河流之间的水位差过大,采用开敞运河方式增加工程投资甚至不能满足航运等方面的要求,就必须设闸。设闸时,应尽量减少船闸的数目,以减少投资和缩短船舶的航行时间。尽量使各级落差相等,节省过闸用水及船闸的运转管理和维修。

运河应尽量避免跨越高山以减少土石方工程量。当跨越山岭时,可在山脊鞍凹处开渠或开凿隧洞,也可在分水岭或山岭的两个坡面上设置船闸,如图 7-2 所示,如苏联的伏尔加河—顿河运河。运河越岭段上船闸间的间距不宜过短,以免船舶过闸时因灌泄水而产生较大的水面波

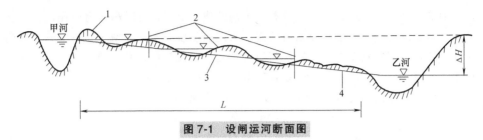

图 7-1 设闸运河断面图
1—原地面线 2—船闸 3—开敞运河方案的河底线 4—设闸运河方案的河底线

动。运河上设闸后，如果水源不充沛，有时就必须采用机械供水的措施，即设抽水站抽水以供运河需要。

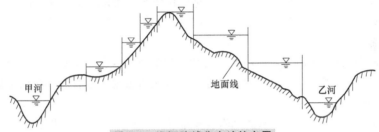

图 7-2 运河跨越分水岭的布置

对于设闸运河，其纵断面设计除确定纵坡降外，还包括选定运河线路上船闸的数目和位置。船闸数目宜少，线段的长度宜大，以便于管理和增大运河的运输能力。船闸的数目和位置应根据开挖的土方量、建筑物的工程投资、供水以及运输费用等进行技术经济比较，选定最合适的布置方案。

4. 运河平面设计

运河线路平面采用直线和曲线相间的衔接形式，曲线一般都与被连的直线相切。弯曲段弯曲半径取值与弯曲段的中心角、船舶的航行方式、船舶尺度、航速、航道尺度、水流流速以及能见度等因素有关。当弯曲段的中心角、船舶（队）的长度和水流流速较大时，所需的弯曲半径也较大，顶推船队所要求的弯曲半径较拖带船队大。在工程设计中，可按顶推船队长度的 3 倍或货船长度、拖带船队最大单船长度的 4 倍计算。对特殊困难河段，在宽度加大和驾驶通视均能满足需要的前提下，弯曲半径可适当减小，但不应小于顶推船队长度的 2 倍或货船长度、拖带船队最大单船长度的 3 倍。

曲线段和直线段应成切线相接，两个方向相同而半径不同的曲线间，一般无须增设直线段。但两个反向曲线之间，无论半径是否相同，中间都应增设一段直线段，使水流平顺地过渡，便于船舶航行。直线段的长度应保证船舶从一个弯道转弯后，使船身完全位于一条直线上，再开始向相反的弯道转弯。

直线段的长度可取为

$$L \geqslant \frac{12 L_c^2}{R_c} \tag{7-1}$$

$$R_c = \frac{R_1 + R_2}{2} \tag{7-2}$$

式中 L_c——最大设计船舶船队的长度（m）；
   R_1，R_2——两弯曲段的弯曲半径（m）。

弯曲段船舶行驶时，很难保持完全沿着规定的航线。由于转弯时离心力的作用，容易使船舶偏离航线，多越出航线一段距离而趋向河岸。为使船舶航行安全和便于转弯，弯曲段的航道宽度必须在直线段的正常宽度上再加宽。弯道的加宽值与航道的偏角、船舶的长度、航速、弯道的弯曲半径、视距以及船舶的操纵性能等有关，影响因素较复杂。

在工程实践中，弯道加宽值可近似地按式（7-3）估算

$$\Delta B = (0.35 \sim 0.5)\frac{L_c}{R} \tag{7-3}$$

一般在弯道的内侧加宽，弯道加宽后，必须有一个渐变段，使由直线段的正常宽度逐渐加宽，直到弯曲段所需的宽度。为使水流平稳，渐变段应尽可能平缓，一般采用直线，其加宽率通常为1:20。有时，弯道的加宽段在弯道的起点和终点各加长一个距离，约等于$2L/3$，然后再用渐变段与直线段相连接。

5. 运河横断面设计

运河的横断面设计就是确定运河的基本尺度，即航道水深、航道宽度。设计的要求是在保证船舶航行安全的前提下，运河的断面尺度小，开挖土石方的工程量小。运河横断面尺度的确定参考限制性航道。

运河的断面形状一般有梯形、复式梯形、多边形、矩形等。研究表明在相同的断面面积中，较深较窄的断面形状的航行阻力较小，水力半径大的断面形状较为有利。根据实船和船模试验资料的分析，当断面系数大于10时，断面形状的不同对船舶航行阻力的影响不显著。当断面系数较小时，在具有相同的过水断面面积和相等的平均水深的断面形状中，矩形断面最为有利，但采用矩形断面必须建造岸壁，增加工程投资，通常只在运河通过城市、工矿区及港口时采用。大部分为梯形和多边形。已建运河的观测资料表明，经过多年使用，在软土地基上，运河的断面最终演变成盆状，这种断面水力条件好，航行阻力小，不易施工，通常做成多边形。

运河边坡主要由运河的深度、岸坡土的性质、护坡形式以及施工方法等确定。当运河的边坡全部加以护面或在船行波影响的范围内加以护坡时，运河的边坡可取为1:2~1:3左右，护坡以下平缓。在岩石地基上的边坡可陡。

运河岸坡的稳定性，一般根据岸坡土的物理力学性质，用圆弧法进行核算。

运河的堤顶一般高出最高水位1.0~1.5m（挖方段）或2.0~3.0m（填方段）。当运河的深度较大时，在一定的高度上，设置平台，以保证边坡的稳定，并便于岸坡的检修，平台的宽度一般为1.5~2.0m。

7.3 运河供水

由于自然条件的影响和经常运转上的耗损，使人工运河的水量不断损失。为保持航行的连续性，必须保证运河中经常具有足够的水深，因而对于运河中所耗损的水量，必须经常加以补充。

运河所需的供水量必须等于运河中耗损的水量。补充水量主要应靠天然河流、湖泊和人工水库。当运河水位低于地下水位时，可部分地由地下水补给。如果运河所衔接的天然河流不能提供运河所需的水量，而在运河流经地区，有水量丰富的天然水源，且其水位高于运河水位，或者在线路附近可以建造水库壅高水源的水位，就可用自流引水的方式来补给运河所需的水量，这就是自流供水的方式。这种供水方式通常较为经济和方便。在为运河供水建造水库时，其有

效容积应保证在枯水年能满足运河通航期所需的水量，水库的死水位应在运河最低通航水位以上。

在有些运河中，常受地形和水源条件的限制，不能完全依靠天然水源的自流供水。特别是在运河越过分水岭或阻隔的高山时常常受地形的限制，通常只能采用机械供水的方式，即用抽水站将运河所衔接的天然河流中或其他水源的水抽引到越岭段补给运河的水量。采用机械供水的方式需设置抽水设备，增加了运河的营运费用。

除了对运河中耗损的水量进行补充外，还应防止或降低水量的耗损。如为降低船舶过闸用水量，可以采用节水船闸或升船机等类型的通航建筑物，减小船闸的闸阀门的漏水量。采取防渗措施，减少运河的渗漏水量，常用的防渗措施主要有以下两种：

1. 改变运河河床土的透水性

（1）淤填法　利用水流所挟带的或者是人工加入水流中的细颗粒泥沙沉淀和渗入运河，堵塞河床土壤的孔隙，使运河断面的整个周界都淤积起一层足够厚度的细颗粒泥沙，减小河床土壤的孔隙率，提高防渗性能。淤填层厚度一般为 $2\sim10\text{cm}$，运河流速不宜大于 0.15m/s，淤填防渗一般适用于透水性较大的砂土或砂砾土的河床。

（2）夯实法　利用机械作用改变土结构，使土在人为荷载下产生应力，以克服土颗粒接触点上的摩擦力和凝聚力，使土粒重新排列，减少孔隙使土密实。土料夯实防渗造价低、投资少、技术简单。在夯实层上面一般应用砾石和砂土做保护层，保护层的厚度 $0.4\sim1.0\text{m}$，夯实层的厚度一般为 $0.3\sim1.0\text{m}$。夯实法一般适用于河床为黏性土。

2. 在运河河床表面建造防渗层

在透水性较大的运河中，可在运河河床周界铺设一层由透水性较小的材料构成防渗层，这种防渗层又称为衬砌。最简易的防渗层是黏土或灰土。黏土防渗层的厚度为 $0.5\sim1.0\text{m}$，灰土防渗层的厚度约为 $0.2\sim0.5\text{m}$。在防渗层上采用粗砂和砾石铺设成厚约 $0.5\sim1.0\text{m}$ 的保护层，如图 7-3 所示。

当防渗要求较高时，可用浆砌块石、混凝土板、沥青或塑料薄膜等材料做成防渗层。

在运河的填方段，当运河河堤用透水性较大的土壤填筑时，可以在土堤内构筑防渗斜墙，其构造如图 7-4 所示。在运河堤的外坡脚，为了防止水流的渗漏而坍塌，最好加筑排水沟。

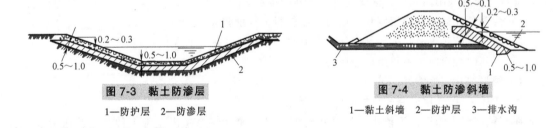

图 7-3　黏土防渗层　　　　　　　图 7-4　黏土防渗斜墙
1—防护层　2—防渗层　　　　　1—黏土斜墙　2—防护层　3—排水沟

7.4　运河上的建筑物

人工开挖的运河常受地形和地面上的天然河流以及人工建筑物的限制和影响而不能直接通过。为维持航运的连续性和保证航行的安全和便利，必须兴建一系列的建筑物。

7.4.1　运河上建筑物的种类和作用

按建筑物的作用不同，可以分为以下几类：

1. 通航建筑物

当地面的纵坡降和运河纵坡降相差悬殊，为了降低运河的纵坡降或人为地壅水形成水位差时，可以采用船闸或升船机来克服水位落差。例如，运河与天然河流交叉时，有时也可以采用船闸或升船机等通航建筑物，使运河穿过天然河流；当运河跨越山岭和河谷时，有时用通航隧洞或通航渡槽来保证航行的连续性。

2. 供水建筑物

当运河中的水量不足，要从其他的水源获得所需的供水量时，如果是自流供水，为了引水和控制引入的水量，需建筑供水渠道和进水闸等。如果是机械供水，需要建筑抽水站等。

3. 引水和泄水建筑物

当运河有灌溉、防洪、排涝、发电或工业及城市用水等任务时，运河上需修建引水渠道、进水闸、泄水闸或小型水电站等建筑物。

4. 靠船建筑物

运河通过城镇、工矿区以及货物转运地时，需要在运河上建筑港口并兴建码头等靠船建筑物供船舶停靠和装卸货物。

5. 交叉建筑物

当运河与道路、天然河流、高山、峡谷或其他建筑物相交时，需修建交叉建筑物。

运河与天然河流的交叉有两种方式，一种是立交方式，即采用通航渡槽使运河从天然河流上跨越，或者采用通航隧洞使运河从河底穿过。另一种是平交方式，即运河直接穿过天然河流，互相沟通。采用哪种方式应根据河流的自然水文条件、运河与河流的相对高程、工程技术条件以及施工条件等，经过技术经济比较决定。

6. 保安建筑物

为了控制运河中的水位，便于检修，在运河上应建造保安建筑物。保安建筑物包括保安闸、溢水和泄水建筑物。

保安闸就是事故闸门，建于运河中将运河分隔成段，当运河发生坍塌、溃决等事故时，用保安闸把个别闸段隔开以防止事故的扩大和进行检修。保安闸设于易发生危险的河段，例如沿山坡可能产生坍方处、运河的填方段和易于发生事故的建筑物的两端以及补给运河水源的水库入口处等。与其他闸门相比，保安闸具有下列的特点：

1）为避免在运河间设置闸坝，妨碍船舶航行，跨度较大。
2）为迅速防止事故扩大，闸门能够在流水的情况下关闭，且关闭迅速。
3）当闸门开启时，不得阻碍船舶的正常航行。
4）闸门的止水性能好。

保安闸门一般选用升降式平板闸门或弧形闸门等。

在有径流汇入的运河河段中，为避免运河中的水量过多，超出正常水位，危及运河堤岸，应设置溢水建筑物。有时在易于发生危险的河段上，还设置泄水建筑物，以便泄空河段中的水量，进行治理或泄去多余的水量，保证运河安全运行。

7.4.2 通航渡槽

当运河与天然河流、道路或峡谷等相交，而运河的高程又高出天然河流或道路时，可以建造通航渡槽，使运河从天然河流、道路或峡谷上跨越。此外，在升船机闸首与航道的衔接处，也需采用通航渡槽。

为了便于航行，通航渡槽必须位于运河的直线段，即使槽身及其两端的引航道成直线。由于通航渡槽的断面尺寸小于航道的断面尺度，在通航渡槽的两端均设置渐变段与运河相衔接。如果航运频繁而且通航渡槽较长时，还设置引航道与靠船建筑物，以便船舶交错和等候通过。

通航渡槽一般采用钢结构或钢筋混凝土结构，由槽身和槽座两部分组成。槽座是通航渡槽的承重结构，形式一般有墩座式、排架式或拱座式等，其结构基本上与桥梁的承重结构相同，如图 7-5 所示。

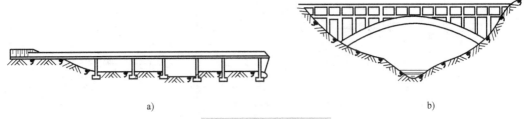

图 7-5 通航渡槽的形式
a) 排架式 b) 拱座式

通航渡槽槽身的断面形状一般都是矩形，也可以采用梯形。

如图 7-6 所示，通航渡槽槽身断面尺寸决定于船舶在渡槽中的航行方式，即单向或双向航行，具体尺寸根据设计船舶（队）的尺度确定。通航渡槽一般采用单向航行，因为单向航行的渡槽断面小，工程投资小并便于维护管理，而且由于渡槽的富余尺度有限，在渡槽内错船容易发生事故，双向航行不安全。但是当航运频繁、单向航行不能满足航运需要时，可采用双向航行的渡槽，也可采用两个单线航行的渡槽。分设两个渡槽，造价及维修费用增大，而且由于横断面较小，航行阻力比双向航行渡槽大，但是构造简单，容易维修，一线维修时另一线可通航，不中断航运。渡槽的断面尺度应保证船舶具有一定的航速，并保证航行安全。对于双向航行的渡槽应便于船舶错船、航行和会让。另外，选定渡槽的断面尺度时还应考虑工程费用省的要求。渡槽的断面尺度是指渡槽的宽度和高度。

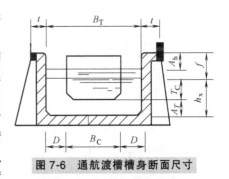

图 7-6 通航渡槽槽身断面尺寸

确定渡槽的宽度时一般均不考虑航行偏角。当单向航行时，渡槽的宽度可由式（7-4）确定

$$B_F = B_C + 2D \tag{7-4}$$

式中　B_F——渡槽的宽度（m）；
　　　B_C——设计船舶的宽度（m）；
　　　D——富余宽度（m）。

渡槽槽身的高度等于通航渡槽内的通航水深、最大可能的水位变幅及船行波波高的总和加上一定的富余高度。富余高度一般不小于 0.3m。同时通航渡槽边墙的墙顶应高于最高通航水位时设计船舶空载时的护舷。

渡槽的断面尺度确定后，还应核算渡槽过水断面的断面系数，一般不应小于 4。

渡槽的跨度应根据技术经济比较确定。国外钢筋混凝土渡槽最大跨度达 50m，钢结构渡槽最大跨度达 84m 左右。

为了消除不均匀沉陷导致槽身产生裂缝，根据渡槽的支承条件，沿槽身的纵向将槽身分成若干段，用构造缝连接，缝间设置止水。

渡槽进出口与航道的衔接要使进出水流平顺，不能引起水流紊乱而影响船舶的航行安全，通常在渡槽的两端设置渐变段与运河相连，如图 7-7 所示。渐变段的侧墙最好做成水流条件较好扭曲面。

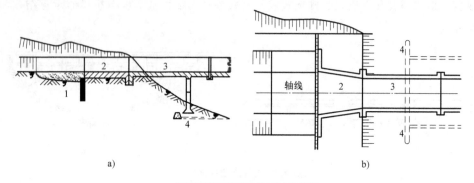

图 7-7 渡槽与航道的连接
a) 纵断面　b) 平面
1—铺盖　2—渐变段　3—渡槽　4—排水

渡槽与渐变段的衔接处，一般应设置伸缩缝，使槽身在温度变化的影响下能自由伸缩，在槽身的一端或两端应设置活动端。尤其是钢结构的渡槽更为重要。活动端的止水构造既要避免漏水，又要不妨碍槽身的伸缩。

习　题

7-1　运河的作用是什么？

7-2　运河选线的原则有哪些？

7-3　选择运河线路时应考虑哪些技术要求？

7-4　运河横断面设计内容有哪些？

7-5　运河上建筑物的类型有哪些？其作用是什么？

参 考 文 献

[1] 胡旭跃. 航道整治 [M]. 北京：人民交通出版社，2008.
[2] 刘晓平，陶桂兰. 渠化工程 [M]. 北京：人民交通出版社，2009.
[3] 邵光辉，吴能森. 土力学与地基基础 [M]. 北京：人民交通出版社，2007.
[4] 陈希哲，叶菁. 土力学地基基础 [M]. 北京：清华大学出版社，2013.
[5] 杨红霞，赵峥嵘，等. 水力学与桥涵水文 [M]. 北京：机械工业出版社，2018.
[6] 杨红霞，赵峥嵘. 土质学与土力学 [M]. 北京：机械工业出版社，2015.